心理学与口才技巧

不同场合的说话艺术 Ⅱ

张卉妍　编著

北京联合出版公司
Beijing United Publishing Co.,Ltd.

图书在版编目（CIP）数据

心理学与口才技巧 . Ⅱ , 不同场合的说话艺术 / 张卉妍编著 . — 北京：北京联合出版公司 , 2017.2（2018.11 重印）

ISBN 978-7-5502-9011-2

Ⅰ . ①心… Ⅱ . ①张… Ⅲ . ①心理交往－口才学－通俗读物 Ⅳ . ① H019-49 ② C912.1-49

中国版本图书馆 CIP 数据核字（2016）第 263223 号

心理学与口才技巧 . Ⅱ

编　　著：张卉妍
责任编辑：徐秀琴
封面设计：李艾红
责任校对：胡宝林
美术编辑：张　诚

北京联合出版公司出版
（北京市西城区德外大街 83 号楼 9 层　100088）
北京德富泰印务有限公司印刷　新华书店经销
字数 550 千字　720 毫米 ×1000 毫米　1/16　28 印张
2018 年 11 月第 2 版　2018 年 11 月第 3 次印刷
ISBN 978-7-5502-9011-2
定价：68.00 元

前言

在今天这样的信息时代，人们的文化视野、交际视野开阔了，有越来越多的场合需要公开地发表意见、用语言来打动别人。自我推荐、介绍产品、主持会议、商务谈判、交流经验、鼓励员工、化解矛盾、探讨学问、接洽事务、交换信息、传授技艺，还有交际应酬、传递情感和娱乐消遣都离不开说话。另外，看一个人是否有能力，这些能力能否表现出来，在很大程度上取决于他是否会说话。因此，口才就成了衡量一个人是否有能力的重要标准之一。美国成功学大师戴尔·卡耐基说："当今社会，一个人的成功，仅仅有15%取决于技术知识，而其余85%则取决于人际关系及有效说话等软本领。"由此可见口才技巧的重要性，掌握口才技巧，已经成为现代人成功的必备条件。

说话看似很简单，但是要说出有水平，容易被人理解、接受的话则不能不懂得心理学。说话的根本目的在于表达和沟通，懂不懂心理学，表达和沟通的效果将大相径庭。一个会说话的人，遇见陌生人时，知道如何说话能跟对方达成一种"一见如故"的默契；和同事共事时，知道如何说话能得到大家的欢迎；拜访客户时，知道如何说话能赢得客户的心，从而决定购买自己的产品；再如跟恋人或朋友说话时，知道怎样给对方带来乐趣，加深彼此间的感情……而那些不会说话的人，笨嘴拙舌、词不达意，说出很多废话，不能与别人进行有效的沟通，不仅会坐失良机，也很难在事业上有出人头地的发展，若出言不当还会立刻四面楚歌。真所谓"一句话能把人说得笑，一句话也能把人说得跳"。同样是说话，为什么会有如此大的区别呢？这其中的关键就在于前者在谈话时能够运用各种心理技巧，把话说到别人的心窝里，从而成功地赢得人们的信任和喜爱，而后者却不懂得在谈话中运用心理学，导致说话不得体而失去人心。可见，我们与人谈话的过程，实质是洞察对方心理的一个过程。所以，了解并掌握一些与口才有关的心理学常识，是提升口才技巧的关键。

摸清心理说话是一件既容易又很不容易的事。说容易，是因为我们每个人都会说话，都知道说话应讨人喜欢；说不容易，是因为把握别人的心理很难，而且绝大多数时候说话是即时的，容不得你仔细考虑。难怪台湾著名的成功学家林道安说："一个人不会说话，那是因为他不知道对方需要听什么样的话。假如你能像一个侦察兵一样看透对方的心理活动，你就知道说话的力量有多么巨大了！"为了帮助广大读者更好地掌握高超的说话本领，我们精心编写了这套《心理学与口才技巧》。

本套书全面系统地揭示心理学在口才技巧中的运用，比如，怎样赞美别人而不显阿谀奉承；怎样拒绝别人而不和对方交恶；怎样说好难说的话，应对尴尬场面；怎样打动别人，让别人按你说的做；怎样把话说到别人的心坎里；等等，指导读者把握好沉默的分寸，把握好说话时机、说话曲直、说话轻重和与人开玩笑的分寸，把握好调解纠纷时和激励他人时的说话分寸，懂得怎样问别人才会说、怎样说别人才会听。同时还向读者展示了同陌生人、同事、老板、客户、朋友、爱人、孩子、父母沟通的艺术，在求职面试、求人办事、谈判演讲、尴尬时刻、宴会应酬、探望病人及应酬亲友时的说话艺术。本书既阐释了在谈话中应该掌握和运用的心理法则，又更深入地阐述了我们在谈话过程中遇到难题时应该采取怎样的心理应对方式，并有针对性地提出了一些切实可行的方法。读者通过本书能轻松提高自己的说话能力，在错综复杂的人际关系中应付自如，轻松应对生活中的各种场景，赢得友谊、爱情和事业，从而踏上辉煌的成功之路。

上篇：不同场合的说话技巧

第一章 实话巧说，面试求职顺利通过

第二章 说对话，更容易博得领导信任

第三章 与同事聊天，切忌祸从口出

第四章 好口才助你在下属面前树立威信

第五章 妙语生财，如何在商务社交活动中交谈

第六章 在电话交谈中不可不知的技巧

第七章 饭桌上的应酬，你会说吗

第八章 如何在谈判中有效沟通

第九章 恋爱中的耳朵：巧言善语虏获真心

第十三章 记着吧：争辩是一个永无止境的战争

第十四章 别用质问式的语气来谈话，你并不高高在上

第十五章 不要显摆，失意人前不谈得意事

第十六章 尊敬别人，是谈话艺术的必要条件

上篇

不同场合的说话技巧

第一章
实话巧说，面试求职顺利通过

巧谈薪金待遇问题，让考官易于接受

我想大多数的人都会遇到这么一个问题，就是在面试的时候该如何巧妙地谈工资。薪金是一个既敏感又不可回避的问题。说多了怕面试官接受不了从而导致自己不被录用，说少了自己又不是特别的情愿，那么该怎么办呢？面试实际上是一个双方互相了解、互相选择的过程。如果谈不出结果，那只会给考官提供一个被 Pass 的理由。而面对考官提出的一系列问题，诸如，你期望的薪金待遇？你觉得每年的加薪幅度？你愿意降低自己的薪水标准吗？……如果刻意回避，没有给对方一个满意的答案，这恐怕会让考官觉得你软弱，或者没有主见。

心理点拨 >>

1. 了解市场行情，确定薪金范围

如果你与用人单位探讨薪金之前有了充分的准备，在面试中，你就可能谈出自己满意的薪金。

一家外资的数码公司招聘一名技术开发人员，在面试时考官直接对前来求职的小佟说："你应聘我公司的那个职位，按照我们公司的薪金制度，基本工资每月只有 1500 元，有问题吗？" 小佟笑了笑说："尽管这个薪金不算太高，但据我所知，贵公司对高级人才有另一套薪金架构——每月奖金最高大概在 500 元左右，每年还可以发 16 个月的工资。工作一年后工资翻番。我本人拥有研究生学

历，又有三年的工作经验，完全符合高级人才的标准，我希望自己能享受这套薪金制度的最高标准。如果那样的话，我非常愿意从事这项工作。”考官笑了笑说：“看来你是有备而来啊，我们的薪金制度的确是这样，你也符合高级人才的标准。欢迎你加盟本公司。”

还价的重要筹码，根据自己事先了解的该公司的薪金制度，小佟准确地提出了自己期望的待遇——即高级人才的最高标准，虽然这个要求看似不低，但实际上也是符合公司规定和小佟自身情况的，对于这样一个睿智的人才，公司又怎能不喜爱？小佟得到满意的薪金也就在情理之中了。

2. 含蓄表达

在与招聘单位探讨薪金问题的时候，如果要价过高，可能让招聘单位反感，要价太低自己又不甘心。遇到这个难题的时候，可以含蓄地表达出自己的意愿，让招聘单位给出一个相对合理的薪金待遇。

一家家具公司招聘一名市场策划，前来应聘的人很多，在经过面试之后，考官都要问求职者一句：“你希望的薪金是多少？”很多求职者都用不同的数据回答了面试者的这个问题。只有小王回答道：“我期望一个比较合理的薪金待遇，就学历而言，我是统招本科，高于您要求的大专学历；就专业而言，我是市场营销专业，与您的需求相当对口；就成绩而言，我在班级能排到前5名，专业知识很扎实；就能力而言，我在大学时是优秀学生干部，组织能力和领导能力都还不错。我如果加入贵公司，一定会给您带来不错的效益，而我个人也期望得到相应的回报。因此，我希望得到一个不低于该职位现有员工标准的待遇。不知道我的请求是否过分？”考官听到此话，笑着说：“不过分，不过分，既然是人才，我们就应该适当提高待遇。你的要求我们可以满足。”

当考官问你希望拿多少薪金的时候，最好慎重回答，因为这表明考官已经有意招你加盟，稍有不慎就可能前功尽弃。面对这个问题，小王不露声色地把话题由薪金的多少转到展示他的实力上——展示自己的学历、专业、能力等优势，让考官觉得值得为他付出比较高的薪金。这样的回答很自然地回避了敏感的问题，使自己从被动的位置转移到主动的有利位置。最后，当小王提出一个比较含蓄又比较合理的薪金要求——即不比现有员工低。这个要求看似不过分，其实却是不低的，因为老员工工作多年，已经经历过加薪，所以薪金待遇比初入公司的时候要高。小王一进公司就达到这个标准，自然已经是高于其他新人，这样的待遇对于初入公司的求职者来说，也很不错了。

3. 尽量使用一个概数

含蓄表达是个不错的选择，但如果招聘者一定要你说出期望薪金的数额，不妨用概数来回答，这样既可以表达自己大致的薪金要求，也不至于因要求太离谱而招致考官的不满。

小赵应聘上海一家公司的企划岗位。面试的最后考官问："你期望的月薪最低标准是多少？"小赵回答："我希望贵公司能根据我的专业能力、工作经验、工作态度以及工作业绩来决定应付给我的薪水。我相信贵公司一定有一个完善的薪金制度。""从现在开始的两年时间内，你的薪金目标是每月多少钱？"小赵笑了笑说："我的学历和考试成绩您都看过了，我对自己还是比较自信的，结合上海地区的工资水平，我希望我的月薪可以在四千到五千之间。"招聘人员笑了笑表示，尽管略有些高，但还可以商量，于是决定录用他。

>>

小赵在回答考官月薪标准这一问题的时候，用四千到五千这样一个较大的区间来回答。月薪四千基本是符合上海地区工资水平的，但五千对于一个刚毕业的大学生来讲又略有些偏高。小赵这个回答既表明了自己的立场，又让考官觉得可以接受，还为自己留出了讨价还价的空间，实在是明智之举。如果他直接提出是四千，恐怕有些低，如果直接提出五千，又让人觉得过高。所以，首先了解该公司所在地区的大致薪金标准，然后尽可能提供一个你期望的薪金范围，而不是具体的薪金数，这更容易让考官接受。

4. 巧留后路，不要完全拘泥于薪资本身

在谈薪金的时候，可能会遇到提出薪金要求却不能被用人单位接受的情况。如果能在洽谈薪金的时候为自己先留好后路，那既可以在用人单位允许的限度内最大限度地提出薪金要求，又不会丧失工作机会，正可谓"进可攻，退可守"。

学习旅游专业的张同毕业后来到一家大型的旅游会展公司面试，在业内人士

看来，这是一家非常有名气和实力的公司。在面试中，张同表现得非常出色，当面试官问及她期望的薪金的时候，她提出了一个较高的薪金要求。担心面试官不能接受，她便强调说："薪金不是最重要的，重要的是我希望能在公司学习、工作。"由于她提出的薪金要求和该公司提供给新员工的薪金差距较大，面试官明确表示：这样的薪金要求，本公司不能接受，但既然张同认为薪金不是最重要的，不妨再商讨一下双方都可以接受的金额。张同的"缓兵之计"很好地缓和了"谈判局势"，使即将结束的面试得到转机，也使张同最后求职成功。

在提出薪金标准之前，张同巧妙地为自己留好了后路，她表示薪金并不是最重要的，能在该公司学习和工作才是她最重视的。这样一来，即使考官对她提出的薪金不能接受，她也可以再提出降低薪金标准，这将可以避免失去工作。果然，考官拒绝了她的薪金要求，当面试即将陷入僵局之时，张同在前面为自己留出的后路的作用就体现出来了。最终张同通过退让缓和了气氛，既不失风度，又得到不错的印象。

独特的自我介绍，让考官在心里记忆深刻

俗话说："千里良马尚高嘶。"求职面试时，同样要学会恰当地自我介绍。招聘者手中往往拥有许多求职履历表，这里面的应聘者个个实力雄厚，所以，招聘者想知道你和别人相比有什么独到之处。在能力相同的情况下，那些求职者之所以能够成功，关键在于他们在作自我介绍时的出色表现。

自我介绍并不是随心所欲地进行的，一个良好的恰到好处的自我介绍能给主考官留下深刻的印象，反之则会让你的面试从一开始就一塌糊涂。

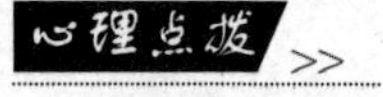

1. 彬彬有礼

在做介绍前，要先对主试官打个招呼，道声谢，如："经理，您好，谢谢您给我这么好的机会，现在，我向您做个简单的自我介绍。"介绍完毕后，要注意向主试官道谢，并向在场面试人员表示谢意。

这能给主试官留下很好的印象。没有人会拒绝谦恭的态度。

 >>

自我介绍时，整体上讲求落落大方、彬彬有礼。表情要尽量放松，态度要自然、友善、亲切、随和，最好能略带微笑。可以面对镜子找出自己最具亲和力的笑容，学会用目光或表现表达友善。

此外，千万不要以为“自我介绍”最容易用上的字是“我”字。当面试官说：“谈谈你自己吧！”一名应试者十分巧妙地回答：“您想知道我个人的生活，还是与这份工作有关的问题？”他把应该用“我”字打头的话，变成“您”字打头。

老把“我”挂在嘴边的人，易使人反感、受人轻视，被认为是强迫性的自我推销。所以，要经常注意把“我”字变成“您”字。“您以为如何呢？”“您可能会惊讶吧？”“您一定觉得好笑。”“您说呢？”把“自我介绍”变成一场你与面试官之间沟通的谈话。

2. 主题明确

在做自我介绍时，最忌漫无目的，东扯一句西扯一句，或者陈芝麻烂谷子，事无巨细一一详谈，让人听了不知所云。下面是一位求职者面试时的自我介绍，非常精练，分寸把握得当。

“我的经历非常简单。1985 年，18 岁的我高中毕业没有考上大学，招工进入某厂当上了一名车工。从此，我操刀切削十多年。其间 3 次参加全市车工岗位技术大比武，荣获两次第 3 名，一次第 2 名。去年企业破产，我下岗失业。下岗后参加过 3 个月的电脑培训，3 个月的英语培训，取得两个上岗证书，为我掌握现代化的数控车床操控技术打下了基础。听说贵公司招聘技工，我觉得自己是比较合适的人选。”

 >>

从上例中可以看出，介绍自己简历时可以从参加工作时讲起，不要拉得太远；经历中重点介绍自己从事什么工种，有何特长，凡与此无关的都可省略；能够显示自己优势的，可以讲详细些，而且应与招聘内容联系起来。例如，三次参加技术比武获奖，两次参加技术培训，都显示了应聘者的技术水准，可以说正投招聘者所好。所以，立刻引起了主考官的兴趣。

求职面试中的自我介绍宜简不宜繁，一般包括这些基本要素：姓名、年龄、籍贯、学历、学业情况、性格、特长、爱好、工作能力和工作经验，等等。对于这些不同的要素该详述还是略说，应按招聘方的要求来组织介绍材料，围绕中心说话。假如招聘单位对应聘者的工作能力和工作经验很重视，那么，求职者就得从自己的工作能力及经验出发做详细的叙述，而且整个介绍都是以这个重点为中心。

3. 不动声色

当你有了不错的业绩时，或者你有足够的资历、经验能胜任这项工作时，不要在“自我介绍”中和盘托出、暴露无遗，要给自己留一手，一开始就说出“伟大业绩”会给人自吹自擂的感觉，引起人的反感，留在后面说，会给人以谦虚诚实的印象，使面试官对你刮目相看。

小秦曾经得过全国发明奖。他先故意不跟面试官提这件事，当谈话进一步深入时，面试官提到这项发明。小秦笑笑说：“这是我前年搞的。去年和今年又搞了两项。”面试官问：“能谈谈这两个发明吗？”小秦于是侃侃而谈。面试官十分高兴，录用了小秦。

试想，如果小秦一开口就把自己发明的成果大大宣扬一番，面试官就会说：“你更适合搞发明吧！”而且心里还会想：这人有什么了不起的，别拿什么奖来吓唬我。你越用过去的业绩来炫耀，面试官就越不买你的账。

有位成功面试者说：“我毕业于一所没有名气的大学，但请看看我过去10年的工作成就吧！”这样说突出了他的精明和强干，用事实来说话。

当你在谈论自己某方面的长处时，请千万记住用具体论据来支持。比如，你说“我和其他工作人员关系很好”时，别说到这里就停止了，还要举一些具体事例来加以陈述，如：“我总是和自己的工作伙伴和属下有着相当融洽的关系，而且我也和从前每一位上司都是好朋友。”

4. 诚恳实在

许多人往往急于介绍自己、推销自己，却因为讲话空泛无物，而引起面试考官的怀疑。

吴小京去某报社应聘业务主管，主持面试的负责人问他：“你日常的兴趣是什么？”他说是爱看书。主试官问：“你爱看什么书。”吴小京回答说：“爱读西方经济学著作。”主试官又问：“主要是哪些著作？”吴小京搜肠刮肚偏偏一部著作也想不起。其实他的确读了一些，只是时间太长了，近日根本没有摸过这类书，一时想不起书的名字。吴小京想把自己塑造成爱读书、学识渊博、有能力胜任主管工作的人，但由于介绍不“畅”，反而给自己留下了爱吹牛皮的嫌疑。面试结果，他没有收到录取通知书。

小张去面试一家国际旅游公司的导游工作，他自我介绍说：“我这个人喜欢旅游，熟悉名胜古迹，全国的大城市几乎都去过。”面试官很感兴趣，就问：“你去过杭州吗？”因为面试官是杭州人，很熟悉自己的家乡。可惜小张偏偏没去过杭州，心想若说没去过这么有名的城市，刚才那句话不是瞎吹吗？于是硬着头皮说：“去过！”面试官又问：“你住在哪家宾馆？”小张再也答不上来，只好支吾说：“那时没有钱，只好住小旅馆。”面试官又说：“杭州的名小吃你一定品尝过？”小张照样说：“那时没有钱，就一心看风景，没有去吃小吃。”面试官偏偏只问关于杭州的事，小张语无伦次、东拉西扯、答非所问，最后终于不能自圆其说，谎言被当场识破，主考官十分反感，面试一败涂地。

>>

自我介绍最忌吹嘘、夸海口。大话一旦被拆穿，面试很难再进行下去。在录用标准方面，才能是首要不变的原则，诚恳则是重要的机动因素。

对很多用人单位而言，诚实被认为是人最大的美德。与诚实相关联的是忠诚、正直、真实，而与诚实相对立的是虚伪、欺骗、欺诈等。一个初入社会的青年，诚实也许是他可以拥有的最有效的武器。

诚实是一种被低估了的美德，尽管有关因诚实而受益的故事不胜枚举，但往往很多人要么不相信这类故事，要么认为诚实会暴露自己的缺点，从而伤害自己的形象。因此，有意识地将自己的能力和成绩夸大，同时极力掩盖自己的缺点，以期博得对方的好感，或者自鸣得意于雕虫小技，殊不知这正是使自己走入了求职的误区。

5. 展示自信的形象

推销自己本来是可以谈得很好的话题，但是许多人却在推销自己上缺乏勇气，这或许是怕引起别人反感的缘故。而在平时的生活中也常常听他们说：“我有什么好说的。你们天天不都看见了吗？”这就使他们养成了从不自我评价、自我展示的习惯，可到了要谈论自己时，免不了有些难以启齿。

一家物流公司在招聘考试时，发现一位应试者在校成绩不太好，主考者问道：“你的成绩不是很好，是不是不太用功？”应试者回答说：“说实在话，有的课我认为脱离实际，所以把时间全花在运动上了，所以我现在身体特别好，还练就一身好功夫。”主考者很感兴趣，让他表演一下。应试者脱下衣服，一口气做了100多个俯卧撑，使主考者大为吃惊，立即录用了他。

在面试场上，有些人为了给面试官留下深刻的印象，往往对自己进行过多地夸赞，如“我是很懂业务的”“我是年级成绩最好的一个”，总是喜欢带着优越的语气说话，不断地表现自己。其实，如果对自己做过多的夸耀，反而会引起面试官的反感。

谈论自己的话题，应尽可能避免一些夸大的形容词，把话讲得客观真实，尽量用实际的事例去证明你所说的，最好用真实的事例来显露你的才华给面试官。

在自我介绍中，要尽量避免对自己做过多的夸张，一般不宜用“很”“第一”“最”等表示极端的词来赞美自己。

多点儿心眼，巧避难题与言语陷阱

应聘者希望找到一个能够了解自己优点的老板，用人单位则希望能找到优秀的合作伙伴。当陌生的双方相见后，都想在短短一席话中努力表现出自己的优点、说出聪明话或立即呈现出很棒的反应，以便给对方留下良好的印象。

面试官为了不至于“选错郎”，也许会在面试中设置各种语言陷阱，以探测你的智慧、性格、应变能力及心理承受能力。求职者只有识破这些语言陷阱，才能小心巧妙地绕开它，不至于一头栽进去。

心理点拨 >>

1. 你所遇到的最好和最差的雇主？

这是一个别有用心的问题！表面上是在询问一个事实情况，实际上是在探查你所认为的好、坏雇主应是什么样的。当被问到你所遇到的最好雇主这个问题时，你的第一个反应也许是想对那个坐在你对面的招聘经理说："那就是你！"并希望这一招能出奇制胜。但这可能会招致曲意逢迎之嫌。

因为大多数公司希望听到你将你最乐意为之工作的雇主描述成：他热心于帮助你的学习和成长，参与你的工作进程，当你出色地完成工作时，他会慷慨地给予你精神和物质的奖励。而你在面试阶段，怎么能说坐在你对面的那位就是你遇到的最好雇主呢？

如果在你的工作生涯中，你确实遇到过这样的雇主，那就再好不过了。但是，如果你没遇到过，也可以发表自己对最好雇主的看法并表述你的希望。

现在轮到最差的雇主，你将对此说点儿什么呢？记住千万不要对这位最差的雇主进行恶意攻击，这将使面试考官怀疑你与他人相处的能力。

例如，你对那位你觉得最差的雇主施之以"他很偏心"的评价，那面试考官心里想的可能是：为什么他喜欢别人胜过喜欢你呢？又如你对他施之以"不交给工作任务"的指控，面试考官心里可能在想：其原因是否是你缺乏按时按质完成工作的能力呢？

要注意掩饰和消除言辞中的负面因素。你的绝大多数时间要花在正面地积极地陈述你所取得的成就或优秀品质上。比如，你的"吝啬的老板从不传授经验"，那你强调的是你对知识的渴望。同样，你的"主管很少参与你们的工作进程"，那应强调的是你希望参与一个更有凝聚力的团队。在面试之前积极准备、不断地练习，你就能做到这一点。

2. 你的相关经验比较欠缺，你怎么看？

如果回答，"不见得吧""我看未必"或"完全不是这么回事"，那么也许你已经掉进陷阱了，因为对方希望听到的是你对这个问题的看法，而不是简单、生硬的反驳。

对于这样的问题，你可以用"这样的说法未必全对""这样的看法值得探讨""这样的说法有一定的道理，但我恐怕不能完全接受"为开场白，然后婉转地表达自己的不同意见。

在面试中屡战屡胜的阿华就有过一次这样的面试经历。阿华的学习成绩不算顶尖，面试咨询公司时，这便成了考官发起攻击的要害：“你的成绩好像不太出众哦，你怎么证明自己的学习能力呢？”阿华不慌不忙：“除了学习，我还有其他活动，不是只有成绩才能反映人的学习能力。其实我的专业课都相当不错，如果你有疑问，可以当场测试我的专业知识。”阿华巧妙地绕开了令人尴尬的问题，将考官的注意力引导到他最拿手的专业知识上。

面试官有时还会哪壶不开提哪壶，提出让求职者尴尬的问题，如：“你的学习成绩并不很优秀，这是怎么回事？”“从简历看，大学期间你没有担任学生干部的经历，这会不会影响你的工作能力？”

碰到这样的问题，有的求职者常常会不由自主地摆出防御姿态，甚至狠狠地反击对方。这样做，只会误入过分自信的陷阱，招致“狂妄自大”的评价。而最好的回答方式应该是既不要掩饰回避，也不要太直截了当，可用明谈缺点实论优点的方式巧妙地绕过去。

比如说，当对方提出你的学习成绩不是很优秀时，你可以坦然地承认这一点，然后以分析原因的方式带出你另外的优点。如，在校期间学习成绩之所以不很优秀，是因为我担任社团负责人，投入到社团活动上的精力太多。虽然我花在社团的心血也带给我不少的收获，但是学习成绩不是最优秀，这一点一直让我耿耿于怀。当意识到这一点后，我一直在设法纠正自己的偏差。

3. 天上的星星一共有多少颗？

对于一些太过刁钻，而且实在无法回答的问题，不妨反戈一击，反问对方，也能起到意想不到的效果。

民国时期，某主考见一位朱姓考生知识渊博、思维敏捷、各类问题对答如流，突发异想，抛开原定题目，出了一道偏题：“《总理遗嘱》这篇文章，每次纪念周会上都要诵读，请你回答一共有多少字？”这下可真把朱某考住了。他暗想，主考出此题目未免脱离常规，既然有意刁难，录取必然无望，就不管一切，大胆反问：“主考官的尊姓大名，天天目睹手写，也已烂熟，请问共几笔？”主考官想不到应考者竟会如此反问，一时愣住。事后，主考官十分赏识朱某的才能和胆识，于是亲自录用为县长。

面试过程不可能是一帆风顺的。有时候，面试官冷不丁抛过来一个刁钻问题，可能就会让你无所适从。

其实，难题、偏题的出现，是面试官在“压力面试”时根据每个人情况不同，临时提出的问题，只不过是事先没有准备而已。

压力面试的目的不仅仅看你回答的内容，更多的是考查你面对压力表现出来的冷静，因此，面试官在提出很有挑战性的问题时更留意你当时是否自信，而不是你回答的是否完美。无论碰到什么问题，要冷静和有信心，直视着面试官来回答问题。

4. 我们认为你不适合我们单位，你认为是什么原因呢？

面对这个问题，李某的回答如下：

“我认为面试向来是5分靠实力，5分靠运气的。我们不能指望一次面试就能对一个人的才能、品格有充分的了解和认识。通过这次面试，我学到了很多东西，也发现了自己的不足——既有临场经验的不足，也有知识储备的不足。希望以后能有机会向各位考官讨教。我会好好地总结经验、加强学习、弥补不足，避免在今后的工作中再出现类似的问题。另外，希望考官能对我全面、客观地进行考察，我一定会努力，使自己尽量适应岗位的要求。”

其实，考官是在考察你的应变能力，并非真的对你不满，如果他们认为你不合适的话，是不可能再问你问题的。因此，要沉着应付，不要中了圈套而暴露自己的弱点，回答时可以虚一点，把重点放在弥补弱点上，这可以看出你积极进取的品质。另外，要诚恳地向考官讨教，以博取他们的好感。

5. 你认为金钱、名誉和事业哪个重要？

面对这种诱导式的陷阱问题，某应聘者这样回答道：

“我认为这三者之间并不矛盾。作为一名受过高等教育的大学生，追求事业成功当然是自己人生的主旋律。而社会对我们事业的肯定方式，有时表现为金钱，有时表现为名誉，有时两者均有。因此，我认为，我们应该在追求事业的过程中去获取金钱和名誉，三者对我们都很重要。”

这个问题，好像是一道单项选择题，它似乎蕴含了一个逻辑前提，即“这三者是互相矛盾的，只能选其一”。实则不然，切不可中了对方的圈套，必须冷静分析，可以明确指出这种逻辑前提条件不存在，再解释三者的重要性及其统一性。

对于这种诱导式问题，不能跟随考官的意图说下去，以讨好考官。这样做的结果只能给考官“此人无主见，缺乏创新精神”的感觉。

首先，要注意识破主考官的“声东击西”策略。当主考官觉察到你不太愿意回答问题而又想有所了解时，可采取声东击西的策略。例如，对于“政治问题”和其他一些敏感性的问题，许多人不愿真实表达自己的观点。主考官为了打消你的顾虑，可能会这样问：“你周围的人对这个问题有些什么看法？”面对这种情况，你不要疏忽大意，不能信口开河，不要以为说的不是自己的意见，说出来就不会暴露自己的观点。因为主考官往往认为，你所说的大部分都是你自己的观点。

另外，主考官可能采用投射法来测验你的真实想法。所谓投射法就是以己度人的思想方法，例如，主考官让你看一幅图画，然后让你根据图画编一个故事。这种方法一方面是检测你的想象力，一方面是测验你的深层的心理意识。这时，你尽可以放开思维，大胆构思，最好能有一些新奇的想法，表明你有创造力、想象力，但同时一定不要忘记这样一个原则，所编造的故事情节要健康、积极、向上，有建设意义。因为主考官认为你是在“以己度人”，故事情节中融入了你的真实心理。

其次，要分析判断主考官的提问是评测你哪个方面的素质和能力，有针对性地进行回答。

表达出你的服从，令考官觉得你易于培养

孔子说：“道不同，不相与谋。”任何一家企业，其目的就是要建立一个志同道合而且相互认同和信任的团队，这是企业成功的关键因素。只有员工把公司的“道”视为自己工作的“道”，对公司有一种认同感，整个公司才有凝聚力和竞争力。

周鸿祎非常看重认同意识在企业员工中发挥的重要作用，每次新员工进公司

时，他都会直截了当地对员工讲，如果不认同公司的理念，还不如趁早离开。不少招聘者对拥有“使命感”和“自豪感”的员工格外青睐。

面试过程中，不妨表现自己对公司的认同，让考官觉得你易于适应公司文化，从而加大应聘的成功概率。

心理点拨>>

1. 认同公司的文化

任何企业都是一样，他们需要的是认同企业自身价值观的员工。同样，对于个人来说，选择了一家公司，也就意味着接受它。这种接受从某种程度上来说就是一种对自我的接受。

联想集团在企业文化培训中有一个比较有特色的过程，叫“入模子”。“入模子”是典型的柳氏语言风格。按照柳传志的话，“入模子”是说联想要形成一个坚硬的模子，进入联想的职工必须进到联想的“模子”里来，凝成联想的理想、目标、精神、情操行为所要求的形状，使大家能够按照联想所要求的行为规范做事，而这种行为规范又主要指执行以岗位责任制为核心的一系列规章制度。

“入模子”是新员工进入联想的第一步，公司通过这个过程和仪式，把联想的价值观灌输给每一个新员工。根据联想的传统，每一个联想员工，在入职以后三个月的试用期内，都必须参加“入模子”培训，否则不能够如期转正，“入模子”的成绩会记入新员工档案成为重要依据。联想通过对每一个“新人”精雕细琢，希望他不仅适应岗位的要求，而且能够认同公司的企业文化。不进入联想的“老君炉”，被联想的企业文化“同化”的人，就不能在联想的大熔炉里面修炼成“仙”。

“入模子”培训的地点一般都选在风光秀丽的郊外，每天的日程都安排得非常紧凑，甚至超过平时的工作。早上天还没亮就要起来跑操、军训，然后高唱联想之歌，开始一天的课程。从基本的素质培养开始，比如团队精神、自信精神。然后进入重头戏，是关于联想的部分，包括联想的历史、发展道路、使命和远景，以及联想成功的基本经验。培训的过程中会组织参观联想的工厂、卖场，介绍公司的主要业务、现有的管理模式、组织结构和薪酬体系，另外还有礼仪规范方面的培养，包括如何接电话、如何对待客户、如何穿衣打扮，等等。总之，凡是从这个“流水线”培养出来的人，就应该像联想电脑一样成为一名合格的联想人。

作为员工，要认同所服务公司的价值观和发展愿景，当你个人的价值观和对自己未来的期待与公司和老板达成一致时，你就会有取之不尽的工作动力。更重要的是，由于你的观念和立场自觉吻合了老板的思路，这将会为你的发展带来很大的好处。

一位著名企业的人力资源总监说过："一个人选择工作实际上是在选择价值观，因为有价值观，你才不会仅仅凭个人利益行事，而是能够从更广泛的意义上看待事情。"明确个人价值观能使你更有力量面对困境，表现在工作上能强化对行动的投入感。你要获得更大的工作激情，关键在于个人与组织的价值观能够密切相连。

管理经验表明，个人与组织共享的价值观能增进个人与组织的效率。如果这两者互不相关，就可能产生许多冲突；如果个人与组织都有相同的价值观，大家就能同舟共济，共同为一种价值观和目标而奋斗。许多优秀团队都有相似的价值观和信念。

2. 展现团队责任感

有一个名牌大学的应届毕业生到麦肯锡公司应聘。她的学历、知识积累和在前几轮面试中的表现都在其他应聘者之上，所以，她算是一路过关斩将，冲到最后一关。

最后一关的题目是小组面试，这个女生把自己咄咄逼人的气势发挥得淋漓尽致，在她的抢先发言和毫无停歇的话语中，这个小组的其他成员几乎连说话的机会都没有。就在她认为自己在面试时表现很抢眼，被录取是十拿九稳的时候，得到的却是她落选了的消息。她无法接受这个结果，于是打电话询问当时的主考官。

考官之一的麦肯锡公司人力资源经理告诉这个女生："你确实是个优秀的女生，也拥有很强的个人能力，但是很明显，你没有认同我们公司一个很重要的价值主张——团队合作。"

在麦肯锡，有一个重要的价值主张，那就是公司的每一件事情都是以团队的方式来进行的，从一线的客户项目工作一直到公司的决策制定都是如此。如果你不能认同这种主张，那就不能确保你能始终与企业保持同一前进道路，招这样的人对公司的长远发展无益。

松下公司创始人松下幸之助更有一套独特的标准：即70分的人才已足够。人才的雇用以适合公司的程度为好，程度过高，不一定有用。水准过高的人，会认为在这种地方工作很浪费；而如果换成一个普通程度的人，他却会很感激。所以招聘过高水准的人是不适宜的，"适当"两字最重要，适当的企业招聘适当的人才，这样就会降低员工的流失率。其实这个"适当"最主要的就是看你对这个公司有没有认同感，能不能主动地投入工作，自觉地维护公司的利益。

划过船的人可能都有这样的体会，只有大家保持统一的节奏向前划的时候，船才能保持最快的速度向前推进。如果其中有一个人划船跟不上整体的节奏，那么整条船的速度就会受到影响。

同样，企业的前进也需要每个人都保持向上的劲头和工作节奏，只有这样才能保持企业之舟全速前进、不断发展。

3. 表明你的工作态度

从一定意义上说，面试的过程是一个让面试官接受你、欣赏你的过程。如果能在最短的时间内表明自己的工作态度，让面试官眼前一亮，你就会有很大胜算。

国外某家企业欲招聘一个职员，有三位求职者报名前来。招聘人员让这三个人想象正在打扫，然后问道："你们在做什么？"

第一个应聘者说："打扫屋子。"

第二个应聘者说："我正在做钟点，每小时3.3美元。"

第三个应聘者却说："你问我吗？我正在整理一座世界上最庞大的宾馆。"

结果，第三个应聘者被录取了。

如果你作为公司的主管人员，不难想象这三个人未来发展的情况会怎样。最可能的情况是：前两人依然是清洁工。他们没有远见，不重视自己的工作，缺乏追求更大成功的推动力。这种人很难为企业的发展做出创造性的贡献。但是，那位把自己看成在整理大宾馆的清洁工绝不会永远是个工人。也许他已成为管理者，甚至成为有名的宾馆经理。第三个清洁工已经掌握了新的思维方法，这为他在工作中的自我发展开辟了道路。

一个人的工作态度能说明他是否能担负大任。事实上，招聘者对求职者能否适合某项工作，经常注意到这一点，就是看他对目前的工作有何看法。如果求职者认为自己的工作很重要，就会给招聘者留下深刻的印象，即使他对那项工作还有不满。道理很简单，如果他认为自己目前的工作很重要，那很可能为他的下一个工作自豪。这是许多单位选人用人的重要原则。一个人的工作态度同他的工作表现有着密切的关系。他的工作态度，正如他的仪表一样，会对上级、同事和下级，乃至他接触的大部分人说明他内在的品质。

沉稳而又不失热情，打动考官的心

一般来说，参加面试的人走进面试现场面对考官时，心理压力会不断增加。如果不善于进行心理调节，就会出现心理失控，影响正常应对发挥。

经常会出现这样的情形，有的应试者的能力比较强，但他们的心理素质太弱，一走进严肃的面试现场就紧张心跳、恐惧害怕，在面试之前就自乱阵脚。这种教训应牢牢记取。

面试不仅考察个人的才学，也要注意自身的心理训练。在面试中，特别是入场后的前三分钟，应采取措施进行积极心理调节，稳定情绪，引导自己进入最佳状态。这样在强大的积极心理支持下，就会有出色的表现。

心理点拨>>

1. 不卑不亢

不卑不亢是人际交往的一条基本原则，它不是简单地表示自己友好的交际态度，它有着丰富的内涵。这是一种胸有成竹的风格和进退自如的交际策略。

春秋末年，齐国宰相晏子奉命出使楚国，因为他身材矮小，楚国人就在大门旁边开了狗洞，请晏子从小门进去。晏子不肯进。说：“只有出使狗国的人，才从狗门进。我现在出使的是楚国，不该从这个门进。”司仪只好又领他改从大门进去会见楚王。

楚王说：“齐国难道没有人了吗？”晏子回答说：“齐国的临淄有三百个居民

区，所有人要是把衣袖举起来，可以组成一道围墙；大家甩一下汗水的话，就像下了一场大雨，怎么能说没有人呢？”楚王说：“那为什么派你当使者呢？”晏子回答说：“齐国派遣使者根据出使国的情况而定。贤能的人就派往有贤明君主的国家，那些无能的人则派往君主无能的国家。我晏婴最无能，所以出使楚国。”

面试中不卑不亢的态度对考生尤为重要。

一些考生过分强调对考官的尊重，一味低声下气、唯唯诺诺、小心翼翼、畏畏缩缩。这样被动的应试风格，会让考官提不起兴趣，甚至故意拿起架子，而考生只会给考官留下无趣、无味，无风度、无魅力的印象。

另外，有的考生自恃学历高或工作经验丰富或其他成绩骄人，在面试时不注意基本的交际礼节，随意打断考官的话，并且不遵从考场工作人员的指导，这样的考生展现的并不是自己的风采与锋芒、信心与勇气，而是自己的目空一切、恃才自居。这样的处世风格不仅在面试考场上不被喜欢和接受，在任何交际场合都将处处碰壁。

我们必须明确，面试求职不是乞职，不是求人。即使竞聘者众多，竞争激烈，但不管怎样考生和考官的地位是平等的。这种平等首先体现于“双方自愿、等价、互惠”的招聘、应聘原则上，考生和报考单位是“双向选择”的，考生不能只看到自己的被选择，更应看到自己手上选择单位和职位的权利。

正如德国有句谚语，“站在山顶上的国王与站在山下的农夫，在彼此的眼里是一样大小的”。考生也应如此。将实现面试目的和保持人格尊严统一起来，是考生应掌握的。正如俗语云：“礼下于人必有所求人。”考生为了面试的顺利进行，必须保持自己的谦虚和对考官的尊重，但若因此放弃人格尊严，百般讨好考官，则始终会处于劣势。

2. 展现热情

不要羞于表达自己的热情。对众多求职者来说，至关重要的一点是要让面试官看到你有多渴望进入他的公司。企业寻找的不仅仅是职业技能上匹配的求职者，尤其是当下，企业比以往更加重视求职者对企业是否有热情。

乔治曾向一家小型的公益机构寻求过一个职位，该职位的工作内容是与青少年打交道，他们大多辍学或轻微犯罪。这些青少年被要求参与社区劳动、做晨练早操等，目的在于帮助他们回归正道。因而这个职位要求能够管理和激励这些“问题少年”。

乔治顺利地通过了考官对他的初试，然后被通知进行复试，复试时增加了两位来自总部的高级负责人作为考官。复试半途中，一位高级负责人说：“你真的不错，问题也回答得好，但是看上去低调了些。”

有人力资源师这样说：“如果他们对于这份工作如此冷漠，我就不得不担心了，因为任何工作都需要全情投入，如果在面试中表现得毫无热情，那么很可能对我的顾客也同样敷衍，这将是非常糟糕的事情。”

作为求职者，可以用很多不同的方式表达你的热情。求职者可以准备好一系列能证明自身技能、优势和成就的实例，比起空泛地阐述自己的能力，具体的例子更有说服力。你也可以绘声绘色地讲述你是如何成功克服困难达成某项目标，这样做的好处在于，最后可以由面试官下结论而不是面试者自己。

除了阐述自身能力的实例，直白地向面试官表达你多么希望能为他和他的公司服务，告诉面试官你的其他工作，让他知道你会是他的第一选择。

但考生的热情要有度，开放自己的精神空间也要有度。考生的角度使其必须和考官保持一定距离。如果考生与考官过急地亲密，容易让人产生动机不纯或交际态度不稳重的看法。有些考生想与考官“见面熟”的急于求成的愿望是不合理的。既要主动接近，又要保持一定距离，这就是“热情”的含义。

3. 谦虚谨慎

面试中尽管要求考生张扬个性、充分发挥，但适当的谨慎还是必需的。没听清、没听懂的问题完全可以请考官重复一遍，也不要急着回答。自己不懂的或懂的很少的，就不要拿来自我炫耀了。

一个年轻人想到大发明家爱迪生的实验室里工作，爱迪生接见了他。这个年轻人为了表明自己的雄心壮志，说：“我一定会发明出一种万能溶液，它可以溶解一切物品。”

爱迪生便问他：“那么你想用什么器皿来盛放这种溶液呢？”

年轻人由于把话说绝了，陷入了自相矛盾的境地。如果将“一切”换为“大部分”，爱迪生便不会反诘他了。

话多的人不一定智慧多。在面试中，说话切记不要说得过满，应该留有余地，这才是智者所为。

“满招损，谦受益”，它从正反两方面进行了精辟的总结。对于一个人来说，谦虚主要有两大方面的好处：

一是谦虚使人进步。人生有涯而学海无涯，一个人不管怎样聪明博学，他的知识与人类整体的知识相比只不过是沧海一粟。“海纳百川，有容乃大。”大凡才识越高的人，越是明白这个道理，因而越是虚心好学、严于律己、持之以恒，也越能成就大事业。

二是谦虚赢得好感。谦虚的人言谈举止谦恭有礼，不专断、不傲慢、不自以为是，在交往中比较容易获得别人的好感，容易得到忠告、帮助和真诚的合作。一个处处得到好感的人，他的事业之船等于悬挂了顺风之帆，其成功也就不言而喻。

从容而自信，向考官展现十足底气

在面试的时候，没有人不希望自己能获得理想的职位，但是绝大多数人，在面对考官的时候，缺少必需的自信和说话的底气，因此他们不能打动考官。

没有或缺乏自信心的人，很难有所作为，这是人所共知的事实。因此，不论什么单位，招聘什么人，都会对应试者的自信心做出评价，而这种评价又将直接影响是否录取某位应试者。因此，应试者要想获得面试的成功，必须充分展现坚定的自信心。

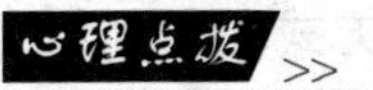

1. 展示自信心

吉拉德刚步入推销界的时候，曾因多次遭到拒绝而感到极端沮丧，他的妻子对他说：“乔伊，我们结婚时空无一物，不久就拥有了一切。现在我们又一无所有，那时我对你有信心，现在还是一样，我深信你会再次成功。”就在这一刹那，吉拉德了解到了一条重要的真理——“建立自己的信心的最佳途径之一，就是从别人那儿接受过来”。

吉拉德重新开始建立信心，他拜访了底特律一家大的汽车经销商，要求应聘一份推销工作。推销经理起初很不乐意。

“你曾经推销过车子吗？”经理问道。

“没有。”

“为什么你觉得你能胜任？”

“我推销过其他的东西——报纸、鞋油、房屋、食品，但人们真正买东西是因为我，我推销自己，哈雷先生。”

此时的吉拉德已表明了足够的信心。

经理笑笑说：“现在正是严冬，是销售的淡季，假如我雇用了你，我会受到其他推销员的责难，再说也没有足够的暖气房间给你用。”

“哈雷先生，假如您不雇用我，您将犯下一生最大的错误。我不抢其他推销员的店面生意，我也不要暖气房间，我只要一张桌子和一部电话，两个月内我将打败您的最佳推销员的纪录，就这么定了。”

哈雷先生终于同意了吉拉德的请求，在楼上的角落里，给了他一张满是灰尘的桌子和一部电话。就这样，吉拉德开始了他的汽车推销生涯。不久，他真的成功了。

吉拉德在求职的谈话中体现了十足的底气，这让主考官对他建立起了一种信任感，使他的求职面试成功了一大半。

自信的行为经常表现为：当表达自己的观点、要求、见解时，确信他人也拥有表达和建议的同等权利。

自信的人倾向于对自信心的关心和培养，对问题的出现采取适当的态度，对他人充满信任等。自信的行为可以通过以下一些语言和非语言的方式表达出来：

“我相信……我是这样认为的。”

“我打算……”

“对解决这个问题，看看我们能做些什么？”

作为自信的行为模式，可以从一些特殊的非语言形式中识别出来。一般地说，自信的行为通常表现为：坚定、适中的声音，口齿清楚、语言流畅，目光稳定温和，面部表情坦诚，身体自然放松而有控制力等。

如果考官问你："你是否有信心胜任这份工作？"你应该清楚，这不是一个"是"就能回答完毕的问题，但是，首先给予肯定的回答才能够显出你的信心。接着，你要描述你成功胜任过的相似的工作（记住，强调结果，因为结果是衡量成功的唯一标准）。如果你没有相关的经验，那么就信心十足地分析你的知识，还有你的性格，这些也是考官们考察的因素。虽然并没有一个回答的标准答案，但是只要以一种坚定与自信的口吻把你所具有的优势与这份工作的联系表达出来就是这个问题的一个完整的答案。

2. 展示抗压性

有些面试没有愉快的交谈、友好的笑容，有的只是面试官严厉的表情和苦大仇深的脸。曾有位女士抱怨她所经历过的一次压力面试：

她向一家广告公司申请了一个文案的职位并顺利地通过了筛选面试。在第二轮面试时，她遭遇了公司的人事经理杨女士。

当她信心十足地跨进杨女士的办公室，在例行的欢迎之后，气氛就完全变了。

杨女士首先浏览了一遍她的简历，然后冷冷地抬起头盯着她："你觉得这份简历能说服我留下你吗？"

她自信又不失礼貌地答道："诚然，简历只是让您了解我的工具之一，所以我现在坐在您的面前，相信经过面试您会对我有更全面深入的了解，并做出选择。"

听完这番话，杨女士立刻露出了微笑的表情，对她的态度一百八十度转弯，示意她先喝水再慢慢聊……

要是一遇到阻碍就皱眉，说话有气无力，谁会相信这样一个连自己都不相信的人呢？当然也就不可能录用他。

有的面试过程中，主考官会故意采用一种压力面试来测验你的抗压能力。所谓压力面试一般是指在面试刚刚开始时，主考官就风向一转，给应试者以意想不到的一击，以此观察应试者的反应。

比如，面试官会突然提出一些不甚友好或具有攻击性的问题，这时，如果你能顶住压力，从容不迫，表现出你十足的把握，那你多半能在面试中获胜。

说话的底气来自于内心的勇气和自信，将它们展现于主考官面前，才有说服力使他相信你的能力和决心，放心把工作交给你。

3. 掌握“瞬间展示”法

许多企业特别是外资企业和合资企业，都喜欢采用“一分钟录像”的办法来选择人才。所谓一分钟录像，就是只给应聘者一分钟的时间，让他们利用这短暂的时间来介绍自己，同时录像，然后拿给招聘者观看。这种自我介绍比较难，因为没有任何问题作为你谈话的引导和提示。

如果招聘单位使用“一分钟录像”的方法录用人员，那么求职者在一分钟的时间里，如何充分地表现，如何更多、更好地让对方了解自己，便成了求职成败的关键所在。因此，这要求应聘者必须在短短的几分钟内或某一瞬间，最有效、最充分而又最简洁地表现自己，从而获得求职成功。这种策略称为“瞬间展示”法。

“瞬间展示”法的求职技巧主要包括以下两个方面：

其一，精选一分钟录像内容。由于只有一分钟，时间很短，因此说话内容不宜太多、太繁杂，着重讲好以下几个方面即可：

（1）自己的简历、家庭状况。

（2）自己的专业、主修的课程。

（3）曾担任过的社会工作。

（4）对自己未来工作的简单设想。

（5）应聘的态度。

（6）自己的抱负和理想。

其二，一分钟内注意的事项：

（1）在服装方面要特别打扮一下，衣着整洁，将会给人一种美的感觉，也是社交活动必备的。

（2）切忌蓬头散发，不修边幅。

（3）镇定自如，不要紧张。

（4）礼仪周全。开始时，先说声“你好”，然后再作自我介绍，最后不要忘了说声“谢谢”。

（5）内容要简单精练。

（6）说话声音要高低适中，吐字发音要清楚。

（7）自我介绍的话并不需要说得太多，但要句句说到点子上，这样就能轻易为你的面试加分。

被问有何“缺点”时，该怎么回答

参加招聘面试，最怕考官提些让人“无从下口”的问题，像“你有哪些缺点”，就是典型的面试难题。

面试考察中，有些应试者被别人提到自身的缺点，或是不愿触及的问题时，常会不由自主地摆出防御姿态，甚至反击对方。这其实对你的面试是极为不利的，甚至是你面试中的一大危机。别忘了，你只是一个候选人，自以为是振振有词地驳倒面试官，只会使你误入面试陷阱。

心理点拨>>

1. 要承认缺点

如果自己有缺点，最好的办法就是坦然地承认它。为自己的缺点找足理由也无济于事，重要的是如何使对方在感情上认同你谈及自身缺点的态度。

让我们来看一段戴维与法拉第的对话。

戴维：“很抱歉，我们的谈话随时有可能被打断。不过，法拉第先生，你很幸运，此时此刻仪器还没有爆炸。你的信和笔记本我都看了，你好像在信中并没有说明你在什么地方上大学。”

法拉第：“我没有上过大学，先生。”

法拉第接着说：“我尽可能学习一切知识，并在自己建立的实验室进行试验。”

戴维：“哦，你的话使我很感动。不过科学太艰苦了，付出极大的努力只能得到微薄的报酬。”

法拉第：“但是，我认为，只要能做这项工作，本身就是一种报酬！”

这是一段精彩的传世对白，它是英国科学家巨匠法拉第当年向戴维爵士求职时的对话。当戴维爵士强调法拉第没有正规学历时，法拉第毫不避讳地承认自己没有上过大学，并把话锋迅速转向他的长处——执着、勤奋。最后，法拉第被戴维破格收为自己的助手。

有的面试官常常对那些表现令人满意的应试者提出令人尴尬的问题："从事某项工作你有什么主要缺点或不足？"有的考生连连摇头，回答说没有，甚至有人反问："您说呢？您给我指出来好吗？"有的考生不假思索，脱口而出："我的缺点就是特散漫，不愿意受纪律约束。"或述说从事某项工作的其他致命缺点，令人啼笑皆非。这样的人单位敢要吗？

而有人的回答却令面试官赞叹不已，他们既不掩饰回避也非直截了当，而是联系年轻人的共同弱点，如缺乏实践经验、社会阅历较浅等；结合本专业的发展趋势，如知识结构不甚合理、专业知识不足以应对新的挑战等；还有过分追求完美、开拓精神不够、过于追求工作效率、小心谨慎不足，等等；讲讲自己正在克服和能够改正的弱点，谈理想与现实中的差距，讲那些表面是缺点但对某项工作有益的个性，相当于说"我很丑可是我很温柔""我很笨，但是我更忠于职守"，等等，这样既体现了谦逊好学的美德，也正面回答了这一难题。

2. 要扬长避短

金无足赤，人无完人。如果你想刻意掩盖自己的缺点，尤其是那些显而易见的缺点，恐怕会招致反感。最好的办法就是在与主考官交谈时坦然承认，但是，承认缺点是要讲求方法的，最好在谈缺点的时候，模糊该重点，甚至暗暗对自身优点夸赞一番。

我们都非完人，但可以扬长避短。应聘者极力宣扬个人的长处，并把自己的长处同应聘的工作有机地结合起来，变不利为有利。

我们可能经常会遭遇这样一个问题："你认为你自己最大的弱点是什么？"我们不得不针对这个提问做一番对策准备。

这是一个棘手的问题。如果照实回答，你可能会毁了工作；如果回答没有什么缺点，又实在不能令人信服。面试官试图使你处于不利的境地，观察你在类似的工作困境中将做出什么反应。

“朋友们都说我做事情过于追求完美，以至于有些吹毛求疵。记得学校校庆时，我负责宣传板报的制作，返工了 4 次，被和我搭档的同学埋怨了好久。”这样的回答，说的虽是自身的缺点，却表现了正面的效果，体现了你对工作的认真和负责。

求职面试时，如何做到扬长避短?

第一，不宜说自己没什么缺点。

第二，不要把那些明显的优点牵强地说成缺点。

第三，切勿不经思量地说出那些严重影响应聘工作的缺点。

第四，不宜说出一些令人不放心、不舒服的缺点。

3. 及时澄清误会

在面试的时候，你要认识到：有的“缺点”并不是缺点，而是一般意义的误会造成的，这时，你应及时澄清，缩短与对方心理上造成的差距。

刘晓的家庭环境不错，他到一个普通公司去面试，在介绍自己时说：“我的父亲是省 ×× 局的局长，但他对我的要求很严格，家中虽有保姆，但我自己的衣服，从来不让保姆给我洗。由于我是在这个环境中长大的，所以什么事情都自己做，也从不依赖父亲的职权。如果能够到贵公司工作，你们吃的苦，我都能吃……”刘晓抓住自己的家庭出身，是容易引起人们产生不能吃苦的看法，从自己的父亲对自己的严格要求入手，谈到自己对家庭出身的看法和对生活所采取的态度，以致让对方了解自己有能吃苦的品质，与用人单位的要求相一致。这样一来，就缩小了他与用人单位的距离。最后顺利地得到了进入公司的名额。

一个人有缺点并不可怕，可怕的是不敢承认它、改正它，反而强词夺理。这时候缺点就变成危机了。

从辩证的角度看，缺点与优点是相互转化的，前提是正确地认识缺点，实实在在地改正缺点。“横看成岭侧成峰”，对缺点本身来讲，有些“缺点”对某些工作来说恰恰是优点，“我很笨，但是我更忠于职守”；对有缺点的人来说，无论是消除误会，还是坦然承认，都会使消极评价转化为积极的评价。

巧妙回答，化解紧张气氛

大多数人刚进入面试现场时都表现得略显紧张，有不少有能力、有才华的人为此痛失机会。对于面试官来说，紧张慌乱的应聘者，意味着不能很好地胜任工作。

在求职面试中，主考官经常会给你出一些令你左右为难的问题。在这个时候，你可以选择缄默吗？不能，那只会使你与工作失之交臂。你只能勇敢作答，但有勇也要有谋。

这时，需要靠应聘者借用美言笑语化解紧张气氛。

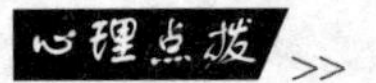
心理点拨>>

1. 两难问题，圆融回答

对于可能设有“陷阱”的提问，一般情况不要直答，而应想一想对方的用意何在，“机关”在哪里，然后运用预设前提的说法跳过陷阱，予以回应。

日本某银行招聘公关人员时，极为重视职员协调人际关系的能力。该银行没有专门考核应聘者的业务知识，而是提出了一道别出心裁的判断题：“当国家的利益和银行的利益发生冲突时，阁下采取何种对策？”

三类不同的应聘者对问题的回答迥然不同。

第一类人回答：“当国家利益跟我们银行利益发生冲突时，我会坚决地站在我们银行的立场上。”

银行主管人员认为，这样的人将来准会捅娄子，不能聘用。

第二类人回答：“当国家利益和银行利益发生冲突时，我作为国家的一员，应该坚决保护国家的利益。”

银行主管人员认为，第二类人员适合政府部门的工作，也不可取。

第三类人则回答说：“当国家利益和银行利益发生矛盾时，我要尽全力淡化矛盾。”

银行主管人员认为第三种人才是银行需要的高手。

企业同政府的关系往往集中表现在国家利益和企业利益上，企业公关人员作为企业与公众之间的媒介，只有注重社会整体的协调性，善于采取圆融战术，才有可能妥善处理好企业与国家的关系。

比如，其中有一个问题常常被当作拦路虎，它时不时跳出来为难求职女性：如果让你在家庭与事业之间做选择，你认为哪一个更重要？

这是一个老生常谈的问题，也是一个难题。事实上这是一个对于任何人都重要的问题，之所以经常出现在女性求职者面试的情景中，是由于女性往往要对家庭内务承担更多的责任，而这些责任很可能与工作相冲突。招聘单位自然非常希望你以事业为重，但也很清楚谁都希望拥有一个幸福美满的家庭，有幸福的后方保证，才能无后顾之忧地集中精力工作。显然，这道题目是个两难的选择，不管你选择家庭还是事业，无疑都是不合适的。所以，回答这个问题的时候，不妨换个角度，不和题目正面冲突，又给出招聘单位想要的答案。

你可以参考如下的回答：

“我认为，无论在工作上还是在家庭中，女性的最大目标都是要使自己活得有价值。虽然我很想通过工作来证实自己的能力、体现活着的意义，但家庭对于我的意义也是不容小觑的，我也相信，不只是我，可能每个人都是这么认为的。家庭和工作也许是互相影响的两方面，但我相信，它们并不是站在对立的立场上，处理得当的话是完全有可能两全其美的。事实上，有很多女性都是这样做的，而且她们也做得很不错。我认为我也可以做到。”

这样的回答，既表明了你对待工作的态度，又表达了你对家庭的热爱，而这两点，正是一个心理健康、成熟的女性所应该具备的。

在面试中，学会这样回答问题，不要表明你对任何一个方向的倾向，能大大提高被录用的机会。

2. 离职原因，小心表达

“你能说一说离开原单位的原因吗？”这类问题在面试时经常会被问及，面试考官能从中获得很多有关你的信息。因此，求职者面对这个看似简单的问题，回答时切不可掉以轻心。对于一些普遍性的原因，如“大锅饭”阻碍了自身的发挥、上班路途太远、专业不对口、结婚、生病等人们都可以理解的原因，是可以如实道来的。

关于为什么从上一家公司离职，这是不少求职者都会被问到的问题。对下面一些原因就要慎之又慎了，否则，很有可能使你的面试陷入僵局。

（1）关于上司的问题。对你的前任上司切不可妄加评论，要知道现在招聘你的考官可能就是你未来的上司，既然你可以在他面前说过去的上司不好，难保你今后不对他说三道四。一个人要在社会中生存，就得与各色各样的人打交道，挑剔上司说明你对工作缺乏适应性。

其实主考官心里有数，知道许多人是因为讨厌上司而辞职不干的，他们自己也可能因为同一原因换过几次工作，但是没有多少雇主喜欢听这种话。

惠普公司的副总裁麦克·李弗尔说："我想不通为什么有些人希望我录用他，却又去谈他和上司有冲突。那等于拉响了警报。"然而，如果你真是因为上司太难应付而辞职，就应该委婉地告诉主考人，这比直接说出来好得多。要说得得体，保持冷静。

（2）关于人际关系的复杂。现代企业讲求团队精神，要求所有成员都有与别人合作的能力，你对人际关系的胆怯和避讳，会让人认为你心理状况不佳，处于忧郁、焦躁、孤独的心境之中，从而妨碍了你的事业发展。

（3）关于工作压力太大。在这个快节奏的现代社会，无论是在企业内部还是在同行业之间，竞争都很激烈。竞争不仅来自于社会压力，同时也使员工处于高强度的工作压力之下。如果你动不动就说，在原单位工作压力太大，很难适应，很可能让现在的招聘单位对你失去信心。

（4）关于你想换行业的意愿。洛杉矶的招募员霍华德·尼奇克告诫说："不要直接说'我想试一试另一份工作'。我听了会这么想：'此人对自己的方向都没搞清楚。'"你应该说，以你的能力、个性和志向，做这份新工作更适合，或者说，你想"添加"一些能助你取得更大成就的新经验。

你可以从这几个方面来说，一方面是自己的专业基础、曾经的工作经验、社会活动、个人感受，说明你对这个职位的了解；另一方面告诉考官你的性格，正是这样的性格适合这份工作；此外，再把你的兴趣与工作联系起来就使这个回答更加圆满了。

3. 幽默沟通，润滑关系

在求职面试的过程中，求职者在回答问题时采用一些幽默的语言，这样不但活跃气氛，也能获得面试官的好感。达到成功彼岸的路可以说有千条万条，而幽默是一条阳光大道，是潇洒走一回的必然选择。

在一次电视台主持人招聘面试中，考官问一位女学生："三纲五常中的'三纲'指什么？"这名女学生答道："臣为君纲，子为父纲，妻为夫纲。"她刚好把三者关系颠倒了，引起哄堂大笑。可她镇定自若，说："我指的是新'三纲'，我们国家人民当家做主，领导是人民的公仆，当然是'臣为君纲'；计划生育产生了大量的'小皇帝'，这不是'子为父纲'吗？如今，妻子的权利逐渐升级，'妻管炎''模范丈夫'流行，岂不是'妻为夫纲'吗？"

这位女学生机敏幽默的回答，显示了她的口才与智慧，显示了她竞争的实力，最终使她顺利通过了面试。

幽默是自信的表现，是善于处理人际关系的反映。可以说，哪里有幽默，哪里就有活跃的气氛；哪里有幽默，哪里就有笑声和成功的喜悦。为此，在非常严肃、紧张、决定前途面试的时候，不妨来点幽默，不仅能使自己放松，也使考官记住你，可能还会使你在面试中脱颖而出。

面试的时候，许多人会因为紧张而失去被录取的机会，这其中包括许多有才华、有能力的人。此时，如果你善于幽默，不妨发挥一下，调节一下气氛。幽默感可以说是一种优美的、健康的品质；幽默也是人与人之间的润滑剂，是一个敏锐的心灵在精神饱满、神气洋溢时的自然流露。每个人都喜欢说话风趣的人。

面试中，自信的应答不但有助于受试人吻合招聘者既定的聘用期望，而且可能重新塑造招聘者的聘用愿望。然而有的人更

第二章
说对话，更容易博得领导信任

藏露有术，和领导沟通如何得到赏识

学会和领导沟通是职场中的一门必修课。为什么付出的勤奋努力相差无几，有些人能很快脱颖而出，有些人却不受青睐？因为前者明白，勤恳努力很重要，但让领导关注到自己的所有努力更重要。如何赢得青睐？学会和领导说话，善于与领导沟通！

在职场上出人头地，才干加上超时加班固然很重要，但懂得在关键时刻说适当的话，也是成功与否的决定性因素。卓越的说话技巧，能够避免麻烦事落到自己身上，也有利于处理棘手的事务等，不仅能让你的工作生涯加倍轻松，更能让你名利双收。

心理点拨 >>

1. 不和领导正面冲突

俗话说，“官大一级压死人”。作为下属，千万不要和领导发生正面冲突。

邹敏是一个比较有思想、有见解的女孩，现从事编辑工作。在一次编辑周会上，因一个选题问题她与主编发生了争执，差点让主编下不了台。之后，主编对她不冷不热，甚至有时还故意为难她。很明显，她已得罪了主编，经过身边人的提醒，邹敏已清醒意识到与主编关系处理得好坏与否，直接影响到她工作环境的优劣和未来的发展。因此，必须采取有效措施挽回这个不利局面。可该采取怎样的措施，她还真有点糊涂。

故事中邹敏的困境身为职场中人的你也可能会遇到，如果真的得罪了上司，你应该怎么办呢？

如果得罪了上司，首先应准确判断上司是否果真是看你不顺眼，但不要过于敏感。假如你不再被委派许多事务，尤其是有挑战性的任务，或不再被邀请参加与你的位置相称的办公会议，这时候你同上级的关系就有待改善了。处理这些问题，第一步可以由你的良师益友或别的亲近的人替你调查一下。你还可以直接走到上司面前说："我不知道发生了什么事情，您是否能解释一下呢？"然后洗耳恭听。当上级讲完后，你再说："现在我对情况更加了解了，为了扫除障碍，我想我们可以这么办……"注意要把焦点放在如何改善关系上，不要责备任何人，也不要提到任何有关导致危机原因的话题。

不管谁是谁非，得罪上司无论从哪个角度来说都不是件好事，只要你没想调离或辞职，就不可使关系陷入僵局。

2. 隐藏自己的野心

南下打工的汪明只用了两年的时间就成了一家公司的副总经理，不可否认，他是凭真本事坐上这个位子的。

不论是从一开始做普通职员，还是后来做副总经理，汪明都表现得非常出色。后来他发现总经理李玲可以说形同虚设，每次汪明向她请示工作时，李玲都认真听他说话，最后只说一句："你放心去做吧。"算是应允了。这样一切几乎都是汪明在作决策，但一遇上签合同时，客户总要和总经理面谈，这令汪明很不服气。

老板是个笑面人，几次听了汪明的怨语，从不动声色，只是笑问："我那小姨不会过多干涉你的工作吧？"汪明心想：虽然如此，但总给我留下一块心病。就答："也许将李玲放在别的位置上，公司的收益会更好。"老板脸上依然笑着，但心里已有了盘算。后来，李玲知道了汪明排挤她的事，作为大股东的李玲越想越气，不久就炒了汪明的鱿鱼。汪明万万没有想到事情会是这样的结果。

其实，成功也就意味着你在社会的阶层楼梯上又往上攀登了一层。但是越往上，竞争就越激烈。这就好比一个公司，上层领导的位置不可能像普通职工的位置一样多，如果你想往上攀登，就需要等待你的上司能把他的位置留给你。可是，如果你的上司得知你在等着他走了好顶上去，他一定先把你赶出去。因此，“韬光养晦”是大有学问的。在“韬光养晦”的时候，要有耐心，还要有信心，更重要的是要善于伪装，表面上看自己并没有野心，这样才能使对方对你的“不良居心”失去戒心。

职场中也是如此，如果整天说“我要当老板，自己置办产业”，很容易被老板当成敌人，或被同事看作异己。如果你说“在公司我的水平至少够副总”或者“35 岁时我必须干到部门经理”，那你很容易把自己放在同事的对立面上。

野心人人都有，但是位子有限。你公开自己的进取心，就等于公开向公司里的同僚挑战。僧多粥少，树大招风，何苦被人处处提防，被同事或上司看成劲敌，做人低姿态一点儿，是自我保护的好方法。你的价值体现在做多少事上，在该表现时表现，不该表现时就算韬晦一点儿也没什么不好，能人能在做大事上，而不在说大话上。

3. 尊重领导

“为尊者讳”，这是官场的一条规矩。一个人，无论出身多么低贱，有过多么不光彩的经历，一旦当上了大官，爬上了高位，他身上便罩上了灵光，变得神圣起来。往昔那些见不得人的事，要么一笔勾销，永不许再提；要么重新改造，重新解释，赋予新的意义。

朱元璋原本是泥腿子出身，早年当过和尚，后来又参加过推翻元朝统治的红巾军起义。这些经历在朱元璋看来都是卑微的。朱元璋因当过和尚，对“光”“秃”一类的字眼十分忌讳；因红巾军被统治者说成是“贼”“寇”之类的组织，朱元璋便对这些字眼也极为反感。最具有代表性的例子是，杭州徐一在《贺表》里写了“光天之下，天生圣人，为世作则”几个字，朱元璋读了勃然大怒说：“生者僧也，骂我当过和尚。光是削发，说我是秃子。则者近贼，骂我做过贼。”于是，立即下令把徐一处死。

不妨学会赞美自己的领导，这不是一件简单的事情，它是一种本领，是需要如同舞剑一样地反复练习，只有这样才能成为公司里或者社交场中颇受欢迎的人。

上司更喜好被取悦，而不是被激怒；喜欢听到褒奖，而不是被对方恶言相向；更乐意被喜爱，而不是被憎恨。因此，仔细加以观察，就能投其所好，避其所恶。

赞美老板更是需要技巧，同时赞美也是与老板保持良好沟通技巧的金钥匙。老板是职位比你高一层的人，所以你不能像对待同事朋友那样随意赞美；如果赞美得牵强附会则有奉承恭维之嫌，以致他未必照单全收，倒还有可能生出反感。赞美上司时，要考虑成熟时再予以赞美。

向领导进言，不妨先转个弯

面对来自上司的压力，总有一些话如鲠在喉，不吐不快。此时此刻你将怎么做？不吐不快，绝不意味着要一吐为快，跟上司提意见还是要婉转说。因为他有权力随时解雇你。

1. 注意语气适当，措辞委婉

《金额工人》一书的作者罗伯特·凯利，曾引述加利福尼亚某电影公司的一位程序设计员和他上司进行争辩的故事。

当时，为了某个软件的价值问题，双方争执得僵持不下。凯利说：“我就建议他们互换一下角色，站在对方的立场上进行争辩。五分钟以后，他们便发现自己的行为有多么可笑，两个人都不禁大笑起来，接着，很快找出了解决的办法。”

因为说得过火或过于渲染，涉及领导的尊严与权威，尺度掌握不准，搞得不好就会有嘲讽、犯上之嫌，被领导误以为心怀不满，另有所指。所以，作为下属一定要注意使自己的口气和缓，显示自己的诚恳和尊敬之情。特别是要让领导明确地认识到，你的所作所为都是出于做好工作的动机，是为领导设身处地的着想，而不是针对领导者本人有何不恭的看法。

“要想成功地与上司交手，了解他的工作目标和其中的苦衷是极为重要的。”赖斯顿顾问说，“假如你能把自己看作是上司的搭档，设身处地替他着想，那么，他也会自然而然地帮你的忙，实现你的理想。”

2. 提意见兼并上司的立场

李先生是一家外企的总经理助理。他的顶头上司王总是搞学术和技术出身，由于工作重点长期落在研究开发领域，因此对企业管理一知半解。出于对技术的钟情，王总直接插手技术部门的事，把管理的层级体系搞得乱七八糟，其他部门虽然表面上敢怒不敢言，但私下里无不怨声载道，让李先生在与其他部门的沟通协调方面备感吃力。

经过思考，李先生决定采用兼并策略，向王总建议。他对王总说，真正意义上的领导权威包含着技术权威和管理权威两个层面，王总的技术权威牢固树立，而管理权威则有些薄弱，亟待加强。王总听后，若有所思。

李先生巧妙地兼并了王总的立场，结果获得了成功。后来，王总越来越多地把时间用在人事、营销、财务的管理上，企业的不稳定因素得到控制，公司运营进入了高速发展状态，李先生的各项工作也顺风顺水，渐入佳境。

从李先生的经历，我们可以得到很好的启发：兼并上司的立场，的确不失为向上司提意见的上等策略。首先，它没有排斥上司的观点，而是站在上司的立场上，最终是为了维护上司的权威，出发点是善意良性的；其次，这种策略是一种温和的方式，能够充分照顾上司的自尊，易于被上司接受，效率较高；另外，它需要很强的综合能力，需要很高的社会修养。能够针对不同情况，不断提出有效率的兼并上司立场的意见，并非轻而易举。久而久之，个人的领导能力亦会迎风而长，甚至来一个飞速提升。

3. 先赞扬再反对

向上司表示反对意见时，不仅要有充分的理由，而且要说得使他完全信服。同时，说话技巧的运用也不能不讲究。首先，你可对上司的建议表示一番恭维的赞扬，比如：“太好了！”然后对这个建议的优点大概做个分析，阐明你能认同的原因。紧接着点出这个建议的局限性，让上司意识到这个建议存在的不足，从而让其动摇对这个建议的坚持。这时，你就可趁机推出你的建议，并详细分析这个建议的优点，从而让上司认识到你的建议要优于他的建议。采用这种方法既满足了上司的自尊心，同时也不会使他产生不悦。待他作一番详细的斟酌后，他就极有可能推翻自己的建议，采纳你的了。

与上司持相反观点的人，往往容易陷入“是坚持真理，还是照顾上司面子”的怪圈。上司需要意见，因为他们不是万能的神，能解决所有的问题，相反，他们也常常为解决不好某些问题而苦恼。因此，上司需要下属经常向他提出好的意见。

对于那些强力进谏的人，上司头疼的不是他提的意见，而是意见的提出方式。例如：“主任，您刚才说的观点完全错了，我觉得事情应该这样处理……”或者“主任，您的办法我不敢苟同，我以为……”这些方式首先否定了上级意见的全部，后面的观点让上司觉得脸上挂不住，故从一开始就在领导心中产生了对下属意见的抑制思想。

如果能抓住上司意见中的某一处被你所认同的地方，加以大力肯定，然后再提出相反的意见，则较易被接纳。因为你一开始就肯定上司的某一处价值，就已打开了进入上司大脑意见库的大门。

例如：“主任说得对，在××方面，我们的确应当给予充分的重视，这是解决问题的前提之一，我认为，除此之外，我们还应当……”后面提了观点，重点在于论证过程，说理、举例，指出不这样做的后果，让上司意识到你的观点从实践上更加可行。最后结束发言时，千万别忘了强调你提出相反意见的出发点。

“因此我想，如果能这么做，排除这个问题是不费吹灰之力的，公司也能以更高的速度发展。”听了这话，上司会意识到你的一切意见的最终目的，都是为了公司的前途，你的意见被采纳的可能就不言而喻了。

给上司安全感，向领导表忠心

在领导面前，有能力的下属没有听话的下属“受宠”，因此，在向领导示好的时候，与其展现自己的能力，不如表现自己的忠心。

每个人都想有个辉煌的将来，总希望自己能在职场上拼杀一番，闯出名堂。自己的打拼固然重要，贵人的扶持更不可少。职场上离不开的贵人就是领导，要想得到他的赏识就要适时向领导表表自己的忠心。

心理点拨>>

1. 不要恃功自傲

三国时的许攸，本来是袁绍的部下，虽说是一名武将，却足智多谋。官渡之战时，他为袁绍出谋划策，可袁绍不听，他一怒之下投奔了曹操。曹操听说他来了，没顾得上穿鞋，光着脚便出门迎接，鼓掌大笑道："足下远来，我的大事成了！"可见此时曹操对他很看重。后来，在击败袁绍、占据冀州的战斗中，许攸又立了大功，他自恃有功，在曹操面前便开始不检点起来。有时，他当着众人的面直呼曹操的小名，说道："阿瞒，要是没有我，你是得不到冀州的！"曹操在人前不好发作，只好强笑着说"是，是，你说得没错"，心中却已十分嫉恨。许攸并没有察觉，还是那么信口开河。

有一次，许攸随曹操进了邺城东门，他对身边的人自夸道："曹家要不是因为我，是不能从这个城门进进出出的！"曹操终于忍耐不住，将他杀掉。

不管你的功劳有多大，你如果只是一个下属，千万不能在众人面前，尤其是上司面前夺了上司的光芒，否则你也会像许攸一样遭人摒弃。

许多上司最看不上那些自吹自擂的人，有了一点点成绩，就心高气傲、不思进取，这样的人是不会得到提拔和重用的。所以，下属与上司相处时，一定要掌握分寸。

尽管上司有时在某一方面确实远不如你，作为下属的你还是要注意。在你与上司当面说话的时候，不要气势逼人，不要冷嘲热讽；背地里说话也不要评头论足；更不要让上司当众出丑，如芒在背。这些都是蔑视上司的行为，你很容易被上司认为是一个恃才傲物和喜欢顶撞权威的人，从而不信任你。

要是你有远大的抱负，不要斤斤计较成绩的取得你究竟占有多少份，而应大大方方地把功劳让给你身边的人，特别是让给你的上司。这样，做了一件事你感到喜悦，上司脸上也光彩，以后，上司少不了再给你更多建功立业的机会。如果只会打眼前的算盘，急功近利，则会得罪身边的人，将来一定会吃亏。

2. 用合适的方式表忠心

宋太宗年间，曹翰因罪被罚到汝州。曹翰苦思返京之策。一天，宫里派了个使者到汝州办事，曹翰哪里肯放过这个机会。他想办法见到了使者，流着泪对他说："我的罪孽深重，就是死也赎不清，真不知怎样才能报答皇上的不杀之恩，现在只有在这里认真悔过，来日有机会一定誓死报效朝廷。只是我在这里服罪，家里人口太多，缺少食物活不下去了，我这里有几件衣服，请你帮我抵押一万文钱，交给家人换点粮食，好使家里大小暂且糊口。"

使者回到宫中如实向宋太宗做了汇报。太宗拿过包袱打开一看，里面原来是一幅画，画题为《下江南图》，画的是当年曹翰奉宋太祖旨意，任先锋攻打南唐的情景。太宗看到此图想起曹翰当年的功勋，心里很难过，怜悯之情油然而生，决定把曹翰召回京城。

宋仁宗时，丁谓被贬官到崖州，他虽然十分不满，表面上却装着潜心思过。那时他本人贬到崖州，而家属还留在洛阳。有一次，他写了一封信派人送往洛阳，交给洛阳太守刘烨，请求刘烨转交给自己家里的人。丁谓告诉送信的人，务必等到刘烨会见下属的时候再把信交给他。送信人依计而行。刘烨在公众场合接到丁谓的信，不敢隐瞒，马上派人把丁谓的信呈送给皇上。

皇上收到信拆开一看，里面全是悔过的话，措辞十分尖锐。信中还对家里人说："朝廷对我们恩泽深厚，我们全家就是肝脑涂地也报不尽浩荡的皇恩，不要因为朝廷对我的贬谪而产生怨恨之心。"仁宗被深深打动了，于是便下诏把丁谓调到了雷州。

与领导之间因为种种原因被压制，这是常见的现象。这时如果能像曹翰、丁谓一样，依旧向领导表示忠心，告诉你是他的“自己人”，他多半会心情大悦而放你一马。

刘备临终前为了测试诸葛亮的忠心，故意对诸葛孔明说，阿斗为人非常懦弱，丞相是人间圣贤，如果可以辅佐就辅佐，不行的话你自己当皇帝算了。孔明心里透亮，但还是大吃一惊，于是不假思索翻身跪倒，涕泪交加，指天发誓永远忠于刘氏天下，不惜肝脑涂地。“臣安敢不竭股肱之力，尽忠贞之节，继之以死乎！”

说完叩头流血。让刘备死前的心稍微安了一些，让诸葛亮继续执掌大权，得以七擒孟获、六伐中原，一展自己的抱负。

可见，适时地表达出忠心之意是多么重要。

3. 想方设法向上司表忠心

南朝有个人叫萧琛，能言善辩。在萧衍还没有称帝时，他就与之交好。后来萧衍当了皇帝，两个人之间的关系还是很亲密。

有一次，武帝萧衍举行大型宴会，萧琛也参加了。酒过几杯后，萧琛有些醉意，就趴在桌子上。武帝见了，就用枣子投他，正好打中萧琛的头。萧琛抬起头，竟然不假思索地拿起食品盒里的栗子向武帝投去，正好打中武帝的脸。这时，旁边的官员都看到了，吓得大气都不敢出。武帝的脸也一下子沉了下来，刚要动气，这时只见萧琛说道："陛下把赤心投给臣，臣怎敢不用战栗来回报呢？"武帝一听，转怒为笑。

这里，"赤心"是借用枣的形态做比喻的，"战栗"则是借用了"栗"的谐音。可以想象，这个忠心表得既大胆又巧妙，让皇帝由怒到喜，这"喜"就更深了。

古语说"一朝天子一朝臣"，一任领导总要把主要的辅助岗位上安插"自己人"。是"老臣"们能力低、水平差吗？不是，是因为怀疑他们是否对自己服气，是否忠心。所以要想成为"天子"的"朝臣"，就一定要向他表示自己的忠心。

要凸显上司的身份，维护领导的权威

上司就是上司，平时说话应该注意突出他的身份。既然你的角色是为人下属，那么就该摆正自己的位置，在自己的职位上为公司出力，而且还要做到不"越位"。

在职场中，下属和领导的"越位"有多种表现形式：

第一，决策的越位。在有的企业中，职员可以参与决策，这时就应该注意，谁做什么样的决策，是有限制的。有些决策职员可以参与意见，有些决策，职员还是不插言为妙。

第二，表态的越位。表态，是表明人们对某件事的基本态度。表态要同一定的身份密切相关。超越了自己的身份，胡乱地表态，是不负责任的表现，也是无效的。对带有实质性问题的表态，应该由领导或领导授权才行。而有的人作为下属，却没有做到这一点。上级领导没有表态也没有授权，他却抢先表明态度，造成喧宾夺主之势，陷领导于被动。

第三，工作的越位。哪些工作由你干，哪些工作由他干，这里面有时确有几分奥妙。有的人不明白这一点，有些工作本来由领导做更合适，他却抢先去做，从而造成工作越位。

第四，答复问题的越位。这与表态的越位有些相同之处。有些问题的答复，往往需要有相应的权威，作为职员、下属，明明没有这种权威，却要抢先答复，会给领导造成工作的干扰，也是不明智之举。

第五，某些场合的越位。有些场合，如与客人应酬、参加宴会，也应当适当突出领导。有的人作为下属，张罗得过于积极，比如同客人如果认识，便抢先上前打招呼，不管领导在不在场。这样显示自己太多，显示领导不够也不好。

心理点拨 >>

1. 言辞上不要“越位”

阿明年轻干练、活泼开朗，入行没几年，职位“噌噌”地往上升，很快成为单位里的主力干将。几天前，新老板走马上任，下车伊始，就把阿明叫了过去：“阿明，你经验丰富，能力又强，这里有个新项目，你就多费心盯一盯吧！”

受到新老板的重用，阿明欢欣鼓舞。恰好这天要去上海某周边城市谈判，阿明一合计，一行好几个人，坐公交车不方便，会影响谈判效果；打车吧，一辆坐不下，两辆费用又太高，还是包一辆车好，经济又实惠。

主意定了，阿明却没有直接去办理。几年的职场生涯让他懂得，遇事向老板汇报一声是绝对有必要的。于是，阿明来到老板跟前。“老板，您看，我们今天要出去，”阿明把几种方案的利弊分析了一番，接着说：“所以呢，我决定包一辆车去！”汇报完毕，阿明发现老板的脸不知道什么时候黑了下来。他生硬地说：“是吗？可是我认为这个方案不太好，你们还是买票坐长途车去吧！”阿明愣住了，他万万没想到，一个如此合情合理的建议竟然被打了“回票”。

“没道理呀！傻瓜都能看出来我的方案是最佳的。”阿明对此大惑不解。

阿明凡事多向老板汇报的意识是很可贵的，错就错在措辞不当。注意，阿明说的是："我决定包一辆车！"在老板面前，说"我决定如何如何"是最犯忌讳的。

尊卑有序是一种纪律的象征，维护领导权威形象是属下分内的事。

在工作中，"越位"对上下级关系有很大影响。下属的热情过高，表现过于积极，会导致领导偏离帅位，大权旁落，无法实施领导的职责。因此，领导往往把这视为对自己权力的严重侵犯。

下属如果经常这样，领导会视之为"危险角色"，不得不警惕你，甚至来制约你，这时，即使你有意同领导配合，领导也不愿与你配合了。

2. 必要时替领导背黑锅

小甄今年刚大学毕业，进了政府机关，当了一名职员。这天，领导拿着一份文件，让他传真到市委宣传部，小甄照办了。可谁知，第二天，领导怒气冲冲地走进了小甄的办公室，当着众多同事的面，大声斥责小甄："你怎么做事的？让你发份传真到组织部，你却给我发到了宣传部！"

小甄一下子懵了，他回忆了一下，确定领导昨天向他交代的确实是宣传部而非组织部，他想领导一定是在情急之中记错了。可是看着领导愤怒的脸，小甄二话没说，主动承担了责任：

"对不起，实在对不起！都怪我办事毛躁，本想抓紧时间办好，没想到弄错了。我一定会吸取教训的，保证不会有第二次了！"

说完，他赶紧又给组织部发了份传真。又过了一天，小甄被叫到了领导的办公室，领导真诚地向他道了歉，说自己那天因为着急，错怪了小甄，并夸奖小甄小小年纪，就懂得忍辱负重。自此，小甄在领导心目中的地位大大提升了。

领导也是凡人，也有犯错的时候，尤其在工作中，极有可能因为混乱和着急，而错怪了你。

这时，你千万记住：一定不要当着众人的面反驳上司，因为上司需要一定的威信和颜面，即使他错怪了你，你也不能当众让他下不了台。你应该暂时把责任承担下来，等上司过后发现自己错怪了你时，自然会为你当初的忍辱负重而感动。

3. 不要让自己显得更高明

每个人都有做错事的时候，主管也未能例外；这个时候切不可当众指责你的主管，而是应该找个恰当时机暗示或说明；要么就当你没看见。

有一位大学生分配到了一家贸易公司。他能力很强，也很上进，工作努力，但一直干了几年，还是没有得到提升的机会，当时与他一起进公司的人有的都做了主管，可他还是一线的员工。其实，同事们都知晓其中的原因，只是他总想不清楚，私底下总抱怨这个公司埋没了他这个人才，这个公司没什么前途等。

有一次，他的主管正和公司老板一起检查工作，当走到他的办公室时，他觉得机会到了，来个“越级上访”，说不定会有意想不到的收获呢，于是他突然站起来，对自己的主管说:“主管，我想提个意见，我发现咱们部门的管理比较混乱，有时连一些客户的订单都找不到。”当时主管的脸像铁锅底一样黑，但又没说什么，就陪着老板走了。

也许他说的是事实，但此事的后果就可想而知了。也许你会说，这个人也是为了公司的利益，并且想改进工作。是的，他的本意不错，但我们要了解人性的一个方面，谁也不愿当众出丑，即使有些人能做到不计前仇，但要知道，那些忘不掉当众受辱的人更多！所以这件事可能会产生一些潜在的后果。双方心里都有疙瘩，受到指责的人因为有损自尊，终究不能释怀；指责他人者也总是担心受到制约，时时提防，埋下了将来争斗的种子。表面上看起来平静无波，主管当场接受意见，但心里可能耿耿于怀，要伺机报复。

一般说来，那种真君子、大度量的主管也不乏其人，但大多数主管还是不想让别人当众指责自己工作中的疏忽和漏洞，特别是当着自己的老板，这样会影响他的前程，即使你说得再对，如果他因此而失去了自己的职位，他还会感谢你的提议吗？如果他对你不满，也许会做出一些对你不利之事，如冰冻你，不给你事做。

假如你年轻气盛，不小心当众让你的主管出丑和难堪，而且你也不想离职，那就赶快向主管道歉，这是唯一可取的弥补措施，也许你的主管会因为看到你的低姿态，认为你当时并不是出于什么目的，而会原谅你。你如果不去道歉，后果会很糟糕——会让你无路可走，结果只有“走路”。

4. 和上司有分寸地开玩笑

玩笑万一开得不好，对方听了心里就会不舒服，在上司面前尤其如此。事实上，没有几个人真正喜欢黑色玩笑的，这里包含了太多的不尊敬和戏弄成分。

高蝶上学的时候就非常聪明，老师说她的脑子活、言辞犀利，还有丰富的幽默细胞。无论上学还是工作，她都是大家的一颗“开心果”。尽管如此，她在一家公司已经工作三年了，仍然只是一名仓库管理员。到底是什么原因使她在工作上没有转变，她自己也说不好。

那天，高蝶向研究心理学的表哥提到了这个问题，表哥问她：“你平时有没有在言辞上对上司不敬啊？”

高蝶一愣，想她平时除了爱开玩笑，没有其他的毛病了，难道是她向上司开玩笑引起的？于是，高蝶想到了最近的几个玩笑。

那天，上司穿了身新衣服去上班，灰西装、灰衬衫、灰裤子、灰领带。同事都没有说话，只有高蝶高声地喊着：“哎呀，穿新衣服了？”上司听了咧嘴一笑，她接着捂着嘴笑：“哈哈，像只灰耗子！”

还有周五的时候，来了个客户找上司签字。当上司签完字以后，对方连连称赞上司的字好，说：“您的签名可真气派！”高蝶正好走进办公室，听到称赞声后，一阵坏笑：“能不气派吗？我们上司可暗地里练了三个月呢！”当时她注意到上司和客户的表情都很尴尬，不过她也没有多想。

现在仔细一想，好像问题都出在这里。有时为了赶时间，高蝶很早就去公司上班了，所以加班时总会满身疲惫，有时出点儿差错，上司不仅不体谅，还不分青红皂白地说她偷懒，怎么解释都不行。当时觉得很委屈，现在看来，好像真正的原因很明了了！

开玩笑没有分寸的人一定是热衷于挑刺的人，这类人往往被视为“刻薄”，容易引起他人反感。同事或朋友、同学之间，也许一笑了之，但如果冒犯了上司的尊严，其后果是很严重的。

同样一个问题，也许你觉得没有什么，然而你的上司会觉得问题很严重。这就需要自己平时努力了！

在汇报自己想法的时候，要选择好措辞。在开玩笑的时候一定要看场合，要清楚自己该不该说。比如，下属不开黑色玩笑，而用另外一种方式向上司说话，如：“我个人认为 ×× 方案比较可行，但我做不了主，您经验丰富，帮我做个决定行吗？”上司听到这样的话，绝对会做个顺水人情，答应你的请求，这样岂不两全其美？

巧妙逢迎，让领导心花怒放

要想赢得领导的好感，就必须时刻留意对方的兴趣、爱好，明白领导的意图，理解领导的心思，这样才能投其所好。然而，领导的意图往往捉摸不定，善逢迎者必须下功夫掌握领导的心思、揣摩领导的心理，然后尽量迎合他，满足他的欲望，甚至还能抢先一步，将领导想说而未说的话先说了、想办而未办的事先办了，让领导高兴。自然，领导的回报也总是沉甸甸的。

在和领导相处时，要根据领导的性格特点与其好恶，对自己的为人处世方式做一些必要的修正，以便迅速赢得领导的好感，建立起一定的感情。在此基础上，领导才会有兴趣深入了解和考察你的才干，并使你“英雄有用武之地”。

心理点拨>>

1. 投领导所好

冯某为人热情大方，很善于与各种各样的人打交道，调到新单位后，他首先想到的是如何赢得领导的好感和赏识。在做了一番调查后，他得知领导为人保守，就毅然舍弃了长发、牛仔等时髦装束，而以循规蹈矩的形象出现在领导面前。

在初步赢得领导的好感后，冯某就想发挥自己热情、乐于助人、慷慨大方的优点，主动与领导交往，建立友谊。不料，领导为人孤僻多疑，喜欢独处，对冯某的热情颇不习惯。冯某碰了几次壁后，就决心改变策略，去顺应领导的性格特点，不再经常围着领导转。

后来，冯某发现领导有一个最大的爱好——打乒乓球，于是他就苦练了一段时间的球技，然后频频在领导常去的一家俱乐部露面，并每次都是和领导在一起对阵。此举果然奏效，在球来球往中领导渐渐放松了心理防卫，与冯某成为朋友。

经过一番交往，领导水到渠成地了解了冯某身上的优点和才干，在工作中对他予以重用。冯某投其所好，出色地把自己推销给领导，从而赢得了事业上的成功。

由此可见，投其所好、曲意逢迎不仅是一种手段，更是一门高深的处世艺术。

当然，我们并不主张大家整天去揣摸领导、上司的意图，围着上司转，处处溜须拍马。但只要你仔细观察，便不难发现，现实生活中，上司说你行你就行、不行也行的现象太多，人们必须学会如何钻进上司心眼儿里，才能避免“说不行，就不行，行也不行”的难堪局面。

2. 学会有艺术地拍马屁

首先必须找准对方的“心窝”所在，这样才能做到有的放矢。而且，还要拍得恰当。摸透了对方的心思，再有针对性地加以称赞，满足对方的欲望，才有可能得到对方的赏识。

周末员工聚餐，经理在路上指着一个路人的皮包说：“这个包蛮别致的，不知在哪儿买的。”说者无心，听者有意，半个月后，莉莉就把一个同样款式的皮包送到了经理的办公室：“经理，我上周去参加客户的发布会，人家给了个商场的消费卡，到商场一看，正好有这个款式的皮包，我就帮您选了一个，你看喜不喜欢？”

经理站起身说：“不行不行，你留着自己用吧。”莉莉连忙说：“难得您看中一件东西，说真的，您的眼光就是和别人不一样。再说没您的照顾，我哪有机会参加那个发布会啊！”

于是经理又拿出一张请柬说：“下周五在国宾饭店有个酒会，我也不喜欢凑热闹，你替我去吧。”莉莉接过请柬，假装埋怨地说：“看您说的，好像您真老了似的，上次参加发布会好几个女客户还问我，您怎么那么年轻啊！”说得经理面露喜色，其实经理已经50多了。

莉莉的成功之处在于她抓住了经理爱美、怕老的心理，非常自然地加以赞美，让慨叹年华已逝的经理得到了心理的愉悦，莉莉的皮包也没有白送。

平庸露骨的恭维往往不能讨得老板的欢心，反而让自己在众人眼中留下“奴颜媚骨”的小人形象。说话没有分寸，太不着边际是最愚蠢的吹捧行为。无论出发点是什么，都要做调查研究。

3. 适时为领导打圆场

适时替领导打圆场，使他得到心理上的安慰，会令他把你看作知心人。

慈禧太后爱看京戏，常赏赐艺人一点儿东西。一次，她看完杨小楼的戏后，把他召到眼前，指着满桌子的糕点说："这一些赐给你，带回去吧！"

杨小楼叩头谢恩，他不想要糕点，便壮着胆子说："叩谢老佛爷，这些尊贵之物，小民不敢领，请……另外恩赐点……"

"要什么？"慈禧心情不错，并未发怒。

杨小楼又叩头说："老佛爷洪福齐天，不知可否赐个字给奴才。"

慈禧听了，一时高兴，便让太监捧来笔墨纸砚。慈禧举笔一挥，就写了一个"福"字。

站在一旁的小王爷，看了慈禧写的字，悄悄地说："福字是'示'字旁，不是'衣'字旁的呢！"杨小楼一看，这字写错了，若拿回去必遭人议论，岂非有欺君之罪？不拿回去也不好，慈禧太后一怒就要自己的命。要也不是，不要也不是，他急得直冒冷汗。气氛一下子紧张起来，慈禧太后也觉得挺不好意思，既不想让杨小楼拿去错字，又不好意思再要过来。

旁边的李莲英脑子一动，笑呵呵地说："老佛爷之福，比世上任何人都要多出一'点'呀！"杨小楼一听，脑筋转过弯来，连忙叩首道："老佛爷福多，这万人之上之福，奴才怎么敢领呢！"慈禧太后正为下不了台而发愁，听这么一说，急忙顺水推舟，笑着说："好吧，隔天再赐你吧。"就这样，李莲英为二人解脱了窘境。

当了领导的人，一般都比普通人更注重面子，尤其是下属在场的时候。如果在公众场合碰到了尴尬，是十分令人沮丧的事情。这时作为下属，就应当站出来替他打个圆场，来缓和这种尴尬，让自己在领导心中有更好的印象。

领导喜欢的是能为自己排忧解难、出谋划策的人，不是见事就躲、不替领导打圆场，甚至把尴尬境地硬推给领导的人。

尊重领导，维护领导的权威

在工作中，你总是能非常出色地完成了工作，总是赞叹自己如同诸葛孔明般聪明，总是讥笑那些“榆木脑袋”似的同事……

于是，你看什么都不顺眼，总是觉得自己出类拔萃，总是满怀欣喜地盼望着评优、加薪、升迁，但好事偏偏离你那么遥远。

回头好好想一想，自己平时是怎么和上司说话的？是不是经常口无遮拦地诉说自己的成功，贬低同事呢？是不是信口开河、滔滔不绝地对周围的人抱怨呢？

其实，这些偏激的语言都逃不开上司的耳朵！他们嘴上虽然不说，心里其实已经在开始为你打分了，为了你的前途，你还是改变一下自己的说话风格吧。

1. 不要和领导正面冲突

有一位在网络公司做美编的年轻人这样讲述自己的一段亲身经历：

半年过去了，我的薪水依然没有提高。于是，我开始在上司面前隐约地提到这个问题，上司一直装傻。我有点儿急了，那天办公室就我和上司两个人，我故意提到，这个月的房租又涨了，饭票也涨了……言外之意是，我的工资什么时候涨呀？

上司笑着说：“别抱怨了，好好工作吧！大家的工资都是一样的！”

“是吗？真的一样吗？”其实我早就生气了，但是一直忍着。上司说出大家的工资都是一样的，我就不服气！怎么是一样呢？我好像比同事少了好几百块呢！关于上司的工资，我不知道是多少，但是我知道，他的工资不知道比我多多少倍呢！所以那句“真的一样吗”的话就这么脱口而出了。出口之后，我长久以来的怨气都宣泄出来了：“不要以为别人不知道，大家做的工作都是一样的，凭什么拿的工资不一样呢？要说工作经验，我也已经在这里半年了，什么经验没有呀？”

上司看了我半天，就像看一只怪物。我觉得自己理由充分，所以一点儿也不心虚。但是我错了！

第二天，办公室里的同事相继对我说：“我们刚来的时候比你的工资还少呢，到现在才一点点提升上去。”我心里一惊，肯定是上司找我的同事谈话了！

我跑进上司的办公室，直接问上司：“我想知道这里的每个员工都是干了多长时间开始加薪的。”

上司不动声色地问我：“你有什么权力知道？”

我说：“因为我想知道自己什么时候可以加薪！还有，你对我有什么意见可以直接问我，不要让同事来告诉我，我觉得这样的做法未免有点儿太卑鄙了！”

上司瞪了我一眼，说：“如果你来上班就是为了将来拿高工资，那么我可以告诉你，我这里没有高工资，只有你的业绩做到一定程度，你的价值值得我给你开那么多工资，我就给你开。但是目前，你还没有做到。我说过，工资每个人都是一样的，并不是说你们的数量是一样的，而是说标准是一样的。在这里，都是为工作而来的，没有工作能力一味谈高工资，我想每个老板都不欢迎。”

>>

这个年轻人最终为自己的冲动付出了自己的代价：糟糕的办公室人际关系和长期得不到升值。他知道自己错了，和上司发生争执是不应该做的，而和上司说这些偏激的话，更不是他该做的！

工作中和上司说偏激的话，是很愚蠢的做法。即使你真的发现了上司对每个职员的不同待遇，也不能用偏激的语言说出来！毕竟人家是你的上司。你可以以别人的待遇为参考，但绝不能以抱怨的方式向上司提出要求。

2. 尽量维护领导权威

某公司部门经理田某由于办事不力，受到公司总经理的指责，总经理扣发了他们部门所有员工的奖金。这样一来，大家很不满，认为田经理办事不当，造成的责任却由大家来承担，所以一时间怨气冲天。田某自己也身处困境难以自拔，田某的秘书小胡为此心里很不好受。

于是，秘书小胡站出来对大家说：“其实田经理在受到批评的时候还在为大家据理力争呢，要求总经理只处分他自己而不要扣大家的奖金。”

听到这些，大家对田经理的气消了一半儿，但还是有些愤愤不平。小胡接着说：“田经理从总经理那里回来后也很难过，表示下个月一定要想办法补回奖金，把大家的损失通过别的方法补回来。其实这次失误除田经理的责任外，我们也有责任。请大家体谅田经理的难处，齐心协力，把公司业务搞好。”

小胡的调解工作获得了很大的成功。按说这并不是秘书的分内之事，而小胡的做法使田某如释重负，心情豁然开朗。接着田某推出了一系列方案，激发了大家的工作热情，很快使大家的不良情绪得到了化解。小胡在这个过程中的作用是不可小视的，田某当然会对她另眼相看。

3. 如何提要求上司不会拒绝

不管情商是高还是低，老板终究是老板，希望什么事情都由自己决定。作为下属，向老板提要求的时候，就应该用商量的口气，让他感觉决定权在自己手里。

小侯是一家化工公司的财务人员，整天坐在办公室与数字打交道，这与他所学的专业不符合。小侯觉得挺没意思，也不是他的兴趣所在，想换个环境，发挥自己的特长。于是在一个上午，他瞄准老板一人在办公室没事干，敲门走了进去。

老板见他进来，知道他肯定是有事情，示意他坐下后，问道："小侯，有什么事吗？"

"经理，我有个小小的要求，不知您是否会答应？"他微笑着看着经理。

"什么要求？说说看！"

"我……我想换个环境，想到外面跑跑，可以吗？"

"可你对业务不熟，你想跑什么呢？"经理面有难色。

"业务不熟我可以慢慢熟悉。如果经理能给我这个机会的话，我会好好珍惜，一定不会让您失望。"

听小侯这么一说，经理面色缓和了许多，问道："你具体想去哪个部门呢？"

"您认为我去公关部合不合适？"经理皱了一下眉，"你原来做财务工作，现在去跑公关……""经理，是这样的，我有些朋友在媒体工作，我通过他们的关系，可以为公司的宣传出一份力的。"

经理想了想说："那你先试试吧，小侯，我可是要见你的成绩啊。"

"谢谢经理给我这次机会，我一定好好干！"

于是，小侯成功地调到了公关部，工作成绩还相当不错。

记住，老板永远是决策者，下属永远是建议者。有什么要求只能用商量的口气提出来，绝不可以自己先做了决定再去向老板提。领导是不会喜欢“先斩后奏”的人的。

提建议时要记住，要让上司自己做出决定。让上司在多项建议中做出选择，会使上司感到非常舒服，是一种高明的提建议的技巧。

多角度全面地提出建议，而让上级就问题做出最后的决策，既顾及了上级作为领导的权威，又能促使下属全面、深入地思考问题。这样的结果对上下级都是有利的。

抱怨领导不如反思自己，理解领导的不容易

很多人都把领导当成生死对头，认为领导是在利用自己的业绩向上爬。自己付出了那么多，受益最大的却是上司，心中总有一股怨气，从此和领导站在对立面，表面上服从，内心却不服。且不论我们与上司的关系是好是坏，但你一定要记住：领导和我们一定不是对立的。

其实领导和员工同在一条船上，有着共同的目标，也有着共同的利益，公司这条大船如果翻了，对谁都不利。在大船的行驶过程中会遇到狂风、暴雨，甚至有触礁的危险，这就要求领导和员工团结一致，同生死共命运，为公司能战胜困难，渡过难关献出自己全身心的力量。

究其根本，领导和员工只不过是两种不同的角色，只是分工不同而已，这两种角色实际上是一种互惠共生的关系。

心理点拨 >>

1. 抱怨领导于事无补

安德鲁·卡内基曾说过：“如果一个人不能在他的工作中找出点‘罗曼蒂克’来，这不能怪罪于工作本身，而只能归咎于做这项工作的人。”

旋！旋！旋！满满的一车螺丝钉都要旋出来！对于刚做旋车工的萨姆尔来说，他似乎觉得自己的一生都要消磨在旋钉子这件琐事上了。他满腹牢骚，老想

着自己干什么不好，偏偏一定要来这儿旋钉子呢？就算他把这一大堆的螺丝钉都旋完了——但是，过一会儿马上又会有另一车堆在原来的地方，然后，自己又得不停地旋啊旋！这一切是多么可怕呀！

在第二架旋车上的旋车工荷维德听了萨姆尔的埋怨，也很郁闷地叹了口气，表示同情。他和萨姆尔一样，也很讨厌这份工作。

有什么办法呢？难道去找工头说，以自己的能力，做这种简单的体力活简直就是大材小用，因此，我希望得到另外一份更好的工作？但是，可以想象得到工头听到这些话时的轻蔑神情。要么，干脆就辞职不干了，另外去找一份工作！这可是他费了九牛二虎之力才找到的一份工作啊！萨姆尔是绝对不能轻易辞掉的。

难道就没有别的办法来改变这种讨厌的工作吗？办法终归会有的，关键在于你肯不肯动脑子去思考。当萨姆尔想到这一点时，他立刻想出一个很好的方法，可以使这种单调乏味的工作变成一件很有趣味的事——他要把它变成一种游戏。他对他的同伴说：“让我们来比赛吧，荷维德。你在你的旋机上磨钉子，把外面一层粗糙的东西磨下来。然后，我再把它们旋成一定的尺寸。我们比一比，看谁做得快。过一会儿如果你磨钉子磨烦了，我们再换着做。”

荷维德同意了他的建议，于是，他们俩之间的比赛马上就开始了。这样一来，果不其然，工作起来并不像以前那么烦闷了，而且工作效率还比以前提高了。不久，工头便给他们调换了一个较好的工作。

这位聪明的年轻人萨姆尔就是后来鲍耳文火车制造厂的厂长。

你看，萨姆尔并不是咬紧他的牙齿，像受酷刑一样去从事自己所痛恨的工作，而是把工作变成了一种游戏，使自己做起来饶有趣味。后来他说：“如果你不能在你所从事的工作中闯一条路出来，你就应该换一个工作试一试。”

这是一个很好的忠告，但是秘诀便在寻求的方法上，一味地埋怨和厌烦是无法找到的，而是要通过一种更好的方法去做到这一点。

尽情地享受生活还是以生活为苦役，这一切都在于你自己的选择。就算你昨天失败过，那又有什么关系，今天新升的太阳又会给你带来一个崭新的机会，你一样可以重新开始。这时，你会发现工作是生活中多么有趣的事，不断挑战自己，并促使自身成长。

因此，我们对于自己所从事的工作应当多一些热情，积极乐观地对待它，这样，你才可以做得更好。只有比别人做得更好，你才能脱颖而出。如果你能尽自己最大的努力去做自己的工作，不错过每一个机会，这样一直坚持不懈地努力下去，胜利总会在某个地方拥抱你的。

2. 学会和领导换位思考

事实上，作为一名领导，其工作性质与员工有很大不同。他必须具有全局观，全面思考团队的发展战略，他必须对每一个重大的决策进行规划，这些工作表面上看没什么大不了的，但却需要长时间的知识和经验的积累。

李文参加工作几年了，由于其出色的表现，成为公司业绩出众的业务能手。有了固定客户的李文，不再像其他业务员那样经常在外奔波，有时会在公司处理一些客户资料。这时，他看到公司的总经理不是坐在办公室里打打电话，就是外出吃饭应酬，这时，他总会想起自己初进公司时，和现在的业务人员一样四处奔波见客户，累得筋疲力尽。

这种想法让李文内心颇有些不平，正在这时，公司的一个部门经理离职了，在李文的强烈自荐下，几经周折公司决定让他任代理经理。终于，李文也像总经理那样坐进了自己的办公室，结果他发现无论是业务还是管理都并非自己想象得那么简单。不是电话业务不断，就是应酬不停，加上一帮参差不齐的员工，更让人叫苦连天。

我们必须明白，做领导是一件复杂而且辛苦的事情。做员工时能够认识到这一点，并且给领导更多的体谅，未来才有可能做好老板。

作为企业的领导者，也有自己的不容易。作为公司的员工，从你一开始进入公司那一天起，你就要开始理解公司，从公司的规章制度、产品特征、市场实力到公司文化都要尽力去理解。进而还要了解你的同事、你的上司、你的老板，了解他们有什么样的脾气秉性、工作作风、性格特征。这样，更有利于我们站在领导的角度考虑问题，进而理解领导的工作方法与处理问题的方式。

与领导进行换位思考，也就是要求员工站在领导的角度去思考一些问题，充分理解领导的苦衷。试想你是领导，你肯定也希望当自己不在的时候，公司的员工还能够一如既往地勤奋努力，踏实工作，各自做好分内之事，时刻注意维护公司的利益，这样你就可以一心一意处理好外面的事情。

诚恳地恭维领导，容易得到领导的青睐

我们身边经常有“小 ×”“老 ×”这样的称呼，这大都是领导对下属最亲切的一种称呼，既得体又不失自己的身份。

如果上司性格随和一些，直呼其名，可能更透着亲切，会让下属受宠若惊，效忠之心油然而生。但下属称呼上司，就不那么简单了，既要显得尊重上司，同时又不显得阳奉阴违。如果是在与文化圈沾点边儿的单位或部门，比如新闻出版单位，称呼领导或前辈，那一句“老师”是一盒清凉油，涂哪儿都能管用，可若是到了一个企业性质的公司，那老师的分量不仅显得轻飘，而且有点儿游离在外，不够搭界。尤其是总经理或总裁，那是做一天是一天，今天不会知道明天自己是否还在位，难得有这么一个机会受人敬仰，所以一个“总”字是他们最爱听的。

1. 以实际行动支持领导

赞美艺术的超凡把握者并不是老用那些不切合实际的溜须拍马来完成赞美的任务，而是以自己的行动来贯彻完成领导者的意志，以实际行动支持领导。毫无疑问，聪明的领导肯定喜欢行动上的赞美，这样的下属也一定最受领导的欢迎和信任。

东汉光武帝刘秀登基后，在南方尚有更始帝部下的郾王尹尊等将领拒不投降，这成为刘秀的一块心病，刘秀决心灭掉更始帝手下这些拒不投降的将领们，完成统一大业。当他把这个打算告诉群臣时，群臣皆赞美万岁爷英明，有雄才韬略。但当他召集众将商讨对策时，谁都不愿去，谁也拿不定主张。刘秀感到很失望。最后，他大怒道：“郾等势力最强大，宛居次之，何人能去征讨？”此时站在角落里的贾复上前应声道：“臣请为陛下讨伐郾王！”刘秀顿露笑容道：“有执金吾贾复进击郾王，朕何忧之有！”后来在论功行赏的时候，贾复依旧沉默如初，但刘秀却道：“贾复讨伐郾等人的功劳，朕自明之，理当重赏。”

贾复不是一个善于溜须的人，但以无言胜有声的气势、最彻底的行动贯彻执行了刘秀的旨意，这无疑是对刘秀决策正确性的验证，证明了它的正确可行性，这就是对刘秀最大的支持和心照不宣的赞美。那些只会口头上附和的人，当然相形见绌，高下之情形显而易见。

在大家的习惯性思维里恭维就是吹牛拍马，是君子所不齿的，其实，恭维并不等于“吹牛皮”“拍马屁”。它是一门微妙的艺术，是下属获得老板信任的主要方法之一。

2. 恭维不要用错地方

恭维老板的时候，如果恭维的内容与事实不符，过于夸张，会让老板听起来肉麻，让其他人听起来反胃。实践证明，这样的恭维很不足取。

有个公司的老总在抓好公司业务的同时，结合自己的工作实践撰写了一本《经商之道》的书稿，下属这样称赞道：“你在企业工作真是一个错误的选择。如果你专门研究经营管理，我相信你一定会成为商务管理的专家，会有更加突出的成果问世。”

老总听完下属的一席话，不满地说：“你的意思是说我不适合做公司的老板，只有另谋他职了。”见老总产生了误解，本来想给总经理“戴高帽”的下属吓得冒虚汗，连忙否认：“不，不，不，我不是这个意思，我是说……”这时秘书过来替下属打了个圆场，说道：“部门经理的意思是说您是多才多艺的人，不仅本职工作抓得好，其他方面也非常出色。”

可见，同是称赞一个人，称赞一件事，不同的表达方法，其效果有悬殊。

恭维老板要注意掌握火候，要尽量做到恰到好处。恰到好处的恭维具有“魔术般的力量”，是创造奇迹的良方。恰到好处的恭维让人心旷神怡。作为老板，下属适当的恭维就如同兴奋剂，让他既有高高在上的优越感，又有成就被肯定的自豪感。

下属通过恭维的确可以得到老板对自己的好感，但是如果为了得到老板的好感而不失时机地表达自己的恭维，或者因为自己实在不知道怎样恭维、该恭维什么，干脆把别人恭维老板的话转为自己的话陈述出来，这样的恭维其实是一种最低层次的狭隘的不高明的做法，我们不提倡这种恭维。

恭维赞扬不等于奉承，欣赏不等于谄媚。赞扬与欣赏领导的某个特点，意味着肯定这个特点。适当对领导恭维，不仅能博得领导的欢心，还会营造更好的工作氛围，让你轻松地干好每件事。

3. 无事也要多向领导请教

日常工作中与人交往时，“闭嘴”可使你得到好处，有时可以帮你免掉自找苦吃之虞，有时还可以帮助你成功地做上一笔好买卖。

小李和小陆是同一所名牌大学的毕业生，他们的成绩都很优秀。两人分配到同一家单位。一年以后，小陆被提升为部门主管，小李则被调到公司下属的一家机构，职位没有实权，地位明升暗降。为什么呢?

他们分配到该单位后，领导各交给他们一项工作，并交代他们可以全权处理。

小李接到任务后，做了精心的准备，方案也设计得十分到位。他一心投入工作，全然不记得要向领导请示一下。领导是开明的，既然说过让他全权处理，自然也不干涉，但也没有和下面的人交代什么。等到小李把自己的计划付之于实践时，各部门人员见他是新来的，免不了有些怠慢，小李心直口快，与一个同事冲突起来，这可惹了麻烦，他的工作处处受阻，最后计划中途“流产”。

小陆接到任务后，经过周密分析调查，提出了若干方案给领导看，又向领导逐条分析利弊，最后向领导请教用哪个方案。这时，领导对他的分析已经信服了，当然采取了他所推荐的那个方案。这时他又问领导如何具体实施。领导说，你自己放手干吧，年轻人比我们有干劲。小陆连忙说，自己刚来，一切都不熟悉，还得多听领导的意见。因为小陆的态度谦恭，意见又到位，领导很满意，当即给几个部门的主管打电话，让他们大力协助小陆的工作。因为有了领导的交代，小陆在实施自己的方案时又特别注意与各部门人员的协调，所以他的工作完成得又快又好。

孔子教导我们要“不耻下问”，按这种道理说，“上问”就更是理所当然了。领导也许学历不如你，某些方面的能力也许不见得很强，但是他能成为领导，自

然有他的长处，多向他请教不但能提高自己的能力，有助于做好工作，还能给领导留下良好的印象。一举两得，何乐而不为呢?

有人因为害羞而不敢向领导请教，有人因为自傲而不愿向领导请教，有人害怕向领导请教会显得自己没水平……其实大可不必顾虑这些。多思勤问的人总会得到领导的重视的：第一，你的提问显出你对工作的热情和思考；第二，你的提问显出你的谦虚和诚恳。这样的人谁会不喜欢呢?

你是不是常常向上司询问有关工作的事? 或者是自己的问题，有没有跟上司一起商量呢?

如果没有，从今天起你就应该做出改变，尽量地发问。一个不成熟的部下向成熟的上司请教，这并不可耻，而且是理所当然的。即使你很懂，也要“问”，从而可以满足上司好为人师的心理。千万不要想：“我这样问，领导会不会笑我，我是不是丢脸了？”如果你这样想，那就是多虑了。

有心的上司都希望自己的部下来询问，部下来询问，就表示他在工作上有了不明之处，而上司予以回答，就能减少错误。

如果你假装什么都懂，什么事都不问，上司会觉得“这个人恐怕不是真懂”，会对你的能力表示怀疑。除了金钱以外，任何事情都可以问，诸如工作上的难题、家中的困扰、男女感情的苦恼，都可以跟上司谈谈。作为上司，他们必定很喜欢下属能敞开胸怀，有事和自己商量的部下。

三言两语巧妙说，与上司架心理桥梁

作为员工，难免和上司有一些小小的误会，如果你与上司之间似乎有所芥蒂，首先应准确判断上司是否真是看你不顺眼，而不要敏感地自我猜疑。

美国人力资源管理学家科尔曼曾说过：“职员能否得到提升，很大程度不在于你是否努力，而在于上司对你的赏识程度。”要学会把握好讲话的分寸，分寸把握不好，上司对你的赏识也会慢慢变味。

>>

1. 劝说上司要留面子

1909 年，德国的最后一位皇帝威廉二世是一位极其傲慢的君主，经常口无遮拦。

一次，威廉二世公然宣称他会率领他强大的陆军和海军征服欧洲，征服全世界。不仅这样，威廉二世还宣称他是和英国友好的唯一德国人；他要建立一支更强大的海军去对抗日本；他独自一人挽救了英国，使英国免于臣服沙皇俄国和法国的厄运；由于他的策划，才使得英国的罗伯特爵士得以在南非打败波尔人等。

这些狂言震撼了整个欧洲大陆。因为，在历史上从未有过任何一位君主敢如此大放厥词。整个欧洲大陆都愤怒起来了，威廉二世慌了神，万般无奈，他向当时德国的总理大臣——布洛亲王求助。威廉二世与布洛亲王商议，由布洛亲王来承担一切责任，希望布洛亲王宣布这是他建议威廉二世说这些话的。

布洛亲王为人谦逊和善，风度优雅，深得德国人民爱戴。同时，他也对威廉的所作所为极为不满，认为他不能算是一位贤明的君主。所以，当威廉向他提出这些荒谬的请求时，他再也无法忍受了。

“但是，陛下，”布洛亲王极力控制自己的情绪，“这对我来说，几乎不可能。全德国和英国没有人会相信我有能力建议陛下说出这些话。而且，一个人总要为他所做的一切承担责任，不是吗？”

布洛亲王话一出口，就知道自己已经犯了一个大错误，再想改口已经来不及了。

“住口！”威廉大为恼火，“你认为我是一个蠢人吗？难道你自己就没有犯过错误吗？你敢蔑视国王！”

布洛知道自己的方式欠妥，但已经太迟了，他只好改变策略。

“我绝对没有这种意思，”他十分诚恳地回答，“陛下在许多方面皆胜我许多，而且最重要的是自然科学。在陛下解释晴雨计或是无线电报或者伦琴射线的时候，我经常是注意倾听的。而且，内心十分佩服，也觉得十分惭愧，对自然科学的每一门我都茫然无知，对物理化学毫无概念，甚至连解释最简单的自然现象的能力也没有。”

“但是，”布洛亲王继续说，“为了补偿这方面的缺点，我学习了某些历史知识，以及一些可能在政治上，特别是外交上有帮助的知识。”

威廉的脸上终于露出了微笑。“我不是经常告诉你，”他热诚地说，“我们两人互补长短，就可闻名于世吗？我们应该团结在一起，我们应该如此！”

他十分激动地握住布洛亲王的双手说：“如果任何一个人敢对我说你布洛亲王的坏话，我就一拳打在他的鼻子上。”

对于一个下属来说，布洛亲王的做法值得效仿。如果你的上司要求你做一件无理的工作时，你在给上司提出建议之后，一定不要忘记立即补上一句安慰或称赞的话语。这样不仅给了上司的面子，而且还能达到拒绝的效果。

2. 与领导积极沟通

“沉默是金”是大家耳熟能详的箴言，但是“沉默”果真都是“金”吗？这大概也是现代职场成功人士首先要提出的一个疑问。在诸多人才辈出的现代化企业中，许多被前人奉为至理名言的信条，有些时候也应该进行一下辩证的思考。

有一位财会专业的女生到一家公司应聘财会工作，财务经理对她不太满意，但人力资源经理还是给了她一次机会，安排她从事客服工作。结果，这位女生的表现实在令人失望。她的性格过于内向，不喜欢沟通和交流，既不主动和同事打招呼，也不向“师傅”请教。很多时候，她不明白或者不清楚分配的任务也不会向老板发问，只是按照自己的理解去做，结果总是与老板的要求相差甚远，最终连这唯一的机会也丧失了。

据统计，现代职场中的障碍 50％以上都是由于沟通不到位而产生的。一个不善于与老板沟通的员工，是无法做好工作的。现在的每一家企业都可以说是人才辈出、高手云集，在这样的环境中，信守“沉默是金”者无异于慢性自杀，不会有什么前途。而正确的工作态度和工作效果，充其量也只能让你维持现状。如果想真正有所成就，必须要主动与老板沟通。

现实生活中，许多员工对老板有生疏及恐惧感，他们在老板面前噤若寒蝉，一举一动别别扭扭，极不自然，甚至就连工作中的述职，也尽量不与老板见面，或托同事代为转述，或只用书面形式做工作报告，他们认为，这样可以免受老板当面责难的难堪。然而，人与人之间的好感是通过实际接触和语言沟通才能建立起来的。一个员工，只有主动跟老板面对面地接触，让自己真实地展现在老板面前，才能令老板认识到自己的工作才能，才会有被赏识的机会，才可能得到提升。

第三章

与同事聊天，切忌祸从口出

说话讲策略，和同事和谐相处

借用一句经典的武侠名句来注释同事间的关系，那就是：有人的地方就有江湖。同事间的平级关系是最微妙、最难融洽的。为了使自己有提升的机会，彼此互相提防、互相拆台、互相排挤、互相争功推过，是经常发生的事情。但是，你煞费一番苦心，上司未必欣赏你，反而会留下不好的印象。这时，你不妨在平时就要注重讲话策略，让同事感受到你的诚心，做到与同事和谐共处。

心理点拨 >>

1. 对同事说话要和善

工作中，同事之间难免有不同意见，要尽量避免有伤害他人自尊心的言语，以商量的态度提出自己的看法。

小张和小杨合作共同完成一项工程。工程结束后，小张有新任务出差，把总结和汇报的工作留给了小杨。正巧赶上小杨的孩子生病，小杨因为忙于给孩子看病，一时疏忽，把小张负责的工作其中一个重要部分给弄错了。总结上报给主管以后，主管马上看出了其中的毛病就找来小杨。小杨怕担责任，就把责任推给了小张。因为工程很重要，主管立刻把小张调了回来。小张回来后，莫名其妙地挨了主管一顿训斥。仔细一问，这才明白了是怎么回事，赶快向主管解释，才消除了误会。小杨平时与小张关系不错，出了这事后心里很愧疚，又不好意思找小张道歉。小张了解到小杨的情况，主动找到小杨，对他说：“小杨，过去的事就让它过去吧，别太在意了。”小杨十分感动，两人的关系又近了一层。

宽容大度是一种胸怀，为一点儿小事斤斤计较，争吵不休，既伤害了感情，也无益于成大事，甚至最后伤害的还是自己。

同事所犯的错误有时候会给你带来一定的损害，或在某种程度上与你有关。因此，能否用一种宽容的态度对待这种“过”，就是衡量人的素质的一个标准。原谅别人是一种美德，有时尽管自己心里并不痛快，也应设身处地地为同事着想，考虑一下如果自己在他那个位置会如何做，做错了事之后又有何种想法。

如果遇到不合作的同事，也要表现出你的宽容和修养。学会耐心倾听对方的意见，并对其合理成分表示赞同，这样不仅能使不合作者放弃“对抗状态”，也会开拓自己的思路。

某同事得罪过你，或你曾得罪过某同事，虽说不上反目成仇，但心里确实不愉快。如果你觉得有必要，可主动去化解僵局，也许你们会因此而成为好朋友，也许，关系不再那么僵，但至少减少了一个潜在的对手。这一点很难做到，因为大多数人就是拉不下脸来！要允许别人犯错误，也允许别人改正错误。不要因为某同事有过失，便看不起他，或从此另眼看待对方。

其实只要你愿意做，你的风度会赢得对方的尊敬，因为你给足了他面子。虽然有的时候，对别人宽容是要以付出痛苦为代价的，但是当你显示出自己的宽容和大度时，机会也就随之而来了。

2. 切勿散布流言蜚语

流言蜚语会对人们的工作、生活产生巨大影响。有一位赵小姐就遇到过这样的痛苦经历，下面我们来听听她的讲述：

我为人善良，但很要强。我既想在事业上有所作为，又不想让他人说三道四。说来有些惭愧，高考落榜后，我进了一家工厂。一进厂，厂里就组织我们一同来的 40 个女同学进行培训。4 个月以后，只有我一人分到科室工作，其他全部下车间。我很高兴，在科室工作许多事要从头学起，我虚心向老同志请教，勤奋学习，细心观察别人对问题的处理方法，以便能很好地胜任自己的工作。我这个人不笨，脑子比较灵，办事也有一定的能力。就在工作取得一定成绩的时候，听到别人议论自己，说我是靠不正当手段进科室的，说我与上司的关系不一般等闲话。我的上司有能力，但名声的确不好，而且粗鲁，经常开过头的玩笑。我对他也很看不惯，但毕竟是上司，又能怎么样？所以我对他敬而远之。可是有些同事总是在背后议论我的品行，他们这些无中生有的议论，实在影响我的情绪，心理压力很大，我没有使用任何手段使自己分到科室工作，我自认为是凭自己的本事得到这一份工作的，可是“人言可畏”啊！自从听到传言之后，我处处小心，感到孤独、烦恼，工作积极性不高，精力很难集中起来，我该怎么办呢？

上例中的赵小姐就是一位典型的被流言蜚语所伤的受害者，男女不正当关系是大家最喜欢传播的小道消息之一。当然了，流言蜚语不仅仅是这一方面，话题非常广泛。比如，某人工作有了一些成绩、家庭出现一些问题，甚至多接几个电话都会有流言蜚语产生。

流言蜚语是软刀子杀人，会使人陷入深深的痛苦之中而不能自拔。同事中常有一些人没事就散布别人的流言蜚语，虽然他们可能并非有意，但他们的言语却对别人产生了很大的影响，甚至有些人竟被流言蜚语淹没，自身的才能被流言蜚语渐渐吞噬。

办公室的是是非非每天都发生着，你可能是个很有正义感的人，忍不住要挺身而出“匡扶正义”；也可能你是个外向型的人，眼里看不惯嘴里要说出来；也可能你是个“事不关己，高高挂起”闲事少管的人……不管你是个什么样的人，你都要和同事们日复一日、年复一年地相处下去。这就需要你掌握一些与同事说话的技巧，在他们中间塑造一种受欢迎和受欣赏的形象和风格，以便使身边的同事不至于小看你或者抓住你的某个话柄找你的麻烦。对于造谣中伤大多数人都是深恶痛绝，而提到流言蜚语，虽然人人痛恨，但不少人总爱在不知不觉中就加入进来了。所以，静坐常思己过，闲谈莫论人非。

3. 不该说的话切记勿说

有的人打探别人时喜欢先亮出自己，比如先说“我这月工资……奖金……你呢？”如果他比你钱多，他会假装同情，心里却暗自得意。如果他没你钱多，他就会心理不平衡了，表面上可能是一脸羡慕，私底下往往不服，这时候你就该小心了。背后做动作的人通常是你开始不设防的人。

首先，你不要做这样的人。其次，如果你碰上有这样的同事，最好早做打算，当他把话题往工资上引时，你要尽早打断他，说公司有纪律不谈薪水；如果不幸他语速很快，没等你拦住就把话都说了，也不要紧，用外交辞令冷处理："对不起，我不想谈这个问题。"有来无回一次，就不会有下次了。

在办公室里要做有心人，有些话不可乱讲，否则会招来不必要的麻烦，你知道哪些话在办公室是不能随便说的吗？

（1）薪水问题。很多公司不喜欢职员之间互相打听薪水，因为同事之间工资往往有不小的差别，所以发薪时领导有意单线联系，不公开数额，并叮嘱不要让他人知道。"同工不同酬"是领导常用的手法，用好了，是奖优罚劣的一大法宝，但它是把双刃剑，用不好，就容易促发员工之间的矛盾，而且最终会调转枪口朝向，矛头直指领导，这当然是他所不想见到的，所以他对好打听薪水的人总是格外防备。

（2）私人生活。无论你是失恋还是热恋，别把情绪带到工作中来，更别把故事带进来。办公室里容易聊天，说起来只图痛快，不看对象，事后往往懊悔不迭。可惜说出口的话如同泼出去的水，再也收不回来了。

职场上风云变幻、错综复杂，把自己的私域圈起来当成办公室话题的禁区，轻易不让公域场上的人涉足，其实是非常明智的一招，是竞争压力下的自我保护。"己所不欲，勿施于人。"如果你不先开口打听别人的私事，自己的秘密也不易被打听。

千万别聊私人问题，也别议论公司里的是非短长。你以为议论别人没关系，其实用不了几个来回就能"烧"到你自己头上，引火烧身，那时再"逃跑"就显得被动了。

（3）家庭财产。不是你不坦率，坦率是要分人和分事的，从来就没有不分原则的坦率，什么该说什么不该说，心里必须有谱儿。

就算你刚刚新买了别墅或利用假期去欧洲玩了一趟，也没必要拿到办公室来炫耀，有些快乐，分享的圈子越小越好。被人妒忌的滋味并不好受，因为容易招人算计。

无论露富还是哭穷，在办公室里都显得做作，与其讨人嫌，不如知趣一点儿，不该说的话不说。

（4）雄心壮志的话。在办公室里大谈人生理想显然滑稽，打工就安心打工，雄心壮志回去和家人、朋友说去。在公司里，要是你没事整天念叨“我要当领导，我置办产业”，很容易被领导当成敌人，或被同事看作异己。

不乱说话不等于不说话，一定要分场合。谈公司里的事情最好在比较适合、公开的场所，比如部门主管征询意见时，你不说就不妥，或者开讨论会时，该发言就不能闷着，老不说话领导以为你没主意，但私底下的闲话少，麻烦也少。

办公室是闲话的滋生地，工作间歇，大家很愿意找些话题来放松一会儿，为了不让闲聊入侵私域，最好有意围绕新闻、热点、影视作品聊天，避开个人隐私，放得开而且无害。

抬高同事，也抬高了自己

人人都有闪光的地方，或许没有被发现，或许羞于启齿。中国人的骨子里多多少少遗留着儒家的谦恭之气、道家的不争之德。表面上喜欢自我陶醉，孤芳自赏，其实心里总是希望别人合理地把自己的“美”揭发出来，让风采普照周围。

当我们给予对方美好的欣赏时，简言之，也就是我们增加对方的自信时，就等于创造了一个小小的奇迹。把朝气和能量输入对方的体内，使对方精神高昂，也就是自我“充电”的时候，只要你由衷地欣赏一些人，每天你都能够创造这种奇迹。

与此同时，你会在无意中发现，创造这种频繁的奇迹只不过是几句简单的话语、几个得体的手势，可谓是妙语回春。

心理点拨>>

1. 学会欣赏同事

美国前总统里根说过：“在我十四岁的时候，我的母亲就告诉我说，千万别忘了发现别人的长处，多说别人的好话。从此以后，我牢牢记着这句话，甚至在梦中也不忘赞美别人。”更重要的是欣赏别人，让对方感到心情愉悦的同时，自己也会因此受益，收获他人的好感，所以，用慧眼欣赏别人吧，你肯定别人的同时，也提高了自己的品位。

其实，赞美别人、欣赏别人是很有效而且是很明智的做法。它像润滑剂一样可以融洽彼此的关系，消除心理上的隔膜，造成一种健康和谐的互利关系。要善于欣赏别人，从周围的人身上获取有效的信息，学习他们的长处，力避自己犯同类的错误，还要积极地思考、透彻地分析，从中找出最根本、最重要、最原则的东西，然后再制定对策，确定自己的目标，这才是一个完整的过程，才能最终从群体中脱颖而出做出出色的业绩。

所以，不要总以一成不变的眼光对待你的竞争对手，不妨换一个角度，换一种思维。想想看，假如你的竞争对手永远跟在你后面，那么这也意味着你永远无法获得晋升；假如你的竞争对手被你彻底消灭掉，那么他对你的“威胁”也就无法构成，你的价值和个人努力的成果也将无从体现。因此，对手是一面镜子，可以时时提醒自己，让自己在失误中反省，鞭策着你努力完美自我、超越自我。

尽管前面说过同事间的种种差异与利益的冲突，但物质利益的满足不是我们的唯一追求，人在物质利益、名誉后面还需要适当的精神“润滑剂”，这种需要对于每个人都是非常重要的，当与同事之间关系不太好，或者想增进你们的交流时，不妨试着欣赏他人。

2. 为对手叫好

你平日与他关系相处得很紧张、很不快乐的人成功了，这时候，你不妨为他鼓掌，这样会化解对方对你的不满和成见，改变他对你的态度，打开你们之间的死结。

黎元洪在湖北时，一直位于张彪之下。张彪是张之洞的心腹，娶了张之洞一个心爱的婢女，人称“丫姑爷”。但张彪嫉贤妒能，对黎元洪十分反感，加之当时报纸亦赞扬黎元洪而贬低张彪，张彪心怀不满，常在张之洞面前进谗言，诋毁黎元洪。

张彪在进谗言的同时，还以上级的身份，百般羞辱黎元洪，想让黎元洪不能忍受耻辱而离开军队。张彪的手法非常恶劣，曾经在军中将黎元洪罚跪，并当着士卒的面，将黎的帽子扔在地上。黎元洪忍受着百般欺辱，不动声色，脸上毫无怒容，张彪也对他无可奈何。然而，黎元洪亦非甘为人下者。他明知张彪欺侮自己，却不与之争锋，而是“平敛锋芒，海涵自负，绝不自显头角，以防异己者攻己之隙”。

张之洞任命张彪为镇统制官，但军事编制和部署训练却要黎元洪协助张彪。张彪不懂军事，黎元洪呕心沥血，为之训练。成军之日，张之洞前往检查，见颇有条理，就当面称赞黎元洪，黎元洪却称谢说：“凡此皆张统制之部署，某不过执鞭随其后耳，何功之有？”张彪听了黎元洪这话，心中十分感激，二人关系逐渐融洽。

1907 年 9 月，张之洞任军机大臣，东三省将军赵尔巽补授湖广总督。赵尔巽看不起张彪，要以黎元洪取代张彪，黎元洪坚辞不肯。

同时，黎元洪又面见张彪，告之此事，建议他致电张之洞，让张之洞为其设法渡过难关。张彪一听，心中大惊，立即让其夫人进京活动，张之洞来函，才保全了他的职位。张彪对黎元洪十分感激，张之洞亦认为黎元洪颇有诚心。

张之洞很看重黎元洪的“笃厚”，叹谓：“黎元洪恭慎，可任大事。”实际上，黎元洪心里清楚，虽然张之洞已离开了湖北，在北京当军机大臣，仍可影响到湖广总督的态度，如果黎元洪在张之洞离鄂之后，即取其宠将职位以自代，不但有忘恩负义的嫌疑，甚至会影响自己的前途。

更为重要的是，黎元洪通过“忍”以及帮助张彪，使张彪改变了对自己的态度，这样，等于在湖北又添一个助手，有利于增强自己的实力，在关键时刻能够帮自己的忙。

1911 年 10 月上旬，瑞平出任湖广总督，对黎元洪极不信任，但此时黎元洪与张彪关系早已改善，因此并未影响到黎元洪的官职。

当我们自己取得成功的时候总是兴奋不已，希望有人为自己鼓掌。可是当身边的人，包括你的“假想敌”、你的对手取得成功的时候，你该怎样去面对呢？是嫉妒还是欣赏？是大声叫好还是不屑一顾？

漫漫人生路，退一步、等一等，不过是歇歇脚，为走得更远作准备；低一低头，更是为了昂扬成擎天柱。能为对手叫好，才有机会将其利用。

我们与别人初次见面时都会很客气，也能做到欣赏别人且谦让付出。可是时间长了互相了解后就相处不好了，不愿为对方付出，甚至斤斤计较或诋毁别人。成功的处世之道是与人相处得越久越显示出自己对他人的友好，越要懂得欣赏对手，为他叫好。

在职场中与同事相处，为他人多鼓掌，这种付出不会让你有什么损失，反而能给你带来很大的利益。处世要成功，就要懂得为对手叫好，这样对手也会为你所用。

3. 背后赞美同事

表面的赞美有时会令人很尴尬，但背后的赞美会收到奇效。不要担心别人不知道你为他做了些什么，世上没有不透风的墙。

宁伟比较热心，经常利用休息时间去看望邻居家的孤寡老人，帮助他们做事。在一年前，他递交了入党申请书。一天，他的同事蔺英发现了这个秘密，回来后对其他同事装作不经意之中谈起这件事情。宁伟照顾孤寡老人的事情不胫而走，不久，公司党委鉴于其表现，同意接受宁伟为预备党员，并且任命其为公司团委书记。后来，宁伟得知是由于蔺英的“告密”自己才走上这条坦途的，对蔺英心存感激。

有很多领导喜欢在背地里打听其他同事的情况，此时应该多加赞美。对于那些原来在领导心目中很普通的同事更应该如此。那么，这样会不会使能力强的同事失宠呢？答案是否定的，领导自有自己的打算，你的话只能作为参考。

当领导当众批评了某位同事后，在与领导单独相处时，不妨在领导面前替他美言几句。领导毕竟了解得很有限，也许只了解到同事的一面，这时，你的赞美就成为领导的另一个窗口，对挽回同事的形象能起到关键性的作用。

当面说和背后说是不同的，效果也会不一样。在背后说同事的好话，能极大地表现你的“胸怀”和“诚实”，有事半功倍的效果。多在第三人面前赞美同事，被赞美的同事必然认为那是真的赞美，毫不虚伪，于是真诚地接受，对你感激不尽。

在背后说别人的好话，会被别人认为是发自内心，不带私人动机的。其好处除了能给更多的人以榜样的激励作用外，还能使被说者在听到别人“传播”过来的好话后，更感到这种赞扬的真实和诚意，从而在荣誉感得到满足的同时，增强了上进心和对说好话者的信任感。

可以交流，但不要交流秘密

和同事交往，许多人常常把自己的秘密毫无保留地袒露出来。有时候没有把自己的心事完完全全地告诉问及的人，心中就会不安，认为自己没有以诚待人，感到对不起人家；认为别人对自己很好或很重要，不告诉人家自己的秘密是错误的。很显然，这些人在如何对待自己的秘密和如何对待坦诚这些问题上，所谓的“知无不言，言无不尽”是一种错误的认识。

在生活中，人与人之间需要交流、需要友情，但谁都不愿与一个从不袒露自己内心世界、对任何问题都不明确表态的高深莫测的人交往。然而，对于坦诚有一个正确的理解是十分必要的。所谓坦诚并不意味着要把内心世界的一切都暴露给别人。每个人都有秘密，这是正常的，也是必要的。

例如，你把自己的重大秘密告诉了同事小 A，同时再三叮嘱：“这件事只告诉你一个人，千万别对别人说。”然而一转脸，你的秘密就已经为众人所知。这种传播有时出于恶意，有时却是无意的。

>>

1. 不要轻易说出自己的秘密

你的秘密一旦落入别有用心的人的耳中，它就会成为别人在关键时刻攻击你的武器，使你在竞争中处于被动的局面，甚至因此而失利。

许军是某公司的业务员，在厦门工作已经有三年时间了，他因为工作认真、勤于思考、业绩良好，被公司确定为中层后备干部候选人。总经理找他谈话时，他表示一定加倍努力，不辜负领导的厚望。但因他无意间透露了一个属于自己的秘密而被竞争对手击败，后来遭到排挤，终于没被重用。

许军和同事王广林私交甚好，常在一起喝酒聊天。一个周末，他备了一些酒菜约了王广林在宿舍里共饮。俩人酒越喝越多，话也越说越多。微醉的许军向王广林说了一件他对任何人都没有说过的事。

“我高中毕业后没考上大学，有一段时间闲着没事干，心情特别不好。有一次和几个哥们喝了些酒，回家时看见路边停着一辆摩托车，见四周无人，一个朋友撬开锁，让我把车给开走了。后来，那朋友盗窃时被逮住，送到了派出所，供出了我。结果我被判了刑。刑满后我四处找工作，处处没人要。没办法，经朋友介绍我才来到厦门。不管咋说，现在咱得珍惜这个工作机会，得给公司好好干。”

这之后，没过两天公司人事部突然宣布王广林为业务部副经理，许军调出业务部另行安排工作岗位。

事后，许军才从人事部了解到是王广林从中捣的鬼。原来，在候选人名单确定后，王广林便来到总经理办公室，向总经理谈了许军曾被判刑坐牢的事。不难想象，一个曾经犯过法的人，老板怎么会重用呢？尽管你现在表现得不错，可历史上那个污点是怎么也擦洗不干净的。

知道真相后，许军又气又恨又无奈，只得接受调遣，去了别的不怎么重要的部门。

>>

德国作家让·保·里克特曾说：“一个人泄露了秘密，哪怕一丝一毫，就再也得不到安宁了。”如果还想过宁静的生活，如果不想成为别人眼中的透明人，那就别把心里的话全都说出来，把该保守的秘密坚定地保守下去。

每个人都有自己的秘密，都有一些压在心里不为人知的事情。这些隐私就是一个人的底线，别人不知道你的底线在哪里，也就无从伤害你。如果将其过多地暴露在别人的面前，即使是原本没有不良记录之人，也难免会在利的诱惑之下，做出常规外的伤害之举。

既然秘密是自己的，无论如何也不能对别人讲。在保护一份神秘感的同时，也能保护自己不因“祸从口出”而受害。

能否保守秘密也与个人的品质修养有关。有的人透明度太高，这种人不但不能为别人保守秘密，就连自己的秘密也保守不住。有的人泄漏别人的秘密，不是为了伤害别人，而是为了抬高自己，“咱们单位的事，没有我不知道的”“我要是想知道某件事，我就一定能了解出来”……这种人常这样炫耀自己，他们认为，知道别人的秘密越多，自己的身价就越高。用泄漏别人秘密的方法伤害别人、娱乐自己，甚至把掌握的秘密当作要挟别人的把柄，当作自己晋升的阶梯，这种人在现实中也大有人在，对这种人最应该提高警惕。

2. 避开同事的隐私问题

每个人都有不想让大家知道的事情，也就是说每个人都有自己的隐私。与人相处时，要极力避免谈论别人的隐私，否则就会使你人格受损、缺乏修养，甚至破坏你与他人的和睦关系。

如果有人在谈到某同事时说，“我只跟你说”，对这样的话你可别太当真了。

假使你对某同事不具好感按捺不住地也对上级说，“这些话只跟您提而已……”如果随意地就大发议论的话，正中上级下怀，你所说的话会立刻传入该同事的耳中。

对于造谣中伤，大多数人都是深恶痛绝的。而对于隐私方面的流言蜚语，虽然大多数人也表示厌恶和排斥，但不少人总爱在不知不觉中加入进去。

事实上，人与人之间的关系相当复杂，你如果不知内幕，就不可信口雌黄，以免招惹是非。

避免谈论别人的隐私，一是不可在谈话中拐弯抹角地打听别人的隐私，二是不可知道了别人的一点点隐私就到处宣扬。宇宙之大、谈资无所不有，何必非要以他人的隐私当作谈资呢?

对待别人的隐私，要切忌人云亦云、以讹传讹。首先你要明白，你所知道的关于别人的事情不一定确凿无疑，也许另外还有许多隐情你不了解。要是你不加思考就把你听到的片面之言宣扬出去，难免会颠倒是非、混淆黑白。话说出口就收不回来，事后你完全明白了真相时才后悔不已，但此时已经在同事之间造成了不良的影响。

现实生活中有一种人，专好推波助澜，把别人的隐私编得有声有色，夸大其词地逢人就说，人世间不知有多少悲剧由此而生。你虽不是这种人，但偶然谈论别人的隐私，也许你无意中就为别人种下祸患的幼苗，其不良后果并非你所能预料到的。

尽量避开私人问题，也别议论公司里的是非长短。你议论别人没关系，用不了几个来回就能“烧”到你自己头上，引火烧身，那时再“逃跑”就显得被动了。一定要牢记这句话，静坐常思己过，闲谈莫论人非。

3. 一定要让自己的口风变紧

有时候，了解别人的隐私是一件危险的事，更别提去谈论和传播了。在职场上，“嘴紧”也是你为人能否让人信任的前提。

小妮是个开朗活泼的女孩，喜欢说，也爱笑，刚来办公室的时候，老同事都喜欢跟她打交道，她有什么困难大家都愿意帮她。但没过多久，同事们开始疏远她，对她也不像以前那么热心了。小妮是聪明的，知道是自己嘴不紧，造成同事们对自己不信任，可她觉得自己天生爱说话，想控制也难，因为她喜欢与人共享快乐，对一些办公室里的新鲜事，她就喜欢拿出来向别人炫耀。她也知道这种习惯不好，但又不知道该怎么办。

很多人总觉得只要自己光明磊落，便凡事无不可对人言，假如对方是个根本不可言尽的小人时，你的三分话已经显得太多了。如果所说的话题涉及对方本人，但他与你根本不熟悉，你却硬跟别人说一些纯属私人的事情，就显得唐突冒昧。另外，任何人都有自己不愿让人知道的隐私，因此在谈话时千万不要追根问底、探听别人的隐秘，这是为人处世最忌讳的事。虽说好奇心人皆有之，但此时最好还是将你的好奇心放一放。

当然，职场中难免会碰到爱搬弄是非之人，那么，你若要坚守自己的立场，保护自己的信誉，在与搬弄是非者交往中，你可以采用以下的策略：

（1）冷淡回应对方。有些人搬弄是非的恶习已成为其性格特点，那么你就干脆不理睬他。

不要认为那些把是非告诉你的人是信任你的表现，他们很可能是希望从中得到更多的谈话材料，从你的反应中再编造故事。所以，聪明的人不会与这种人推心置腹。而令他远离你的办法，是对任何有关传闻反应冷淡、置之不理，不做回答。

（2）保持一定距离。有时候，尽管你听到关于自己的是非后感到愤慨，表面上你还须努力控制自己的情绪，保持头脑冷静、清醒。你可以这样回答：“啊，是吗？人家也有表示不满、发表意见的权利嘛。”或者说：“谢谢你告诉我这个消息，请放心，我不会在意的。”如此，对方会感到无空子可钻，他也不会再来纠缠不休了。

“嘴紧”往往是一个人在公司建立自己信用，被同事接纳和认可的前提。如果你的上司和同事一旦把你当作“口风不紧”的人，那也就说明你的信誉已经荡然无存。所以，在职场上，一定要养成“嘴紧”的习惯。

4. 与同事多"同流"少"合污"

在社会生活中，必然会有一些固定的小圈子，这是在人类互相交往中非常正常的现象。要顺利处理人际交往，就要学会融入一定的圈子。

艾华进入某公司市场部不久，就发现在这个十来个人的部门里，有一个三四人组成的小圈子。这几个人干活相互之间特别默契，但对这个圈子以外的人则多少有点儿不配合，有时甚至暗中使绊儿。部门经理有时也睁一只眼闭一只眼，而那个圈子的核心人物的无形影响似乎比经理还大。这些天，那个圈子里的马大姐中午有事没事跟他套近乎，昨天问他父母是干什么的，今天问他有没有女朋友。当她知道艾华现在还没有女朋友时，马上表示愿意为他当"红娘"。艾华知道马大姐是想拉自己"下水"，成为他们那个圈子里的人，他有些犹豫：如果自己不进他们的小圈子，今后自己在工作中难免会遭到刁难；如果进入他们的小圈子，自己又从心里厌恶这种拉帮结伙的行为。他有点不知所措。

点评 >>

也许你过去一直习惯生活在自己的世界里，当你进入职场，突然被推到一群陌生的同事当中时，你会面临一个艰难的选择：是保持自己的个性，还是尽快融入另外一个陌生的环境？你可能会觉得与其跟一大帮无趣的人混在一起，还不如坚守自己的空间。于是，你坚持"三不原则"，即不和同事交朋友、不和同事说知心话、不和同事分享秘密。每天例行公事后，就埋头看书，与同事的关系越来越疏远，但是，你渐渐发现自己的工作越来越困难，虽然自己谁也没得罪，可一些负面评价老是陪伴着你。你的职场人际关系已经开始陷入泥沼。不论你是否发自真心，作为职场中人，你必须与周围的小圈子"同流"，因为它毕竟是存在的，不管你喜不喜欢，它都会对你的工作产生影响。所以，你要学会与同事多"同流"，但可以少"合污"。

同事间的拉帮结派、暗地中伤的不当之举你不应参与，这样做对于自己的人际关系是不利的，不利于你在职场的长期发展。我们不能做职场的"独行侠"，但也不能随意盲目地加入小帮派小圈子间的钩心斗角。否则，很有可能被小圈子不安分的同事拉下水。

说话放低自己，往往能令对手飘飘然

在同事面前适当地贬低自己，也就相对地捧高了对方。在某些情况下，以贬低自己来捧对方，不只是为了抬高他人，也是低调做人的方式。

当你听到对方说“我前天做了一件丢脸的事情”时，想必你会浮现出微笑，并心情轻松地听他继续说下去。因为炫耀自己会引起他人的反感；而谈及自己的失败经验，不但会增强对方的自尊心，更能因此打开对方的心扉，让他坦然地接受你。

在某些场所，我们不便坦然对他人进行赞美。在这种情况下，不妨换种方式来表达，效果是同等的，甚至会超过所期望的效果。这个诀窍就是适当地贬低自己。即使是不善言辞、不善于称赞的人，也能轻而易举地达到捧高他人的目的。

比如说，当我们参加某店铺开张的庆祝会时，即使那是一家不怎么样的店铺，我们也要依场合不同来为庆祝增添一些喜气。我们可以贬低自己，捧高对方，说：“这店铺看起来真不错，室内的装潢也很考究。不像我经营的那家店，门没做好，窗户也是一大一小的。”这样将对方和自己做具体的比较，并有技巧地批评自己略逊一筹，对方因被人高抬而唤起优越感，心中的舒坦自是不言而喻。相反的，如果以轻视的口吻对主人说：“店铺的柜台再宽一点儿会比较好，你们下次再整修时，可要记住啊！”对方在庆祝会上听到这样毫不客气的批评，一定会大感不快，从此对你产生敌意，这就是不谙人情世故所要承受的恶果。

在跟同事横向交往的时候，适当地运用这种方法，可以避免在一些场合下过分崭露锋芒，从而给自己带来不必要的麻烦。低调做人，低姿态处世，在某些情况下适当地贬低自己，这才是明智之举。

心理点拨 >>

1. 在人前学会谦虚

在职场中，当你明显比同事强时，你在感情上还是要和大家在一起，千万不能与他们拉开距离，同事们也就不会再嫉妒你了，同时也会在心里承认你的“优位”是靠自己努力换来的。当你处于优位时，注意突出自己的劣势，就会减轻妒忌者的心理压力，产生一种“哦，他也和我一样无能”的心理平衡感觉，从而淡化乃至消除对你的嫉妒。

小李是刚入职的新教师，对最新的教育理论有较深的研究，讲课亦颇受同学欢迎，以致引起一些任教多年却缺乏这方面研究的老教师的强烈妒忌。为了改变自己的处境，小李故意在办公室的同事面前大曝自己的劣势：教学经验一点儿都没有，对学校和学生的情况很不熟悉等，最后还一再强调“希望老教师们多多指教”。

就这样，小李自曝劣势后，终于有效地淡化了自己的优位，衬出对方的优势，弱化了老教师对他的妒忌。

一个人在职场上处于优位时，自然是可喜可贺之事。一旦别人奉承你，你就马上陶醉其中喜形于色，这会在无形中加强别人的嫉妒。所以，面对同事的赞许恭贺，应谦和有礼，这样不仅能显示出自己的君子风度，淡化同事对你的嫉妒，而且能博得同事对你的好感。

有的年轻人，初入职场，说话“慷慨激昂”，锋芒太露，一般在一个单位待不久。有句俗语说得好，“小心驶得万年船”，同样，我们也可以说“谦虚能行万里路”，事实如此，谦虚能避免别人妒忌甚至是怨恨，这样你的路才能走得更远。

2. 不要刻意展示优越感

刚开始时，丽娜在同事之中连一个朋友都没有。为什么呢？因为她总是使劲吹嘘她在工作方面的成绩、她新开的存款户头，以及她所做的每一件事情。“我工作做得不错，并且深以为傲，”丽娜说，“但是我的同事不但不分享我的成就，而且还没有兴趣。我渴望这些人能够喜欢我，我真的很希望他们成为我的朋友。后来，我开始少谈自己而多听同事们说话。现在，当我们有时间在一起闲聊的时候，我尽量让他们说话，只在他们问我的时候，我才简单说一下我的事情。”

俗话说：“种瓜得瓜，种豆得豆。”把这条哲理运用到社会交往中，可以说，你处处显得比别人优越、高人一等，得到的回报就是被别人厌弃。大家都吃快餐，你却偏偏要选最贵的菜，这样也容易让大家讨厌你。和大家一起喝咖啡时也不可以很招摇地说：“大家别客气，今天我请客。”这样大家会有被轻视的感觉。

任何人都不喜欢别人表现得比自己出色。相反，每个人都喜欢别人不如自己。有些男性总是自认为自己是主角，女性只是助理而已。有这样想法的男性很容易引起女性的反感，因而得不到女性的帮助。即使是男性主管也不能随随便便地对女性部属说："喂，倒杯咖啡来！"或是："倒茶！"而是必须用很客气的语调说："麻烦你帮我倒杯咖啡好吗？"

总之，不论是男性还是女性，懂得尊重别人才能得到别人的尊重，总认为自己比别人优越是得不到别人的好感的。相反，你要让你的同事觉得比你优越。

3. 向别人装可怜

鲁文公六年(公元前621年)，晋国国君晋襄公死了，太子夷皋年龄很小，少不更事，朝内一片混乱，诸大臣各有主张，都希望立一个对自己有利的人为国君。他们各自保荐的公子，有的是已受他们控制，即位后他们就可号令全国；有的是公子很信任他们，登上君位后必定重用他们。

在这些臣子中，有两个人势力最为强大，竞争最为激烈，互相排斥、互相攻击，都希望击败对方而立自己举荐之人。赵盾想立襄公的弟弟公子雍，而贾季则想立襄公的另一个弟弟公子乐。当时两公子都不在晋国，必须从国外把他们接回来。赵、贾的竞争开始在迎君方面展开。贾季派人去陈国接公子乐回晋，他动作迅速，走在了赵盾前面。眼看公子乐接近晋国疆域，赵盾岂能善罢甘休。他立即派人悄悄地跟上公子乐回晋的队伍，在半路把公子乐截杀了。公子乐死了，赵盾从容不迫地派人前往秦国去迎接公子雍回晋。为了安全起见，秦国派军队护送公子雍上路。

公子乐已死，贾季知道自己大势已去，也无心再与赵盾争权。此时的形势，公子雍似乎已坐定晋国君位无疑。各大臣趁机争权夺利，拥立自己一派的公子。此时，国内局势大乱，襄公夫人穆嬴也无计可施。眼看着年幼的太子就要失去继承君位的权利，而且很有可能遭受暗算，而自己一个妇道人家，没有什么手段可以控制群臣，那该怎么办呢？她觉得自己应该为先君和太子做点儿什么，但是也只能使出哀兵之计，力图以柔克刚。事实上，在当时的情势下，以他们幼儿寡母的力量恐怕也别无他法可想。

每次群臣朝会议事，穆嬴就抱着小太子在朝堂痛哭，说："先君到底在哪一点上有过失？年幼的太子有什么罪？太子虽然还小，但总也还是先君亲自册立的，难道说废就可以废吗？废掉嫡嗣而从外边迎立新君，你们把太子放在哪里？

你们不怕坏了祖制吗？你们眼里还有先祖还有君王吗？先君啊，今日我们孤儿寡母任人欺凌，你就不能睁睁眼显显灵吗？”她掩面长泣，太子年幼，见母后伤心流涕，虽不明白怎么回事，却也看得伤心，也就在一旁跟着放声大哭。哭到伤心处，母子抱成一团，泣声如诉，场面甚是凄凉感人。群臣即使不以为然，也不免有些心酸，次数多了竟也开始有了做贼心虚的感觉。

穆嬴还经常在散朝后抱着太子去赵盾家里，以情动之，说：“先君倚重您，临终之前抱着这个孩子把他托付于你。先君的殷殷叮嘱，无尽信赖，担心而又满怀希望的目光，妾身都还清清楚楚地记得，您难道就忘了吗？先君担心太子年幼，因为您那么恳切地答应照顾太子，先君也就放心地去了。而今您却要废黜太子，您难道不想一想先君对您的厚待和重托吗？大丈夫岂可不忠君？大丈夫岂可不守信？百年之后，您打算如何去见先君呢？而且，太子何辜啊！”赵盾一面于情不忍，一面担心这样下去会闹得人心惶惶，国内将不得安宁，而且会让自己失去人心，自己拥立的新君如果无法获取民心，那样岂不是得不偿失。于是他与群臣商议，派军队去拦截秦国护送公子雍的军队，不让公子雍进入晋境，仍然立太子夷皋为君，就是后来的晋灵公。穆嬴可谓是装可怜而得天下者。

其实，装可怜这一招，在一个家庭中可以适用，一个团队也是适用的。只是装可怜的人必须要处在弱势地位，这样加上“装”的技术，就可以激发出别人的恻隐之心，赢得同情。如果处在强势地位的人去装可怜，则只会让人感到恶心。

忍住火气，不要和同事爆发冲突

工作中同事之间容易发生争执，有时搞得不欢而散甚至使双方结下芥蒂。发生了冲突或争吵之后，无论怎样妥善处理，总会在心理、感情上蒙上一层阴影，为日后的相处带来障碍，最好的办法还是尽量避免它。

中国人常用这么一句话来排解争吵者之间的过激情绪：有话好好说。这是很有道理的。据心理学家分析，争吵者往往犯三个错误：第一，没有清楚地说明自己的想法，含糊、不坦白；第二，措辞激烈、武断，没有商量余地；第三，不愿以尊重的态度聆听对方的意见。有调查表明，在承认自己容易与人争吵的人当中，绝大多数人不承认自己个性太强，也就是不善于克制自己。

1. 冲突会导致两败俱伤

有两位职员，工作能力难分伯仲，互为竞争对手，谁会先升任科长是部门内十分关心的话题。但两个人的竞争意识过于强烈，凡事都要对着干。快到人事变动时，他们的矛盾已经激化到了不可收拾的地步，好几次互相指责，揭发对方的短。科长及同事们劝都劝不开，最后，两个人都没有被提升，科长的职位被部门其他的同事获得了，因为他们在争执中互相揭短，在众人面前暴露了各自的缺点，让领导认为两个人都不够资格提升。

退一步说，即使和同事没有竞争关系，也没有关乎提升与否的前途问题，而只是彼此看不惯，就更没必要说一些撕破脸皮的话。相互之间有了不同的看法，最好以商量的口气提出自己的意见和建议，语言得体是十分重要的。

应该尽量避免用“你从来也不怎么样……”“你总是弄不好……”“你根本不懂”这类否定别人的消极措辞。每个人都有自尊心，伤害了他人的自尊心，必然会引起对方的反感。即使是对错误的意见或事情提出看法，也切忌嘲笑。幽默的语言能使人在笑声中思考，而嘲笑使人感到含有恶意，这是很伤人的。真诚、坦白地说明自己的想法和要求，让人觉得你是希望与他人合作而不是在挑别人的毛病。同时，要学会聆听，耐心地倾听对方的意见，从中发现合理的部分并及时给予赞扬或同意。这不仅能使对方产生积极的心态，也给自己带来思考的机会。

如果遇到一位不合作的人，首先要保持冷静，不要让自己成为一个不能合作的人。宽容忍让可能会令你一时觉得委屈，但这不仅表现你的修养，也能使对方在你的冷静态度下平静下来。如果当时不能取得一致的意见，不妨把事情搁一搁，认真考虑之后，或许大家能找到解决问题的好办法。善于理解、体谅别人在特殊情况下的心理、情绪是一种较高的修养。有的人生性敏感，遇到不顺心的事就发泄怒气，这有可能是造成态度、情绪反常或过激的原因。对此予以充分谅解，会得到相应的回报。

心胸开阔是非常重要的。任何人都会出现失误和过错，别人无意间造成的过错应充分谅解，不必计较无关大局的小事。有句话叫：“得饶人处且饶人。”何况同事之间还是合作关系，抓住别人的小辫子不放手，或者跟同事争吵都是不明智的选择。聪明的讨人喜欢的人应该学会忍让，不做“嘴巴不饶人”的人。

2. 不能乱发脾气

处于情绪低潮当中的人，容易迁怒于周围的人，这是自然的。为了展示自己真正的职业风范，更好地在职场中生存，则必须根除自己的性格陋习，不在同事面前发脾气。

林科长任财务科长的第三年，上司给他委派了一名新主任。新主任是老会计出身，没有多少文化，对所管辖的部属中，谁工作认真、昼夜加班、出了成绩，他看在眼里、忘在脑后；谁迟到早退、不请假，或者没有给他及时送材料，他都牢牢记在心上，时不时地给点儿颜色瞧瞧。尤其是对财务科的工作总是挑毛病、找破绽，好像怎么看怎么不顺眼。

面对蛮不讲理的新主任，林科长既没有当面顶撞，也没有逢迎巴结。他经常和本科室的人员开会，定出工作程序，交给主任过目后，再具体执行，并做好系统记录，以便主任翻阅。这样自行安排工作，既减少了他这个财务科长与新主任的摩擦，也减轻了自己的负担。

有几次，林科长被主任严厉批评，但他没有任何的异常情绪，也没有把这种情绪带到工作中去。相反，林科长每受到委屈，必当机立断，检查自己的工作、处世是否有错误，并且有错必改，或是重新评价自己，进一步做好本职工作。

此外，对待这样的“大老粗”主任，林科长为了自己的前途着想，时时小心、处处小心、步步小心，每一件事、每一句话都对主任格外尊敬，尊重主任的意见，多向主任请教，多多体谅主任的难处。

这样一年下来，主任对财务科长褒奖有加，再也不像以前那样恶声恶气了，又过了半年，林科长被提升为财务部主管。

愤怒常常使人失去理智，在愤怒的情况下做出的举动和判断往往是错误的。身在职场，你应学会控制自己的情绪，应该像林科长一样懂得控制自己，才能更利于发展。

大凡身心健康者，每个人都有喜、有怨、有悲，也有愤怒这些心理情绪的存

在或表现。生活是多变的，在多变的生活中每个人都会面临挫折、失望、沮丧、失败。在正常情况下，人会在遇到高兴事时，眉飞色舞；遇到伤心事时，愁眉苦脸。但是在办公室，这种特殊环境一定要控制。成功者碰到因这些问题引发的愤怒时，总是以积极的态度、积极的情绪来适应之，这就是情绪控制。

控制发怒的目的不是压迫愤怒，而是把愤怒的情绪巧妙地转移，导引为一种努力背后的动力，以推进自己的事业向前发展。这是通常说的聪明人的做法。

很多人经常把工作以外的怒气和不满带到工作中来，同事总觉得你像随时都可能会爆炸的炸弹，尽量绕开你的办公桌。客户打电话给你，你莫名地冲着他吼叫，然后不等对方说完就把电话挂掉。你总是整天双手抱着头，一声不响地坐在那里，工作懒得做，话也懒得说，办公室的气氛因为你而变得死气沉沉。你总觉得同事们会体谅你，殊不知，你这种不够成熟的表现影响了你的工作，而且这样做也并不能使你解脱，让你的同事们也感到不快，他们不喜欢这样。

办公室是一个集体场合，不同于你自己的家——即使在家也要考虑家人的情绪，而同事是与你共同做事的人，不是来看你脸色、受你脾气的。正所谓“一人向隅，举座不欢”，纵使你有一千个理由，也不应该把坏情绪带到办公室来。

3. 如何化解同事的敌意

同事与你在一个单位工作，几乎日日见面，彼此之间免不了会有各种各样的事情发生，每个人的性格、脾气禀性也会暴露出来，尤其每个人在行为上的缺点和性格上的弱点同样暴露无异，这样会引出各种各样的瓜葛、冲突。这些瓜葛和冲突有些是公开的，有些是隐蔽的，种种的不愉快交织在一起，便会引发各种矛盾。

同事之间有了矛盾并不可怕，只要我们能够正确面对，积极采取措施去化解矛盾，同事之间仍会和好如初，甚至比以前的关系更好。

要化解同事的敌意，你不妨采用以下几个技巧：

（1）主动向他示好。既然他对你的敌意十分明显，在这种情况下，你就不能佯装不知了，而应当主动向对方示好，你可以在没有其他同事在场的情况下问他：“我究竟有什么不对呢？”一般情况下，他会冷冰冰地回答你：“没什么不妥。”此刻，你也许觉得自己是自找没趣，不知该如何是好，其实你完全可以巧妙应对。

既然他说没有不妥，你就乘机说："真高兴你亲口告诉我没事，万一我有不对的地方，我乐意修补。我很珍惜咱俩的合作关系。一起去吃午饭，如何？"

这样，就可逼他面对现实和表态。要是一切如他所言的没事，共进午餐交流感情则是很自然的事。或者，邀他与你一起吃下午茶。总之，尽量增加与他联络的机会。友善的对待，对方怎样也拒绝不得！

（2）勇敢地承认自己的错误。如果同事对你的敌意是由你的不当而引起的，你就应该勇敢地承认自己的错误。这样不仅可以有效地防止对方对你的进一步攻击，避免你们之间的关系进一步恶化，同时，还可以挽回你与同事之间的合作，迅速扭转不利局面。

承认错误，最佳和最有效的策略是，向他简单地道歉："对不起，我实在有点儿过分，我保证不会有下一次。"

记住，在道歉时千万不要重提旧事，要是你重提旧事，企图狡辩些什么，只会惹来另一次冲突，同时，显得你缺乏诚意，人家日后再也不会相信你了。记住，你的目标是将事情软化下来，与同事化敌为友。所以，最好静待对方心情好转或平和时，再正式提出道歉。

（3）对你的同事微笑。对你身边的每一位同事微笑，尤其是那些对你不满、怀有敌意的同事。微笑是可以感染的，如果你平常总以亲切的微笑对待同事，即使是那些与你为敌的同事也如此，那你的同事关系一定会处理得很好，至少在工作中与你为敌的同事会感到你的友善，也许以后就不会再像以前那样对待你了。

（4）表示你的尊重。认真倾听对方的话，表现出你的礼貌和尊重，向对方表示你需要其帮助，就是让这位同事知道你需要他（她）。当然，你是否真的需要，那则是另外一回事。我们就是要利用这样一种接纳抬高对方，对方一高兴，就可以避免把谈话激化，尽可能减少或消除将来的敌对情绪。

（5）关注对方的成绩。你一定要时刻关注对方的成绩，即使是与工作无关的，也能够成为你们之间建立感情桥梁的机会。要记住，对别人的行动和成就表示真正的关心，是一种表达尊重与欣赏的方式，如果你的同事处处反对你是出于要证实他自己的能力，那么你承认对方在工作中某一方面的特长，就很有可能会平息冲突。

你做出以上努力以后，基本可以化解同事之间的矛盾。如果遇上一些顽固不化的人，在你做出努力后，他仍然不愿意和你和解，既然这样，就不要自降身份主动化解了。问题并不在你，你只管放心去工作，别理会这类人就是了。

与同事说话，多留个心眼儿

竞争，有时就是披着美丽幌子的丑恶怪物，我们往往在情感与理智之中迷惘，在你死我亡的较量中使一些人际关系变得不堪收拾。于是，竞争使社会关系的天平多了一个砝码。这个砝码将构成怎样的倾斜，你一定要做到心中有数才行。

现代社会竞争激烈，在某些行业当中，同事之间当面一套、背后一套，明里互相帮助，暗地里拉帮结派，互相拆台。

作为公司的一分子，你虽然不是一个为别人设置障碍的人，但不能不小心对待公司里的同事。俗话说得好，林子大了什么鸟都有，如果你想成为一个赢家，就必须学会防备可能会出现的麻烦。即便是平常很善良的人，一旦他的利益受到损害，也同样变成“恶人”。

1. 一定要与同事保持距离

小张和小李是相处多年的同事。公司的新经理制定了一个奖励措施，谁创效益最多就给谁一个特别奖，金额颇为可观。小张非常希望获得这笔钱，因为他的孩子上大学急需要一笔钱；小李也对这笔钱看得很重，因为他爱人整天向他嘀咕谁的老公又买了辆小车，谁的老公又升了一个职位……小李极其希望借着新经理的改革举措，能为自己在爱人面前扬眉吐气。小张疯狂地跑业务，绞尽脑汁地联系，有时，也将自己的情况诉说给小李。小张不相信同事之间会失去真诚和友谊，他认为几年来他俩已相处得挺好。但忽然间，小张发现自己的一些客户都支支吾吾、躲躲闪闪，言而无信了。他不明白为什么。

有人告诉他，他的客户听说他是品行恶劣的人，喜欢擅自将产品掺假，自己从中获取非法利益……总之，关于他的谣传很多。年底的时候，小李最终获得了特别奖。小张从小李的业绩单上顿悟过来了。他的嘴里不断地喃喃自语：怎么会这样？怎么会这样？

小张的失误在于他没有认清这种对立矛盾的严峻现状，反而盲目信任同事。在没有竞争的时候，也许大家能做到彼此相悦、其乐融融，一旦进入角斗场，角色就变成了有“对立矛盾”的人。

在竞争中，除非一方自愿放弃，否则，必然有刀光剑影的闪烁、明枪暗箭的中伤，令人防不胜防、难以回避。当你棋逢对手时，你的情感、理智、道德、功利都会遭遇最大的考验。当你想获得成功的时候，是否还遵守道德准则呢？当你坦诚地面对竞争者时，对方是否正在利用你的善良和诚意进行攻击呢？

2. 不要和“密友”同事口无遮拦

两人关系虽然密切但应有恰当的距离，知道别人太多的过去，会让自己很危险。

当很多同学还在为工作发愁的时候，小方已经稳稳当当地坐在这家大公司的某个小方格里开始他的职业生涯了，他受宠若惊而又异常兴奋，是怀着对力荐他的顶头上司十二万分的感恩之心到新单位报到的。小方暗暗发誓一定要好好干。

他们组有个女孩，两人处得非常好，工作上常能保持意见一致，他们的友情也不断深化，发展到了各自的私交圈子，对方的男女朋友也都十分熟悉。她有时会和小方的女朋友一起逛逛街，小方和她男朋友偶尔也会打打球。有时四个人还在一起搓麻将，公司里的其他同事都特别羡慕他们两人能有这么好的关系。

但是，这种融洽的关系却在有一天出现了难以弥合的裂痕，起因是公司里新来的副总经理。女孩从见到他第一眼起，就很不自然，副总经理也是，两人坐在那里，并不说话，却有一种微妙的气氛。下班时，女孩突然“消失”了，而平时女孩和小方都是一同坐车回家的，即便临时有事，也会先打个招呼。小方问了门口的大爷，说她是和副总经理一同出去的。

第二天，女孩红肿着眼睛来上班。回家的时候，没等小方问，她就主动和盘托出：副总经理是她大学时的同学，他们曾经谈过恋爱，后来因为副总经理毕业后去了美国，于是两人断了往来。副总经理经过一次失败的婚姻，再见女孩，有了和她重温旧情的想法。说着说着，女孩忍不住掉起眼泪来。

小方和这个女孩子就这个事情进行了亲密的交谈，但是没想到，自从那次之后，女孩和他渐渐疏远，也许是后悔让他知道了这个秘密。终于有一天，她开始在同事面前放风，说小方做事常常偷懒，完不成的任务都要她帮他顶着。

上面的故事可能会引起很多人的深思。小方知道了女孩过多的秘密，让小方吃到了苦头。

职场人际关系非常玄妙，既非亲密无间，却又熟悉无比。这其间存在着一个最佳距离，保持这个距离，才能为自己营造一个良好的职场人际空间。

有这样一句话："不要试图与同事建立友谊，你与同事之间只能产生默契。"同事毕竟只是共同做事，彼此之间存在许多利益冲突，这是亘古不变的道理，无论何时何地同事间的竞争都存在。这就要求与同事交往时注意保持距离，如果与同事交往过密，难免口无遮拦，若被有心的同事利用了，不但没有友谊，自己的饭碗也难保了。同事之间毕竟是因工作而结成的关系，如果忘记了这一点，只谈友谊，就大错特错了。

和同事之间，亲昵而不可交心，熟稔而不可无间，把握好这层特殊的"熟人"关系，过亲或过疏都不是好的选择。千万不要与同事有过密的交往，因为你对他知根知底，所以一旦风向有变，你立刻就会成为他的重点防范对象。别人的伤心史，能不听就别听，更不要滥施情感。你同情他，说不定他转眼间就会为自己的一时脆弱而后悔，甚至转而恨起你来。人通常都需要在自己脆弱的时候寻找倾听对象，如果你知道太多别人的往事后，那个人就会非常后悔，还会找机会给你使个绊儿，让你后悔都来不及。因此，与同事特别是那些有过多"情史"的同事相处，最好停留在"今天天气不错"的水平上，这样才能保证你的安全。

3. 谨防背后的冷箭

职场中，我们有时会将好人看成坏人，有时会将坏人看成好人。因为在我们的周围，有些人看似和蔼可亲，内心却隐藏着不可告人的企图；表面对人极尽夸赞逢迎，暗地里却耍手段，要么使人前进不得，要么使人船翻人覆。

战国时期，楚王的妃子郑袖长得美貌，又聪慧机敏，楚王十分宠爱。后来魏王又赠送楚王一位美女，既年轻漂亮，又活泼热情，把楚王给迷住了。

郑袖眼见自己一天天失宠，心里非常忌妒，但表面上却装得若无其事，不但没有一点儿怨言，还百般讨好这位新妃。新妃喜欢穿什么衣服、用什么东西，郑袖都叫人给她送去；她住处的陈设要怎么布置，郑袖也叫人侍候得顺心如意，处处做到体贴入微、关怀备至。郑袖在楚王面前还经常对新妃表示赞美。

这位新妃没想到遇上这样好心的一个大姐，从心眼儿里对郑袖表示感激，相互来往十分密切，彼此不分，无话不谈。

楚怀王见郑袖和这位新妃相处得这么和美，心里非常高兴，对郑袖说："你们女人多半凭着自己的美貌和聪明赢得男人的喜欢，而且差不多都有强烈的忌妒心。我看你就不是这样，你能理解我，你知道我喜欢这位新人，比孝子侍奉父母、忠臣侍奉君王还尽心尽力。"

郑袖听了楚王这番话，相信他绝不会怀疑自己对新妃有什么坏心眼儿了，不由得为自己的作为感到高兴。

一次，郑袖和新妃闲谈的时候，说："大王经常在我面前夸奖你，说你能歌善舞、活泼热情，又温柔体贴，只有一点，大王嫌你的鼻子稍矮了点儿。"

新妃听了，有些不安，摸了摸鼻子，问郑袖说："您看这有什么办法吗？"

郑袖就等她问这句话，可还是装着若无其事的样子说："这有什么大不了的？你以后见到大王时，用手帕把鼻尖轻轻遮一下不就好了吗？"

新妃以为郑袖给她出了个好主意，以后只要见到楚王来就把鼻子遮起来。楚王开始没注意，后来看她每次都这样就感到很奇怪，又不好直接问，就问郑袖："新妃近来每次见到我时，为什么总把鼻子遮起来？"郑袖勉强回答："我听她说过，好像……"她故意看了看楚王，吞吞吐吐，欲言又止。

楚王觉察到这里有什么隐情，就追问说："你说吧。你和我做了这么多年夫妻，还有什么不好说的。即使有什么事，我也不怪罪你。"

郑袖故意装出胆怯的样子，低声说："她说过不愿闻到你身上的一种恶心味儿！"

楚王一听火冒三丈，怒气冲冲地说："什么？我是国王，敢说我身上有恶心味儿！岂有此理。传我的话，立即把那个小贱人的鼻子给我割下来！"

就这样，郑袖把新妃的面容给毁掉了。情敌没有了，郑袖又得到了楚王的独宠。

历史上这种排除异己、陷害别人的例子举不胜举，而现实生活中同样不乏这样的人。他们总会假装友善，却暗施冷箭，为害作恶。

在利益面前，每个人的灵魂都会赤裸裸地暴露出来。比如，在一起工作的同事，平日里大家说笑逗乐，关系融洽。可是到了晋级时，名额有限，“僧多粥少”，有的人就把真面目露出来了。他们再不认什么同事、朋友，在会上摆自己之长，揭别人之短，在背后造谣中伤，四处活动，千方百计把别人拉下去，自己挤上来。

所以，不要被某些人的表面言行所迷惑，要用慧眼洞察人心，这样才可避免被冷箭所伤。为人要善良，但不能没有心机，否则行错善的话，自己财物遭损失、精神受打击不说，还助长了对方的气焰，甚至有可能间接伤害无辜的人。

不伤和气，展现亲切友好的形象

在办公室里与人相处要友善，说话态度要和气，不要与人争个面红耳赤。如果大家的意见不能够统一，可以保留自己的意见，对于那些原则性并不很强的问题，也没有必要争得你死我活。

在职场上树立自己的良好形象，可以节省你的大量时间与精力，使你投入到完善你的观点和实践你的观点的工作中去。不要轻易和别人争论，心平气和、开诚布公地谈论问题，取得的结果或许比面红耳赤的争吵好很多。

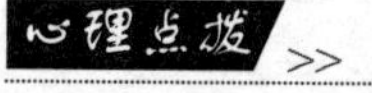

1. 问声“早上好”

在职场中处理好错综复杂的人际关系，往往就来自于一句小小的问候语。

不管你昨天睡得有多晚，有多累，在早起后，在这新的一天里你都要精神百倍地向你周围的人问声“早上好！”尤其要向你的老板和同事问声“早上好！”有这样一个小故事，说明了“早上好”的作用。

在去芝加哥上班的路上。一车的人谁也没有讲话，大家躲在自己的报纸后面，彼此保持着距离。

汽车在泥泞的路上前进。

“注意！注意！”突然一个声音响起。“我是你们的司机。”他的声音威严，车内鸦雀无声。“你们全都把报纸放下。”“现在转过头去面对着坐在你身边的人。转啊！”全都照做，无一人露出笑容，这是一种从众的本能。“现在，跟着我说……”是一道用军队教官的语气喊出的命令：“早安，朋友！”

大家跟着说完，情不自禁地笑了。

一直以来怕难为情，连普通的礼貌也不讲，现在腼腆之情一扫而过，彼此的界限消除了。有的又说了一遍后彼此握手、大笑，车厢内洋溢着笑语欢声……

“早安，朋友！”四个字一出口，往往会带来很多改变：彼此的界限消除了，为什么这四个字有如此巨大的魔力呢？

“早上好！”不仅仅是一句问候语，更是亲善感、友好感的表示，更是一种信任和尊重。“早上好”一旦说出了口，双方都有了亲切、友好的愿望，彼此间的距离缩短了，不仅增进了信任，还沟通了关系。

行走职场中，我们应该学会轻松地与人打招呼，不仅如此，还应该学会添加一些亲切的话题。比如：“早上好！今天真热啊！”“辛苦你了！今天忙得够呛吧？”

这样的话题，可以说属于问候语的范畴，所以，如果添上这么一两句的话，无疑会有更佳的效果。

2. 不与贪婪者争名利

人皆有好名之心，内心常有一种出人头地的渴望，期待着有一天能成为名人。职场中那些对功名利禄充满饥渴的人，钻营投机，争功夺利，见别人头上的光环就觉得刺眼，心生邪念，找机会也要把它夺过来戴在自己头上。

后汉隐帝时，大将郭威曾任两军招慰安抚命。他领兵平定以李守贞为首的三镇（河中、永兴、凤翔）割据后，回到了大梁。

郭威入朝参拜后汉隐帝，皇上对他进行安慰，并赐予金帛、衣服、玉带等，郭威一一加以推辞，道：“为臣自领命以来，仅仅攻克一座城池，有什么功劳可言呢！况且我又领兵在外，而镇守京城，供应所需，使前方不缺粮，这都是朝中大臣的功劳啊。”后来，后汉隐帝又提出加封郭威为地方藩镇，郭威还是不受：“宰相位在臣上，未曾分封藩镇，还有节度使也有功劳。”后汉隐帝越发欣赏郭威的为人为官之道，当时朝中难有像他那样淡泊名利之人，于是决定再次奖赏他。郭威第三次推辞道：“运筹策划，出于朝廷；发兵供粮，来源藩镇；冲锋陷阵，出于将士，功独归臣，臣何以堪之！”

郭威反反复复推辞，将功名归于大家，实在是一个很高明的做法。他这么做，避免了追名逐利小人的嫉妒，而且在朝廷中留下了好名声，真是“桃李不言，下自成蹊”！贪心的人，汲汲以求得名，然而名声却离他而去；淡泊名利者，拒绝名声放弃利益，把自己的光环让给别人，却往往能够留得美名传。

名利是一样奇怪的东西，你越是追逐，越是把自己赶进死胡同，贪婪小人为了它会和你火拼，你越是躲开名利的光环，它越是主动眷顾，来自众人的称赞，来自对手的折服，更显得踏实坦然。

3. 必要时要捍卫自己

你是否有过以下的经验？一天，一位与你稔熟的同事向你提出建议，一起合作帮助上司整理历年来的开会资料记录，虽然此举会增加工作负担，却不失为一个表现的好机会，可以博取升职与加薪。你对于这样的提议大表欢迎，甘愿每天加班完成额外的工作，甚至没有发出丝毫怨言。可是，你怎样也想不到，对方竟然把全部功劳归为己有，在上司面前邀功，结果他获得上司的提拔，使你又惊又怒。

一开始，你还不太在意，渐渐连其他同事也看不过眼，谣言开始满天飞，令你再也难以忍受这一切。

这时候如果你公开地表示不满，只会把事弄遭，给某些不怀好意的人以更多挑拨离间的机会，得不偿失。

你向上司或老板投诉以表明态度也不是妙法，这样容易变成“打小报告”，人家只会以为你“争宠”“妒才”，甚至是“恶人先告状”，无端留下坏印象，错上加错。

对自己做出的成绩，除非你打算继续坐冷板凳，蹲在角落里顾影自怜，否则，每当做完自认为圆满的工作，要记得向上司、同事报告，别怕人看见你的光亮；当有人来抢夺属于你的功劳时，也要坚决捍卫。

一般来说，你可以选择这样的方式来捍卫自己的成果：

（1）想法和创意提前提出。很多时候，你在不经意间提到的想法和创意很可能被你的同事拿去用了。一旦等他们用后再和上司去说，估计就晚了。所以，一定要注意，有什么好的想法和创意，一定不要随便说出，先想好了，有了十足的把握就去和上司谈。

（2）用短信澄清事实。当然，首先写的短信不能有任何坏的影响，短信内容一定不能让对方产生不悦。写短信的主要目的是要委婉地提醒一下对方，自己当初随便提出的想法，是怎样演变到今天这个令人欣喜的样子。在短信中你可以写上有关的日期、标题，可以引用任何现存书面证据。

在短信的最后要建议进行一次面对面的讨论，这是很重要的，这能让你有机会再次含蓄地加强一下你的真正意思：这主意是你想出来的。

（3）不着急和他人夺功。不着急和他人争功，并不是不争，而是要找准时机，怎样安排自己的语言。

在做出决定时，要考虑打这场“官司”得花费多少精力。如果你正在准备一次重要的提升，或者证明“所有权”只能使你疲惫不堪，再或者还会让你的上司生气，让他们纳闷你为什么不能用这个时间来做点儿更有意义的事情，在这些情况下退出争夺战显然是上上之策。

4. 提拔时怎样面对同事

小张和小王几乎是同时被公司招来的，年龄差不多，因而他们成了无话不说的好哥们。一起下班一起吃饭，有时候还会一起调侃公司里的领导。但两人性格还是有所差别，小王没有太强的事业心，对工作只是完成就好。而小张有强烈的事业心，又善于和领导打交道，对待工作也非常认真。后来没多久，小张就获得了提升，成了小王的上司。小王对此本来也没什么异议，因为他也不是贪图功名的人，谁来当他的上司也无所谓，可是让小王非常不满的是：小张开始摆起了架子。言谈举止总是提醒小王，我已经是领导了，你不要像以往那样没大没小，拿我开玩笑或者给我找麻烦了……而且小张也不再跟旧同事吃饭喝酒，而是开始和领导谈笑风生，甚至开始回避以前共事的同事。

结果到年底综合评分的时候，小张因为群众基础不好，而被扣了奖金还挨了上级批评。

故事里的小张虽然被提拔当上了领导，可由于没有摆正自己的位置，也没有和原来的同事进行有效沟通，结果自己因为人缘不好吃了亏。

如果他能把话说得动听，即便有人心里确实不满也不会故意难为他。大多数人认为，职场之妙，妙在心机和口舌。可见会说话也是当务之急。在你被提拔之后，原来的领导或许成了你的同仁，而原来的同事成了你的下级，这样在你与他们之间就突然有了一种很微妙的距离感。你如何说话才能尽快打破这种局面，下面的方法可以一试。

（1）对新同事的说话技巧。“各位领导，原来你们是我的上级，曾经不断鼓励我上进，并给了我许多机会展示自己的能力和才华，才使我在众多候选人中脱颖而出，得到提升。

“我很感谢各位对我的扶持和帮助，也希望在今后的工作中继续给我指出努力和前进的方向。

“对于做领导的艺术和学问，我没有你们在行，你们从事领导工作的时间比我长，所以在许多方面都是我的老师，我要好好向你们请教学习……”

（2）对旧同事、新下级的说话技巧。“以前我们大家是同事，在一起打打闹闹，处得非常愉快，现在虽然没有更多机会和大家热闹，但我们还和过去一样是平等的，在工作中希望大家支持我；工作之外，和过去没有任何区别，你们有什么意见和要求可随时提出来，有什么建议和不满也随时反映，我一定会尽自己的能力尽快地给予解决。希望大家理解和支持我的工作！希望大家配合我把工作做得更好！”这样一番话说下来，相信谁也不会与你为难，对你心存芥蒂了。

面对不同的同事，有不同的说话之道

“一样米养百样人”，在你的周围不可能每个人都是一样的，如果你不小心应对，便有吃亏的可能。

待人处世中，谁都不愿意与自己不喜欢的人打交道，可不管你愿意还是不愿意，谁都不可避免地会碰到不喜欢的人做自己的同事。那些围绕在我们身边的人，该如何面对他们呢？

为了不使自己受到伤害，面对不同的同事，要用不同的说话之道。

1. 口是心非的同事

职场上也会有很多这样的人，他们表面上讲义气、够朋友，背地里造谣生事、污辱诽谤、挑起事端，而识辨这种人需要一定的智慧。

“凭什么赵炜刚来3个月，就升为主管，我在这里熬了两年都没挪个窝，说什么我也不能让他舒服”“新来的领导，真会装模作样，连续几天邀请他一起吃饭，想拉拉关系，他都说没时间，这不明摆着不给面子吗”“林强最近工作真卖力，看来他今年是想跟我争先进，我非得想办法让他分分心，这样就少了一个竞争对手”，这些就是这种人比较典型的想法。

面对这种同事，你与他们谈话时要保持泰然自若，抓住主动权不放，不让他们的阴谋得逞。

对于以前百般刁难，现在却又主动谄媚的人你可以这样问：“很高兴我们能够化干戈为玉帛，正所谓不打不相识。可有一点我不太明白，以前我的哪些做法叫你不顺眼来着？”口是心非的同事本来就是虚情假意，当你问起言外之意时，他们就会不知所措、躲躲闪闪、含糊其辞，而且反过来责怪你曲解其意。但你需要明确地向他表明自己并不像他们想象的那么软弱可欺，他们以后就不会再找你的麻烦，你也争得一份属于自己的安静的心境和工作环境。

有的时候，口是心非的恭维话其实可能是一种幌子，用来掩饰说话者对你的怨恨或愤怒。例如你和一个资格比你老的同事在为同一个项目设计方案，结果你的方案被采纳了，同事说道：“真是长江后浪推前浪啊，什么也掩饰不住盒子的光芒。”这话听上去好像是在表扬，实质上是在挖苦。你可用平和的语气说：“其实为了这个项目，您也费了不少心，而且您比我更了解这个项目，只不过是我的运气好，方案才被老板选中。但我毕竟还年轻，还有很多不足，我希望在以后的工作中我们多沟通、多交流，一起把工作做好。”面对你的宽容与坦诚，相信对方也会不好意思，最终达到“将相和”的目的。

口是心非的同事，对人当面说漂亮话，骨子里却没有什么善意。当同事称赞你或恭维你时，好好想一想那些话是真是假，一经断定，轻松快乐地接受善意之词，对于含有恶意的言辞，不理会或反击羞辱之意。在交流中要注意区分赞扬与羞辱之意，对含沙射影的话不予理会，而要真心诚意对待赞扬和指正，以促进了解，共同进步。

2. 嫉妒心强的同事

消除嫉妒心并不是一件容易的事，当你在工作中取得了一定的成绩后，同事的嫉妒也往往会随之而来。如果处理不当，经常会给你带来很大的负面影响。

西汉有位杨恽，重仁义轻财物，为官廉治奉法，大公无私。可正当他官运亨通、春风得意的时候，有人嫉妒他位高名显，便在皇帝面前告了他一状，大概是说他对皇帝陛下心怀不满，表现得那么出色是为了笼络人心，图谋不轨。皇帝当然不喜欢贪官，但更厌恶有人和他唱对台戏，而尤其忌讳图谋篡位。经人这么一告发，皇帝也不调查，立马把杨恽贬为平民。

杨恽原先做官时，添置家产多有不便，现在下野了，添置一些家当，与廉政无关，谁也抓不到什么把柄。他以置办财产为乐，每天在忙忙碌碌的劳动中得到快慰。他的好朋友孙会宗听说了这件事，感到可能会闹出大事来，就写了一封信给杨恽，信里说："大臣被免掉了，应该关起门来表示'心怀惶恐'，装出可怜的样子，免得人家怀疑。你不应该置办家产，搞公共关系，这样容易引起人们的非议。让皇帝知道了，不会轻易放过你的。"杨恽很不服气，回信给老朋友说："我自己认为确实有很大的过错，德行也有很大的污点，理应一辈子做农夫。农夫很辛苦，没有什么快乐，但在过年过节杀牛宰羊，喝喝酒，唱唱歌，来慰劳自己，总不会犯法吧！"虽然说"身正不怕影子歪"，可世道险恶，人心叵测，人生在世又怎能掉以轻心！

有人把他视为眼中钉、肉中刺，向皇帝告发：杨恽被免官后，不思悔改，生活腐化。而且，最近出现一次不吉利的日食，也是由他造成的。皇帝命令迅速将杨恽缉拿归案，以大逆不道的罪名将他腰斩，还把他的妻儿子女流放到酒泉。

因为缺乏相互间的了解、交流而产生嫉妒是常有的事。在适当的场合，可以通过说服和交流的方式来化解，否则，隔阂越大误会就越深，以致严重干扰和破坏人际关系的正常交往。在说服时要注意心平气和，同时也要做好多次说服的准备。

对嫉妒者采取交流和沟通的态度是十分必要的，我们应该客观地分析对方的长处，强化他的信心，转变他的错误想法，而且还要在力所能及的情况下认真对待嫉妒者，引导他们让彼此间的关系趋向良性的竞争，告别不公平的比拼。

所谓“不招人妒是庸才”，能招人妒忌也不是丢面子的事。只要你平日对人的态度和蔼亲切，同事们发觉你是一个老实人，久而久之便会乐于和你交往。另外，你可培养自己的沟通魅力，通过沟通可以改变同事对你的态度。

3. 城府深的同事

所谓城府太深的同事，指的是工作中那种不愿让别人轻易了解其心思，总是企图通过各种方式保护自己，深藏不露的同事。这种同事往往说话不着边际，对任何问题都不做明确的表态，经常是含糊其辞，顾左右而言他。

与城府太深的同事打交道，你得多长点儿心眼儿，对他们要有所防范。一定要对自己的言行多加注意，警惕不要为人所利用，并成为他的工具，更不要让他完全得知你的底细。

对于这类同事，我们不应该冷漠待之，而应该坦诚相见，以诚感人。这种人的城府并不是为了害人，而是为了防人。所以，你对这样的同事不应有什么防范，为了真正达到沟通的目的，甚至还可以毫不保留地向他（她）敞开心扉。

这类同事外表上给其他人以城府很深的印象，其实他们的内心往往较为空虚，在工作中处理问题或与同事交往时明显缺乏主见，对事物也缺乏一定的认知度。这类同事，常以“城府很深”自居，其目的就是掩饰自己内心的无知。

针对这类同事的特点，我们应当注意：在与他们相处时，不要对其穷追不舍，让对方感到很没有面子，更不要故意当众揭穿其内心的无知。如果你不注意这些，那你就会在同事中多一个敌人，少一个朋友。

4. 办公室的小人

你力图避免与人为敌，但你可能会发现自己身边有人在“捣鬼”，他们会从语言和行动上暗中破坏你的工作或毁坏你的声誉。

一天，柯小姐去机房上网，发现不知道是谁开了个黄色网页偏又忘了关闭，柯小姐不以为然地随手就将之关闭了。可是，令她万万没有想到的是，第二天，整个公司竟然传开了她浏览黄色网页的谣言。谣言之下，懦弱的柯小姐不得不主动辞职，可是即使在她离开的时候，仍然背负着屈辱的龟壳。

相比之下，与柯小姐同一间办公室的梅小姐却要勇敢得多。一天早上，主任将梅小姐叫到办公室，口气严厉地说，他丢了份很重要的文件，最后这份文件一半在垃圾桶里，一半在梅小姐的抽屉里找到了。性格一贯温顺的梅小姐拍案而起，说："第一，我根本没有作案的时间和动机，这明摆着是陷害；第二，你有什么权力翻我的抽屉？"主任顿时面红耳赤。最后，梅小姐不仅没有被炒掉，反而从此没有人敢再陷害她了。

人们在告诫年轻后辈时常说："害人之心不可有，防人之心不可无！"

的确，害人之心不可有，然而在办公室这个小圈子里，仅仅不害人还不够，你还得有防人之心。

不过，明枪易躲，暗箭难防，别人要害你不会事先告诉你。例如，有人为了升迁，不惜设下圈套打击其他竞争者；有人为了生存，不惜在利害关头出卖朋友；有人走投无路，狗急跳墙……

在职业生涯的漫长岁月中，免不了会遇到出卖、敌意、中伤、陷阱等种种料想不到的事情。如果事先预料这些事的发生，并一一克服，便能使你的工作一帆风顺。

与同事交往时，必须练就人与人之间虚虚实实的进退应对技巧。自己该如何出牌，对方会如何应对，这可是比下围棋、象棋更具趣味的事情。

5. 墙头草同事

职场中你会遇到很多墙头草式的同事，他们最大的特色便是见利忘义，见风使舵，哪边好往哪边靠。

相传，明代才子伦文叙天资聪颖，勤思敏行。少时博学，才华横溢，但其家境窘困，一贫如洗，时常东挪西借，聊以度日。每至年关，债主就上门讨债。有一年年底，伦文叙料定债主再来，但无钱还债，便写一春联贴于门口：跃马挺枪，尔凭霸王勇武来讨债；整冠摇扇，吾用孔明妙计不还钱。后来伦文叙状元及第，一举成名，衣锦还乡，平时那些讨债的债主，一个个提着厚礼来巴结他，伦文叙于是又写一对联：穷居闹市，伸五爪金龙，抓不住至亲好友；富隐深山，舞三节铁棍，打不退鳖子龟孙。

别有用心、见风使舵的势利之徒，看后只得灰溜溜走了。

势利加上小人，就是墙头草。为了自己的利益，今天可以和你称兄道弟，甚至鞍前马后，明天你要是无利可图，他便说得你一无是处。为了达到自己的目的不择手段，说三道四搬弄是非，甚至降低自己的人格点头哈腰，围着权力者摇头摆尾。为了所谓自己的尊严，不顾影响工作、不顾百姓利益，用权斗气。这种人没有义举，只有利害，没有朋友，只有对手。

势利小人，你给他好处，他可能会对你唯唯诺诺，但要是没了好处，他溜之大吉尚好，有时还不忘落井下石。

与其把自己搞得功劳尽没，不如提早高挂无利牌，和他们划清界限，越少瓜葛越好。

第四章
好口才助你在下属面前树立威信

恩威并用，让下属深深信服于你

古罗马军队有一格言，“好的士兵害怕长官的程度应该远远超过害怕敌人的程度”。这个原则使古罗马军团异常勇猛，仅凭野蛮人一时的冲动是做不到这一点的。这就是美国西奥多·罗斯福总统所说的那句格言：胡萝卜加大棒。

美国第26任总统西奥多·罗斯福在谈到美国对拉美的政策时，提出了“温言在口，大棒在手”的著名战略，就是说一方面要搞奖励，另一方面还要做好运用惩罚的准备。

领导要激励员工，不能忽视奖励的作用，也不能忘了“大棒”的警觉效果。要让员工知道，企业和自己的权威是不容侵犯的。

1.“胡萝卜”+“大棒”

胡萝卜和大棒是一个事物的两个方面，在有的时候要用胡萝卜，有的时候要用大棒，有的时候要一手拿胡萝卜一手挥大棒。这里的运用之妙必须有相当的经验和严密的思考。

冯异是刘秀手下的一员战将，他不仅英勇善战，而且忠心耿耿，品德高尚。当刘秀转战河北时，屡遭困厄，一次行军在饶阳滹沱河一带，矢尽粮绝，饥寒交迫，是冯异送上仅有的豆粥麦饭，才使刘秀摆脱困境；同时，也是他首先建议刘秀称帝的。他治军有方，为人谦逊，每当诸位将领相聚，各自夸耀功劳时，他总是一人独避大树之下。因此，人们称他为“大树将军”。

冯异长期转战于河北、关中，甚得民心，成为刘秀政权的西北屏障。这自然引起了同僚的妒忌。一个名叫宋嵩的使臣，四次上书，诋毁冯异，说他控制关中，擅杀官吏，威权至重，百姓归心，都称他为“咸阳王”。

冯异对自己久握兵权，远离朝廷，也不大自安，担心被刘秀猜忌，于是一再上书，请求回到洛阳。刘秀对冯异的确也不大放心，可西北地区却又少不了冯异这样一个人。为了解除冯异的顾虑，刘秀便把宋嵩告发的密信送给冯异。这一招的确高明，既可解释为对冯异深信不疑，又暗示了朝廷早有戒备。恩威并用，使冯异连忙上书自陈忠心。刘秀这才回书道：“将军之于我，从公义讲是君臣，从私恩上讲如父子，我还会对你猜忌吗？你又何必担心呢？”

刘秀对告密信的处理，只是做出一种姿态，表示不疑罢了，而真正的目的，还是给大臣一个暗示：我已经注视着你了，你不要轻举妄动。既是拉拢，又是震慑，一箭双雕，手腕可谓高明。现在绝大多数管理者都开始注重管理理论的学习和研究，一些深谙管理之道的上司却不放弃用大棒的做法。

作为团队的领导者，要清楚“胡萝卜”和“大棒”之间的辩证关系，在给胡萝卜的时候满脸堆笑，挥舞大棒的时候能“铁面无私”。“送萝卜又送大棒”，实际上，胡萝卜是关键，大棒是手段，如何恰到好处地运用二者，这就得看管理者自己的了。

2. 让威慑具备可信性

况钟从小吏提拔为郎官，由于杨士奇、杨溥、杨荣的推荐，做了苏州知州。皇帝召他到朝堂，赐给他皇帝自己签署的文书，授予他不待上奏、自行处置事务的权力。

他刚到苏州，管事人拿着公事案卷来上呈，他不问下吏对事情处理得是否得当，便判个“可以”。这样，下吏们便藐视他，认为他没有能力。接着衙门中发生的弊病、漏洞就越来越多。通判赵某千方百计地欺凌况钟，他也只是嗯嗯而已。

一个月以后，况钟令手下人准备好香烛，把掌管礼仪的礼生也叫来，所属官员全都聚集起来。况钟对大家说："有一封皇帝的诏书没有来得及向大家宣布，今天就来宣布这道诏谕。"当官员们听到诏书中有"所属官员如做不法之事，况钟有权自己直接捉拿审问"这一句话的时候，全都震惊了。

宣读诏书的礼仪结束后，况钟升堂，召来了赵某，依照赵某的罪行严厉处罚了他。

自此，下属中的那些不法之徒再也不敢胡来了。

由此可以看出，适当的威慑是非常重要的。作为领导，发出威胁的时候，首先威胁必须足以达到吓阻或者强迫对方的地步。接下来再考虑可信度，即让对方相信，假如他不肯从命，一定会受到相应的损失或惩罚。假如对方知道反抗的下场，并且感到害怕，他就会乖乖就范。

领导要设法使自己的威胁具有可信度，并能让下属判断出领导说话的可信性，从而使下属对自己有所忌惮。

3. 有威不忘加恩

作为领导，光有"王者风范"只是行使威严的一种方式，广施仁爱更能笼络人心。下面是一个关于美国电话业巨擘、密西根贝尔电话公司总经理福拉多的小故事：

在一个寒冷的深夜，纽约的一条不是很繁华的道路变得更加寂静，静得让人心发慌。这时从街中心的地下管道洞内钻出一位衣着笔挺的人来，路旁的一位行人感到十分狐疑。他上前看个究竟，一看却怔住了，他认出从地下管道钻出来的人竟是大名鼎鼎的福拉多！

原来地下管道内有两名接线工在紧急施工，福拉多特意去表示慰问。

福拉多被称为"十万人的好友"，他在他的同事、下属、客户乃至竞争对手中都有一个"好人缘"的好名声。这位富有人情味的企业巨子，事业如日中天。

作为领导者，要实现自己的意图，必须与属下取得沟通，而向下属施恩就是沟通的一道桥梁。它可以有助于上下双方找到共同点，并在心理上达到共鸣，形成共识，从而消除隔膜，缩小距离。

我们经常看到这样的事情，有许多身居高位的人物，会记得只见过一两次面的下属的名字，在电梯上或门口遇见时，点头微笑之余，叫出下属的名字，会令下属受宠若惊。领导者要赢得下属的忠心耿耿，一定要恩威并施。古书上记载："官肯关注一分，民受十分之惠；上能播爱一点，民感万点之恩。"古人还说："平日诚以治民，而民信之；则凡有事于民，无不应矣。"意思是说：平时诚恳地对待百姓，百姓信任；有事需要百姓支持，则没有不答应的。所以，领导者若想获得下属的拥护，就要尊重他们，真诚地对待他们，热忱地体贴他们，想下属之所想，急下属之所急，不要只做表面文章，要做些实际的事情。

说话要注意身份，表明“我是领导”

领导跟员工在一起时，要适当表明自己的“身份”。在办公室里与员工相处，别人应该一眼就能瞧出，谁是员工，谁是领导。如果你不能表现出这一点，给人的印象有可能正好相反，那么，你这个领导就是失败的。

虽然你不必过于矜持，但要让你的员工起码意识到你是领导。这样，即使是活泼、轻佻的员工也不至于去拍你的肩膀，或拿你的缺点肆意开玩笑。他在你面前会小心谨慎，会看你的脸色行事，当你们一起离开办公室时，他会恭恭敬敬地把门打开，让你先行。

领导要保持自己的威严，在无形中树立员工对你的尊敬，会为你的工作顺利开展创造条件，员工会处处——至少在表面上尊重你的意见，当他们执行任务有困难时，会与你商量，而不会自作主张，自行其是。

领导要注意自己的讲话方式。在办公室里跟员工讲话，要亲切自然，不能让员工过于紧张，以便更好地让员工领会自己的意见。但是在公开场合讲话，譬如面对许多员工演讲、做报告，要威严有力，具有震慑力。

心理点拨>>

1. 具备威严感

作为团队的管理者，如果具备威严感，就能给下属以一种难以言表的威慑力。管理者可以态度温和，可以在非工作场合与下属打成一片，但是，当你一声令下之时，下属要表现出令行禁止的态度出来。

雍正二年四月，雍正皇帝因平定青海一事受百官朝贺。刑部员外郎李建勋、罗植二人君前失礼，被言官弹劾，属大不敬，依律应该斩首。雍正说，大喜的日子，先寄下这两人的脑袋。后面的仪式，再有人出错，就杀了他们。到那时候，可别说是朕要杀人，而是不守规矩的人要杀他们。也就是说，这两个人死不死，取决于别人犯不犯错误，而犯错误的人不但自己要受处分，还要承担害死别人的责任。

雍正皇帝通过借题发挥，给下属以颜色，树立起了自己的威严，达到震慑下属的目的。

一般领导给我们的形象就是令出必行、指挥若定，必须保持一定的威严，这就是“王者风范”。道理很简单，在管理者与下属的关系上，没有令下属感到畏惧的震慑力，是不容易行使职责的。一张和蔼的脸、一番美丽动听的言辞有时起的恰恰是反作用。

做到这些，需要在平时以严格的规定来约束下属，适时地表明“我才是领导”，以威慑力来震慑下属。在中国历史上，不少皇帝都深谙此道，让臣下明白自己才是君主，以维护其统治的威严。

跟员工交谈，即使员工处于主动，领导听取员工谈话时也切忌唯唯诺诺。如果员工的意见与自己的意见相左，可以明确给予否定，如果意识到员工意见的确是对公司、对自己有利的，则不要急于表态。

当然，威严不是恶言相对、破口大骂、整日板着面孔训人。只有让属下产生敬畏之心，才会使你树立领导的风范。

2. 不能过分亲密

“近则庸，疏则威”，与下属保持一定的距离，可以树立并维护领导者的权威。适度的距离对管理者是有益的。即使你再“民主”，再“平易近人”，也需要有一定的威严。

男上司的家离女下属的家比较近。有时为了工作上的事，他就到女下属的家里去谈。虽然谈的都是工作上的事，但时间一长，竟然在单位里有风言风语传出来。

不知不觉间，风言风语竟然传到男上司的夫人和女下属的丈夫耳朵中。这两人的后院不约而同地“起火”了，而“坏事传千里”，后院起火的消息又传到单位。一时间，单位里各种谣传四起，两人在单位成了人人议论的对象。

这位男上司为了表明自己的清白，开始主动疏远这位女下属，甚至刻意不安排重要的工作。最后，这位女下属只好自己打报告了。

在这一事例中，男上司不注意保持适当的上下级距离，结果使得自己和下属都受到了不应有的伤害。

你可以是下属事业上的伙伴、工作上的朋友，但你千万不要成为他的“哥们”。当众与下属称兄道弟只能降低你的威信，使人觉得你与他的关系已不再是上下级的关系，而是哥们了，于是其他下属也开始对你的命令不当一回事。

领导者与下属保持一定的距离才能树立威严。适度的距离对于领导者管理工作的开展是有好处的。

当然，与下属之间的距离并不好把握，走得太近容易丧失威信，影响工作；离得太远又缺乏亲和力，令下属敬而远之。

俗话说得好，距离产生美。作为管理者，必须摆正自己与下属的位置，与下属保持适当的距离，不即不离，亲疏有度。

3. 对下属软硬兼施

对下属们软硬兼施，打一打，拉一拉，让下属忠心为领导服务，共同创效益。

在当今世界摩托车、赛车和汽车的王国里，有一个光芒四射的名字，他就是本田车系的创始人——本田宗一郎。本田对日本汽车和摩托车工业的发展做了努力，获得日本天皇颁发的“一等瑞宝勋章”，和美国底特律汽车殿堂“悬挂肖像及光荣事迹”的殊荣。

本田先生之所以有如此辉煌的成就，和他持有的处世原则——铁面无私是分不开的。虽然备受下属敬重，本田先生并不是一个睁一只眼闭一只眼的老好人。本田公司的技术干部都曾受到本田先生的严格训练。如果他们不注意违背了本田的方针那就会随时遭遇一场暴风雨的袭击。前董事长杉浦在任技术研究所所长的时候，在其下属面前便被本田揍了一顿。

本田很有做事原则。一天，杉浦正在办公室工作，突然一位下属通知他说董事长找他。杉浦急忙赶到本田那里，以为有什么重要指示。本田二话不说，出乎意料伸出右手，打了杉浦一巴掌。杉浦不知何故，忙问："董事长，到底出了什么事？"

"谁叫他们这样马虎地设计？是你吧！"杉浦还没来得及开口为自己辩护，又挨了本田一巴掌。杉浦很气愤："董事长，你怎么不听解释就动手打人？"他心想，设计有问题自己固然有责任，但我也是有1000名下属的研究所所长，至少有一点权力，没必要当众羞辱我，以后让我在下属面前如何立足。他于是想辞掉这个差事。

杉浦正要提出辞职的时候，猛然发现本田的双眼湿润润的，他有些怀疑，难道董事长也会自责自己过于鲁莽？还是恨铁不成钢？似乎都有。杉浦顿时领悟到，董事长是诚心诚意要帮助他，哪怕一个零件也不能粗心大意，必须严谨、认真、细致，防止任何差错的出现，否则，不可能生产出令顾客信赖的商品。这是董事长的"机会教育法"，打他是为了要大家了解技术、质量的精益求精性。一想到这儿，杉浦的怨恨情绪也烟消云散了，于是对本田说：

"对不起，我错了！我要好好改过……"

"我也有错，不该随便打人。"本田脸上现出坦率的歉疚，并拍拍杉浦的肩膀。

本田利用王者风范既保护了自己的形象与威严，又教育了下属，更主要的是挽救了公司的声誉与利益。

本田还非常忌讳抄袭别人的东西，他崇尚创新，如果某个员工犯了这种错误，他大发雷霆是正常的，他常说："什么！照别人的葫芦画瓢？哼，真没出息。我们追求的是世界第一，不管有什么困难，不管别人会不会做，我们都要尽力把它做好，这才是本田人的与众不同之处！"

在工作时对待属下必须说一不二，发现了下属的差错，绝不姑息，立即指出，限时纠正，不允许讨价还价。

作为领导，能够发号施令使下属依己之意行事，而下属也是言听计从，这当然是一件好事，但能够立权树威却不是一件简单的事情，只有从小事做起，在管理工作中注意细节，点点滴滴地树立自己的权威。

当然，推崇权威并不是意味着要管理者终日板着脸，作为下属还是希望多看到一些上司的笑脸，实际上，这并不矛盾。在日常的工作中多给下属点“温情管理”，给下属家庭般的情感安抚，才能让他们对团队产生更多的依赖感和归属感，培养他们对团队的忠诚度。

多理解、少否定，倾听下属的心声

下属的抱怨有时候是情有可原的。追求完美的员工、智商高但情商低的员工、过于自负和自卑的员工，是最易产生抱怨的人群。作为领导，要特别注意与之“及时沟通”。

领导应树立这样的形象：遇到任何问题请及时沟通，我会静心倾听，为你解困。在倾听中要不断认同对方的情绪：“嗯，我理解。”“我也有过这种体会。”事实上，认真倾听，本身就是化解抱怨等负面影响的最好方式。

用心倾听是理解他人的第一步，也是建立信任感的前提。只有认真倾听，才会理解对方“为什么抱怨”以及“抱怨的是什么”，掌握了这些“一手材料”，才能从根本上解决问题。

作为领导，应该学会倾听，不要总以为自己是领导，只需要对下属发布命令。领导需要坦诚相见，做一个忠实的听众，让下属说出自己的想法。

一个善于倾听的领导，能够让沟通的渠道保持畅通，及时纠正管理中出现的一些错误，制定出一系列切实可行的方案和制度，促进团队的发展。

1. 鼓励下属说出原委

领导与下属之间必须具备良好有效的沟通，这是任何管理艺术的精髓。

孔子被困在陈、蔡之间，只能吃没有米粒的野菜汤度日。一天，颜回讨到一点儿米回来做饭，饭快熟时，孔子看到颜回抓取锅中饭吃。饭熟了，颜回拜见孔子并端上饭食。孔子装作不知颜回抓饭之事，说：“今天我梦见了先君，把饭食弄干净了去祭先君。”颜回回答说：“不行，刚才灰尘落进饭锅里，扔掉沾着灰尘的食物有些浪费，我就抓出来吃了。”孔子叹息道：“所相信的是眼睛，可眼睛看到的还是不可以相信；所依靠的是心，可是心里揣度的还是不足以依靠，看来了解人真的很不容易。”

被誉为圣人的孔子如果没有引导颜回讲出事情的原委，孔子和颜回的关系会产生嫌隙。这个故事也给领导一些有益的启示，哪怕领导对下属有所怀疑，也应该鼓励下属说出事情的真相。

要想成为一个优秀的领导，一个深受下属爱戴的管理者，需要加强与下属的交流与沟通，倾听他们的真实想法，这样你才能知道他们的内心所想，及时发现问题，然后解决问题。

在倾听下属心声的过程中，管理者能够不断发现问题，并不断提高自己的管理水平。每个人都应该高度重视倾听的重要性，重视沟通的主动性，只有这样，我们才能让企业发展得更顺畅。

2. 倾听员工的抱怨

美国企业家亚克卡曾对管理者的倾听有过精辟的论述：“假如你要发动人们为你工作，你一定要好好听别人讲话。一家蹩脚的公司和一家高明的公司之间的区别就在于此。作为一名管理人员，使我感到满足的莫过于看到企业内被公认为一般的或平庸的人，因为管理者倾听了他遇到的问题而发挥了他应有的作用。”

但是，如果下属陷入没完没了甚至不分对象的抱怨，管理者就需要用一些技巧了。

小唐是某电子公司的工程师，业务能力很强。公司让他管理一个项目组，然而，搞技术与做管理是完全不同的两回事。虽然他搞技术很在行，但一无财权、二无人脉，既要顶住来自上面的业绩压力，又要管理自视颇高的知识型员工，小唐的压力陡然增大。他抱怨员工不服管理是因为自己不掌握财权，他抱怨公司不给支持导致各部门沟通不畅。而抱怨过后的结果是，他的领导没有给予更多关注。小唐也意识到：抱怨无异于证明自己无能，就干脆忍而不发，回到家里也不敢向正在孕期的妻子诉苦，最终竟然得了抑郁症。

实际上，小唐的领导并不是个好领导。如果他能及时与小唐沟通，倾听他的抱怨，给其心理疏导和支持，相信不会造成如此后果。

领导倾听的过程，其实就是在给予下属心里认可的过程。当下属对你说出自己的一些想法，倾诉自己的一番抱怨后，通过这种发泄，他就可以从你身上获得心里认可的满足感。而基于礼尚往来的心理原理，他也会认可你，并在内心无意识地觉得应该给予你相应的回报：加倍努力工作，证明自己是优秀的，是值得你关注和认可的。

领导在倾听员工的心声和抱怨的过程中，需要注意以下几个方面：

（1）保持眼神交流。通常在倾听之前，我们要先与对方有一个眼神上的交流，借此告诉他："我准备好了，你可以说了。"而在倾听过程中，专注的眼神交流则可以告诉对方："我在认真听，请继续讲。"

（2）做出积极回应。在沟通过程中，身体前倾、点头、微笑等积极的回应也非常重要。因为这在告诉对方，你愿意去听，并且努力在听。反之，如果倾听时面无表情或没有回应，对方会认为你不愿意或讨厌跟他谈话。

（3）给予理解。倾听的核心要素就是：同理心。即暂时搁置自己的成见，尝试站在他人的角度来看待问题，并"感同身受"地体验他们的感受。事实上，一旦领导能做到这点，下属就会认为领导是理解自己的，是自己可以信任和依靠的。

肯定和赞扬，让下属更有干劲

职场上的大部分人都能兢兢业业地完成本职工作，也很在乎领导的评价，所以领导的赞扬是下属最需要的。

领导的赞扬可以使下属意识到自己在群体中的位置和价值以及在领导心中的形象。因为，领导的表扬往往很具有权威性，是确立自己在公司同事中的价值的依据。

领导的赞扬可以满足下属的荣誉感和成就感，使其在精神上受到鼓励。领导的赞扬是下属工作的精神动力。同样一个下属在不同的领导指挥之下，工作劲头判若两人，这与领导是否赞扬的激励方法是分不开的。

1. 多赞扬自己的下属

魏徵是唐朝很有才能的一个人，原先魏徵侍奉皇太子李建成，因为敢于进谏而不受李建成的欢迎，李建成不仅对他的建议漠然置之，有时候还批评他。

李世民掌权后，很器重魏徵，为了鼓励魏徵敢于直言进谏，唐太宗每次都很虚心地听他献策，并经常赞扬他敢于说真话、说实话。有一次，唐太宗赞扬魏徵说："夫以铜为镜，可以正衣冠；以古为镜，可以知兴替；以人为镜，可以明得失。我以你这样的良臣为镜，也就不糊涂，少做错事了。"

在唐太宗的赞扬和鼓励之下，魏徵至诚奉国，真是喜逢知己之主，竭尽所能，知无不言，先后共陈言进谏二百多件事。后来，魏徵怕因进谏参政议政招来事端，想借目疾为由辞职休养，唐太宗为挽留这位千载难逢的良臣，极力赞扬了魏徵的敢于进谏，表达了自己的赏识之情，道："您没见山中的金矿石吗？当它为矿石时，一点儿也不珍贵。只有被能工巧匠冶炼成器物后，才被人视为珍宝。我就好比金矿石，把您当作能工巧匠。您虽有眼疾，但并未衰老，怎么能提出辞职呢？"魏徵见唐太宗如此诚恳，也就不再提辞职休养的事了。

赞扬下属还能够拉近上下级的关系，有利于上下团结。有些下属长期被领导忽视，领导不批评他也不表扬他，时日一长，下属心里肯定会嘀咕：领导怎么从不表扬我，是对我有偏见还是妒忌我的成就？于是同领导相处不冷不热，注意保持远距离，没有什么友谊和感情可言，最终形成隔阂。

领导的赞扬不仅表明了领导对下属的肯定和赏识，还表明领导很关注下属，对他的一言一行都很关心。有人受到赞美后常常高兴地对朋友讲："瞧我们的头儿既关心我又赏识我，我做的那件事连自己都觉得没什么了不起却被他大大夸奖了一番。跟着他干气儿顺。"

2. 真诚地"捧"员工

对待一些工作不积极的下属，如果采用强迫措施反而激起他的反感，但是如果迁就他，以后的工作也就无法开展了。此时，不妨利用下属的自尊心适当夸奖他，使他获得一种自豪感或者虚荣心。然后，他为了维护自己的形象，自己进行自我激励，领导的工作自然就好开展了。

例如，有一个项目，其他人都做不了，只有一位下属可以完成。那么，做领导的就应该积极主动地对这位下属多加鼓励，奉承几句也未尝不可。这样一来，他开展工作自然会尽心尽力，甚至还会提前完成项目。

常言道："恭维不蚀本，舌头打个滚。"要笼络下属，奉承是一件轻巧实用的武器，为什么不用呢？总之，不真诚的捧赞，给人一种虚情假意的印象；而有分寸、不离谱的赞美，会得到下属的信任。

3. 不吝啬自己的赞语

心理学家威廉姆·杰尔士说："人性最深切的需求就是渴望别人的欣赏。"优秀的管理者懂得巧妙运用赞美来激励自己的员工。管理者希望下属具有怎样的优点，就要怎样地去赞美他。

日本有关部门总结了日本战后迅速发展的原因，他们认为："日本国民的最大优点是，对外人不停地鞠躬，不停地说好话。善于发现他人的长处，善于赞美别人是日本迅速繁荣的一个重要原因。"

很多时候，如果没有赞美，我们便很少会主动为自己设太高的目标，而有了赞美、有了鼓励，为了不辜负别人的欣赏与肯定，我们要更加严格要求自己、全力以赴地做好眼前的工作。由此可见，赞美也是一门艺术，领导要理解员工的动机和需求，给予员工恰到好处的赞美是企业付酬最低，换回最佳效果的方法之一。

有人认为赞扬一个人很困难，他们抱怨没有在下属身上发现值得赞扬的"闪光点"。其实，每个员工都是一块闪亮的金子，只要领导愿意睁大双眼，就很容易在每个人身上找到值得赞扬的地方。

事实的确如此，领导赞扬员工并非一定要给予壮志凌云般的鼓励，但一定要注意表扬下属的技巧：

（1）表扬要具体，不要含糊其辞。表扬本来是激发热情的有效方法，但有时运用不适宜则会使下级反感。因此，管理者在谈话中表扬下属应斟酌词句，要明确具体。

（2）表扬应抓住时机。管理者与下级的谈话中能把握住有利时机去表扬对方，其效果可能是事半功倍，而失掉有利时机，其效果则可能是事倍功半。

（3）表扬要实事求是。对于一位管理者来说，要做到实事求是论功行赏，首先必须把握公正这一原则。不管是谁，只要他出色地完成了一项工作甚至仅仅提供了一条有创意的思路，都应该受到表扬。

（4）表扬要放下“架子”。放下“架子”表扬下属可以用谦虚、真诚的姿态，还可以把自己置于次要的位置、突出下属，表达自己对下属的赞扬之情。

（5）表扬要有实际行动。管理者对下属的长处和优点表示赏识和肯定，仅凭表扬的话是不够的，还要求关心和体贴下属，让下属觉得领导在充分地表达对人才的尊重。

（6）表扬可以借口于人。借人之口表扬人，其中微妙的心理不仅让下属感到惊奇，更会令其陶醉在表扬的高超技术中。

（7）多表扬对方才华。每个人总是对自己的才华十分关注，多表扬他独特的才华，会产生激励的效果。

（8）赞美别人的前途和未来。赞美下属的前途和未来，应该要结合下属具体的奋斗目标。不过这种赞扬不宜太具体，并且要加一定的附加条件，如“通过努力，你一定可以成为公司的明星员工”。

消除仇视与敌意，要用言语柔化

做好管理工作真的不容易，有人说做事容易做人难，管得多了不但没有效果，反而会影响彼此的人际关系；管得少了虽然能保住彼此的感情，但是效果又不好。

看看下面两种对话方式：

领导：“喂，你最近的表现可不太好啊！”

员工：“可是我已尽了最大努力了。”

领导：“努力？我怎么看不出来你在努力。”

员工：“我难道不是在工作吗？”

领导：“你怎么能用这种态度说话？”

员工：“那你要我怎么说呢？”

领导：“你太自以为是了。这就是你的问题所在。”

领导这样对员工说话，很容易让员工对领导产生不满，甚至产生敌意，不利于以后工作的开展和公司的团结。但是如果领导换一种说话方式，效果就会完全不同了。

领导："喂，最近表现得不太出众啊，这可不像是你的作风。"

员工："我已经尽力了……"

领导："是不是有什么心事？"

员工："实际上……妻子住院了！"

领导："是吗！你怎么不早说，家里出了事理应多照顾，要不就先请几天假，好好在家照顾一下病人。"

员工："好在已经没有什么大问题了。"

领导："哦，那就好。如果有什么困难尽管来找我。"

例子中的领导既委婉地提出了批评，又照顾到了下属的心情。下属自然非常愉快，也很感激。与下属沟通，作为领导者最忌讳的就是不注意说话方式，倚仗自己的地位，肆意贬低下属。这样不仅解决不了任何问题，反而会使矛盾激化。要注意，千万不可让自己置于对立的位置。

作为领导，如何才能让下属消除对自己的仇视与敌意，而又不失自己作为上司的尊严与威信呢？

心理点拨 >>

1. 晓以利害

某市无线电厂由于长期亏损，债台高筑，濒临破产。这天，该市电视机厂对无线电厂实行有偿兼并的大会在无线电厂举行。上千名职工感到耻辱，坚决反对兼并，愤怒的人群争吵着，吼叫着，吹口哨，鼓倒掌，场面十分混乱。

这时，电视机长的吴厂长，扯大嗓门对陷入失控状态的人群喊道：

"我告诉你们一个事实：到下个月工商银行的抵押贷款就要到期，无线电厂马上就要破产，上千名职工就要失业！难道你们愿意这个具有几十年历史的我市唯一的收录机专业生产厂家破产吗？难道我们厂上千名职工情愿失业，重新到社会上待业吗？请问，谁能使无线电厂不破产？谁能使上千名职工不失业？是能人，请站出来说话！有高招，请拿出来！你们反对兼并，拿出主意来！"

愤怒的人群开始静下来，吴厂长面对着上千名翘首以待的职工，接着说：

"我吴某人不是资本家，是国家干部。就我个人而言，叫我兼并无线电厂，我才不干呢！我又何必自讨苦吃？可我是共产党员，看到国家受损失，我于心不忍啊！"

这时有人站起来说："我要问你，你能保证我们不失业、无线电厂不破产吗？"

吴厂长说："有些同志对我不信任，这是可以理解的，因为不了解嘛。请大家放心，从并厂后第一个月起，如果再亏损，由我吴某人负责。我和大家同舟共济。如果要下海，我第一个带头跳！至于具体办法，我这里就不说了！"

这时，全场爆发出雷鸣般的掌声。

在当时骚乱的情况下，面对愤怒的人群，训斥制止都不行，婉言相劝想必也不行。这时，吴厂长直言兼并与不兼并的利害得失，终于打破了人们的认识障碍，镇住了混乱的场面，又消解了大家的怨气。

领导相对于自己的利益，更应该关心单位的整体利益，而下属却关注自己的切身利益胜过关注整体利益。因此，对下属说话应该常记住"晓以利害"这一技巧，当他们对某件事与单位领导有不同的想法时，作为领导的你就应该明智地对他们作一番权衡利弊的分析，只有让他们觉得你的决定才是真正有利于他们切身利益的时候，他们才会真心地消除不满，转而支持你的工作。

2. 抓住实质

冯玉祥当旅长时，有一次驻防四川顺庆，与一支"友军"发生矛盾。这支"友军"将骄兵惰，长官穿黑花缎马褂、蓝花缎袍子，在街上招摇过市，像当地的富豪公子模样。

有一天，冯玉祥的卫士来报："我们的士兵在街上买东西，他们说我们穿得不好，骂我们是孙子兵。"冯玉祥看到自己穿的灰布袄，便说："由他们骂去，有什么可气的。这正是他们堕落腐化、恬不知耻的表现！"

为了避免士兵们由于心里不平衡而生闷气，冯玉祥立即集合全体官兵，进行训话："刚才有人来报，说第四混成旅的兵骂我们是孙子兵，听说大家都很生气，可是我倒觉得他们骂得很对。按历史的关系来说，他们的旅长曾做过第二十镇的协统，我是从第二十镇出来的，你们又是我的学生，算起来，你们不正是矮两辈吗？他们说你们是孙子兵，不是说对了吗？再拿衣服说，绸子的儿子是缎子，缎子的儿子是布，现在他们穿绸子，我们穿布，因此他们说我们是孙子兵，不也是应当的吗？不过话虽这么说，若是有朝一日开上战场，那时就能看出谁是爷爷，谁是真正的孙子来了！"

几句话把官兵们说得大笑起来，再也不生闷气了。

冯玉祥正是抓住了问题的实质，即军队就是比赛打仗的，而不是比赛穿衣服的，因此把手下人说得心服口服。

当下属心怀怨气的时候，单纯劝导难以起到真正的作用，只有把他们心中的“怨结”打开，才能让他们豁然开朗。而打开“怨结”的关键就是抓住令他们生气的问题实质，带领他们走出思想的误区。

具体方法，可以从以下几点入手：

（1）谈话要客观，不要过于急躁，也不要在谈话之前就对对方怀有不满和厌恶。

（2）要站在员工的角度为员工着想，当员工与你的意见相反时，切忌用权力去压下属。

（3）要尊重员工，不能对其进行人身攻击，或者使用尖酸刻薄的语言，不要伤害员工的感情。

（4）与员工沟通要挑对时机，如果对方情绪过分激动，其是非的判断力、意志的驱动力都会变得“模糊”，处于抑制状态。此种状况下，任何“强攻”都难奏效。不如暂停说服工作，告诉对方，好好休息，下次再慢慢谈。停一停再谈，这对扭转认识、稳定情绪具有很大作用。

（5）如果员工有错，批评时也要适度、有分寸。

（6）如果员工对你已经产生敌意，可以通过鼓励、安慰等方式消除隔阂。

如何批评，才能让对方容易接受

批评自古以来就是一种传统的教育方法，那是因为批评是爱的体现。不断地批评与自我批评能鞭策人不断进步。

孔子的学生宰予曾经白天睡觉，孔子批评他“朽木不可雕也”。后来，宰予终于成了孔子的高足。正是孔子的严格要求、时常提点，才培养出一大批人才，孔子的批评中无处不渗透着对学生的爱。

1. 让下属感受被批评是幸福

日本作家川澄佑胜在《被骂的幸福》一书中讲过这样一个故事：

有一位在森林里修行的人，非常的纯净，也非常的虔诚，每天只是在大树下思考、冥想、打坐。一天，他打坐时感到昏沉，就起身在林间散步，不知不觉走到一个莲花池畔，看到满池莲花正在盛开，十分美丽。清风徐来，阵阵莲花香味沁入心脾，不禁心生爱慕。

修行人心里起了一个念头：这么美的莲花，我如果摘一朵放在身边，闻着莲花的芬芳，精神一定会好得多呀！

于是，他弯下身来，在池边摘了一朵，正要离开的时候，听到一个低沉而巨大的声音说："是谁？竟敢偷采我的莲花！"

修行人环顾四周，什么也没有看到，只好对着虚空问道："你是谁？怎么说莲花是你的呢？"

"我是莲花池神，这森林里的莲花都是我的，枉费你是个修行人，偷采了我的莲花，心里起了贪念，不知道反省、检讨、惭愧，还敢问这莲花是不是我的！"空中的声音说。

修行人的内心生起深深的惭愧，就对着空中顶礼忏悔："莲花池神！我知道自己错了，从今以后痛改前非，绝对不会贪取任何不属于自己的东西。"

当修行人正在惭愧忏悔的时候，有人走到池边，自言自语："看！这莲花开得多好，我该采去山下贩卖，卖点钱，看能不能把昨天赌博输的钱赢回来！"那人说着就跳进了莲花池，踩过来踩过去，把整池的莲花摘个精光，莲叶全被践踏得不成样子，池底的污泥也翻了起来。然后，他捧着一大束莲花，大笑扬长而去了。

修行人期待着莲花池神会现身制止，斥责或处罚那摘莲花的人，但是池畔一片静默。

他充满疑惑地对着虚空问道："莲花池神呀！我只不过采了一朵莲花，你就严厉地斥责我，刚刚那个人采了所有的莲花，毁了整个莲花池，你为何一句话也不说呢？"

莲花池神说："你本来是修行人，就像一匹白布，一点点的污点就很明显，我是不忍心见到你因为贪慕香气而又陷入轮回长劫受苦，好心苛责你，所以我才提醒你，赶快去除污浊的地方，恢复纯净。那个人本来是满身的罪恶，就像一块抹布，再脏再黑他也无所谓，也看不出任何的痕迹。我也帮不上他的忙，只能任他自己去承受恶业，所以才保持沉默。”

一位打拼多年的朋友在酒桌上曾深有感触地说：“十年前我最怕的是批评，十年后我最难得的也是批评。”的确，还是那句老话，“批评使人进步，表扬使人落后”，小批评则小进步，大批评则大进步。

事实上，任何人都会犯错。领导批评员工，要让员工感受到一种重视，所以要正确看待批评的作用，当然，员工能够接受批评是成熟的表现，也是自信的表现。

从失败中汲取教训，才是开始踏上成功的台阶。面对批评的态度，决定着员工是否能承受挫折，也关乎整个团队文化的塑造以及竞争力的培养。

2. 批评他是重视他

丽丽的前任上司升官调任，空降了一个有圈内“铁娘子”之称的女上司，虽然丽丽是女生，但对女上司还是有些偏见，觉得这必然意味着妒忌、猜疑和挑三拣四，也很难发挥自己的异性优势。刚开始丽丽几乎天天被女上司挑两句不是，要么就是客户投诉问题，要么就是策划方案不够完美需要修改，丽丽的神经天天紧绷着，也曾经在背后和同事嚼过舌根：“工作狂的女人估计都有点儿变态，她不会是看我们年轻貌美嫉妒吧？”

抱怨归抱怨，工作却丝毫不敢松懈，于是丽丽开始按照上司的要求投入工作。有一次她加班到很晚，发现上司办公室的灯光始终亮着，似乎是为了陪伴自己，并且上司还为丽丽叫来了夜宵，大家一边吃一边谈工作进展。“我从你身上看到了我当年的影子，所以对你要求特别高，你能体谅吗？”上司温和的三两句话，将丽丽之前对她的不满全部打消了。

心理学研究表明，接受批评最主要的心理障碍是担心批评会伤害自己的面子、损害自己的利益。为此，在批评前要帮助对方打消这个顾虑，这样他才能把批评听下去。

打消顾虑比较好的方法就是要设法让员工明白，批评他是因为重视他，是因为他的工作还没有达到你所期望的。千万不要向下级传递批评他只是领导发泄个人不满的方式这种信息。要使下属意识到这一点：在工作中，被上级批评并不一定是坏事。

因此，对下级的批评使用何种措辞、何种方式，恐怕也要动一番脑筋。

3. 熟练运用批评的技巧

美国内战期间，约瑟夫·胡克将军毛遂自荐，当上了北方联邦军队的一个重要指挥官。但是，随着时间的推移，人们发现胡克将军不是合适的人选。他为人桀骜不驯，于是，林肯总统写了他任总统期间最尖锐的一封信，批评他的短处，使他发挥他的长处，共同促进事业的成功。但还要注意不能引起他的反感。

他是这样批评胡克将军的："我任命了你为波托马克军团司令。当然，我做出此决定是有充分理由的。然而，我想最好还是让你知道有几件事我对你并不是很满意的。我相信你是一个英勇善战的战士。为此，我当然是赞赏的。我也相信你没有把政治和你的职业混淆起来，这一点你是对的。你对自己充满信心，这既是必不可少的品质，也是可贵的品质。

"你有雄心，在一定的范围内，这一点是有利而无弊的。但是我认为，在伯恩赛德将军指挥兵团时，你放任自己的雄心，尽你之所能阻挠他。在这一点上，你对国家、对一位最有功劳的可尊敬的兄弟军官犯下了极大的错误。

"我听说，并且我也相信，你最近说我们的军队和我们国家需要一个有绝对权威的统治者。当然不是因为此，而正是不顾此，我才给你下达命令。

"只有取得战功的将军才能做有绝对权威的统治者。我现在需要你取得军事上的成功，而我将承担独裁的风险。

"政府将一如既往尽全力支持你，并支持所有司令官。我非常担心你曾助长军队里的批评和不信任司令官的风气，现在正冲着你来了。我将尽全力协助你刹住这种风气。

"无论是你还是拿破仑——如果他在世的话——都不会在这种风气盛行的军队里得到好结果，而目前要防止急躁。但是要干劲十足，戒备不懈，勇往直前，为我们夺取最后的胜利。"

林肯在这封信中是如此淋漓尽致地表现了他高超的批评技巧。他并没有直截了当地说胡克的错误如何如何，而是首先给他一个“定心丸”“当然，我做出决定是有充分理由的”。

林肯高明地运用了心理学原理。在说不太愉快的事之前，先对对方的优点进行表扬，这样做被批评的人是容易接受的。

通过上面的例子，可以得出：批评必须把握要领，做到批评得当。一般而言，批评要紧抓以下几个要项不放：

（1）批评要因人而异，针对不同的人必须采取不同的方法；

（2）批评要有诚意，不能将批评作为自己显示威风的工具；

（3）不可以权压人，任意批评下属；

（4）不可任意发脾气；

（5）不可背后批评人，对事对人都必须光明磊落；

（6）批评内容必须客观适度；

（7）批评方法必须得当；

（8）批评时间要及时。

尽量避免在公开场合批评人

在中国式管理中，面子是极其重要的，相信不少管理者都深有体会。中国人连瘦子都要“打肿脸充胖子”，看待面子简直如命根儿一样。丢面子是最让人懊恼的事了，管理过程中如果不注重“面子管理”，所引发的问题可能就大了。

“你是什么东西？你以为我不知道你的老底吗？”或者说：“你这种家伙，成事不足，败事有余。”这种话一出口，只会让下属心灰意懒，甚至会和领导大闹一场，落得个双输的结局。

稻盛和夫先生指出，为了保持员工对工作的希望与热情，在面对表现不佳的员工时，公司除了采取协助的行动，给予员工改进的机会外，处理时也会顾全员工的面子，例如，将员工更换到其他职务时，所抱持的态度是，帮助他找寻更能发挥他长处的方法，而不是给予他的惩罚。

古语说得好："和气生财。"最聪明的管理者是知道如何把下属团结在自己身边的人。他们明白，给下属留面子，就是给自己长面子，所以在管理过程中千万注意到"留面子"的问题。

心理点拨 >>

1. 让下属自觉认识到错误

伊尔奇是英国一家大超市的经理，每天都到他的连锁店去巡视一遍。有一次，他看见一名顾客站在柜台前等待，没有一人对她稍加注意，那些售货员呢？他们在柜台远处的另一头挤成一堆，彼此又说又笑。身为经理的他当然很气愤，但伊尔奇并没有直接指责那些在上班时间闲谈的售货员，他采取了什么方式呢？

伊尔奇不说一句话，默默站在柜台后面，亲自招呼那位女顾客，然后为其服务，接着他就走开了。售货员当然看到了这个情况，自责的她们从此以后再也没有发生类似情况。

>>

伊尔奇没有直接指责员工，没有在顾客面前给员工难堪，而是亲自去为顾客服务，让员工自己意识到自己的失职，起到了间接地纠正员工错误的作用。

有时下属并没什么大错，但不幸遇到你情绪不好，那就可能遭到你的责备，结果当然更糟。

只要管理者不是无缘无故地责备下属，下属一般都是能心平气和地接受。在你开口之前，别人总是处于一种被动的心理状态，因为他们感到自己做错了事，自责的心理能让他们安静地接受你的责备，但绝对不是任你处置、随你发泄。当你的责备已经伤害到他们自尊心的地步，那么自责心理就可能立即消失，并产生一丝不快，慢慢地不快就会发展成怨恨。

2. 设法给下属留面子

"树活一张皮，人活一张脸"，如果管理者把下属逼急了，他们就会反过来损伤领导的面子，也使得领导的管理工作更加难做。

在一次生产部门的会议上，老李作为产品质量总监，当着众人的面厉声质问质检员小高："你就是这样做质检员的吗？你是瞎子吗？你是脑袋缺根弦儿，不知道这个材料质量有问题吗？你当了几年质检员了？这点儿小问题都发现不了，真怀疑你的智商。”

小高禁不住皱起了眉头，老李看着小高不服气的样子，更加生气了，他走到小高面前对他说：“不服气吗？有本事就把工作做好，工作做不好，还不让人说，你以为你是天王老子啊！公司请你这种闲人，简直是在浪费资源！”

小高再也忍不住了，他冲着老李大喊道：“我不过是做错了一件小事，你至于这么诋毁我吗？这件事做错了，我愿意承担责任，不像你一天到晚就知道像狗熊一样乱踩人！”

两个人你不让我、我不让你地大吵了起来。吵到后来竟然惊动了总经理，总经理好说歹说总算平息了这次“风波”。总经理让老李到自己办公室，对他说：“你让我很失望，我没想到你这么不理智，跟一个下属开战，这对公司的影响太坏了。你回去仔细反省一下自己，想想该怎么做。”老李挨了总经理的批，垂头丧气地回自己的办公室了。

小高经过这件事后，工作热情削减了很多，经常迟到早退，动不动就休假，老李根本管不了。三个月后，小高向老李递交了辞职呈，去了另外一家公司。

领导要学会尊重下属，给下属留面子，不要只顾自己痛快，过后才发现不小心伤了别人的心。尤其是当别人做了错事，或自己因此而吃了亏，觉得自己受了委屈而要说出来图个痛快，于是一些难听的话就不自觉地冒了出来。结果往往是痛快了一时而伤了和气。

领导在批评下属或与下属发生不愉快时，要舍弃那种咄咄逼人的姿态，克制自己的言行，避免伤及下属的自尊心，为下属保留面子。

即使自己是对的，别人绝对是错的，我们也会因为让别人丢脸而影响团结。法国飞行先锋和作家安托安娜·德·圣苏荷依写过：“我没有权利去做或说任何事以贬抑一个人的自尊。重要的并不是我觉得他怎么样，而是他觉得自己如何，伤害他人的自尊是一种罪行。”这种为别人留面子的做法，使人们易于改正自己的错误，维持了自尊，使他认为自己很重要，使他希望和你合作把事情办好，而不是反抗或抵触。

如果别人的做法不符合你的要求，你也不要当面指责，这只会造成下属的逆反心理与厌恶感，容易将事情搞砸；如果巧妙地暗示对方注意自己的错误，则可以轻松地把事情处理好。

尊重下属，让下属感受到重视

著名军事家孙武在《孙子兵法·地形篇》中这样说道："视卒为婴儿，故可与之赴深溪；视卒如爱子，故可与之俱死。"

每个人都有自己丰富的感情，卓越的领导者就是最大限度地影响追随者的思想、感情乃至行为。作为团队的管理者，仅仅依靠一些物质手段激励员工，而不着眼于员工的感情生活，那是不够的，让下属感受到团队的温情是非常必要的。

尊重员工、关心员工是搞好管理的前提与基础，这一点对团队管理尤其重要。让员工感受到温情，就能从内心深处激发每个员工的内在潜力、主动性和创造精神，使他们能真正做到心情舒畅、不遗余力地为团队的发展而做出自己的努力。

1. 让下属感受到温情

随着时代的发展，管理的方式已经由"物"转向"人"，顺应人性、尊重人格、理解人心，这是管理者不得不考虑的问题。

福特公司在全球闻名遐迩，公司的文化理所当然也是充满人性化。有一天，公司的社会部长马金博士在整理资料时，发现福特工厂的一个分厂报道中提到了有一名叫乔治的 70 多岁的黑人员工，家庭十分贫困，这么大年纪了还在公司的停车场干活，始终不肯退休回家，这让马金博士非常的震撼。

于是，他立即吩咐一个年轻的属下："你辛苦一下，亲自到那个部门去看看吧。"

调查结果是乔治的视力已经严重退化，几乎已经失明。

"这个员工的家庭条件怎么样呢？"马金博士问道。

"他的太太还可以工作，她说如果有适当的机会的话她很想工作。他们住的房子还有几间是空着的，另外，他太太还带来了一个 25 岁的孩子，他是在别的工厂里工作的，每周的工资是 25 美元。"

"那就好，我们有办法来解决这个问题了。"

马金博士立刻决定，先把那个孩子安排到福特工厂上班，每天的工资6美元，但条件是他必须负责赡养自己年老的父母。

员工家里空着的房间，马金博士吩咐属下为其寻找适当的房客，他太太可以做一些洗衣服的工作，而老人则可以在他家的附近给别人家看看房门。这样的工作很轻松，他做起来完全没有太大问题。

就这样，在马金博士的关心下，这位福特员工家里的每个人都有了自己工作，家庭的收入很快就增加了两倍以上，他给这个家庭带来了温暖和幸福。

福特公司的这种像关心自己家人一样来关心公司员工的方针，使公司的每一个员工都备受感动，他们觉得公司就是他们另外一个家。在这种以公司为家的思想鼓舞之下，员工的主人翁精神得到了前所未有的发展，福特公司的生产效率也得到了明显的提高，这其实是温情管理的体现。

优秀的领导能让员工切实感受温情，这样才会让员工积极地为团队贡献心力。讲究情义是人性的一大特点，中国人尤其如此。优秀的管理者大都深知其中的奥妙，不失时机地付出感情投资，对于管理下属往往能收到异乎寻常的效果。

富有人情味的管理者必能获得下属的衷心拥戴。有人说：“世界上没有无缘无故的爱。”管理者对下属的一切感情投资，都应作如是观。

对下属体贴入微的态度，能给下属最大的满足，甚至会使他们产生受宠若惊的感觉，因而感恩戴德，更加忠心耿耿地为其效劳。有些人只是一味地向另一方施以恩惠，特别是对那些自以为将要用到的人，更是如此。其实，收拢人心，最重要的是要针对对方的心理。给地位卑贱者以尊重，给贫穷者以财物，给落难者以援力，等等，这才是收拢人心最有效的方式。

2. 为下属的每一个进步喝彩

担任企业资源开发公司总经理的麦克斯·卡雷，在1981年创立以亚特兰大为中心的销售和市场服务公司时就曾遭遇过步履维艰的困窘。

当时，麦克斯·卡雷只有一个临时雇员。按他的话说：“大的成功离我们太遥远。我们几乎感受不到任何激励。”他做出了一个决定：每次获得一个小成功都要自己庆贺一番。

卡雷出去买了一个警报器，还配了扩音器，这样就能发出救护车的声音。如果他在电话中宣传自己的产品时能绕过培训部主管，直接与公司的总经理通话，就要鸣笛庆贺一次；如果接到一大笔订单，警笛也会鸣响。

后来，他的公司已拥有 100 多万美元的资产和 11 名雇员。每个星期，警笛声都会在公司内回荡 10 次。每当知道有好消息时，大家都要出来听他们的同事对刚刚取得的成功吹嘘一番，这也为大家提供了互相交流的机会。卡雷说："我们的雇员经验还不够丰富，无法取得巨大的成功，所以这种庆贺也是一种很大的鼓励。"正是这些不时地表扬鼓励，使卡雷的公司取得了惊人的进展。

>>

作为管理者，无论你所居的位置有多高，应学会表扬下属的每一个进步，不管进步有多么微小。这样做，一方面可以让下属更积极地努力工作，另一方面对你自身的业绩也大有帮助。

卡耐基曾指出，任何人在开始自己的事业的时候，常常会感到艰难和孤独。在这个时候，如果得到的即便是只言片语的表扬，那也是令人兴奋不已的，从而使他更加坚定信心，努力地把事情做好。

事实上，在管理实践中，每个员工都希望也需要得到表扬，这种表扬将是人们积极工作、不断前进的动力。然而，很多管理者常常犯有"大成功大表扬、小成功不表扬"的错误。这种见解是片面的，实质上是在空洞理论的基础上得出了一个形而上学的结论，没有考虑人的内心欲求，特别是在最初工作时的孤独与艰难。

例如，当一个下属初次走上一个工作岗位时，他会对新环境感到陌生，如果在做出一点儿小成绩时就得到领导的表扬，那么他的信心一下子就树立起来了。

所以，从现在开始，不要再吝惜你的喝彩了，热情地为你的下属鼓掌吧！

传递期望，下属的干劲是谈出来的

为什么在日常工作中，很多下属的工作不能得到领导的肯定呢？甚至有人对自己的领导产生了抱怨？追究深层次的原因，大部分的领导都没有做好与下属的沟通交谈工作。

员工之间、员工和领导之间需要交流，管理者必须垂询他们对企业发展的意见，耐心倾听他们提出的疑问，并有针对性地解答。当然，如果企业面临一些困难，也该向他们阐明，并告诉他们，这个时候企业需要他们的帮助与努力。

交谈看起来很简单，但能否按正确地方式沟通，让员工心悦诚服非常关键。选择不同的沟通方式，所起到的沟通效果也是截然不同的。

心理点拨 >>

1. 要放得下架子

有一则流传下来的故事，或许能给现代管理者们带来启示。

亚历山大大帝骑马旅行到俄国西部。一天，他来到一家乡镇小客栈，为进一步了解民情，他决定徒步旅行。当他穿着没有任何军衔标志的平纹布衣走到了个三岔路口时，记不清回客栈的路了。

亚历山大无意中看见有个军人站在一家旅馆门口，于是他走上去问道："朋友，你能告诉我去客栈的路吗？"

那军人叼着一只大烟斗，头一扭，高傲地把这身着平纹布衣的旅行者上下打量一番，傲慢地答道："朝右走！"

"谢谢！"大帝又问道，"请问离客栈还有多远？"

"一英里。"那军人生硬地说，并瞥了陌生人一眼。

大帝抽身道别刚走出几步又停住了，回来微笑着说："请原谅，我可以再问你一个问题吗？如果你允许我问的话，请问你的军衔是什么？"

军人猛吸了一口烟说："猜嘛。"

大帝风趣地说："中尉？"

那烟鬼的嘴唇动了下，意思是说不止中尉。

"上尉？"

烟鬼摆出一副很了不起的样子说："还要高些。"

"那么，你是少校？"

"是的！"他高傲地回答。于是，大帝敬佩地向他敬了礼。

少校转过身来摆出对下级说话的高贵神气，问道："假如你不介意，请问你是什么官？"

大帝乐呵呵地回答："你猜！"

"中尉？"

大帝摇头说："不是。"

"上尉？"

"也不是！"

少校走近仔细看了看说："那么你也是少校？"

大帝镇静地说："继续猜！"

少校取下烟斗，那副高贵的神气一下子消失了。他用十分尊敬地语气低声说："那么，你是部长或将军？"

"快猜着了。"大帝说。

"殿……殿下是陆军元帅吗？"少校结结巴巴地说。

大帝说："我的少校，再猜一次吧！"

"皇帝陛下！"少校的烟斗从手中一下掉到了地上，猛地跪在大帝面前，忙不迭地喊道："陛下，饶恕我！陛下，饶恕我！"

"饶你什么？朋友。"大帝笑着说，"你没伤害我，我向你问路，你告诉了我，我还应该谢谢你呢！"

亚历山大大帝放下了他的架子，不仅让对方感到温暖，也赢得了尊重。

领导与下属交谈时，不管是一般的交流、谈话，还是有针对性地对其说服、教育、批评、帮助，都要以平等、坦诚为沟通的基础。首先要明白一点，你和下属虽然有职位高低、权力大小、角色主动与被动等差别，但在人格上双方是完全平等的。你如果摆架子，下属或许会被你震慑住，你的权威感是建立起来了，但无法听到下属的心里话。

领导只有放下架子，去掉偏见，才能与下属交朋友。为人处世要以诚为本。无论身处何时何地，说话、办事一定要遵循一个"真"字，对人要说真话，待人要以真心。那些言不由衷的空话、大话和假话要请出你的词典，更不要用虚情假意、矫揉造作的假感情糊弄下属。一个真诚的人，在说话时自然会情真意切，在和风细雨中打动对方的心，增强说话的效果。当然，放下架子是在坚持原则的基础上。

2. 采用平实的语言

老子说："信言不美，美言不信。"华而不实的用语，过多地使用形容词、描绘性词语，大量地堆砌辞藻，过度的夸饰等，轻则让人认为你在卖弄、浮夸，重则让人感到虚假、不真诚。

很多领导经常面对不同的人讲话，但讲话的效果往往并不好，分析其失败的原因会发现最有效的沟通方式就是运用下属们惯常所用的交流方式，如果打官腔必然不会受到欢迎。这样的结果可想而知，领导在高谈阔论，下属根本不想听他们所说的话。

所以，如果领导想使自己的讲话能够被大家理解，就必须学会使自己的语言通俗化，使自己的语言成为人人能懂的语言，这样就达到了说话的最高境界。只要领导用心一点儿，把话说得更通俗一点儿，所收到的效果会让你觉得在这方面的精力和时间绝对是值得的。如果管理者所说的话不能被其他人理解，或者超出了他们所能理解的范围，那么无论对管理者还是听众来说都是一种折磨。

但是，“平实”并不意味着贫乏、单调、呆板，也不是要管理者忽略表达上的生动和活泼。事实上恰恰相反，以“平实”为基准的语言，反而更需要注入生动活泼的养料，以增强语言表达的效果。平实的概念更接近生活，更接近你的听众，更接近你自己本身的风格。

问题是，构成生动活泼的手段和方法，必须受到整体风格的制约。这里所指的生动活泼，讲究的是角度的多样性，靠的是说话者的创造性，而不是凭借语言的繁缛、华丽和咬文嚼字来达到的。

因此，如何让自己说话平实又有说服力，平时就要多加练习才行。有一点要牢记，不要走进使用平实语言的误区，一开口就让人觉得你是一个没有内涵、没有知识底蕴的管理者。

第五章
妙语生财，如何在商务社交活动中交谈

给出足够的诱惑，令对方心动

要想达到自己的目标，就必须刺激对方的欲望，暗示只要能办成事，好事就在后头，并不时地给些甜头，让他相信你所说的并非是一句空话，于是在不断的刺激下，他的欲望也就被挑了起来，这时就是你牵着他鼻子走的时候了。

中国人重人情、讲面子，“滴水之恩必以涌泉相报”，聪明人运用这一战术，“糖衣炮弹”一出手，往往一发命中，而且百试百灵。

在商务交往中，我们必须要考虑对方的利益点在哪里，如何保障对方利益的实现。尤其是一些交情不太深厚的商界朋友，我们不妨先给他点儿甜头，让对方高兴或欠个人情，这样他就会全力帮我们了。

心理点拨>>

1. 让对方有利可图

墨子曰，“兼相爱”“交相利”“夫爱人者，人必从而爱之；利人者，人必从而利之；恶人者，人必从而恶之；害人者，人必从而害之”。

已故的新加坡首富，闽裔华商邱德拔正是依靠借来的资本白手起家的。邱德拔祖籍福建厦门，他的父亲是一位传统的闽商，敢打敢拼，精明能干，当时还是多家福建银行的股东。1917 年邱德拔出生于新加坡，受到父亲经商思想的影响，他从小便立志成为一名成功的商人。

16 年后，少年老成的邱德拔便进入了父亲参与创办的华侨银行。他在华侨银行工作了十几年，因为办事稳重、工作勤恳而深得老板赏识，在这个过程中他也逐渐熟悉了银行经营运作的规律和模式。1959 年，已经当上银行副总经理的邱德拔由于自身缺少资金而无法进入董事会。长期以来，邱德拔一直有一种寄人篱下、为他人作嫁衣的漂泊感，进入董事会受挫的事件促使他终于下定决心辞职，他要开办一家属于自己的银行。

然而，创业面临的最大困难还是缺乏资金，邱德拔再一次因为“钱”的问题大伤脑筋，但是他很快便想到了解决的办法。邱德拔找到了一位朋友，邀请他出资合伙开办银行。开办银行的启动资金是庞大的，所以邱德拔最初非常忐忑，但他又相信朋友一定会答应，因为对双方来说这是一个双赢的合作提案。朋友拥有资金，而邱德拔有开办与管理银行的经验、能力与客户关系，邱德拔的资本对那些有钱而没有门路的投资者来说具有很强的诱惑力。果然，朋友考虑之后很快便给了邱德拔“同意合作”的答复。

很多人都畏惧向朋友借钱，对一名商人来说向他人借钱更加困难。一方面是因为财富资本是每个商人在商场中站稳脚跟的基石，借给他人就意味着给自己增加了风险；另一方面则是面子与荣誉问题。但闽商却很少顾虑这些，他们从来都不会忌讳谈论自己曾经拉板车、卖花生米、摆地摊的草根身世，并且他们总是有十足的信心能够让对方相信为自己投资是一种双赢，而不会形成竞争，这对对方来说就是一种“利”的诱惑。

因此，我们必须按照这个原则来说话办事。在这个前提下，积极主动与其他的资源方接触，加深双方的了解，更要站在对方的立场上来考虑问题，做到换位思考，了解对方的需求及利益，最后才能在多赢的基础上实现共同获利的目的。

2. 用“近利”诱惑

詹森是一位杰出的商业家，他的投资范围十分广泛，包括旅馆、戏院、工厂、自动洗衣店，等等。出于某种考虑，他认为还应该投资杂志出版业。

经他人介绍，詹森看中了杂志出版家鲁滨孙先生。鲁滨孙是出版行业的大红人，很多出版商都争相罗致，但始终无法如愿。如何才能把鲁滨孙负责的杂志弄到手，并将他本人网罗到自己旗下呢？经过一两次共同进餐，双方有了初步的了解，詹森决定不惜重金进行说服。詹森开门见山地承认自己对出版业一窍不通，需要借助有才干的人促成事业的成功。接着，他把一张2.5万元的支票放在桌子上，对鲁滨孙说："除这点钱外，我们还要再给你应该得的那些股份和长期的利益。"为了解决鲁滨孙公务繁忙的烦恼，詹森指着几位部属说："这些人都归你使用，主要是为了帮助你处理办公室的烦琐事务，把你从办公室的烦琐事务中解脱出来。"当鲁滨孙提出要现金不要股票时，詹森又耐心地告诉他股票在过去几年中如何涨价、利益如何可观、利息如何高，等等，同时还强调，他会向鲁滨孙提供长期的安全福利。

对于鲁滨孙来说，这些条件满足了他的迫切需要，即他的出版业有了足够资金和扩展业务的财力保证，破产的危险大为减少，无论是眼前看得见的现金收入还是未来的长期利益，对他都是不小的诱惑。于是鲁滨孙同意将他的杂志转手给詹森，并投到詹森的旗下。于是詹森花费了比别人还要少的投入，就得到了自己想要的东西。

给点儿甜头好办事，也就是常言所说的"舍不得孩子套不住狼"。如果在送礼时斤斤计较、患得患失，那还不如不"送"。因为这样既达不到目的，还会被人小看。也不要空口许诺会有什么好处，那样根本不可能打动对方。

如果要想请人帮助，得先估计你自己有什么本事作为交换的条件，这种条件对方是否需要。没有可用的交换条件，不必开口请求，贸然开口，只是徒讨没趣而已！所谓交换条件，可以是物质，也可以不是，你的某种能力对方认为很需要，那么你的某种能力就是交换条件；你的近亲是个有地位的人，对方若认为需要你的近亲，那么这位近亲的财力，或势力，或地位，就是交换条件。只有当对方得到了甜头，看到了未来的利益，他才会心甘情愿地帮助你、为你做事。

3. 用"远利"诱惑

用"远利诱惑"能取得非常好的效果。例如，列宁就曾用这种方法说服美国西方石油公司董事长兼总经理哈默在苏联大规模投资。

哈默于1898年生于美国纽约市。18岁那年，哈默接管了父亲的制药厂，当上了老板。由于管理有方，制药厂买卖兴隆，收入大增，几年之后，22岁的哈默就成了百万富翁。1921年，他听说苏联实行新经济政策，鼓励吸收外资，就打算去苏联做笔买卖。

哈默心想，在苏联，目前最需要的是消灭饥荒，得到粮食。而这时美国粮食正值大丰收，1 美元可买 35. 24 斤粮食，因生产过剩农民宁可把粮食烧掉，也不愿低价送往市场出售。而苏联有的是美国需要的毛皮、白金、绿宝石，如果双方交换，岂不是很好吗？哈默打定主意，来到苏联。

哈默到达莫斯科的第二天早晨，就被召到列宁的办公室。列宁与他进行亲切的交谈。粮食问题谈完以后，列宁对哈默说，希望他在苏联投资经营企业。哈默听了，默默不语，为什么呢？因为西方对苏联实行新经济政策抱有很深的偏见，搞了许多怀有恶意的宣传，使许多人把苏维埃政权看成可怕的怪物。到苏联经商，投资办企业，被称作是“到月球去探险”。

哈默虽然做了勇敢的“探险”者，同苏联做了一笔粮食生意，但对在苏联投资办企业一事，不能不心存疑虑。

明察秋毫的列宁看透了哈默的心事。他讲了实行新经济政策的目的，告诉哈默：“新经济政策要求重新发展我们的经济潜能。我们希望建立一种给外国人以工商业承租权的制度来加速我们的经济发展。”经过一番交谈，哈默弄清了苏维埃政权的性质和苏联吸引外资办企业的平等互利原则，很想干一番。

但是说着说着，又动摇起来，想打退堂鼓。为什么？因为哈默还听说苏维埃政府机构重叠，人浮于事，手续繁多，尤其是机关人员办事拖拉的作风，令人吃不消。当列宁听出哈默的担心时，立即安慰他：“官僚主义，这是我们最大的祸害之一。我打算指定一两个人组成特别委员会，全权处理这事，他们会向您提供你所需要的帮助。”

除此之外，哈默又担心在苏联投资办企业，苏联只顾发展自己的经济潜能，而不注意保证外商的利益，以致外商在苏联办企业能否得到实惠。当列宁从哈默的谈吐中听出这种忧虑，马上又把话说得一清二楚：“我们明白，我们必须确定一些条件，保证承租的人有利可图。商人不都是慈善家，除非觉得可以赚钱，不然只有傻瓜才会在苏联投资。”

就这样，列宁对哈默的一连串的疑虑，像剥笋一样逐个加以廓清，并且斩钉截铁，干脆利落，毫不含糊，把政策交代得明明白白，使得哈默心中的一块石头落了地。没过多久，哈默就成了第一个在苏联开办企业的美国人。

给对方以“远利”，但这里有一个问题，就是如何打消对方可能存在的疑虑。你说得天花乱坠，可是对方认为不着边际，对这个“美丽的前景”存在重重顾虑，你的求人仍然无法成功。这时，除了抱着一种谦恭节制的态度使对方没有逆反心理之外，还需要采用“层层剥笋”式的策略。

人的思想是复杂的，对某一事物不理解、想不通，往往是疑虑重重，不能一点即通，如果像剥笋一样，把握脉络，层层递进，把理说透，那就能成功说服对方了。

商务拜访，做到有礼有节

中国人常说“无事不登三宝殿”，意思就是登门拜访必然有事相求。然而，现在商务场上的那些应酬达人，早就抛弃了这个陈旧的观念，常常无事也登“三宝殿”，他们懂得用电话、短信、邮件或上门拜访等方式，牢牢拽住商场上的那个“贵人”，费心费力地经营着众多的黄金人脉，等待着这些黄金闪光的时刻，等待他们的光芒闪耀着他们。如果非到有事才求人，那么未免惹人反感。

然而，前去拜访客户时要格外注意拜访的一些礼节，以免因小失大，引起客户的反感。

1. 不要做“不速之客”

商务场上，商务拜访是一件很常见却又很重要的商务应酬方式。商务拜访不像生活中亲朋好友之间的拜访一样随意，不要在没有预约时就贸然拜访。

王丽是一家化妆品公司的业务员，她最近正和一家大型化妆品商场接洽，如果获得这家大型化妆品商场的订单，王丽这一年的销售计划就能提前完成，为此，她特别重视这笔单子，想尽快把订单拿下。尽管彼此对这个合作计划都较为满意，但商场那边一直没有答复确切的商谈日期，这让王丽的心里十分焦急，生怕这“到手的鸭子飞了”。为了尽快确定合作事宜，在多次预约未果的情况下，王丽决定主动出击，前去拜访商场采购经理。

到了商场办公区，秘书替王丽做了通报，并安排王丽在会议室等候。采购经理和王丽寒暄了几句，让她先等一会儿，就又急匆匆地走开了。王丽这一等就是2个小时，还不见采购经理的踪影，她气愤难耐："没有这么欺负人的！"也顾不得和秘书打个招呼，就气冲冲地回公司了。

实际上，商场采购经理确实很忙，忙完了手边的紧急事情，赶到会议室去见王丽时，王丽已没有踪影，询问秘书，才知道王丽没打招呼就走了，心里当即生出不悦之感。

结果自不必说，王丽的这笔单子就这么"黄"了。

王丽未经预约，自行前往客户那边，却正逢客户忙于紧急事情，无暇顾及于她。她受了冷落，气愤难耐，自顾自地离开。商场采购经理那边对她贸然拜访就已经十分不快，再加上她自顾离去，更添恶感。一次贸然的拜访，给别人添了乱不说，招别人厌烦；还让自己受了委屈，苦恼不已，真是得不偿失。

商务场上，人们对于时间的安排，已经到了分秒必争的地步。5分钟、10分钟，对你来说也许不算什么，却可能造成对方的严重困扰。例如，工作中断，或在那之后的行程无法连贯。而每个商务人士希望自己能沉稳妥善处理好所有的商务关系，牢牢掌控商务应酬的主动权。如果你未经预约，就前去拜访客户，势必会引起客户的反感和抗拒。这也就是如今许多商务人士贸然上门拜访却被拒的原因。

商务拜访之前，学会预约拜访时间，才能开启一场成功的商务拜访之旅。然而，许多时候，人们预约客户都会被拒绝，这不一定是客户对你的提议没有兴趣，而大多是预约者自身预约技巧不佳的缘故。

2. 自我介绍有学问

商务拜访时，尤其是初次前去拜访客户的时候，做好了自我介绍，才能让客户对你产生深刻的印象，甚至因此对你产生好感。

著名相声艺术大师马三立单口相声自述式的"自我介绍"，诙谐幽默却又切中自身特色，算得上自我介绍中的经典之笔。

我叫马三立。三立，立起来，被人打倒；再立起来，又被人打倒；最后，又立起来，但愿别再被打倒。

我很瘦，但没有病。从小到大，从大到老，体重没超过100斤。

现在，我还能做几个下蹲。向前弯腰，还能够着自己的脚。头发黑白各一半。牙好，还能吃黄瓜、生胡萝卜，别的老头儿、老太太很羡慕我。

我们终于赶上了好年头，托共产党的福。我不说了，事情在那儿明摆着，会说的不如会看的。没有共产党，我现在肯定还在北闸口农村劳动。

其实，种田并非坏事，只是我肩不能担、手不能提。生产队长说："马三立，拉车不行，割麦不行，挖沟更不行。要不，你到场上去，帮帮妇女们干点儿活，轰轰鸡什么的……"惨啦，连个妇女也不如。

也别说，有时候也有点儿用。生产队开个大会，人总到不齐。可队长要是在喇叭上宣布：今晚开大会，会前，马三立说段单口相声。立马，人就齐了。

马三立大师首先将自己的名字做了一个有趣的解析，让人会心一笑的同时印象深刻。随后，他根据自己瘦削、健康、体弱、相声说得好等特点一一举以事例解析，让人们一下子就记住了他的特色。商务拜访时，商务人士若能做出一个如马三立这样别开生面的自我介绍，自然能给客户留下深刻的印象，更有利于日后的商务接洽。

独特的自我介绍能给客户留下深刻的印象，但如果不注意自我介绍时的一些小细节，也可能让客户原本对你的好印象消失殆尽。

3. 发名片时要交谈

在商务应酬中，互赠名片看似一件再平常不过的行为，它可以记录你所遇到的人，更重要的是，它们是你今后与名片主人进一步联系的依据。然而，许多人光注意在名片上花心思，却忽略了奉赠名片时该怎么说话，发出去的名片很可能就成了"垃圾"。

小张是某电器公司的业务代表，为了随时扩大自己的客户圈，他随身携带的公文包里总是装满了自己的名片，以便他随时赠送给客户。每逢有行业会议，小张都携带着他装满名片的公文包参加，别人忙着热络地彼此认识、交谈，他却只顾着给到场的每一个人散发自己的名片。他一只手拎着公文包，一只手到处给人散名片，嘴里说的也只有一句："请多多关照。"也不与他人交谈，整个会议下来，他只在发名片。

尽管小张散发了很多名片出去，但是他的业绩并不理想，上门来的单子也都是一些小单子，总也做不了大单。为此，他十分苦恼。

一次，小张和同事小李一起参加一个行业会议，他又在全场忙着散发名片，而小李却在和会场的一些人接触交谈。会议结束之后，有两三家大型企业负责人找到小李，表明自己的合作倾向，而小张这边依旧一无所获。这时，小李告诉小张：名片不是一种形式，要注重名片的学问，你才能做好商务应酬。

商务应酬场上，许多人同小张一样只懂得把名片散出去，却不懂得将名片郑重地奉赠对方，忽略了赠送名片的礼仪细节，也自然难以获得他人的尊重和重视，更不能为自己赢得事业的发展契机。

一般来说，商务人士在前去商务拜访之时，要注意以下几个奉赠名片的细节：

（1）发送名片的时机。不要在一群陌生人中到处传发自己的名片，会让人误以为你想推销什么物品，反而不受重视。因此，在商业活动中尤其要有选择地提供名片。

处在一群彼此不认识的人当中，最好等别人先发送名片。名片的发送可在刚见面或告别时，但如果自己即将发表意见，则在说话之前发名片给周围的人，可帮助他们认识你。

出席重大的社交活动，一定要记住带名片。交换名片时如果名片已用完，可用干净的纸代替，在上面写下个人资料。

（2）递交名片忌随意。递名片给他人时，要郑重其事，应该起身站立，走上前去，使用双手或者右手，将名片正面面对对方，交与对方。不要以手指夹着名片给人。

将名片递给他人时，应该说“请多指教”“多多关照”“今后保持联系”，或是先做一下自我介绍。

如果是与多人交换名片，应讲究先后次序，或由近而远，或由尊而卑，一定要依次进行。切勿挑三拣四，采用“跳跃式”，否则会被人认为厚此薄彼。地位较低的人或是来访的人要先递出名片。

（3）恭敬地接受名片。当他人要递名片给自己或交换名片时，应立即停止手上所做的一切事情。如果手上有东西应该立刻放下，起身站立，面含微笑，目视对方。接受名片时应该双手捧接，或以右手接过，切勿单用左手接过。

接过名片后，当即要用半分钟左右的时间，从头至尾将其认真默读一遍，意在表示重视对方。接受他人名片时，应口头道谢，或重复对方所使用的谦辞敬语，如“请您多关照”“请您多指教”，不可一言不发。

注重语言习惯，说出自己的特色

俗话说：“千里马看腿，人才看嘴。”强健有力的腿，是千里马驰骋千里的关键武器；而对于商务应酬场上的人来说，一张能言善辩的嘴就是谋取胜利的最佳武器。口吐莲花，字字珠玑，正是商务应酬高手的最佳写照。

1. 不要经常说“我”

纵观许多商务应酬的失利，很多人都会做出这样的总结：都是“我”字惹的祸。

一次，梁飞接到某知名企业老总的电话，说是对他们公司最新研发的某电子技术十分感兴趣，想约个时间见面，详细了解一下这项电子技术。这个电话让梁飞喜出望外，表示愿意在这位老总有时间的时候前去拜访，详细介绍这项电子技术。

在约定的那天，梁飞志心想：“我一定要争取到彼此合作的机会。”到了老总办公室，相互简单自我介绍之后，梁飞开始详细介绍这项电子技术，老总静静地聆听，偶尔插入一个问题，表现得并不是太热情。梁飞介绍完后，老总并没有与梁飞深入交谈，反而只是让他留下一份详细的介绍资料。老总冷漠的态度让梁飞纳闷不已，却又不好开口询问，只得讪讪离去。

事后，梁飞通过朋友联系到老总秘书，才明白那次老总态度冷漠的原因，原来梁飞在介绍电子技术的时候，在开始的5分钟内就用了三十个“我”字。在整个介绍的过程中“我”的出现率更是居高不下，这让老总感觉梁飞是一个极其自我的人，需要重新考虑彼此的合作事宜。

梁飞的这次经历告诉我们，一个“我”字，就足以让你丧失合作机会。商务

应酬场上，还有许多人和梁飞一样，为这个“我”字付出了惨重代价，但是他们在失败之后并未觉醒，也没有意识到“我”字的巨大危害性。

人的心理就是这么微妙，同样的事往往会因说话者的态度不同，而给人以完全不同的感觉。

商务应酬时，要想创造一个美好的全局，不坏掉“一锅汤”，就要少说“我”字，多说“我们”或者是“你”，站在对方的立场想问题，才能紧紧拴住对方的心，维持稳定的合作关系。

2. 注意你的口头禅

口头禅是一种相似的言语模式，听来平淡、枯燥。有人甚至把口头禅比作“语言的肿瘤”。商务应酬中，有人喜欢在谈话中，用太多不相干、不必要的口头禅。

有人特别爱用某一个词，来表达很多的意思，而不管这个词本身有没有那么多的含义。例如，有人喜欢用“伟大”这个词，在他的话中，什么都“伟大”：“你真是太伟大了！”“这文章太伟大了！”“今天吃了一餐伟大的午饭！”“这批货物卖了一个伟大的价钱！”

还有人喜欢用“那个”代表一切的形容词，你听他说的是些什么意思吧：“今天太那个了！”“他这个人很那个，是不是？”“我觉得这点儿事未免有点儿那个。”这一类的毛病产生，大概是由于太偷懒，不肯动脑筋找一个恰当的词所致。多记一些词语，才能生动而恰当地表达你的想法。

人们在进行商务应酬的时候应尽量使用专业性的商务用语，讲话时要干净、利落、文雅，这不仅是交际的需要，也是培养个人良好谈话修养的要求。如果你的语言中加入过多的口头禅，就好像玻璃蒙上一层灰一样，大大减少了语言原有的光彩。

一般情况下，别人能够通过你的口头语言（尤其是口头禅）来快速地了解你，因为口头禅带有很深的性格烙印，是最容易了解对手的一种渠道。下面分析一些常见的口头禅：

（1）经常连续使用“果然”的人，多自以为是，强调个人主张。他们经常以自己为中心，很少考虑他人的想法。

（2）经常使用“其实”的人，表现欲较为强烈，希望引起他人的注意。他们的性格大多比较任性和倔强，并且多少有点儿自负。

（3）经常使用流行词汇的人，热衷于随大流，喜欢夸张。这类人独立意识不强，没有自己的主见。

（4）经常使用外语的人，虚荣心强，爱卖弄和夸耀自己。

（5）经常使用地方方言，并且还底气十足、理直气壮的人，自信心很强，富于独特的个性。

（6）经常使用“这个……”“那个……”“啊……”的人，说话办事都比较谨慎小心。这样的人就是我们所说的“好好先生”，他们绝对不会到处惹是生非。

（7）经常使用“最后怎么样……怎么样”之类词汇的人，大多是潜在欲望没有得到满足的人。

（8）经常使用“确实如此”的人，多浅薄无知，自己却浑然不知，还常常自以为是。

（9）经常使用“我……”之类词汇的人，不是代表着软弱无能、总想求助于别人，就是虚荣浮夸、寻找各种机会表现自己，以引起他人的注意。

（10）经常使用“真的”之类强调词汇的人，大多缺乏自信，害怕自己所说的话无人相信。遗憾的是，他们这样再三强调，反而让人起疑。

（11）经常使用“你应该……”“你必须……”等命令式词语的人，多为专制、固执、骄横，有强烈的领导欲望。

（12）经常使用“我个人的想法是……”“是不是……”“能不能……”之类词汇的人，一般较和蔼亲切，待人接物时，也能做到客观理智，冷静地思考，认真地分析，然后作出正确的判断和决定；不独断专行，能够给予别人足够的尊重，同样也会得到别人的尊重和爱戴。

（13）经常使用“我要……”“我想……”“我不知道……”的人，大多思想单纯、喜欢意气用事，情绪不是十分稳定，让人揣摩不透。

（14）经常使用“绝对”这个词语的人，做事十分草率，容易主观臆断，他们不是太缺乏自知之明，就是自知之明太强了。

（15）经常使用“我早就知道了”的人，有强烈的自我表现欲，只能自己是主角，自己发挥。这样的人绝对不可能静下心来仔细倾听他人的谈话内容，更不要指望他能成为一个热心的听众。

口头禅出现频率极高的人，大多办事不干练、意志不够坚定。如果你在商务应酬时屡屡出现口头禅，那你已经在对方心目中留下了一个不好的印象，你们的合作也很难成功。

3. 不要人云亦云

有一次，僧人舍利佛和摩诃罗来到一个德高望重的长者家里。这位长者极为富有，且又好客，见两位僧人到来，十分高兴。恰巧这一天，长者家里有位到海外的商贩获得了很多珍宝，此时国王又赐长者为该部落的首领，长者的妻子又生下了一个男孩，几件值得欢庆的大喜事都聚集到了这一天。

他俩来后受到了热情款待。此时，舍利佛对长者说了几句祝愿的颂词："今日良时得好报，财利乐事一齐集；踊跃欢喜心快乐，信心诵发念十力。（十力为佛教中佛与菩萨的十种力量。）像今天这样吉祥的日子，希望今后常常来临。"

长者听完这篇颂词，心中十分高兴，便立即赠给舍利佛两匹最精细的白毛巾。摩诃罗却什么也没得到。

事后，摩诃罗心想："舍利佛之所以得到东西，不就是由于几句庆贺祝愿的颂词吗？我以后也要学学。"

过了些日子，长者又宴请僧人。这次摩诃罗被尊为上座。当时正值长者家中商贩出海获得的珍宝被海盗抢劫去了，长者的岳父家里又吃了官司，长者的男儿夭亡，而摩诃罗却对长者学说了一遍舍利佛教给他的那几句颂词，并说："但愿像今天这样的吉祥日子以后常常来临。"

长者听到这样的颂词，肺都要气炸了，立刻叫人鞭打他并将他驱逐出去。可怜摩诃罗挨了打还不知道是为什么。

摩诃罗不经思考，鹦鹉学舌，不仅没让自己获得长者的感激，甚至受到了被驱逐出门的待遇。

商务应酬场上，如果你也人云亦云，拾人牙慧，不仅不会为自己创造有利的商机，反而会让客户看不到你的诚意，从而忽视了你。

人云亦云，就像鹦鹉学舌一样，他不明白别人为什么这样说，反正别人这样说了，他也就学人家的样子把人家的话搬过来说。这样不分情况地乱用人家的话，除了收不到好的效果外，还可能会带来不良后果。

抓住客户的下意识，引导客户的思维

相信你一定有过这样的经历，你的客户总是对你所说的每件事都要进行澄清或反驳。你提出一个观点，他立刻提出一个相反的观点；你插入一段评论，他马上觉得有必要提出更好或者更令人印象深刻的评价。不用说，遇到这种情形总是令人沮丧，而交流也因此难以深入。

在日常会谈中，这种情形发生的频率其实比你想象的要频繁得多。哪怕对于一个不大有感情色彩的评价，人们也常常会持反对态度。例如，当你说“听说周末天气不错”时，对方立刻会反问道，“真的吗？我觉得好像会下雨”，或者说，“太热”“太冷”“太潮湿了”，还有的人认为现在说这个周末天气怎么样有点儿“太早了”或“太迟了”。

在与客户的沟通过程中，当客户发生习惯性的逆反行为时，你不能直接跟客户说：“别这么做！”而应当认识到，客户不自觉的逆反心理实际上是源于人们天生对“掏自己口袋”的人抱有谨慎且怀疑的态度。这种谨慎孕育着抵制情绪，越是谨慎的客户，就越容易产生逆反行为。你必须尊重客户的逆反心理，还应懂得在销售中充分利用消费者的逆反本能，达到促进销售的目的。

心理点拨 >>

1. 理解客户的逆反心理

逆反是出于人的本能，带有感情色彩，通常使人以相反的态度做出反应，常见的方式是表达相反的观点。

美国商人艾弗森专门经营卷烟。但这位商人运气不好，几年来商品一直乏人问津，很快濒临破产。万般无奈之下，艾弗森最后决定改变经营方法。

艾弗森在商店门口画了一幅大广告：“请不要购买本店生产的卷烟，据估计，这种香烟的尼古丁、焦油含量比其他店的产品高 1%。”另用红色大字标明：“有人曾因吸了此烟而死亡。”这一别具一格的广告立即引起了当地电视台的注意，通过新闻节目的宣传，这家商店立即声名鹊起、远近驰名。一些消费者特地从外地来此买这种卷烟，称“买包试试，看死不死人！”还有些人认为，抽这种烟能显示自己的男子汉气概。

艾弗森的卷烟店因此生意日渐兴隆，最终成为拥有5个分厂、14个分店的连锁商店。

艾弗森正是巧妙地利用了消费者的逆反心理，表面上是自揭家丑，故意道出商品的问题，实际上是通过激发客户的好奇心，利用客户的逆反心理，顺利销售产品。

在销售中，我们也常常一开口就遭到反诘。你可以用一个简单的实验来检测一下顾客的逆反心理。当你走进客户的办公室微笑着询问："我选了一个好时间，对吗？"那么，他们的回答通常并不愉快，往往会说："我现在正在忙。"下一次，你试着问一个相反的问题："我来得不是时候吧？"大多数人会立刻邀请你进去，同时说："不，正好我手上的事情忙得差不多了。"

逆反行为看起来像是一种恶意的抵触，但从心理学角度来说，逆反行为并不是有意识的反应，大多数情况下都是客户下意识的自我防卫。逆反行为很少因为某人有意反对而发生，它的产生机制是人们需要感受到自我价值的存在。大多数的人通过对他人的反对来显得自己很聪明，希望因此受到尊敬。

2. 诱导对方暴露真心

有的客户在要求对微妙的问题发表意见的时候，虽然会说出一个结论，最后，总是再加一句："但是，也可能……"

交谈之中，如果所说的内容有浓厚的"两面性"，那就表示对方为下决定犹豫不已，有意避免造成统一性的印象。乍听之下，好像意志已定，实则不然。若想揭穿他的真心，这种"两面性"的理论，也可以成为有效的利器。也就是说，当对方只强调事情的一面来下结论，你就要发出强调另一面的质词，借此套出他的真意。

在商务交谈的过程中，并不是每次都能获得对方表达单一、肯定意思的言谈，反而往往听到的都是其模棱两可的话语。从心理学角度，人们说话模棱两可的原因，大概不外乎下面三种：

第一种：有意掩饰自己的真心。

第二种：还没有确定的意见。

第三种：故意不表明自己的立场，以便不卷入某种是非。

要诱导客户说出他的本意，在交谈中不妨故意拂逆对方的意见，处处给予反驳。接连数次向对方表示“不”，对方的态度必会急速地转变。尤其是对方想要传达自己的心意时，故意打断而大声地抢话说，在这个关头对方会露出真心。如果对你不表示好感，会抗议道：“喂，你！先听我说完吧！”“和你这种人谈话真讨厌！”如果是平常对你抱有好感、赏识你的人品的人，稍微让他感到焦躁并不碍事。不过，如果对方当时心情不佳，或发生不如意的事，就另当别论了。

当听到对方不急不缓地说：“我们慢慢谈吧！”而真放慢步调打算从长计议时，对方却突然显得坐立不安。该如何判断对方是否有急事呢？对方的心理该如何掌握才合适？

技巧是试着改变说话的速度。譬如：“我啊……其实……今天……”故意把话拉长地说，有急事者必会不耐烦地问：“你到底有什么事？”如果坐在椅子上则尽量舒坦地深坐。当对方有急事时会立即表态说：“其实我今天有急事。”或急忙地想站起身来。

所以，若要确定顾客是否有急事可以故意慢条斯理地动作。譬如，拿起对方端出的茶慢慢品尝，或把茶杯拿在手上优哉游哉地谈话。有急事者看见这些动作，会更为焦急而立即暴露真心。

要从语言的密码中破译对方的心态，闲谈是了解对方的一种最好方式，整个氛围显得轻松愉快，又让对方心理上没有防线。

3. 让客户自己说服自己

销售员：“您好，我是 ×× 电器公司业务员杨威，我打电话给您，是觉得您会对我公司最新推出的 LED 电视机感兴趣，它是今年最新的款式，全新配备了 200Hz 智能动感技术，色彩更艳丽，清晰度更高，而且是超薄的，还节能省电……”

客户：“哦，我们的电视机凑合着还能用，LED 电视目前还不需要。”

销售员：“哦，是这样，请问您喜欢看体育比赛吗，比如说 F1 赛车？”

客户：“是啊，F1 是我最喜欢的体育赛事了。”

销售员：“不知道您有没有注意过，看比赛的时候，画面会有抖动和闪烁的现象，看着非常不清晰。有时候，还有拖尾现象。”

客户："是啊，是啊。每次都让我非常郁闷，但我一直认为电视机都是这样的。"

销售员："不是的。其实采用一些智能技术之后，就可以消除这些令您不爽的现象。比如说我们的这款电视，就可以通过自动分析相邻两帧的运动趋势并生成新帧，彻底消除画面的抖动和闪烁现象，画面就像丝绸一样平滑顺畅。要不您改天来亲身感受一下？"

客户："听起来不错，那我改天去看一下吧。你们最近的地址在哪儿？"

对于新客户而言，你还不足以让他产生对你的信任。这个时候你最好别把自己的意见强加给客户。人们讨厌被推销员说服，但是喜欢主动作出购买决定。推销员的目标就是：帮助人们对他们购买的产品感到满意，从而自己说服自己。也就是让客户认识到自己的需求。

案例中的销售员就很善于引导顾客发现自己的需求。

首先，肯定客户的说法。销售员向顾客介绍 LED 电视机，而顾客表示暂时不需要。这时候，如果继续向顾客介绍产品，得到的回答必然是拒绝。销售员很聪明地及时打住了。

然后，话锋一转，问顾客是否喜欢看体育比赛。这是很家常的提问，顾客不会有防范意识。接下来就自然地提到电视机技术，从而激发顾客对 LED 电视机的兴趣。之后的产品介绍就水到渠成了。这个过程是销售员为客户创造需求的过程。最终以销售员的胜利而结束。

为客户着想，才能俘获客户的心

有这样一个故事，一个盲人，在夜晚走路时手里总是提着一个明亮的灯笼，人们很好奇，就问他："你自己什么都看不见，为什么还要提着灯笼走路呢？"盲人说："我提着灯笼，为别人照亮了路，同时别人也更容易看到我，不会撞到我。这样既帮助了别人，也保护了我自己。"作为销售人员，看到这个故事，你有什么感受？

商务交往的目的是促成成交，但成交的诀窍并不是"以赢利为唯一目的"，而是“为客户着想，以共赢为目的”。

在营销过程中，很多销售人员为了获取更多的利益，总是不惜损害客户的利益。他们或者是让客户购买一些质量差且价格高的产品，或者是将商品售出后就算结束，客户使用后出现问题也不负责。其实，表面上看这样或许获得了不菲的收益，但却是短期的。从长远的角度看，对销售员的发展是不利的。试想，如果客户的利益受到损害，对销售员的信赖度就会降低。时间长了，客户就会不断流失，从而使自身利益受到巨大的损害。

因此，优秀的销售员一定是将客户的问题当作自己的问题来解决，这样才能赢得客户的信赖。为客户着想是一个对客户投资的过程，会使销售员与客户之间的关系更加稳定牢固，使合作更加长久。

心理点拨 >>

1. 沟通时不要以产品为中心

推销员：“对不起，先生……”

客户：“唔？你是谁？”

推销员：“我叫本·多弗……”

客户：“你是干什么的？”

推销员：“哦，先生，我是爱美领带公司的。”

客户：“什么？”

推销员：“爱美领带公司。我这里有一些领带相信你会喜欢。”

客户：“也许是吧，可我并不需要。家里大概有 50 条了。你看，我不是本地人，至少现在还不是。公司把我调过来，我出去找房子刚回来。”

推销员：“啊，让我成为第一个欢迎您到本地来的人吧！您从哪儿来？”

客户：“佐治亚州阿森斯。道格斯棒球队的故乡！也是世界上最好的社交城市。”

推销员：“真的？”

客户：“那当然。”

推销员：“听起来挺有意思。不过说到领带……”

客户：“不，我觉得并非如此。”

推销员：“这个星期大减价，才 12 美元一条，不过我今天可以以 10 美元卖给你。它一定很配你的上衣。”

客户：“不，我今天不买。跟你谈谈还真有意思，不过我得休息了。今天一整天我都不舒服，而且很累，也不知是怎么回事，和我以前的感觉不大一样。不管怎样，我得休息一下了。今天晚上我想放松放松，在房间里安安静静地喝啤酒。”

推销员：“这么说，你对我的领带毫无兴趣。”

客户：“没有。再见。”

在和客户沟通的过程中，营销人员要学会运用一定的语言技巧，让客户乐于和你交流。在上面的案例中，推销员如果能运用一些沟通技巧，把领带的事放在一边，先和客户聊起来，以客户为中心，最终也许会销售成功的。

和客户谈话时，要以客户为谈话的中心。一定要把客户放在你做一切努力的核心位置上，不要以你或你的产品为谈话的中心，除非客户愿意这么做。

这是一种对客户的尊重，也是赢得客户认可的重要技巧。销售人员必须要摆正自己的位置，即明确自己扮演的角色和行动目标——满足客户的需求，为客户提供最满意的产品或服务。

如果客户善于表达，你就不要随意打断对方说话，但要在客户停顿的时候给予积极回应，比如，夸对方说话生动形象、很幽默等。如果客户不善表达，那也不要只顾着你自己滔滔不绝地说话，而应该通过引导性话语或者合适的询问让客户参与到沟通的过程当中。

2. 尽力为客户着想

在销售中，为客户着想最重要的一点是提供能够为客户增加价值和省钱的建议。客户购买产品，最关注的是产品的价值和价格。

在美国零售业中，有一家知名度很高的商店，它就是彭奈创设的“基督教商店”。

有一次，彭奈到爱达荷州的一个分公司视察业务，他没有先去找分公司经理，而是一个人在店里“逛”了起来。

当他走到卖罐头的部门时，店员正跟一位女顾客谈生意。

“你们这里的东西似乎都比别家贵。”女顾客说。

“怎么会，我们这里的售价已是最低的。”店员说。

“你们这里的青豆罐头就比别家贵了三分钱。”

“哦，你说的是绿王牌，那是次级货，而且是最差的一种，由于品质不好，我们已经不卖了。”店员解释说。

女顾客讪讪地，有点儿不好意思。

店员为了卖出产品，又推销道：“吃的东西不像别的，关系一家老小的健康，您何必省那三分钱呢。这种牌子是目前最好的，一般上等人家都用它，豆子的光泽好，味道也好。”

“还有没有其他牌子的呢？”女顾客问。

“有是有，不过那都是低级品，您要是想要的话，我拿出来给您看看。”

“算了，”女顾客面有愠色，“我以后再买吧。”连挑选出的其他罐头她也不要了，掉头就走。

“这位女士请留步，”彭奈急忙说，“你不是要青豆吗？我来介绍一种又便宜又好的产品。”

女顾客愣愣地看着他。

“我是这里专门管进货的，”彭奈赶忙自我介绍，消除对方的疑虑，然后接着说，“我们这位店员刚来不久，有些货品不太熟悉，请您原谅。”

那位女士当然不好意思再走开。彭奈顺手拿过××牌青豆罐头，他指着罐头说：“这种牌子是新出的，它的容量多一点儿，味道也不错，很适合一般家庭用。”

女顾客接了过去，彭奈又亲切地说：“刚才我们店员拿出的那一种，色泽是好一点儿，但多半是餐馆用，因为他们不在乎贵几分钱，反正羊毛出在羊身上，家庭用就有点儿划不来了。”

“就是嘛，在家里用，色泽稍微差一点儿倒是无所谓，只要不坏就行。”

“卫生方面您大可放心，”彭奈说，“您看，上面不是有检验合格的标志吗？”

这笔小生意就这样做成了。

可见，在销售过程中，为客户着想就是为自己着想，当客户从内心感受到你是在为他服务，而不是要从他的口袋中掏钱时，他自然会愿意购买你的产品。

时时刻刻为客户着想，先不要考虑即将得到的利润，而是帮助客户考虑怎样才能为他省钱，帮客户省钱就等于为客户赚钱，帮助客户挑选最合适的产品，而不是一味地出售最贵的，让客户以最少的投入获取最大的回报。

没有人愿意拒绝他人真诚的帮助。为客户着想是销售的最高境界，因为只有让客户自己发现你是在为他着想时，他才会愿意与你合作。所以，销售员一定要站在客户的立场考虑问题，切实做到为客户利益着想，这样，你得到的将是无数长期合作的“粉丝”客户。

打消客户的疑虑，恢复客户的购买信心

在销售过程中，客户心存顾虑是一个共性问题，如若不能正确解决，将会给销售带来很大的阻碍。要打破这种被动的局面，就应该巧妙地化解客户的顾虑，使客户放心地买到自己想要的商品。只要能把握脉络，层层递进，把理说透，就能够消除客户的顾虑，使销售成功进行。

打消客户疑虑的重要武器便是言辞。比如有一位顾客原本想采购一种电子用品，但是他没有用过，不确定这个决定对不对。聪明的销售员会马上说：“我了解你的想法，您不确定这种电子产品的功能，怀疑是不是像产品说明书所说的，对不对？您看这样好不好，您先试用……”在关键时刻，恰当的口才技巧会让顾客疑虑全消。

从某种意义上来说，消除疑虑正是帮助客户恢复购买信心的过程。因为在决定是否购买的一刻，买方信心动摇、开始后悔是常见的现象。这时候顾客对自己的看法及判断失去信心，销售员必须及时以行动、态度和语言帮助顾客消除疑虑，加强顾客的信心。

心理点拨>>

1. 给客户安全感

消除客户的顾虑心理，首先要做的就是向他们保证，他们决定购买是非常明智的，而且购买的产品是他们在价值、利益等方面做出的最好选择。

一位客户想买一辆汽车，看过产品之后，对车的性能很满意，现在所担心的就是售后服务了，于是，他再次来到车行，向推销员咨询。

准客户:“你们的售后服务怎么样?”

销售员:“先生，我很理解您对售后服务的关心，毕竟这可不是一个小的决策，那么，您所指的售后服务是哪些方面呢?”

准客户:“是这样，我以前买过类似的产品，但用了一段时间后就开始漏油，后来送到厂家去修，修好后过了一个月又漏油。再去修了以后，对方说要收5000元修理费，我跟他们理论，他们还是不愿意承担这部分费用，没办法，我只好自认倒霉。不知道你们在这方面怎么做的?”

销售员:“先生，您真的很坦诚，除了关心这些还有其他方面吗?”

准客户:“没有了，主要就是这个。”

销售员:“那好，先生，我很理解您对这方面的关心，确实也有客户关心过同样的问题。我们公司的产品采用的是欧洲最新AAA级标准的加强型油路设计，这种设计具有很好的密封性，即使在正负温差50度，或者润滑系统失灵20小时的情况下也不会出现油路损坏的情况，所以漏油的概率很低。当然，任何事情都有万一，如果真的出现了漏油的情况，您也不用担心。我们的售后服务承诺：从您购买之日起1年之内免费保修，同时提供24小时之内的主动上门服务。您觉得怎么样?”

准客户:“那好，我放心了。”

最后，客户买了中意的汽车。

当你购买某一产品的时候，你最怕什么?质量不好?不安全?不适合自己?花冤枉钱?是啊，几乎所有的消费者在面对不熟悉的产品时，都会有这些担心和害怕，怎么做才能让他们安心购买?

心理学研究发现，人们总是对未知的人、事、物产生自然的疑虑和不安，因为缺乏安全感。在销售的过程中这个问题尤为明显。一般情况下，客户对销售员大多存有一种不信任的心理，他们认定销售员所提供的各类商品信息，都或多或少包含一些虚假的成分，甚至会存在欺诈的行为。所以，在与销售员交谈的过程中，很多客户认为他们的话可听可不听，往往不太在意，甚至是抱着逆反的心理与销售员进行争辩。

因此，在销售过程中，如何迅速有效地消除顾客的顾虑心理，就成为销售员最重要的能力之一。因为聪明的销售员都知道，如果不能从根本上消除客户的顾虑心理，交易就很难成功。

种种顾虑使得客户自觉不自觉地绷紧了心中的那根弦儿，所以说，在面对客户时，销售员要尽自己最大努力来消除客户的顾虑心理，用心向他们传递产品的价值，使他们打消顾虑。

2. 抓住客户心动的卖点

发现客户对某一个独特的卖点感兴趣时，就要及时强调产品的独特卖点，把客户的思维始终控制在独特的卖点上，促使其最后作出购买的决策。

销售员："乔治太太，昨天看的那幢老房子，您决定购买了吗？"

乔治太太："哦，我们还没做最后的决定。"

销售员："你不是特别喜欢院子里的那棵樱桃树吗？"

客户："是的，我挺喜欢那棵樱桃树，一进院我就喜欢上了它，但是客厅的地板已经非常陈旧了。"

销售员："客厅的地板是有些陈旧，不过，您没有发现吗？这幢房子的最大优点就是当您和您的先生站在窗边，透过窗户向外望去，就可以看到院子里的那棵樱桃树。"

客户："厨房里的设备也很陈旧。"

销售员："厨房的设备的确有点儿陈旧，但是，你们每次在厨房做菜时，向窗外望去，都可以看到那棵美丽的樱桃树。"

客户："房子的管道以及天花板都得重新装修。还有……"

销售员："没错，这幢房子是有不少缺点，但这幢房子有一个特点是其他所有房子都没有的，就是你们从任何一个房间的窗户向外看，都可以看到院子里那棵美丽的樱桃树。"

最后，客户还是花 80 万元买了那棵"樱桃树"。

推销员带领一对夫妇看一幢老房子，当客户看到院子中的樱桃树时显得很高兴，推销员及时捕捉到了这个信息，并作出判断：客户喜欢这棵樱桃树。这是推销员优秀的思考习惯的反应。

发现这一点后，当客户对客厅陈旧的地板、厨房简陋的设备等缺点表现不满意时，推销员及时说道："你们从任何一个房间的窗户向外看，都可以看到院子里的樱桃树。”最后，客户买下了这幢并不满意的房子，只是因为喜欢那棵樱桃树。这个过程是推销员卓越的推销能力的体现，她可以根据客户的反应及时强调房子的独特卖点，把客户思维控制在独特的卖点上，最后作出购买的决策。

从销售的角度来说，没有卖不出去的产品，只有卖不出去产品的人。因为聪明的推销员总可以找到一个与众不同的卖点将产品卖出去。独特卖点可以与产品本身有关，有时候，也可以与产品无关。独特卖点与产品有关时，可以是产品的独特功效、质量、服务、价格、包装等；当与产品无关时，这时销售的就是一种感觉、一种信任。

3. 多用精确的数字

有时候，销售员对客户说了一大堆产品的好处，但客户还是无动于衷。这种时候，很可能是客户对你的介绍有所怀疑。最好的办法就是拿出一些精确的数据来说服对方。

有两位销售员都给王先生介绍同一种产品——热水器。一天上午，小李花费了半个多小时的时间给王先生介绍自家产品是如何的好，结果王先生最后也没给他答复。同样的，几天后，另一名推销人员小刘在例行的一些问候过后，就告诉王先生自己家的热水器一小时可以省 0.5 度电，而且热能利用率比同类产品高出 20%，价格上也便宜了 95 元钱。结果是，几天后小刘得到了王先生的订单。

在销售过程当中应用“数字化”的技巧，是非常重要的一个方法，因为你将产品利益数字化，或是特别强调数字（利益），将会使你对产品的说明更清楚、明确且更具吸引力。

你可以这样说：“……陈先生，您算一算，我们第一、二年的贷款利率足足低了 3% 和 2.15%，以您现在还有 320 万的余额计算，第一年就可以帮您省下 96000 元，第二年又省了 68800 元；两年就已经帮您省了 164800 元……”

“……我很骄傲地要跟陈先生分享一个事实，我们净水机的价格是很经济合理的，您试算一下，一般的品牌每半年就要换两支滤芯，每次收费 3000 元，五年就要 30000 元；我们五年才需要 12500 元。所以，我们机器的价格虽然贵了 6000 元，但是，这样算一算，您还是省了 11500 元，不是吗？”

数字化介绍你的产品，会给客户一种更加直观的利益感，这比泛泛地强调产品的好处要更生动、更形象。这种方法尤其适用于保险行业的电话行销，告诉客户一组组的数字，让他们自己比较，远比你口若悬河地说道强。

试比较下面的两种说法：

不应用“数字化技巧”：“……满期的时候，您可以领回一笔可观的满期金。”

应用“数字化技巧”：“……满期的时候，您可以领回一笔300万元的满期金。”

如果一位做保险的销售员，在应用“数字化技巧”时，说出一组数据，再加上必要的电话行销技巧，是不是会比第一种不应用“数字化技巧”的说法，效果要好很多呢？

再漂亮的语言也比不上精确的数字生动，它更能打动客户的心。数字，尤其是精确的数字用来说服客户往往会收到惊人的效果，它可以说是最有效的武器。如果我们能牢牢地记住那些平常记不住的详细数字和长长的专用名称，做到脱口而出，从而能够给对方留下做过详细调查和有备而来的印象，令对方感到你是内行后再说服对方就容易得多了。

制造悬念，唤起顾客的好奇心

从心理学上来说，好奇心的产生是因为外界的现象对大脑产生了一种刺激，使大脑的某些区域处于一种亢奋的状态中，进而引起人对外界事物产生了关注的心态。在现代营销学中，一些营销专家通常会把这种心理运用到营销策略中去，并明确地指出了能够引起客户好奇心的重要性，即谁能够引起客户的好奇心，谁就有了成功推销的基础。

每个人都有好奇的天性，一旦有了某个疑问，就必须得探明究竟不可。为了激发客户的强烈兴趣，销售员可以使用制造悬念的方法。你可以制造某种悬念，以激起客户的一些好奇心，从而促使其尽快地进入自己的话题中去。

心理点拨 >>

1. 设法激发客户的好奇心

引起客户好奇心的一个重要方式就是显露产品价值的冰山一角。例如：

推销员：“喂，您好，请问李总在吗？”

客户：“我就是。”

推销员:“李总，我是致远公司的小刘，您最近来信询问 AH 型产品，我很高兴能为您介绍我们的产品，以及对您的公司将有何帮助。请问您现在方便谈话吗？”

客户:“可以，你说吧。”

推销员:“李总，能否先请您告诉我，现在贵公司 AD 型产品情形如何，还有您为什么想要了解我们的产品？”

客户:“我们让员工自己操作 AD 型机器，老是搞得一团糟，许多机器都损坏了。所以我想了解一下 AH 型产品的厂商……”

推销员:“李总，我们绝对可以让贵公司所有员工都感到满意，而且提供安装维修服务。不过，我可不可以提个建议？”

客户:“当然。”

推销员:“如果您方便的话，我亲自去拜访，跟您详细解说。您可以对我们公司和我们的产品有更清楚的了解，在电话里不容易说清楚。您觉得这样如何？如果可以的话，我等一下就过去拜访，或是明天，看您什么时候方便呢？”

客户:“我看明天下午 3 点好了。”

推销员以提出建议的方式透露出产品价值的冰山一角，并以此激发客户的好奇心，吸引客户的注意力，让客户感到这一建议有助于改变现在的糟糕状态。说到这些，推销员也因此获得了进一步与客户沟通了解的机会。

因为在客户面前晃来晃去的价值就像诱饵一样，他们很想获得更多信息。如果客户开口询问，你就达到了主要目的：成功引起客户好奇，使客户主动邀请你进一步讨论他们的需求和你所能提供的解决方案。这种技术实际上就是利用刺激性的问题提供部分信息让客户看到产品价值的冰山一角。

不少销售人员花费大量的时间来满足客户的好奇心，却很少想过要努力激起客户的好奇心。他们的看法是自己的价值存在于自己为客户所提供的信息，所以就四处拜访，不厌其烦地向客户反复陈述自己的公司和产品的特征以及能给客户带来的利益。

2. 吊一吊买家的胃口

被称为日本“推销之神”的原一平大家都不陌生。他的成功经历数不胜数，我们来看他是如何“成功地激起客户的好奇心”而达成一笔保险的。

有一次，原一平拜访了一位完全有能力投保的客户，那位客户虽然表明自己很关心家人的幸福，但当原一平劝说他投保时，他却提出不少异议，并进行了一些琐碎且毫无意义的反驳。

原一平凝视着那位客户说："先生，您已经对我说了自己的要求，而且您也有足够的能力支付有关的保险费，您也爱您的家人。不过，我好像对您提出了一个不合适的保险方式。也许'29天保险合同'更适合您。"

原一平稍作停顿，又说道："关于'29天保险合同'问题，有几点需要说明一下。第一，这个合同的金额和您所提出的金额是相同的；第二，满期返还金也是完全同额的；第三，'29天保险'兼备两个特约条件，那就是设想您万一失去支付能力而无力交纳保险费，或者因为事故而造成死亡时，则约定'免交保险费'和'发生灾害时增额保障'的条件。这种'29天保险'的保险费，只不过是正常规模保险合同保险费的50%。单从这方面来说，它似乎更符合您的要求。"

那位客户吃惊地瞪大了眼睛，脸上放出异彩："那么，如果根据我的钱包来考虑，这个比之前所说的就更合适了。可是，所谓'29天保险'到底是什么意思呢？"

"先生，'29天保险'就是您每月受保险的日子是29天。比如这个月是4月份，有30天，你可以得到29天的保险，只有一天除外。这一天可以任由您选择，您大概会选星期六或星期天吧？"

原一平停了片刻，然后再接着往下说："这可不太好，恐怕您这两天要待在家里，按统计来说，家庭这个地方是最容易发生危险的地方。"

原一平看着那位客户，过了一会儿，他又开口了："我在说明这种'29天保险'时说，您每月有1天或2天没有保险，我担心您会想：'如果我死去或被人杀害时将会怎么办？'

"先生，请您放心。保险行业虽然有各种各样的保险方式，但目前我们公司并未认可这种'29天保险'。我只不过冒昧地说说而已。如果是您的话，也一定会想，无论如何也不能让您的家庭处于无依无靠的不安状态。

"我确信，像您这样的人从一开始就知道有一种保险方式，它规定，客户在1周7天内1天不缺，在1天24小时内1小时也不落下，不管在什么地方，也不管您在干什么，都能对您进行保障。您的家人受到这样的保障，难道不正是您所希望的吗？"

这位客户完完全全地被说服了，心服口服地投了费用最高的那种保险。

好奇心是人类一种非常普遍的心理，如果你能够准确地把握并利用这一心理，就能够轻而易举地征服客户并留住客户。魔术表演就是利用人们的好奇心，才会引人入胜、精彩夺目。推销员如果能够巧妙地利用客户的好奇心去推销，将会大大提高推销的成功率。

原一平先是使用开门见山、直奔主题的推销方法，当看到客户不接受时，就以“29天保险合同”这个说法激起客户的好奇心，再根据客户的需求进行分析，让客户认可“29天保险”，随后巧妙地对此进行解释，并把它与自己最初推销的险种作一比较。结果客户权衡利弊得失后，还是选择了最初推销的那种费用最高的险种，顺利拿到客户的订单。出其不意、欲擒故纵也是一种推销方法，往往比开门见山更能促成交易。

当开门见山、直奔主题的方式遇到障碍时，不妨故意卖个关子，留下点儿悬念给客户，从而引发对方的好奇心，以至于最后主动询问，化被动拒绝为主动接受。在揭示悬念的同时，交易也自然会完成。

3. 刺激顾客的好奇心

我们所销售的产品如果能刺激到消费者的“好奇心”，那么，就赢得了销售的第一步。可以通过有意地制造“事件”，从而给原本并不打眼的商品带来“商机”。

很多外国的啤酒商都发现，要想打开比利时首都布鲁塞尔的市场非常难。于是就有人向畅销比利时国内的某名牌酒厂取经。

这家叫“哈罗”的啤酒厂位于布鲁塞尔东郊，无论是厂房建筑还是车间生产设备都没有很特别的地方。但该厂的销售总监林达却是轰动欧洲的销售策划人员，由他策划的啤酒文化节曾经在欧洲多个国家盛行。

林达刚到这个厂时不过是个不满25岁的小伙子，那时的哈罗啤酒厂正一年一年地减产，因为销售不景气而没有钱在电视或者报纸上做广告。做推销员的林达多次建议厂长到电视台做一次演讲或者广告，都被厂长拒绝了。林达决定自己想办法打开销售局面，正当他为怎样去做一个最省钱的广告而发愁时，他来到了布鲁塞尔市中心的于连广场。这天正好是感恩节，虽然已是深夜了，广场上还有很多欢快的人，广场中心撒尿的男孩铜像就是因挽救城市而闻名于世的小英雄于连。当然铜像撒出的“尿”是自来水。广场上一群调皮的孩子用自己喝空的矿泉水瓶子去接铜像里“尿”出的自来水来泼洒对方，他们的调皮启发了林达的灵感。

第二天，路过广场的人们发现于连的尿变成了色泽金黄、泡沫泛起的“哈罗”啤酒。铜像旁边的大广告牌子上写着“哈罗啤酒免费品尝”的字样。一传十,十传百，全市老百姓都从家里拿起自己的瓶子、杯子排成长队去接啤酒喝。电视台、报纸、广播电台也争相报道，“哈罗”啤酒该年度的啤酒销售产量增长到原来的1.8倍。林达也成了闻名布鲁塞尔的销售专家。

在这一例子中，销售员林达正是通过巧妙地借助小英雄于连在比利时人心目中的影响力，为哈罗啤酒找到了吸引大众眼球的有利时机，成功打开了销路。

一个好的营销策略产生的效果远远胜过花几百万制作的广告效果。因此，肯动脑筋的销售员都乐此不疲地在销售中营造卖点，吸引顾客的好奇心。

手机卖场中的“摔手机”营销，对消费者声称“该手机质量过硬，摔坏者奖××元”，也是通过制造有卖点的事件，吸引消费者的眼球；还有汽车市场的体验驾车、家电家具卖场中的演示营销，等等，各式各样的新招奇招都可以在销售过程中广泛运用，为增加你的销售量助力。

坦诚地跟顾客说真话，诚实赢得客户

“金无足赤，人无完人。”而现实中的许多人却一味追求完美，比如，有一些推销人员面对客户经常刻意打造“超人”形象，极力掩饰自身的不足，对客户提出的问题和建议几乎全部应承，很少说“不行”或“不能”的言语。从表象来看，似乎产品的无懈可击将给客户留下值得信任的印象，殊不知，任何人和物毕竟还是现实的，都会有或多或少的毛病，不可能做到面面俱到，你的“完美”宣言恰恰在宣告你的“不真实”。

其实，宣扬自己产品的优点固然是推销中必不可少的，但这个原则在实际执行中是有一定灵活性的，就是在某些场合下，对某些特定的客户，只突出优点对推销不一定有利。在某些时候，适当地把产品的缺点暴露给客户也是一种策略，一方面可以赢得客户的信任，另一方面也能淡化产品的弱势而强化优势。适当地讲一点儿自己产品的缺点，不但不会使顾客退却，反而能赢得他的深度信任，从而对你的产品产生兴趣。

不妨适当说明自己产品的缺点，当客户检查时，会意外地发现原来不像你所说的那么坏，他的心里就会更加踏实了，同时也加速了交易的成功。切忌胡乱吹嘘。

心理点拨>>

1. 主动承认产品的缺点

不要永远讲自己产品的优点，从来不讲自己产品的缺点。而优秀的推销员就懂得这个道理，他知道在什么时候巧用这个规则可以使推销取得成功。下面就是一个这样的优秀的推销员的例子。

一个不动产推销员，有一次他负责推销K市南区的一块土地，面积有80平方米，靠近车站，交通非常方便。但是，由于附近有一座钢材加工厂，铁锤敲打声和大型研磨机的噪音不能不说是个缺点。

尽管如此，他打算向一位住在K市工厂区道路附近，整天在噪声中生活的人推荐这块地皮。原因是其位置、条件、价格都符合这位客人的要求，最重要的一点是他原来长期住在噪音大的地区，已经有了某种抵抗力，他对客人如实地说明情况并带他到现场去看。

“实际上这块土地比周围其他地方便宜得多，这主要是由于附近工厂的噪音大，如果您对这一点不在意的话，其他如价格、交通条件等都符合您的愿望，买下来还是合算的。”

“您特意提出噪音问题，我原以为这里的噪音大得惊人呢，其实这点儿噪音对我家来讲不成问题，这是由于我一直住在10吨卡车的发动机不停轰鸣的地方。况且这里一到下午5时噪音就停止了，不像我现在的住处，整天震得门窗咔咔响，我看这里不错。其他不动产商人都是光讲好处，像这种缺点都设法隐瞒起来，您把缺点讲得一清二楚，我反而放心了。”

不用说，这次交易成功了，那位客人从K市工厂区搬到了K市南区。

优秀的推销员为什么讲出自己产品的缺点反而成功了呢？因为这个缺点是显而易见的，即使你不讲出来，对方也一望即知，而你把它讲出来只会显示你的诚实，而这也是推销员身上难得的品质，会使顾客对你增加信任，从而相信你向他推荐的产品的优点也是可信的。最重要的是他相信了你的人品，那就好办多了。

因此，假如你是汽车推销商，对于那些很懂行的客户，在某种程度上既要讲车的优点又要强调它的缺点；对于一般懂的人要尽量强调长处；对于那些在某种程度上有独立见解的人，如果光讲长处，说得过于完美，反而会引起他们的疑心，产生完全相反的看法。

有的产品的缺点即使一时看不出来，顾客回去打听也很容易得知，你还不如当时就给他讲清楚。理智型的顾客明白，任何产品都是不可能没有缺点的，你讲出来，他会觉得很正常，他还会觉得其他产品的缺点不过是推销员不告诉他罢了。如果那个缺点不是什么大缺点，无关紧要，而对方又比较懂，那么只会对你的推销有利。

优秀的推销员善于灵活使用这个方法，他会根据商品的不同情况，根据客人的不同情况，清楚地说出商品的缺点和优点，从而取得客户的信任，促成购买。

2. 采用直率的话语

在推销过程中，顾客是形形色色的，对于那种非常顽固的顾客，你不妨使用一些直率、诚挚的话语来打动他，从而取信于他。

一次，日本推销大师夏目志郎去拜访一位绰号叫“老顽固”的董事长。不管夏目志郎怎么滔滔不绝、怎么巧舌如簧，他就是三缄其口，毫无反应。

夏目志郎也是第一次接触到这样的客人，于是，他用起了激将法。

夏目志郎故作冷漠地说：“把您介绍给我的人说得一点儿没错，您任性、冷酷、严格，没有朋友。”

这时，这位董事长面颊变红了，望着夏目志郎开始有反应了。

夏目志郎继续说：“我研究过心理学，依我的观察，您是面恶心善、寂寞而软弱的人，您想以冷淡和严肃筑起一道墙来防止外人侵入。”

这时，董事长第一次露出了笑脸：“我是个软弱的人，很多时候我无法控制自己的情绪。我今年73岁了，创业成功50年，我是第一次见到像你这样直言不讳的人，你有个性。是的，我拒绝别人，是为了保护自己，不让别人靠近我。”

“我想这是不对的。您知道中国汉字中的‘人’字是怎么写的吗？‘人’这个字，包含着人与人之间相互支持与信赖的意思，任何生意都从人与人的交往中产生的。人不需伪装，虚伪的面具会使内容变质。”

自此以后，他们聊得越来越投机，董事长已经把夏目志郎当成了朋友来对待，自然他也成了夏目志郎的长期客户。

不管是用独树一帜的方法还是采取直率的态度打动对方，推销首先要做的第一件事就是取信于对方，而这一环节离不开说话，因此，我们应学会如何在短时间内突出重点，达到目的。

3. 诚实是赢得顾客根本

吹嘘是一种很愚蠢的事，也是很没有必要的。

日本某著名企业家出身贫寒，20 岁时在一家机器公司当推销员。有一段时期，他推销机器非常顺利，半个月内就同 43 位顾客做成了生意。

一天，他偶然发现自己正在卖的这种机器比别家公司生产的同样性能的机器贵一些。他想：假如客户知道了，一定以为我在欺骗他们，会对我的信用产生怀疑。深感不安的他立即带着合约和订单，整整花了五天的时间，逐个拜访客户，如实向客户说明情况，并请客户重新考虑。

这种诚实的做法使每个客户都很感动，结果，43 个客户中没有一个解除合约，反而都成了他更加忠实的客户。

有些商品的缺点是显而易见的，即使你不说，对方也一定能发现，但你先把它说出来，显示出你身上诚实的品质，会使顾客对你的信任倍增，从而使他对你所说的产品优点更加深信不疑。

有一种复印系统的复印质量非常高，如果印量不是很大，那会是很理想的产品。在一般情况下，一次复印 25 页至 30 页之间，它都能维持在高质量的状态，但推销员们决定还是保守一些，对外保证在 25 页内都能有高质量的结果。

现在，如果他们这么对客户说：“我们一次可以印出 25 页清晰的复印品，如果你对复印机的加热系统有所了解，而且控制良好，也许可以再多增加几页，但是不能每次都这样，还是以25页为标准。”这样能达到的效果是客户得到25页的良好影印品，偶尔还可得到30页，他们会很高兴。

但是，那些“聪明”的推销员却这么说：“这是非常了不起的产品，一次可印30页以上。”客户买了以后，它的印量虽能维持在25～30页之间，但请注意，这位客户却很生气，因为他被推销员的过度吹嘘欺骗了。

真诚、老实是绝对必要的，千万别说谎，即使只说了一次，也可能使你信誉扫地。如果你自始至终保持真诚的话，成交就离你很近。正如《伊索寓言》的作者所说：“说谎了，即使你再说真话，人们也不会相信。”

相反，如果你在客户面前展示了你的诚实品质，也许你不需要太多的说话技巧或者花言巧语，交易很快就达成了。

第六章 在电话交谈中不可不知的技巧

打陌生电话，不要心里犯怵

信息时代，电话已成为销售中必不可少的工具，相隔千里谈生意，电话应该是最普及和最快捷的销售工具之一。用电话与客户沟通，绝对是一项有技巧的活儿，只有说正确的话，才能实现预期的效果。

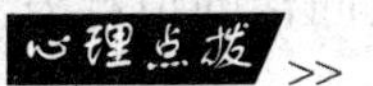

1. 找好说话的切入点

在资讯异常发达的今天，采用电话交谈已经成为沟通的重要部分。下面事例的主人公张韬步步为营，精妙的发问让他套取了想要的答案。

张韬是 ×× 服务器客户顾问，为了拿下 ×× 润滑油有限公司这个目标客户，他制定了一个电话行销的策略，下面就是他与客户沟通的过程。

张韬："您好，您是 ×× 润滑油有限公司吗？我刚才访问你们的网站，好像反应很慢，谁是网络管理员，请帮我接电话。"

前台："我们的网站很慢吗？好像速度还可以呀。"

张韬："你们使用的是内部局域网吗？"

前台："是呀！"

张韬："那肯定会比在外面访问要快。但是，我都等了好几分钟了，第一页还没有完全显示出来，你们有网管吗？"

前台："有网管，您等一下，我给您转过去。"

张韬："请等一下，请问，你们的网管怎么称呼？"

前台："有两个呢，我也不知道谁在，一个是小刘，一个是王丽。我给您转过去吧。"

张韬："谢谢！"

等待……

王丽："您好！请问您找谁？"

张韬："我刚才访问你们的网站，想了解一下有关 ×× 润滑油的情况，你看都 10 分钟了，怎么网页还没有显示全呢？您是……"

王丽："我是王丽，不会吧？我这里看还可以呀！"

张韬："你们使用的是内部网吗？如果是，你是无法发现这个问题的，如果可以拨号上网的话，你就会发现了。"

王丽："您怎么称呼？您是要购买我们的润滑油吗？"

张韬："我是 ×× 服务器客户顾问，我叫张韬，张飞的张，韬略的韬。我平时也在用你们的润滑油，今天想上你们网站看一下一些产品的技术指标，结果发现你们的网站很慢。是不是有病毒了？"

王丽："不会呀！我们有防毒软件的。"

张韬："那就是带宽不够，不然不应该这么慢的。以前有过同样的情况发生吗？"

王丽："好像没有，不过我是新来的，主要是小刘在负责，他今天不在。"

张韬："没有关系，你们网站是托管在哪里的？"

王丽："好像是 ×× 区电信局网络中心。"

张韬："哦，那用的是什么服务器呢？"

王丽："我也不知道！"

张韬："没有关系，我在这里登录看似乎是服务器响应越来越慢了，有可能是该升级服务器了。小刘什么时候回来？"

王丽："他明天才来呢，不过我们上周的确是讨论过要更换服务器了，因为公司正考虑利用网络来管理全国 1300 多个经销商。"

张韬："太好了，我看，我还是过来一次吧，顺便了解一下我用的润滑油的情况。另外，咱们也可以聊聊有关网络服务器的事情。"

王丽："那，您明天就过来吧，小刘也会在。"

张韬："好，说好了，明天见！"

在这个案例中，推销员张韬首先按照事先计划好的策略打电话给目标客户，他先提出服务器响应慢的问题，或者有病毒的可能，或者是宽带的问题等，让客户感到迷茫，从而失去了理性思考。

然后，张韬采用了唤醒客户的策略，即明确指向服务器响应缓慢的可能，这时的客户完全是在使用右脑了，凭感觉认为张韬的说法有道理，于是不自觉地泄露了自己公司正要更换服务器的信息。

再次，张韬又安抚客户，暗示客户找到了行家里手，不用担心：一来我了解你们的产品，二来聊聊有关网络服务器的事情，从而成功达到了约见的目的。

任何成功的取得都是不易的，张韬的成功也是如此，他也经历过很多失败。只要你抱着必胜的信念，学会分析和总结失败背后的原因，总有一天你能做到"电话行销，轻松成交"。

2. 通过电话寻找客户

杰出的推销员即使是坐在办公室里，也无时无刻不在寻找自己的客户。这时，电话就派上了用场。

美国杰出的汽车推销员乔·吉拉德很善于利用电话进行推销，而且他都是从陌生电话中拓展客户的。当然，他有自己独特的一套说法。

面对电话簿，吉拉德会先翻阅几分钟，进行初步选择，找出一些看起来比较可能成为自己的客户的人的地址和姓名，然后再拿起电话。

"您好，克拉克太太吧！我是雪弗莱汽车公司的乔·吉拉德，您订购的车子已经到了，所以通知您一声。"

这位克拉克太太觉得似乎有点儿不对劲儿，愣了一会儿才说："你恐怕打错了吧？我们并没有购买车子啊！"

吉拉德问："您肯定您没有购买新车吗？"

"当然，这样的事，我先生会告诉我的。"

此时，吉拉德却没有挂断电话的打算。"请问您那里是克拉连斯·克拉克先生吗？"

"不，我先生的名字是史蒂芬。"其实，吉拉德通过看电话簿，在打电话之前就早已知道得一清二楚。

“很抱歉，克拉克太太，一大早就打扰您。我相信您一定很忙。”

对方没有挂断电话，于是吉拉德就跟她在电话中聊了起来：“克拉克太太，你们不会正好打算买部新车吧？”

“还没有，不过你应该问我先生才对。”

“哦，史蒂夫·克拉克先生什么时候在家呢？”

“他通常7点钟回来。”

“好，克拉克太太，我晚上再打过来，不会打扰你们吃晚饭吧？”

7点10分，吉拉德再次拨通了电话：“您好，史蒂夫先生。我是雪弗莱汽车公司的乔·吉拉德。今天早晨我和您太太谈过，她要我在这个时候再打电话给您，不知道您是否想买一部新雪弗莱汽车呢？”

“对不起，现在还不打算买。”

“那您大概什么时候准备买新车呢？”

史蒂夫想了想说：“我估计大概半年以后才有换新车的需要。”

“好的，史蒂夫先生，到时我再和您联系。对了，顺便问一下，您现在开的是哪一种车？”

这样的电话并不能帮助你很快进入实质性的商谈阶段，但至少可以从中得到对你有用的信息。吉拉德记下了对方的姓名、地址和电话号码，还记下了从谈话中所得到的一切有用的资料，譬如对方在什么地方工作、有几个小孩、喜欢开哪种型号的车，等等。他把这一切有用的资料都存入档案卡片里，并且把对方的名字列入推销的邮寄名单中，同时还写在推销日记本上。就这样，通过两三分钟的电话聊天，吉拉德得到了宝贵的客户信息。如果对方日后有所需要，就会主动与你联系。

吉拉德说：“这种盲目的做法并不是完全没用，我就曾用这种方法成交过一次。那次，我随意拨通的电话那头，主人已经为买车奔波数日了，因为没有和太太的意见达成一致，所以还没有作出最后决定。我的电话打得真是时候。我和克里斯多弗太太的丈夫通了电话后，又约定了见面的时间，经过我的努力，最终成交了这笔生意。当然这只是一种偶然，更多的时候你只能收集一些基本信息。”

所以，试一试打打陌生电话，说不定你会有意外的收获呢。

3. 把打错的电话变成销售机会

下面这个案例就是一个销售人员在打错电话的情况下将错就错，最后成功销售。

“您好！张先生，我是 ×× 旅游俱乐部的会员经理夏昕。”

“你好！”

“这个周末去西安的活动您没有忘记吧？我需要跟您确认一下，免得您工作太忙忘记了。周六早上我们会在工人体育馆聚集，好吗？”

“哦！你可能是打错了吧，我记得周六是有个活动，不过是去天津，你是哪个俱乐部？”

“我是 ×× 旅游俱乐部的会员经理夏昕。您不是张先生吗？您的电话是 139××××××××。”

“啊，错了。我的电话是 139××××××××。”

“哎哟！您看，真是不好意思，我工作疏忽，拨错了一个号码，耽误了您这么多时间。差点儿让您上错车跟我们去了西安。”

“哈，可不是吗？我要是不小心就真的跑到工人体育馆去了。”

“不过，既然是我工作失误，差点儿耽误了您的事情，我可不可以邀请您跟我们俱乐部一起度个周末呢？”

“你们俱乐部有哪些旅游活动呢？”

“我们俱乐部经常开展一些新型的旅游项目，而且今年还有一个大型的西藏之旅活动。这个周末举办的是西安民俗体验活动，时间确定在周六早九点。张先生，对了，您是姓张吧？我是不是称呼错了？”

“没关系，我姓陈。”

“陈先生，真是不好意思，一直把您当张先生了。您要是感兴趣，我可以帮您安排，或者选择周日或下周都可以，我们在每周都会举办一些活动。”

“我记得周六我安排了事情，不过你们俱乐部还是很有意思，我对民俗很感兴趣。”

“而且我们有专门的导游，您可以找时间参加我们的活动，亲自体验一下，或者我给您传真一些资料。我可以帮您安排，免得耽误您的时间。”

“那麻烦您帮我安排一下，下周参加你们的活动吧。”

“好的，陈先生，我已经记下了您的电话了，我一定帮您安排好，下周我还是这个时间给您打电话，好吗？”

“好！可以，或者打到我的办公室。”

“好的，一定！您也记一下我的电话，如果您还有什么需要我安排的可以随时跟我联系，我的电话是139××××××××。不多打搅您了，耽误您这么长时间，祝您周末愉快！再见！”

“好的！再见！”

打错电话是每个推销员都有过的经历，有的推销员每天要拨近百家客户的电话，有时难免发生这样的错误，重要的是怎样正确地处理这种失误。

在这个案例中，推销员一开始并不知道打错了电话，而是在聊天之后才发现的，接下来推销员夏昕高超的沟通能力和右脑能力就体现出来了。他首先诚恳地向对方道歉，但是道歉之后并没有立即挂电话，而是借此机会向对方发出邀请：“我可不可以邀请您跟我们一起度个周末呢？”这句话既表现了推销员的右脑实力，也表明推销员开始向潜在客户详细介绍自己的公司和自己的产品，最终把潜在客户变为真正的客户。

作为一个优秀的推销员，应该以真诚之心弥补一时失误造成的影响，并且用热情和真诚力争获得一个新的销售机会，能够及时弥补、主动沟通，说不定对方也会像案例中的陈先生一样成为你的客户呢。

销售人员在电话行销时，一天要打很多电话，难免会有打错电话的时候，一旦打错电话，人们的第一反应是道歉后赶紧挂断，就这样挂上电话了吗？那未免太可惜了吧！既然握着话筒、既然是电话行销，那么不管是谁来接通这电话，销售人员都可以“看风使舵”，即使是打错电话也可以“将错就错”，除了练习电话行销能力之外，说不定误打误撞反成为客户呢！

接打电话讲礼仪，让对方感受诚意

电话被现代人公认为便利的通信工具，在日常工作中，使用电话时的语言很关键，它直接影响着一个公司的声誉；在日常生活中，人们通过电话也能粗略判断对方的人品、性格。

因而，掌握正确的礼貌待人的打电话方法是非常必要的。随着科学技术的发展和人们生活水平的提高，电话的普及率越来越高，每个人都离不开电话，看起来打电话很容易，对着话筒同对方交谈，觉得和当面交谈一样简单，其实不然，打电话大有讲究。

心理点拨 >>

1. 打电话的时间不要选错

给别人打商务电话，最好是事先约定一个通话时间，或者是选择一个对方方便的时间。选择适宜的通话时间，关键是要替对方考虑，这个时间对于他来说是否合适。此外，选择通话时间也要考虑到你和客户的交往程度。只要考虑到这两点，就可以找到一个适宜打电话的时间，也会让客户更容易接受你，赢得一个更高的起点。

曾经有个著名的网站邀请培训师给他们公司做一场内训，因为培训师的时间很紧，便由助理帮他约好时间。该网站的培训部要求他们公司的几个经理全部在线上，在电话里聆听他们将要讨论的细节，这样他们通过电话就把所有的问题解决了。

如果他们没有提前预约，到时候一定会因为有人临时有事而不能参加讨论，那么耽误的便是大家的时间，问题也不可能那么容易得到解决。

在不恰当的时间打电话是很失礼的，尤其是在拨打商务电话时，更应该注意时间是否恰当。现代社会由于工作关系，很多人的作息时间并不一致，因此，不要以自己的作息来规范别人。初次认识交换名片或互留电话时，可先询问对方方便接听电话的时间。

如果你对客户的作息时间不了解，那么一般而言，大多数人一天的作息时间如下：

（1）早上8：00 ~ 10：00。这段时间大多客户会紧张地做事，这时接到一般的电话也无暇顾及。所以这时你不妨安排一下自己的工作。

（2）10：00 ~ 11：00。这时你的客户大多不是很忙碌，一些事情也会处理完毕，这段时间应该是电话沟通的最佳时段。

（3）11：30 ~ 下午 2：00。午饭时间，除非你有急事，否则不要轻易打电话。

（4）下午 2：00 ~ 3：00。这段时间人会感觉到烦躁，尤其是夏天，所以，不要去和客户谈生意。

（5）下午 3：00 ~ 6：00。努力地打电话吧，你会在这时取得成功。

当然，如果你想确保万无一失，了解客户的作息时间，你可以在不同时间打几个电话试试，那么，你很快就可掌握联系不同客户的最佳时间。你要记住向客户提下面这几个问题：

"每天什么时间给您打电话最好？"

"请您告诉我每天什么时间最容易找到您？"

"在一天里，什么时间您最方便？"

同时，由于在商务电话沟通过程中，为了达到成交的目的，往往需要与客户进行三番五次的沟通。在这一过程中，如果有重要的事情需要与客户沟通，可以事先约好时间。这样才能保证商务计划的顺利进行。

另外，打公务电话尽量要公事公办，不要在别人的私人时间，特别是在节、假日的时间里麻烦对方。如果能有意识地避开对方的通话高峰时间、业务繁忙时间、生理厌倦时间，打电话的效果会更好。

会计师最忙是月头和月尾，不宜接触；医生最忙是上午，下雨天比较空闲；销售人员最闲的日子是热天、雨天或冷天，或者上午 9 点前下午 4 点后；行政人员 10 点半后到下午 3 点最忙；教师最适合的时间是放学的时候；家庭主妇最适合的时间早上 10 点至 11 点；忙碌的高层人士最适合的时间是早上 8 点前、下午 5 点后。

总之，在你所从事的业务与客户的工作有直接利害关系的情况下，你可以在客户工作时间拨打电话，这样可能会更有利于沟通；如果你的业务对客户的工作没有直接的利害关系，客户可能对这样的事情不太感兴趣，你最好要等到客户清闲下来的时候再拨打电话。

2. 不要让铃响多于三声

电话铃一响，应尽快接听，而不要置若罔闻，或有意延误时间，让对方久等。拖延时间不仅失礼，甚至会产生许多不必要的误会。

某家干洗店的新员工表示，经常有客户打电话询问衣服是否洗好。由于洗好的衣服上都有一个号码牌挂在外面，他就请这位客人稍等，然后放下听筒去外面查看。他只顾着自己赶紧找那号码牌，等找到以后去接电话，而客人却早已等得不耐烦而挂断电话。

在遇到这种因找资料而需要对方等待的情况时，注意不要让对方久等，最好在 15 秒之内给出答复。如果不能及时寻找到资料，可请对方先挂机，等寻找到资料后再给对方去电话。无论遇到何种情况，让来电者在电话一旁长时间等待，都是一种极其失礼的行为，极容易导致对方的反感。

每个人打电话时，都习惯于在等待电话被接通前的时间里调整一下思绪，再次在心里重申着此次去电的目的。这个电话被接通前的等待时间，往往被人们的惯性所设限，大多以电话铃响三声为限，电话铃三声之内接听，则容易打乱等待者的思绪，而电话铃响过了三声还无人接听，等待者就会焦躁起来，不满情绪由此滋生。因此，在电话铃响过三声之后才接起电话，就要做好面对来电者的怒气和不满的准备，给予对方合理的解释，并致以诚挚的歉意。这才能扭转因接电话失礼而在对方心中造成的恶劣印象。

此外，在某些特殊情况下，人们实在难以遵循“响三声就接”的接听电话原则时，则应注意灵活处理。

接听是否及时，不仅反映了一个人待人接物的真实态度，更代表了一个公司工作效率的高低，直接影响到来电客户对公司的印象。

3. 打错电话先说“对不起”

在打电话时要先确认一下号码，心平气和地静下心来打电话，你可以参照下面的做法：

“喂！您好！这里是 A 公司。”

“请问是 B 公司吗？”

“不是，是 A 公司。”

“啊！非常抱歉，那可否请问电话号码是否是 ×××××××？”

“是的，号码是对的，但是我们确实是 A 公司。”

“那非常抱歉，耽误您的时间。”

“没关系，拜拜！”

“对不起，拜拜！”

等对方挂断电话之后，自己再挂电话。

当得知自己打错电话时，一定不可慌张或出言不逊，最好经过这样的确认，才可以清楚了解到底是拨错号码打错电话，还是记错了号码，既可以坦然地向对方表示歉意，又可弄清问题症结所在。

生活中，我们难免会打错电话。有的人在打错电话时，会感到尴尬难堪，不知道说什么就直接挂掉电话，这会让接电话的感到莫名其妙，同时也会感到气愤，因为你干扰了他的生活，却连句道歉也没有。如果我们在发现打错电话以后，就理智地向对方表示道歉，取得对方的原谅，再挂断电话，能让双方都感到坦然。

其实打错电话的情况各种各样：

有时一时手痒想赶时髦，使用手边的一支笔快速拨，如此极易将号码拨错或按错键钮。有时是因为对方电话号码更改或区域号码变了，而拨不到正确号码。当对方已经接起了电话，而你毫无礼貌地“啪”的一声挂断了。这一挂，不仅对对方失礼，而且对打错的原因不检讨，只会一错再错。

电话可以传神，让电波传递你的形象

有专家指出，应当在企业中发展一种“电话文化”，即要求每一位职员都培养一种把每次电话都看作是一项潜在生意的态度，其基本要求就是要做到殷勤备至，并认为这将对提高企业效益产生重大影响。

1. 注重自己的声音

在你接电话时，你的第一声即代表了你的形象，也代表了给别人留下的第一印象。此时，美妙适中的声音给人的印象是强烈深刻的，可以代表你自己和整个公司的美好形象。

在接电话时切忌使用：“说！”“讲！”

这是一种命令式的方式，既难以让人接受，又不礼貌。有的人在接听电话时，一接起电话马上说："说！"或"讲！""听到，说！"

这种行为在公司、企业内部也许还可以理解，由于某种原因工作繁忙，时间紧张，没有太多的时间应对电话，希望对方直截了当，别浪费时间。但这种硬邦邦的电话接听方式显得过于粗鲁无礼，有一种盛气凌人的气势，好像是摆架子。给人的感觉是"有什么话快说，我没空儿和你在电话里啰唆"。

有的人对这样的电话应答方式也懒得再"说"，干脆一声不吭将电话挂了。本来还想联系一些业务或者提供一些信息，一听他这口气就不舒服，说了等于白说，这种人懒得理他。

所以，在接听电话时，你一定要注意以下几点：

首先，注意接打电话的时机，这对你的形象至关重要。在第一声铃响结束后用明快热情的语调接电话，保证你已跨出了成功的第一步。打电话到某公司的时候，如果铃声响了很久无人接听，往往会对这家公司产生不好的印象。电话铃响一次约 3 秒钟，十次也就 30 秒，虽然时间看似短暂，可是心理上的等待时间往往比实际时间更久，也因此更容易使人产生不悦，觉得不被尊重。

因此，为了给对方留下良好的印象必须在铃响的第一声后马上接电话，即使是离电话机很远也要赶紧过去接电话，在经过五声之后才拿起来就要先致歉："抱歉！让你久等了。"如此对方才会感受到你的诚意，觉得你是一位有责任感而又有礼貌的人。

生意上往来的电话在响两声后接听是一个基本礼貌，但也有些情况是令人始料不及的。譬如，某百货公司的柜台人员在接待客户时，如果电话铃响了，即使想要去接，也不能不顾一切地迅速离去，应先致歉："麻烦稍等一下，我先去接一个电话。"这样才不至于得罪客人。

其次，要注意接打电话时的声音，这是电话语言的基础和根本。在电话中过高的声音会使人觉得好似打雷，而过低的声调又让人感觉像含了一颗鸡蛋在嘴里似的，含糊不清。音调要恰到好处，才会给人悦耳的感觉。有些人一讲起电话，分贝就无形中提高了，不知道对方早已把听筒拿到耳朵十几二十厘米远，否则耳膜都将被吼破，而有些人的声音又如猫叫，总会令人不断地反问："什么？再说一次！"这都将引起对方的厌烦。所以声音太大太小都不好，适中的声音要比过高、过低的声音更能令人接受，容易给对方留下好印象。因此，在进行电话交谈时，声音要比平常高一点，音量适中，咬字尽量清楚，千万不要让对方听起来劳心费神，在短短的几分钟之间，紧抓客户的心。

2. 打电话保持好的状态

打电话时我们要保持良好的心情。虽然对方看不见你，但如果你的语调是欢快的，对方有可能被你感染而对你留下极佳的印象。由于面部表情会影响声音的变化，所以即使在电话里，我们也要抱着“对方看着我”的心态去应对。

打电话时，态度应当殷勤、谦恭，最好是走近电话，双手捧起话筒，以站立的姿势，面带微笑地与对方友好通话。这时，你千万不要坐着不动，一把将电话拽过来，抱在怀里，夹在脖子上通话；也不要拉着电话线，走来走去地通话；也不要坐在桌角、趴在沙发上或是把双腿高抬到桌面上，与对方通话。

打电话的过程中绝对不能吸烟、喝茶、吃零食，即使只是摆一个懒散的姿势，对方也能够“听”得出来。如果你打电话的时候，弯着腰躺在椅子上，你的声音就会表现得比较懒散和无精打采；如果你是坐姿端正，所发出的声音也会亲切悦耳、充满活力。

姿势摆好后，我们要用清晰而愉快的声音打电话，这样才能显示出职业风度和和蔼可亲的性格。我们要将语调尽可能地放得平稳柔和，就好像是面带微笑地与对方面谈，这样才可能使你的声音听起来更为友好热情。

3. 打电话时保持微笑

例如下面的两组对话，虽然谈话的内容是一样的，但由于自己的声音表达的不同，产生了两种结果。

第一组：

“喂！钢铁公司吗？××同志在吗？”

“××同志不在。”

（急不择言）“为什么不在？”

（火了）“我怎么知道！你又没叫我看着。”

（语塞了）“那，那，就跟你说吧。”

“对不起，你待会儿再打吧！”

电话挂了，得罪了人，又没办成事。

第二组：

（微笑）“喂，纺织工厂吗？请问 ×× 同志在不在？”

“对不起，他不在。”

“哦，同志，那对你说也一样，我是光明商店的。”

“好，请说吧。”

事情很顺利地办好了。

微笑着打电话，可以让对方“听”到你亲切、友善的形象，从而有利于双方的沟通，给你的工作带来方便。当你微笑着接听电话，你就在构建一个好的形象，客户会感到受尊重、受欢迎，就会和你保持长期的忠诚的业务关系。

在商务电话沟通中，我们要让客户听到我们的微笑，因为带有微笑的声音是非常甜美动听的，也是极具感染力的。将你微笑的声音传递给电话另一端的客户，他会更容易接受你，更乐意与你交谈下去。因为人是追求美和快乐的动物，笑声则传达了一名电话沟通人员的快乐，电话那端的客户当然愿意和一个快乐的人交谈。

有句名言：“人一悲伤就会哭，因为哭就是悲伤。”现在我们借用这句话，把它改成：“人一高兴就会笑，因为笑就是高兴。”的确，笑容不只表示自己心情的好坏与否，那种亲切明朗的快乐会感染身旁的每个人。比如，心烦意乱的时候，会使人一颗心直往下沉，如果也能努力展开笑颜，那么，不知不觉中，气氛就会轻快许多，跟周遭人们的沟通也容易、顺利得多了。

不管何时，只要笑容可掬地接听电话，声音便会把明朗的表情传达给对方。在接听电话的那一时刻，对方态度是热情的还是冷漠的，是感兴趣还是不感兴趣，是关心的还是烦躁的，是能理解还是没有耐心，是接受还是拒绝，这些都是可以感受得到的。为什么？这是因为声音能够展示与构建出电话接听者的形象。

接听电话有规矩，别让人不耐烦

除了打电话之外，接电话也是一种不可忽视的艺术。当接起电话之后，首先要说：“您好。”再问对方具体事宜。

心理点拨 >>

1. 接听电话有礼貌

当对方指定了某人听电话时，你必须说一声："请稍候片刻。"然后把电话交给指定的人。有时对方指名的人物刚巧不在场。此时，你不应该只回答"不在"而把电话挂断，你应该尽快去找被指名的人。这时，你不妨对他说："× × 先生不在场，我现在就去找他，请稍等片刻。"

事情谈完，要说些客套的结束语：拜托了、麻烦你了、打扰您了、请多多指教、谢谢、再见等。还应注意：要等对方挂上电话之后，发话人再轻轻放下话筒。

接听电话首先要注重礼貌的问题。即使你遇到一个在电话里向你喋喋不休的人，而你确有急事要办，武断地放下电话不听也是不礼貌的，这时可以向对方说："实在对不起，我现在有个重要的会议，时间已经过了，咱们能不能改日再谈呢？"如果是在家里，你可以说："真不凑巧，有个客人来了，我过一会儿再给您打电话好吗？"

此外，当你正忙于处理某件紧要事情时，会遇到这样的情况，对方不怀好意，无理纠缠。面对这种情况一定要机智对待、冷静处理。如美国一位女演员自有妙法。她经常接到一些无理的纠缠者的电话，当她明白对方不怀好意时，便说："我真高兴你打电话来。你知道，我总是——"咔嚓，电话断了。对方当然想不到她是自己把电话挂断的，还以为出了什么故障，便会立即再打一次。这位女演员便暂时不去接听。所以，她绝不会听任突然打电话来的人的摆布。

有时接电话需要记录，这时要借助书面语，边听边记，不清楚处主动发问："对不起，这一点请您再讲一遍。"尤其是人名、街名一定要问清如何写，防止同音字混淆。涉及数字、电话号码等一定要复述一遍再记下。等全部要点记录完毕，应当向对方复述一遍，得到对方认可后方可挂断电话。这样的言语处理固然麻烦些，但能保证重要电话的准确接听。

还有一个情况要注意，如果打电话的是重要客人、上级、长辈等时，谈话结束后，要等对方先挂电话，以表示对他们的尊重和应有的礼貌。

2. 电话暂停，别让对方等太久

接听电话时，有时会遇到须搁置电话或让客户等待的情况，这时要给予说明并表示歉意。让对方等待时，切记不可让对方等太久，在电话搁置15秒钟之后一定要有所回应，表明你时刻关注对方。

有些人认为，反正我在为你查找咨询材料，所以让你等候一些时间也是无所谓的。但是，不管你是否在为对方查找咨询材料，你所做的每一件事的劳动时间，实际上代表着这家公司的工作效率，以及你的办事能力。同时，你是否礼貌应对会影响到公司的形象。

另外，如果你只是将电话搁在一边而没有按等候键的时候，你办公室其他人员的谈话就会传到对方耳朵里，这些谈话可能有公司的机密，也可能是一些无关人员的闲聊，这样无形中要么泄露你办公室的机密，要么让对方感到你公司的员工怎么上班时谈论这些与工作无关的事情，从而影响公司在客户眼中的形象。

所以，为了表示礼貌，在让人“稍候”时应先征询其意见。不过为避免误解，不要这样问：“能否问一下您是否能持机稍候？”因为如果对方回答“可以”时，也许意味着“可以如此提问”，而并非“可以持机稍候”。正确的说法应该是：“您能持机稍候一会儿吗？”“您可以持机稍候吗？”说完要等一下，待得到对方的肯定答复后再离开。到再次拿起话筒时，还要先表示一番谢意。

让人等候时，每隔15～30秒钟就应核实一下对方是否还在等着，并让对方知道你此时在干什么。如说：“还要几分钟才能整理好您要的资料，麻烦您久等了。要不，过会儿我再给您去电话？”要让对方有选择的余地才合乎礼仪，因为这表示对对方意愿的尊重，同时也表明你在时刻关注对方。

需请对方等候多久，不能含糊其辞，更不能弄虚作假，一定要诚实。在不确定的情况下，不要说：“我马上就回来。”可以说：“请等我接完那个电话马上回来。”若不能在短时间内找齐对方所需要的资料，最好不要让他久等，应另约时间回话。

要是自己处理不了，转交旁人办理时，应先接通那个人的电话，再转过去，以免来电人联系不上。

对将要接听电话的人，应扼要介绍一下来电人的要求，以免来电人再次重复，同时也可使接电话的人知道来电人已等了很久，这样，不致再添不必要的麻烦。

如果做到这些，你的客户一定会因为你如此礼貌而对你以及公司产生好感，这样，就更容易促进合作的达成。

另外，如果让对方等候时，要注意委婉的礼貌用语，例如：

（1）对不起，您所要的资料我需要到文件柜里找一找，可能需要两分钟。

（2）您是等待呢还是我查到后再给您打过去？

（3）（让对方等待时间不超过30秒，超过时要有所回应）请稍等……我已找到了部分资料，但还有一些……

（4）谢谢你等了这么长时间，你刚才要的资料（继续谈话）……

3. 挂不好电话，前功尽弃

通话终止时，不要忘记向对方说声“谢谢”“再见”，再轻轻挂上电话，不可只管自己讲完就急匆匆地挂断电话，难免给人以蛮横的恶劣印象。为了能留给对方好印象，千万不要忽略了最后的礼貌，谨言慎行才是得体的应对之道。

维嘉是一家贸易公司的秘书，有一天，恰好在她忙得不可开交时，接到一个客户打来的电话，维嘉在听了客户一番长长的问题后，只作了简单的回答就挂了电话。客户到嘴边的话还没有说完，就听见电话那端传来嘟嘟……的声音。客户并没有想到维嘉会在他之前挂断电话，心里十分不快。

后来这个客户与维嘉的上司一起聊天时，说到了维嘉挂电话的这件事，她的上司好像受到了侮辱一般，回来就把维嘉训了一顿。

在接听电话时，还没等到客户说“再见”，就重重地挂上电话，这是一个十分不礼貌的行为。虽然电话是通过声音交流，客户看不见你，但你的情绪、语气和姿态都能通过声音的变化传达给对方。不管你手头有多少工作需要尽快处理，也不可粗鲁地挂断电话，这会让客户感到你不懂礼貌，对你产生坏印象。弄不好还会影响你与客户之间的沟通与交流，影响与客户的生意合作。

一般而言，商务电话都是由打电话的那一方先挂电话，这是基本的电话礼貌，因为是有事情的人打电话过去，事情联络好交代完后理应挂上电话，这样才可算是交易的完成。但是，如果遇到的是长辈，可就另当别论了，为了表示尊重，不管是打电话或是接电话都应该由长辈先挂，在确定对方已经挂线后，自己再轻轻地放下听筒。

此外，在挂电话前要说一些礼貌用语，如："让您费心了""谢谢您在百忙中接听了我的电话""抱歉，打扰您了""谢谢！真是不胜感激"等致谢的话。这样，会让双方都感到愉快。

另外，挂电话时，放电话一定要轻，不能"啪"的一声重重挂上，这样的结果往往会使你前功尽弃。挂断电话之前应先用手轻按切话器，切勿用力将话筒挂上。否则，通话的另一方可能正把耳朵贴近听筒，突然而来的尖锐的"砰"的一声可能会引起不快。

虽然听筒不会因为用力挂几次就会轻易坏掉，但粗暴地挂断电话的态度，不仅不会节省时间，反而会让对方感到不悦。例如，当自己正忙着处理事情时，突然有一通电话打来，谈完后，便"砰"一声挂断电话，不仅会给对方带来不愉快，也会使对方认为这是个连基本礼仪都不懂的公司。

电话不仅传递声音，也传递你的情绪、态度以及风度。因此，接每个电话都要将对方视为朋友，态度恳切、言语中听，不管手头有多么重要的工作，也不要急着将电话挂断，以免在最后一刻给客户留下不好的印象，让合作功亏一篑。

不可忽视的电话交谈礼仪

随着现代通信技术的发展，一个现代人如果不懂得电话交谈的技巧，会直接影响人际关系的建立。而作为一个职场中人，就更应该掌握电话交谈的技巧，从而有效地与人沟通，也给自己树立良好的个人形象。

1. 准备好电话内容相关的资料

自己要准备充足的资料。若是谈到一半，才想起需要谈话的资料在某一个角落里，需要对方等待一段时间才能将资料取出，这不仅浪费了对方的时间，也影响了谈话的气氛。打电话前没有准备相关的资料，还会出现所表达的内容要点不全面，东一件事、西一件事，让对方搞不明白究竟哪件事才是最重要的。如果提前做好准备，那么一切都会是有条不紊，"我给你打电话，有三件事需要和您商量，首先是……其次是……最后是……我来总结一下，看我们是否达成共识，第一件事，我们认为……第二件事是……最后是……是这样吗？”

当准备好所有的资料后，还需列出发言的要点，将其逻辑联系起来，不要太依赖临时组织的谈话要点。

如果谈话内容很重要，可以先将谈话的内容资料给对方邮寄或电传，让对方详尽考虑，以便在电话交谈时简明扼要，而不必再在电话里向对方解释每个细节，节省时间。

2. 慎用一些应酬用语

有的时候，我们打电话找人，对方传来的声音很和蔼可亲：“我们朱经理不在，请留言，我会代转。”

假若听到这样的话，你就天真地以为朱经理会回你的电话，那可就太傻了。

或许你等了十几二十天也没个回音，因为那个和蔼可亲的声音传给你的只是表面的客气。

应该想到，你要找的人不在时，虽然对方请你留言，但他会不会转到并说明回电，这可是不能确定的。

假如你只是个业务员，而要找的又是公司的经理，那么，这种回电的可能性就更小了。千万不要因为对方的一句应酬语就当真。

你只有隔几天再打个电话过去确认，事情才能处理妥帖。

生活中做事拖泥带水的人太多，说话模棱两可，常常弄得人莫名其妙，搞不清楚他心里到底在想什么。

在电话交谈中，有些人也喜欢采取这样的态度，总是“是，是”地随声附和，到底说的“是”是什么，连他自己也不清楚。

还有的人回应电话时，说一声“请稍等”之后便无影无踪，而打电话的人在这边却一个劲儿地傻等，以为自己要找的人就在那里，别人帮忙叫去了。

3. 控制打电话的时长

一般电话礼仪规范中强调“三分钟原则”，即商务人员在打电话时，应当有意识地将每次通话的时长限定在 3 分钟之内，并尽量不要超过这一限定。

 >>

打电话的时间基本要求是“以短为佳，宁短勿长”。自觉控制通话时长也是对别人的一种尊重。

首先，要做到善解人意，多多体谅接电话的人，注意对方的反应。在开始通话时，先询问对方现在通话是否方便，若不方便再约其他时间打过去。不要引起别人的厌烦心理。

其次，如果通话时间比较长，通话开始前就要先征求一下对方意见，询问对方是否有时间，通话结束的时候还要表示歉意，如：非常抱歉占用了您这么长时间，等等。

另外，在电话交谈中做到简明扼要、语句清晰地阐述事件是控制通话时长的基本做法，吞吞吐吐、含糊不清，会让对方不知所云，影响商务交流。养成在打重要电话前列出提纲、打好腹稿的好习惯，尽快地用三言两语把要说的事情说完，简单确认后就要采取行动，终止通话。

4. 准确记下要转达的信息

若对方要找的人不在，可向其说明后，问一下对方是否需要代为转达。如对方有此请求时，即应相助于人。

对对方要求转达的具体内容，最好认真做好笔录。在对方讲完之后，还应重复一遍，以验证自己的记录是否正确无误，免得误事。记录他人电话，应包括通话者单位、姓名、通话时间、通话要点、是否要求回电话、回电话时间等几项内容。

 >>

接听寻找他人的电话时，先要弄明白“对方是谁”“现在找谁”这两个问题。若对方不愿讲第一个问题，可不必勉强。若对方要找的人不在，可先以实相告，然后再询问对方“有什么事情”。若是二者先后次序颠倒了，可能使对方产生疑心。若对方所找的人就在附近，应立刻去找，不要拖延。若答应对方代为传话，则应尽快落实。

不到万不得已时，不要把代人转达的内容，再托第二人代为转告。否则，一是可能使转达内容变样，二是难保不会耽误时间。

5. 以应答促成电话双向交流

面对面交谈与电话交谈时，听者所注意的重点显然不同。以前者而言，纵然说话失礼，也可以表情弥补。只要谈话气氛和乐，大致不会发生问题。

但电话交谈则不然。往往会由于一句无心的话而得罪对方或招致误解。无论以何种表情表示，也无法消除对方的生气，因为对方看不见表情。

工作正忙碌时，却接到客户的电话，对方只是闲话家常，而且越谈越起劲儿。虽然你想马上结束谈话，但又担心得罪人，只好勉为其难地应付。随着你的心情越来越焦急，语气从恭恭敬敬的“是”，改成“嗯”“哦”。

渐渐地，对方会察觉你的态度不恭，而对你感到不满，但其实，对方根本不了解实情。因此，碰到这种情形时，不妨主动说明事实，以委婉的语气结束交谈。

由于电话交谈纯粹是语言沟通，应避免敷衍了事。此外，若是沉默时间太久，必然引起对方误解，以为你没有专心听。所以须趁对方说话告一段落时，插上一句“不错”或“是啊”，促成谈话顺利进行。

通电话时看不见面部表情，因此须特别注意声音，因为声音也能反映表情。倘若感到不耐烦，对方照样能从声音中感应出来。

电话应对以让对方感到受尊重最重要。我们要尽量避免一手握着电话听筒，一手按着计算机，或一面喝茶、抽烟。虽然电话交谈彼此都看不见，但基本的礼貌是不可忽视的。

第七章 饭桌上的应酬，你会说吗

边吃边说，不要忽视饭局社交的重要性

中国的饮食之道，也是人情融合之道。一场饭局，既是亲朋故交之间的沟通交流，也是生意对手间的交锋谈判。

中国人讲究人情。通过饭局，陌生人也可以结识为新朋友，老朋友也可以维系老感情。充分利用饭局的作用，能在人情社会中交游自如，不断得到好评与敬重，拓展良好的人际网络关系。

新加坡国立大学东亚研究所所长王赓武教授说："中国人谈事情的过程看上去费时费事，但是中国人的做法着重于人际间的相互投入。交流起来虽多费工夫，但更富人情味儿。即使交易最终没成，以后相互关照，自不在话下。"这大概就是中国人总把陌生人往饭桌旁边拉的原因。

心理点拨 >>

1. 饭局往往包含目的

在人际交往中，饭局从来就不是单纯的吃饭，而是联系着错综复杂的关系网和利益链，鸿门宴是将饭局之妙做足的经典大局。

秦朝末年，天下纷乱，楚怀王阵营的两员将领——刘邦与项羽各自攻打秦朝的部队，尽管刘邦的兵力不及项羽，但他先破了咸阳，项羽为此愤怒不已，派英布击函谷关，项羽进驻咸阳，而刘邦却只在灞上驻军。

这时，刘邦从项羽的叔父项伯口中得知此事后，心中诧异不已，于是他恭恭敬敬地给项伯捧上一杯酒，并与项伯定为儿女亲家。刘邦利用感情攻势，很快收买了项伯，项伯答应为他在项羽面前说好话，并让刘邦第二天前来谢项羽。

在鸿门宴上，虽然美酒佳肴无数，却暗藏杀机，双方之间的矛盾一触即发。项羽的亚父范增，一向认为留着刘邦是养虎为患，所以主张杀刘邦，在酒宴上，他一再示意项羽发令，但项羽犹豫不决，默然不应，迟迟没有下令。范增召项庄舞剑为酒宴助兴，想趁机杀掉刘邦，可项伯为了保护刘邦，也拔剑起舞，掩护了刘邦。

就在这危急关头，刘邦的部下樊哙带剑拥盾闯入军门，怒目直视项羽，项羽见此人气度不凡，只好问来者是谁，当得知樊哙是刘邦的参乘时，立即命手下赐酒，樊哙一口气就喝完了，项羽又命人赐猪后腿，接着问樊哙："你还能喝吗？"樊哙说："我都不怕死了，还怕喝酒吗？"樊哙还乘机说了很多刘邦的好话，并且提到当年刘邦和项羽的兄弟情义，项羽听后无言以对，刘邦便假解尿逃跑了。

刘邦逃走后，派部下张良为自己推脱，说："沛公不胜酒力，无法前来道别，现向大王献上白璧一双，并向大将军范增献上玉杯一双，请您收下。"项羽收下了白璧，而范增则拔剑将玉杯砍碎了。

鸿门宴是一场意义不单纯的饭局，其中充斥在宾与客之间的不是愉悦欢快的气氛，而是急迫紧张、一触即发的战意。作为鸿门宴的两位主角——项羽与刘邦，他们为争夺关中地区的统治权，在鸿门宴这一场饭局之上进行了面对面的交锋。在此饭局中，有觥筹交错，亦有刀光剑影，背景波谲云诡、杀机四伏，每一个与宴者都紧绷着神经。

"项庄舞剑，意在沛公。"为了这场饭局，不但双方的谋臣智士殚精竭虑、苦心经营，而且两位当事者更是赤膊上阵，搭上了各自的"政治前途"乃至身家性命。整个过程三起三落，惊心动魄，极具传奇色彩。

饭局的妙就在于"吃饭"只是载体，重心在于这个"局"。既然是局，就必然有人"设局"，有人"托局"，有人"主局"，有人"入局"……在饭局中，每个人都有自己特殊的定位，于是，饭便有了不同的吃法。

2. 多创造吃饭谈话的机会

也许，通过频繁的饭局，才会在以后的关键时刻，得到一臂之力。

刘某是一家公司的老板，经过几年的辛苦经营，现虽说没有千万，但至少也有百万家财了。到底是什么原因使他在短短几年内拥有数目可观的资产呢？

有一家报社记者采访他时，他说了这样一段话：“……自身的努力与勤奋固然是我成功很关键的因素，但还有一点也是非常重要的。我的亲戚朋友很多，在我未发迹时，经常拜访他们，以致彼此间关系都特别好。后来，在公司小有规模后，我仍经常性地与他们保持联系，去参加他们的饭局，正是因为这种密切来往，我的亲戚朋友都对我不错。刚创业的时候，资金有一半是由他们筹借；办公司遇到困难时，也有他们的帮助与鼓励；他们中的一些人，现在还在我的公司里帮忙，是我得力的助手……总之，在各种关系中，我最注重的就是人际关系，也正因为我的经常性走动，我才有今天的成就……”

在刘某的谈话中，他注重人际关系的重要性。但有一点，就是千万不可有贫富贵贱之分，也不要因为自己的地位较高而不和朋友“来往”。不参加他们的饭局，这就意味着脱离了他们的圈子。

人情来往，除了一个“往”字，还要一个“来”字。除了经常去参加别人的饭局，自身也要经常性地邀请别人参加你的饭局，利用自己的空间来联络感情。

如果彼此间少了经常性的走动，那就有可能会使关系疏远，相忘于江湖。现代社会里，人们充分认识到饭局的重要性，为了大家经常保持联络、加深合作，在一些大或小的城市里，各式各样的“聚会”已成为一种时髦。

所以，不要以为“常来常往”是没用的，无论从哪个角度来说，于情、于理都要掌握运用这个技巧。感情常来常往，常聚常新。不仅亲朋之间、同学之间要常联系、常走动，其他人际关系网，如邻里、同事、领导等都要保持常联系，通过饭局加强与他们的沟通，你就保有了强大的人情网了。

3. 借饭局改善关系

我们在求人办事遭拒、人际关系紧张或遭遇生意瓶颈的时候，不妨设一个饭局。“吃饭”是特别亲和、让人放松的形式，三杯水酒下肚，便化干戈为玉帛。

小张是刚到单位的年轻人，因为一件小事，他与单位的老员工老周起了冲突。自从那件事后，两人便拉开了距离，即使碰面，也不打招呼。但是毕竟在同一个单位，低头不见抬头见，并且还有很多事需要向老周请教。并且，老周作为单位有年头的老员工，对自己今后的晋升必然有一定的影响。

小张想改善与老周的关系，思虑再三，决定请老周吃饭。

很快，老周收到小张发的一封邮件，内容是："今天我刚从老家回来，带了一些家乡特产腊肉，晚上我妈要做顿家乡菜，听说您也喜欢吃腊肉，您今晚愿意来我家吃顿家常便饭吗？"老周这才恍然想起，半年前两人一起喝酒时，小张曾说过："我们家乡的腊肉，味道棒极了！"而老周当时接着开玩笑说："既然这样，等你回老家探亲的时候带来了腊肉，也做顿给我吃吧。"实际上，这只是他的一句玩笑话，说完也就忘了。现在，小张这样郑重其事地邀请自己，老周自然感动得不得了。

当天晚上，小张和老周两人借着酒劲儿，把心里的疙瘩都解开了，两人间的心理距离随即大大缩短了。

这里，小张和老周之间关系的改善，便得益于这顿饭。小张是聪明的，他请客吃饭，找了个很好的理由，也就是半年前老周的一次无心之语。而正是他记得这句无心之语，才更让对方感动。

我们可以发现，中国人无论办什么事，都离不开饭桌：谈情说爱请客吃饭，结婚生子请客吃饭，加官晋爵请客吃饭，转行跳槽请客吃饭，乔迁新居请客吃饭……凡涉及社交都能归结到请客吃饭上。袁岳说："中国人做事情得有场，最好的场就是饭局，喝开了说开了才好办事。人家答应你吃饭，事情就成了一半。"

不论说什么，不能让别人不舒服

不管出于何种目的，我们和别人一起进餐，都免不了会在餐桌上交谈一番，你不可能只是自顾自地埋头于眼前的食物而默默不语，如果那样，饭局的目的和意义便全然尽失。

在餐桌上，你必须说点儿什么，你必须和人交谈，而且你不仅要说，还要设法说得让人感到如春风般的舒适。

聚餐也分不同场合：和家人朋友们在一起时我们尽可以自由畅快一些，但是当我们进入了正式的饭局当中，如果忽略了餐桌交谈的礼数，就会给人一种不礼貌或是没素质的感觉。有些人虽然口才很好，但若不注意说话的时机，只会扫了大家的兴致，甚至连吃饭都没有胃口了。

不管是说话的声音、音量，还是语调都能体现出一个人在吃饭交谈中的礼数。尤其是与初次相识者交谈，更要以极大的热情来打开对方的心门，但是要怎样在交谈中表现出应有的礼数就要把握一个“度”了。

1. 说话的音量要控制好

每个人的音量范围都是具有可变性的，时高，时低。如果一个人高声尖叫就意味着紧张惊恐或者兴奋激动；而如果一个人说话声音低沉、有气无力，就会让人感觉缺乏热情、没有生机，或者过于自信、不屑一顾，甚至会让人感觉你根本不需要他人的帮助。要想让自己的话语给别人留下美好的印象，就必须善于控制自己的说话音量。

语言沟通在宴会中是必不可少的，既然如此，我们必须注意塑造自己的声音。无论你是设宴还是赴宴，无论你是男士还是女士，都要注意在宴会进行中以生动的声音表现自己，尽量避免自己的地方口音，力求以抑扬顿挫的声调表现自己充满激情的精神风貌。

在平时的就餐交谈中，我们经常会提高自己的音量，从而让自己的话题激发他人的兴趣。有时，为了获得一种特殊的表达效果，又会故意降低音量。但大多数情况下，应该在自身音量的上下限之间找到一种恰当的平衡。

其实，语言的威慑力和影响力与声音的大小是不相关的。有些人会以为大喊大叫就一定能说服和压制他人。其实，越是大声疾呼，就越会让对方感到反感，声音过大只会迫使他人不愿听你讲话甚至讨厌你说话的声音。因此，控制住自己的音量是赢得饭桌交谈好印象的一条妙计。

2. 受欢迎的语调是自然而富有感染力的

语调通常能表露出一个人说话时的内心世界，以及他的情感和态度。在饭桌上与人交谈，如果总是以生气、惊愕、怀疑、激动的语调，就会给人一种难以接近的感觉。而如果语调流畅、舒服，就会让人感到你是一个令人信服、幽默、可亲可近的人。

为了在餐桌上给人亲近的感觉，在与人交谈时要尽量使用自然、顺畅的语调。因此，在饭桌上与人交流时，可以在表示疑问的时候，稍微提高句尾的声音；在想要表示强调的时候，就加大声音的起伏；在想要表现强烈的感情的时候，就把调子降低或提高一些。

需要注意的是，语气绝对不能单调，只有让音阶富有变化，才会加强你的说服力，你的热情才会在变化中展现出来，从而感染听者，产生强大的说服力。

一句话是否富有表现力，是与声音的高低快慢变化有关的，也就是句调。句调一般可以分为升调、降调、曲调、平调四种。升、降、曲、平四调，各具特色。一句话能起什么作用，产生什么效果，给听者什么感受，说话者的语气和语调起到很大的作用。在就餐交谈中，只有灵活运用各种句调，才能达到成功交际的目的。语调关系到口才的成功和失败，我们必须练习那种真实、准确，富有生命力的语调。

如果和人吃饭的时候，为了突出自己的特色，就不妨选择抑扬顿挫的句调，这样会使语言形成一种自然和谐的音乐美，能细致表达思想感情和语气，使语言更富有吸引力。可以说，语调越是多变，说话就会越吸引人。

3. 说话的轻重缓急对语意的表达有重要作用

小马是公司新来的员工，刚刚大学毕业，性格活泼好动。这天，公司在附近餐厅举办迎新会，以便新员工与老员工进一步交流，为以后的工作顺利开展打下基础。小马作为新员工代表发言，可能是性格原因，也可能是想在大家面前出出风头，小马开始了她的即兴演讲，只见她侃侃而谈，或许是对自己太过自信，小马发表了半小时的演讲后还意犹未尽，丝毫不顾主持人在一旁朝她使了半天眼色，还在那里没完没了地讲，经理看了直皱眉头。

小马本想通过即兴发言给大家留下一个好的印象，谁知由于她过于卖弄自己，反而让人感到不舒服。

有时我们想在餐桌上着重说一件事情，这就需要在说话时口气重一些，以赢得对方的重视。一般来说，重要的词语或需要强调的内容就应该说得重些，而那些不重要的内容就可以轻轻带过。

如果一个人说话轻重适宜，就能使语言色彩丰富、语气生动活泼，从而引起听者的注意，说话的内容也易于被人理解和接受。说话的轻重要根据实际情况由自己掌握。如果太轻，就很容易使听者减少兴趣；如果太重，也容易给听者突兀的感觉。因此，在餐桌上交谈的时候不妨根据说话的内容，该轻则轻，该重则重，使人感到音节错落有致，舒服畅快。

4. 说话的语速不要让人不舒服

说话的语速能决定说话的质量。小菲是某单位的一名职员。她长得漂亮，性格活泼，在公司中人缘很好。但她有一个致命的缺点，就是说话的语速太快了。尤其吃饭的时候，她更是口若悬河、唾沫横飞，像打连珠炮一样。跟她一同吃饭的人可遭罪了，因为小菲说的话对方十有八九是听不清的。总会一遍又一遍地去问她，弄得饭也吃不好，话也听不太清楚。本来愉快的就餐氛围变得很尴尬。

>>

在饭桌上吃饭，大家都喜欢温馨的氛围，如果这时说话太快，会给人压迫感，让人吃得不舒服。而如果忽快忽慢，快慢错位的话，也会给一同就餐的人一种摸不到头脑的感觉。

可见，在就餐交谈中，一定要掌握好自己说话的语速。说话不要太快，如果太快，就会使得字音不清，即使快而清楚，也不适宜。当然太慢了，也会让吃饭的人觉得昏昏沉沉，这两者都是不可取的。唯有把握得当，才能给人舒服的感觉。

拒酒，不喝也不能让人尴尬

人们在参加宴会的时候常常会遇到这样的情况，主人频频敬酒，一个个轮番上阵，你举杯后他登场，每个祝酒者都满怀激情、理由充分，大有让你不醉不休的架势。这种情况怎样才能保持不醉，全身而退呢？最好的办法就是适当拒绝别人的敬酒，让他人主动放弃对你的“围攻”。

在举行酒宴时，大家都乘兴举杯而饮。由于每个人的酒量有限，如能喝得适量自然是有益无害，但如果过量饮酒喝得酩酊大醉就于人于己都没有好处了。因此，面对别人的盛情劝酒，我们还必须学会拒酒的技巧。

成功的拒酒，不但使自己免遭肠胃之苦，而且不会让对方觉得你不给面子，更不会因此而伤了和气、坏了事情。

心理点拨 >>

1. 一定要学会拒酒

一日，某公司举办商务酒宴，席间该公司经理频频举杯，巧立名目，敬了六次酒。在敬第六杯酒时，经理怕来宾拒酒，强调说："六是吉祥，六是顺意，六标志着不论经历六六三十六番风雨，都会有七十二般彩霞壮丽，六蕴含着无数的变化与商机。六杯酒是对我们合作顺畅的洗礼，六是我们双方激情的凝聚，任何数字都不及六的祝福最能表达我们的心意……为我们合作顺心如意，财源如春雨，干杯！"看来宾们喝下第六杯酒后，不一会儿，他又第七次举杯："各位来宾，各位朋友，我喝一杯你一杯，感情浓了酒似水。这七杯酒表心扉。情意重了千杯不醉，酒入口中心心交会，合作经营前景宏伟……为了我们的合作永远有七色彩虹相伴相随，为财源滚滚像流水，干杯！"

此时的来宾大多已是不胜酒力，再喝下去势必影响下午的谈判。而且第七杯喝下去，必然还会有热情洋溢的第八杯，如果这杯不挡住，后面的更难于抵挡。可面对主人如此"热情"，不喝又似乎说不过去。这时，一位来宾缓缓站了起来，端起酒杯，从容地说道："各位，一杯的酒香凝结在喉，两杯的祝福记在心头，三杯的盛情共同拥有，四杯的浓情风雨同舟，五杯的热烈如风摆柳，六杯的祝愿天高地厚。我虽然已经喝得无力承受，但我还记得刚刚喝下的那杯酒，你们说，任何数字都不及第六杯酒最能表达心意，那我们就要把最能表达的凝聚在心头，既然你们的祝福说'六是顺意，六标志着纵然有三十六番风雨，也一定能有七十二个丰收'，那么，我们就把最好的、最美的、最顺畅的那第六杯酒代表的最具盛情的祝福永远拥有。正像你们开始祝酒时所说，祝酒在情不在酒，那我们就正好以水代酒，让祝福顺畅永远绕心头。干杯！"

听罢这番祝酒，来宾纷纷响应，那位经理虽然还想再拼酒，但觉得第六杯酒祝酒时已经把话说满，不好再自我否定，在对那位来宾的钦佩之余，也共同举杯。敬酒也就到此为止了。

>>

上述案例中来宾应对对方经理车轮式的敬酒，他明白对方经理是想利用拼酒，使他们在下午的谈判中因为醉酒而处于下风，所以巧妙地利用对方第六杯说得过满的话，让其钻入自己所设的话语圈套中，从而避免了醉酒误事。

“请君入瓮”拒酒其实就是反守为攻，先不动声色，静听对方发言，等待时间，从对方的言辞中找到突破口，以此为切入点，使对方无法争辩，从而拒酒。

酒席宴上要看清场合，正确估计自己的实力，不要太冲动，尽量保留一些酒力和说话的分寸，既不让别人小看自己，又不要过分地表露自身。

2. 以情抵酒

以情劝酒可以发生在礼仪敬酒之后的中场，也可以在宴会的任何阶段，在酒宴的高潮中，“杯杯酒，表深情”，让你想推也推不掉。这种敬酒要想不伤感情、不失礼仪、不影响气氛地推掉是十分困难的，大多只能采取以情拒酒的办法。

面对招待方的盛情劝酒，只见一位客人举杯答道：“我喝不了十杯酒，但我有十杯酒所容不下的激情；我说不出一到十所表达的深意，但我能用一杯酒表达我们对东道主海一样深厚的谢意。我不喝十杯酒而只喝一杯酒，是为了使酒的数量之差让东道主能给我们留下更深刻的印象。”

>>

礼貌的敬酒得到了礼貌地回答，这种得体、富有诗意的语言赢得了宾主双方的由衷赞赏，都觉得主人敬酒是事先准备好的一套祝酒词，而客人的即兴答词更加精彩。在一片掌声中，大家纷纷举杯，都同意客人只喝一杯。这样一来，一个精心筹划的以礼敬酒的场面就被巧妙地化解了。

以酒挟情的劝酒术威力巨大，一般情况下令人无法抗拒，如果拒绝往往是你“不领情”或者“不给面子”。总之，直接拒绝这样的劝酒显得特别伤感情。但实际上，在商务宴会上，这种以浓情作为幌子的劝酒带有很大的欺骗性，但是又不好直接拒绝，所以，采取“以情抵情”法最恰当。

中国人是讲究情谊的，既然能在同一场宴会中共饮，自然是有一定交情的，所以在拒酒时采用动之以情的办法，一定能够获得别人的理解，从而避免醉酒伤身或误事。

3. 拒酒有技巧

在一次谈判酒会上，主人为了营造气氛，不断借机向来宾敬酒。每一道菜都有精心准备的祝词，每一道菜上来后，来宾都架不住主人的盛情敬酒而连连喝酒。这时，又上来了高汤小饺，只见清淡的汤水溢着香气，汤里是包得十分精美的小饺子。此时，只见主人又站起来说道："这道'十全十美富贵汤饺'象征着我们对各位来宾的祝福和我们之间合作的美好前景。清澈的香汤是合作双方洋溢着的盛情，绿色的菠菜是合作充满生命力的象征，红色的菜丝是联结友谊的红缨，黑色的紫菜是幸运之星，细长的鸡丝是吉祥的彩藤，清亮的粉丝是友情的结晶。精美的小饺，把一切美好的祝福统统包容。让我们共同举杯，为高汤小饺的完美祝福，干杯！"

这时的来宾们已是不胜酒力，心悸之余，一位来宾站了起来，慢慢说道："小饺美味加高汤，红绿青紫寓意长，福禄寿喜全包容，十万祝福不倾觞。各位，据我的浅见，食高汤小饺不能喝酒，否则，不仅会被酒冲淡了饺子的美味，而且也不符合高汤小饺者祝福的原意。因此，我提议，大家都喝上一勺汤，吃一个小饺，如此才能把祝福的全意领会。"

主人明知客人是想推却这杯酒，但也想听个究竟，问道："这话怎么说？"只见那位来宾拿起调羹，品了一小勺汤，吃了一个小饺后说："这高汤小饺早在清朝光绪年间就有了。据说，慈禧太后因八国联军攻进北京而急忙逃出京城，一路艰辛自不必说。一天，她逃到了一个小陈镇，找到了一个在当地最好的饺子店。大太监李莲英忙告诉店掌柜，让他一定得弄个新鲜花样的饭菜，让老佛爷开开心。那小店只经营饺子和一些酱卤小菜，老板一时手忙脚乱、头上冒汗。紧急关头，还是老板娘稳住了阵脚，只见她从容说道：'小二，马上准备高汤小饺，馅要全，要把店里的所有菜肉都加一点儿。汤里的配菜要有红、绿、青、黄、黑五色。'老板一听，连声说：'不行，你疯了，咱家祖传的秘方里哪有这种大杂烩馅'。老板娘不理他：'快准备，好了之后我去上菜。'无奈之下，只有先按老板娘的办法去做。一阵忙乱之后，精心制作的高汤小饺就像咱们桌上的这样精美异常。老板娘亲自端了上去。李莲英一看，忙了半天只上来一碗汤，里面只有几个小饺子，他怕慈禧太后不高兴，就先问道：'大胆刁民，竟敢拿这碗汤来糊弄老佛爷？'只见老板娘从容说了几句话，慈禧不但不责怪她，反而奖赏了她。你们猜，老板娘怎么说的？"

来宾和主人被他的故事所吸引，都盼着他说下去。他一见这“移花接木”的办法成功了，就在众人的再三催促下继续讲道：“老板娘跪下说：‘老佛爷恕罪。这道菜饭叫作高汤小饺。这鲜美的配菜，选的是五种颜色，乃是五行俱全，必能吉祥。这鸡丝没用鸡胸脯肉，而是用的鸡腿肉，意为吉（鸡）多凶（胸）少。这绿色是兴盛之色，象征着老佛爷长寿不老。饺子里包的是各种菜肉，意为老佛爷定能福、禄、寿、喜，吉祥如意都能保全。’因为她的小店里没有好酒，不敢给慈禧上酒，只好巧解道：‘古人说喝酒与吃高汤小饺不能同时进行，那样会伤身，为了老佛爷的凤体安康，小人斗胆恳请老佛爷吃这道汤菜时不要喝酒。”听完这个故事，无论是主人还是来宾，都对这位来宾“移花接木”的做法佩服得五体投地。

这一招拒酒的招数就是移花接木，反客为主拒酒的方法要求你化被动为主动，想办法转移敬酒方的注意力，再巧妙地拒酒，这样既不会得罪敬酒的人，又能避免喝醉酒误事，实在是酒桌上必备的拒酒良招。

下面就是几种拒酒的技巧和方法：

（1）把身体健康作为挡箭牌。喝酒是为了交流情感，也是为了身心的愉悦，这一点谁都清楚。如果为了喝酒而喝酒，以至于折腾了身体、损害了健康，那就显然是因小失大了，这是谁都不愿意看到的。

因此，我们可以以身体不舒服或是患有某种忌酒的疾病（如肝脏不好、高血压、心脏病等）为理由拒绝对方的劝酒，这样对方无论如何是不好再强求了。

（2）强调安全的重要性。这也是个拒酒的不错理由。有些人沾酒就晕、就醉，如果喝完酒去办事，就有很大的危险性，比如骑自行车。除此之外，只要能编出有理有据的理由证明喝酒对自己的危险性，那么对方出于对你安全的考虑，也就不勉强了。请看下例：

你晚上骑自行车到朋友家聚会，就可以这样拒酒：“我真的不能再喝了，要不然真回不了家了。你看今天晚上一颗星星都没有，我们家那一片又没路灯，骑着车实在太危险。再加上我这 0.9 的矫正视力，别到时候晕晕乎乎摔到沟里去！”

（3）以家人不同意为由。一般来说，以父母的禁止为由拒酒往往容易让对方觉得你在找借口推脱，这是因为他想象不到这个问题对你有多么严重。因此，你必须在拒酒时讲得真实生动，把自己不听“禁令”的后果展示一番，让对方感到让你喝酒真的是等于害了你，他也就停止劝酒了。

可以说，把理由讲得真实可信是使用此方式拒酒的关键之处。你可以说：“我爸一看我喝酒回去就训我，我妈则更严厉了。我不骗你，所以你如果是真为我着想，那我们就以茶代酒吧？”这样一说，对方也就无话可说了。

（4）挑对方劝酒语中的毛病。对方劝我方喝酒，总得找个理由，而这理由有时是靠不住的。特别是一些并不太高明的劝酒者，其劝酒语中往往会有不少漏洞可抓。抓住这些漏洞，分析其中道理，最后证明应该喝酒的不是我方，而是对方，或者是其他人，总之到最后不了了之。只要这漏洞抓得准，分析得又有理有据，那么对方就无话可说，只好放弃了这位难对付的“工作对象”。

比如在一次朋友聚会上，有人这样向你劝酒：“小张，这一桌席上只有我们两位姓张，同姓五百年前是一家，看来我们是有缘分，这杯酒应当干掉！”此时你就可以抓住其疏漏这样拒酒：“哦，我很想跟您喝这杯酒，可是实在对不起，您可能搞错了，我的‘章’是‘立早章’，不是‘弓长张’，所以我不知道这两个同音不同字的姓五百年前是否也是一家？所以，您这杯酒我不好喝。”对方理由不成立，也再没法劝你喝酒了。

结账彰显风度，抢单也有学问

很多人觉得吃饭埋单是一个小得不能再小的问题，如何决定都无伤大雅！其实不然，别看小小的一顿饭，埋单时牵涉的关系可谓包罗万千。这里面不但有人际关系的哲学，还有不同传统、风俗和文化的沟通。比如和老人吃饭，为了表示对老人的尊重，应该按老人的意思决定由谁埋单；如果是和领导一起吃饭，应该参考公司的规定决定是否埋单；和老外在一起，要尊重不同文化，了解对方的风俗习惯之后再决定如何埋单……

埋单是生活中司空见惯的现象，然而，不同场合的不同表现，说明了其中含义的千差万别。

比如，一位男士带一位女士吃饭，如果男士不看单子就潇洒付账，说明男士多半是在追求对方；如果男士一直在核对单子，看了又看还故意挑毛病，那说明对方多半已经是他老婆了。

此外，还有一些可以认定为常识性的现象：如果一群女士吃饭，埋单基本是AA制；要是一群男士吃饭，基本可找其中一个人“宰”；如果是男士和一帮朋友吃饭，为了表示大方，都会抢着埋单；如果是男士和一帮客户吃饭，埋单就是应该的了；如果男士和一个普通的女性朋友吃饭，埋单则代表男士风度。

埋单已成了众生众相的最佳表现方式之一，而由埋单引起的一些不必要的纷争也在所难免。因埋单让友情受损的事情，经常背离了我们请客吃饭的初衷。

1. 谁该为饭局埋单

人与人交往应酬，谁请客就应该由谁埋单，这无可厚非。可是，很多时候却存在着“请客不埋单”的情形。

一位年轻人找到一个好项目，他决定在他的朋友之中寻找一个合作者。于是他给八位平时关系不错的哥们打电话，说要一起吃饭。

大伙都准时赴约。酒足饭饱之后，这个年轻人去前台结账的时候，发现账单已经被小黄给结了。他找到小黄，问：“今天我请客，你为何这么积极去结账？”

小黄说：“都是哥们，谁结都一样，没必要这么较真。”

这个年轻人一定要知道小黄的真实想法，就继续问：“下次小李请客，你会埋单吗？”

小黄说：“那不一定。我刚挣了十万块，也该请客。听说你还没到发薪日，替你结账了好让你下次请大伙吃更好的。”小黄笑着说。

小黄说的没错，这个年轻人的确没有到发薪日，并且他的工资并不高。但他们都不知道，他已经因为一个项目而获得了风投的青睐，第一批资金 100 万美元已经到账。

最后，小黄成了这个年轻人的合作伙伴。三年后他们的公司上市之际，这个年轻人开小黄的玩笑：“他用一顿饭钱就买来了这家公司的三分之一股份。”

这是一个因抢着埋单而得到更大回报的例子。这一次的埋单，使小黄不仅得到了朋友的信任，也使他获得了事业上的成功。

一般情况下，请客吃饭应遵循谁请客谁埋单的原则，但也有一些例外。比如，是公司领导请吃饭，整个饭局有上下级不同的人参加，此时则应由下属完成结账工作（下属只是负责现场付费，实际上埋单的还是领导）。还有一种情况也很常见，就是吃饭时总是由一个人埋单，别的人都觉得是理所当然，但是埋单的人却苦不堪言。

2. 讲好的AA制要遵守

有一次，薛女士女儿的同学的家长在QQ群里组织了一次活动，说是要聚餐，大家都欣然前往。总共来了24个家庭，群主事先说好的AA制，大家也都知晓，吃完饭后先由薛女士一个人结了账，然后，因为有一部分家长有事先走了，所以没法当场结算AA制费用。第二天，薛女士叫群里的一个人帮着她收钱，并通过短信通知大家到银行进行汇款。其中有不少家长主动来问AA制费用，并很快把钱汇了过来，但薛女士现在担心的是，会不会有部分家长假装不知道而拒付？如果这样，薛女士吃这顿饭的代价就有点儿大了，因为这个费用毕竟不是个小数目。

其实，薛女士碰到的这种问题，很多参加AA制饭局的人都会遇到。一般来说，参加饭局的人如果事先知道是AA制，有心的人都会及时把钱给付费的人，除非他真的是个“马大哈”，忘记了。不过在处理这种事情上，如果先付费的人觉得这笔钱对自己来说不值一提，或者是朋友关系就当请客，那无可厚非。要提醒大家的是，如果是对方付的钱，那么大家一定切记及时把应给的那份给别人，这样大家的关系可能更长久。

所谓“各付其费”，又称“AA制”。“AA”是“algebraicAverage”的缩写，意思是“代数平均”。AA制，在美国叫Going-dutch（各付各的）。这个问题也涉及面子，因为结账是一个很关键的时刻。以前的看法是，男士请女士吃饭，应该由男士付钱，而女士不用付。但那是20世纪40年代到60年代初的事情。从20世纪60年代末到70年代初开始，情况发生了变化。随着女性社会地位的提高，女性感觉到，既然自己的经济地位提高了，就应该付账。于是，AA制慢慢开始出现了，它是从男女约会习惯的转变产生的。除了各付各的之外，在美国AA制还有另一种表现形式，那就是在聚会时每个人都带一个菜。

在国外，商界人士在共进工作餐时，更多的是以“AA制”方式付账。采用此种付账方式，需要事先言明。在算账时，做东者所要做的，主要是动手算账、伸手收钱、跑腿交费而已。既然AA制的性质决定了所有共餐者各付各费，那参加饭局的人有什么理由不付钱呢?

3. 不该抢单莫出头

中国人爱抢单，一抢就生出许多故事来。

某天晚上，小席约着大家出去玩，在吃饭的时候，大家都喝了不少，也很尽兴，其间桌上的老王谈到自己最近签了几个大单，动辄就百万。到结账的时候，小席喊服务员埋单，结果老王硬拦住了他，小席说是自己把大家叫出来的，这顿就该自己请，而老王却死活不肯，最后老王拉着服务员，大声说:“刷我的卡啊，要不然我和你急，我这哥们一个开熟食店的，小本买卖，能挣多少钱啊，你听我的，刷我的，我一个单子就够他卖两年的了。”结果，老王如愿买了单，而小席却感到很没面子，之后只要有老王的饭局，小席干脆就不参加。

可见，抢单固然显得你这个人很大气，但是在不该抢单的时候抢单，对别人和自己都没有什么好处。如果你一定想借着埋单来显示大气，那不妨做得优雅一些，毕竟别人也知道有人请客还不好吗，没必要抢得像打架一样。

如果你想埋单，那么在与朋友敲定聚会就餐时间的时候就可以提前说清楚这餐是由你做东。就算是事先约定时忘说了也没关系，就餐时一坐下来就说清楚这次是你请客，假如对方客气不让，你可以告诉他“下次你们请，这次我请”，一般这个方式大部分朋友都会接受。

如果你想埋单，建议你选择去一些自己比较熟的餐厅，选一个你占天时地利人和的地方，选择餐厅经理与你关系比较好，也比较信赖的地方，当你到达餐厅时就先告知经理，结账时由你埋单。所以结账时不管朋友多么客气想抢着付你手里的账单，餐厅经理也只会从你的手里拿信用卡去结账。

如果你想埋单，你可以先选择餐厅，然后预先点好菜及饮料，预先结好账，当然这是在你了解客人忌口食物的情况下，这样等客人到齐了就开始上菜。当然用这个方式时你要确认客人一定会出席，否则客人临时有事不来，你一个人独享一桌美味就难免有些浪费了。

无论怎样，请客吃饭是一件好事，如果有需要你来埋单，或者你必须来埋单，那么你可以当仁不让地抢单，如果连你埋单的必要都没有，你就不妨“客随主便”吃一顿大餐，还为你下次回请客埋单做个好铺垫。埋单时，一定要考虑别人的面子，不要为了抢自己的面子而砸了他人的面子。有时候，让出一次埋单的机会，就是给他人一个面子，这样就等于别人结了账，而你做了人情，这样的好事为什么不做呢?

有力控局，吃喝间操控他人

每个人，在做局的时候，就不再只是进攻者，同时也变成防御者。在算计和被算计同时存在的情况下，一不留神就会被更为强大的宾客给吃掉，就成了“螳螂捕蝉，黄雀在后”。因此控局时一定要小心行事，避免成为他人板上鱼肉。

在饭局中，我们要学习控局，收放自如，才能更有效地利用饭局做好交际。

1. 让自己占据主动地位

谈到历史上被有效控制的饭局，我们不由得想到三国江东群英会。

大都督周瑜在帐中正与众位将领议事，忽听得蒋干来访。周瑜当即命众将依计行事。却说蒋干打扮得像个世外高人，带着一个青衣小童，飘然而来。双方一见面，蒋干就开始寒暄起来:“公瑾别来无恙！”这本是一句问候，蒋干与周瑜是老相识自有一番旧谊。但周瑜却直截了当地说:“子翼辛苦，难道你这次来是为曹操做说客吗?”蒋干立刻装作一副很无辜又惊诧的样子说:“你我分别那么久，我此次是特来和你叙旧的，你怎么能说是当说客呢?”

周瑜笑着说:“我虽然不及上师旷那么聪慧，但闻弦歌也能知雅意啊。”周瑜这是在告诉蒋干“你还装什么呀”，蒋干仍装作很恼怒的样子，说:“阁下这么对待老相识人，我这就告辞了吧。”蒋干又摆出一副很有性格的样子，转身就要走，被周瑜拦住。

之后，周瑜大摆筵席，好酒好菜款待蒋干，却禁止在席间谈论曹操与东吴军旅之事。周瑜说:“我自从带重兵以后就滴酒不沾，今天你这个老朋友来了，我们之间又没有猜忌，我们一定要一醉方休啊。”说完，周瑜大笑畅饮。座上觥筹交错，大家喝得十分快活。接着周瑜领蒋干参观了东吴军营的精兵强将。周瑜装醉大笑着说:“想我们当年一起读书时，没想过会有今天啊。”蒋干说:“以你的才学和能力，这些成就实在不为过。”周瑜借机拉着蒋干的手说:“大丈夫在外面混啊，遇到像知己一样的君主，那么在外要依靠君臣的忠义，在内要结成兄弟的恩情。言必行，计必从，祸福共之。现在即使有苏秦、张仪、陆贾、郦生这样的能人复出，口似悬河舌如利刃地说服，也没能打动我的心啊！”说完周瑜哈哈大笑。蒋干则面如土色。酒喝到晚上，灯烛都被点上，周瑜舞剑高歌：“丈夫处世兮立功名；立功名兮慰平生。慰平生兮吾将醉；吾将醉兮发狂吟！”满座无不欢笑。

就这样，周瑜在饭局上封住了蒋干的口，周瑜时而讲人情，时而讲战术，把蒋干弄得无计可施，丝毫不敢提及游说周瑜投降曹操的事。而蒋干由于担心自己在曹丞相面前把话说得太满，不知回去怎么交代，于是剑走偏锋，晚上偷听、盗书，入了周瑜的圈套，而曹操也果然中计，斩了水军首领蔡瑁、张允。

点评 >>

本来长相有点儿仙风道骨的蒋干，后来在戏里成了鼻梁上贴了块白膏药的角色，人也变得鼠里鼠气的。这一切，都是让他那个老同学害的。反过来，他的老同学周瑜，在酒局中表现出非凡的气魄、风度和智谋，这次群英会酒局，也就成为千古佳话。

不论是饭桌控局还是其他的控局，一定要做到张弛有度，这样才可以尽早将主动权把握在自己手中。

在饭局中，会遭遇各种各样的境遇，有融洽也会有诡计，是你把别人请到宴席上来，但是并不保证你就能左右他们的思想与行为，想在变幻的饭桌风云中保全自己，就需要高人一等的智慧。

2. 弹指间操控他人

有时欲速则不达，不如以逸待劳。以逸待劳是三十六计之一，有很多成功运用的例子。

小姜所在的公司准备在某影视片片尾上打广告，小姜负责与对方进行谈判。谈判地点就在饭桌上。对方为了表达诚意，特意宴请小姜他们。小姜知道这个饭不好“吃”。

双方边吃边聊，一直在博弈利益。最终矛盾纠缠在价格上了。小姜一直坚持只愿意出价 100 万，而对方却坚持 130 万。久久没有结果，小姜就故意说：“价格差别太大，我的权限也很有限，不如暂且不谈，来日再说，来，喝酒喝酒。”

小姜故意装出只顾喝酒不言广告的样子。他心中有个底牌：他知道这个电影马上要上映，对方的时间已经不多，不如以退为进、以逸待劳，先让对方紧张，然后乘机进取。

果然对方借机出去打个电话，回来就对小姜说："同意你的价格。"

从上面的案例中可以看出以逸待劳是指凭借有利地势，养精蓄锐，诱使对方精疲力竭之后，乘机谋取利益的谋略。

但我们通常所理解的以逸待劳只是消极的"待"，这就大大减少了其适用的时机。这里所要讨论的，是一种积极的"待"，即先主动地把对方拖疲劳了，自己再趁机下手，以举重若轻之举取得"四两拨千斤"之效果。

欲速则不达，真正控局之人，都能够平心静气、快慢结合、有的放矢地实现自己的宴会目的。先说未必能占理，先出手的未必能获得。要想实现控局，就必须淡定，以不变应万变。

3. 展现强大的气场

真正的强者，震慑的是人的心理，而不是肉体。注重内心的修行，打造自己的气势，也能不战而胜。

古时候，有一位专门训练斗鸡的名手叫纪消子。一天，君王让他代为训练一只斗鸡，10 天过后，君王询问训练情况："进展如何？是否近日可用？"纪消子回答道："时机尚未成熟，它杀气腾腾，一上场即横冲直撞。"

又过了 10 天，君王再度询问，但纪消子还是回答说："不成！它只要一听到斗鸡的叫声，便马上斗志昂扬，无法控制自如。"

又过了 10 天，君王又来询问此事，说："怎样了？现在应该可以了吧！"纪消子仍然摇头，说："还不行，它只要看见斗鸡的身影，便立刻来势汹汹，火暴蛮斗。"

10 天很快过去了。君王走到纪消子面前时，终于得到了满意的答复："大功告成！如今它置身竞技场，不论其他的斗鸡如何挑其怒气、煽其斗志，它都如木鸡一样，无动于衷。这就是内心充满'德行'的证据。现在，无论什么样的斗鸡遇见它，莫不落荒而逃。"

纪消子不愧为一个训练斗鸡的高手，他将斗鸡培养成大智若愚的木鸡，打造了斗鸡的内心气势，让别的斗鸡充满恐惧、不战自败。人也应该同斗鸡一样，不要稍微有点儿能力就四处卖弄、不可一世，这样只会显露出无知的本质。自我魅力的修养要靠长时间的锻炼才能形成。

军事上讲究“攻城为下，攻心为上”，说的就是心理博弈在竞争中的重要性。一个真正的强者是不会将威严流于表面的，他震慑的是人的心理，给人一种高不可测的“距离感”，使人无法真正了解他的内心世界，认为听从他也许是最好的选择，让人不得不屈服、跟随。强者不声张、不傲气，给人一种捉摸不透、神秘兮兮的感觉，正是这种感觉，彰显了他们的人格魅力，让人心甘情愿地敬畏、崇拜。内心沉稳、不怒自威才是真正的内心气势。

在饭桌上，我们不要急于与对手搏斗，而要注重气势的培养。急于求成不但不利于竞争，而且会让我们一败涂地。韬光养晦、引而不发，培养自己内心深沉、淡泊名利的品质，当我们的修行到了一定境界的时候，内心的威慑力就会自然而然地流露出来，不需要激烈的竞争，我们的对手便会甘拜下风，失去了反抗抵触的心理。

如今，很多人在饭桌上的话语不多，但他们在饭桌上却能产生强大的影响力。这是因为这类人平时虽然话语不多，可一旦出口则句句都很在理。所以他们说话总是“惜墨如金”，要么不说，要说一定说到点子上，并产生效果。

八面玲珑，在饭局中巧妙周旋

任何事物的发展都不是沿一条直线进行的。智慧之人能看到直中之曲和曲中之直，并不失时机地把握事物迂回发展的规律，通过迂回应变，达到既定的目标，在饭局应酬中也应如此。

人人都知道，跟君子相处平平淡淡，跟小人相处应该保持一定的距离，跟坏人相处应该见机行事，想得越周到越好。这就要求我们在应酬场上，如果客观形势对自己不利时，一定要学会虚与委蛇。

1. 懂得变通

东晋明帝时，中书令温峤备受明帝的亲信——大将军王敦的妒忌。王敦于是请明帝任温峤为左司马，归王敦管理，准备等待时机除掉。

温峤为人机智，洞悉王敦所为，便假装殷勤恭敬，总理王敦府事，并时常在王敦面前献计，借此迎合王敦，使他对自己产生好感。

除此之外，温峤有意识地结交王敦唯一的亲信钱凤，并经常对钱凤说：“钱凤先生才华能力过人，经纶满腹，当世无双。”

因为温峤在当时一向被人认为有识才看相的本事，因而钱凤听了这赞扬心里十分受用，和温峤的交情日渐加深，同时便常常在王敦面前说温峤的好话。透过这一层关系，王敦对温峤的戒心渐渐解除，甚至引为心腹。

不久，丹阳尹辞官出缺，温峤便对王敦进言：“丹阳之地，对京都犹如人之咽喉，必须有才识相当的人去担任才行，如果所用非人，恐怕难以胜任，请你三思而行。”

王敦深以为然，就请他谈自己的意见。温峤诚恳答道：“我认为没有人能比钱凤更合适的了。”

王敦又以同样的问题问钱凤，因为温峤推荐了钱凤，碍于面子，钱凤便说：“我看还是派温峤去最适宜。”

这正是温峤暗中打的小算盘，果然如愿。王敦便推荐温峤任丹阳尹，并派他就近暗察朝廷中的动静，随时报告。

温峤接到派令后，马上就做了一个小动作。原来他担心自己一旦离开，钱凤会立刻在王敦面前进谗言而让王敦召回自己。于是，他在王敦为他饯别的宴会上假装喝醉了酒，歪歪倒倒地向在座同僚敬酒。敬到钱凤时，钱凤未及起身，温峤便以笏（朝板）击钱凤束发的巾坠，不高兴地说：“你钱凤算什么东西，我好意敬酒你却不敢饮。”

王敦以为温峤真的喝醉了，还为此劝两人不要误会。温峤去时，突然跪地向王敦叩别，眼泪汪汪。出了王敦府门又回去三次，好像十分不舍离去的样子，弄得王敦十分感动。

温峤刚上任，钱凤真的进言王敦说：“温峤为皇上所宠，与朝廷关系密切，何况又是皇上的舅舅庚亮的至交，实在是不能信任的。”

王敦以为钱凤是因为在宴会上受了温峤的羞辱而恶意中伤，便生气斥责道：“温峤那天是喝醉了，对你是有点儿过分，但你不能因这点儿小事就来报复嘛！”钱凤深感羞惭，怏怏退出。

温峤终于摆脱王敦的控制，他回到了建康，将王敦图谋叛逆的事报告了明帝，又和大臣庚亮，共同计划征讨王敦。消息传到武昌王敦将军府，王敦勃然大怒：“我居然被这小子骗了。”

然而，毕竟无可奈何，鞭长莫及，更无法挽救失败的命运了。

做人固然需要正直，但是如果不知变通，就有可能碰钉子，甚至会遭不测。在应酬场上，如果遇到危险或尴尬的情况，头脑一定要灵活，遇事该方则方，该圆则圆，尤其在遇到将要对己不利的形势时，应将刚直不阿和委曲求全结合起来，可随机应变，先保护自己以屈求伸。

再回到前面的例子，温峤在处理王敦、钱凤等人的关系中，运用一整套娴熟的处世技巧，不但保护了自己，而且在时机成熟时，对敌人又主动出击，绝不手软。在人际交往中，类似温峤式的人物，一般都不会失败。相信，你一定能从中读出有益的智慧。

做人要学会灵活变通。在饭局中，直中难取胜时，不妨在曲中求，达到既定的目标；反之，一个不善于变通的人，“一根筋”只会四处碰壁，被撞得头破血流。

2. 嘴放甜一点儿

在饭局上，要在无形中展现自己的掌控力，必须运用自己的“捧”功，但是要用得其法。

有一次，一群朋友在一起聚会，吃饭的时候大家交换名片，其中一位来自报社，另一位试图对其进行称赞，一看是报社的，便稀里糊涂地说：“哇，您是有名的大作家！”人家问：“我怎么有名？”他说：“我每次都看见你写的文章。”人家说：“我的文章都在哪里？”他说：“每次都是头版头条啊！”然后人家告诉他：“真的吗？我是专门写讣告的。”

讣告能在头版头条吗？显然是虚假的赞扬，引起了别人的反感。但是这位先生仍然没有意识到自己的错误，看到旁边有一位小姐，本来这位小姐长得很胖，他却说："小姐，您真苗条！"小姐说："什么！说我苗条！我知道你是在骂我！"

真诚的捧赞起源于内心深处的一种美感、一种冲动，它反映了一个人对另一个人的认可：外表漂亮，言谈合自己的品位，行动敏捷，品格高尚……即在两个人之中，其中一个人在另一个人身上发现了符合自己理想和价值标准的可贵之处。我们认识和了解这个人的时候，已经有一种无形的力量促使自己要去捧赞他的一些优点。

那么，无论对象是谁，当你再想开口捧人的时候，务必记得表现出你的真诚。

3. 不必追求所有人满意

如果我们不能使所有人满意，那就只能使一部分人满意。

齐国宰相管仲重病在床，齐桓公没一个可信赖、可商量的人，他心里觉得鲍叔牙挺有才干。问管仲的意见："仲父，要是到了您病危不治，那时，齐国我将托付给谁呢？"

管仲："您想托付给谁呢？"

桓公说："鲍叔牙。"

管仲说："鲍叔牙不合适，他为人很好，也很廉洁。但他对那些不如自己的人，便不愿去接近、去交往。他一旦知道谁有过错，便牢记心上，总也不能原谅人家。如果让他治国，他一定是个忠诚正直之臣，但同时，在是非曲直之时，他也一定会同君主对着干的，决不会婉转周旋。对下级也必定会看得很清楚、很透彻；同时，要求也会很苛刻琐碎。这样，他向上会很容易得罪君主，在下级心中也没有好印象。如果您把事物委托给他，他这方面毛病您会很快就发现的。"

"那可以托付给谁呢？"

管仲答："隰朋还可以。他这个人，在上不想和君主闹翻，对待下级，也能容纳不同于自己、比自己差的人的言行。君主如果赶不上前代圣明帝王，他能认为这是自己没有辅佐好，别人不及他，他也能理解和体谅。"

管仲之所以认为鲍叔牙不适合，就是因为鲍叔牙做事无论是对自己还是别人都要尽善尽美。如果能够做到尽善尽美，固然值得尊敬，但是从客观现实来说，

至善至美是理想境界，是不可能实现的。并且辩证法告诉我们：当一件事在某方面是好事的同时，在另一方面可能就意味着是一件坏事。因此我们无论在任何时候，都要摈弃尽善尽美的思想。

同样的道理，如果一个人设宴请客，他尽力地让每个人感到满意，不仅要使每个人感到饭菜满意，还要对各个方面满意，其实这是很难达到的，这就意味着他的饭局没有重点，请到的关键人物没有享受到特殊待遇，最终这个饭局不能达到预设目的。

灵活应对饭局，会吃也要会装

所谓对局，是关于在僵持的局面中如何使自己能够挺过来，最终打破僵局，出奇制胜赢得最后胜利的一种智慧。在饭局之上，主宾双方你来我往，不断利用自己的智慧与谋略，争取渴望得到的利益。在双方陷入僵局的时候，谁能够借用新的外部力量来帮助自己，那么谁就会取得明显的优势。当然，宴会之上更多的是寻求一种共赢，这样彼此才能不断合作，在共同前行的道路上走得更远、更好。

在饭桌应酬中，会遇到各种各样的人，这就需要对局者时刻“眼观六路、耳听八方”，要像老鹰一样敏锐和机警，要像狐狸一样聪慧、灵活，才能够捕食到猎物。

心理点拨>>

1. 善于伪装

东汉末年，天下大乱，各路人士揭竿而起，势力之争并不是几个军队间的争斗，更是几位枭雄间的战争，而两个重要领导人之间的博弈，让后人津津乐道的，那就是青梅煮酒论英雄。

有一次，曹操与刘备开怀畅饮。酒喝到半醉时，忽然阴云漠漠、骤雨将至。随从把天边挂着的长龙指给二人看，曹操借题发挥，便问：“您知道龙的变化吗？”

刘备说：“知道得不太详细。”曹操说：“龙能大能小，能升能隐，大则兴云吐雾，小则隐身藏形；升则飞腾于宇宙之间，隐则潜伏于波涛之内。现在正是深春时节，龙能够顺应时节而变化，就好像人得志了纵横四海一样。龙作为动物，可用世上的英雄作比方。您长期以来，游历四方，一定知道当世英雄。请您试着说说吧！”

刘备说：“我是肉眼凡胎，哪里能认得英雄呢？”曹操说：“您就不要太谦虚了吧！”刘备仍然装糊涂：“我得您的庇护，作了朝廷官员。天下英雄，真的不知道啊。”

曹操说：“那么，既然您不知道他的长相，也应该听到他的名字吧。”

再装糊涂是没有办法了，这条路堵死了，刘备另装糊涂，于是举出袁术、袁绍、刘表、孙策、刘璋、张绣、张鲁、韩遂等人，一一被曹操否定。

刘备只好说：“除这些人之外，我实在不知。”

曹操说：“所谓英雄，是指胸怀大志、腹有良谋，有包藏宇宙之机，吞吐天地之志的人啊！”

刘备说：“那么，谁能称作这样的英雄呢？”

曹操用手指指刘备，又指指自己，说：“今天下英雄，只有您与我罢了！”

曹操看似不经意的话，其实不仅是一种试探，更包藏着杀机，且不说刘备正在曹操的府上，即使在外边，如果证实了曹操的推测，他也不会放过刘备的。

刘备大吃一惊，到底被曹操识破真面目了。那么，自己“放下身段”的招法是不是没有瞒过奸雄曹操呢？如果这时默认或辩解，都无济于事，慌乱之中，手中的汤匙和筷子掉到地上。

恰在此时，大雨将至、雷声隆隆，刘备随即从从容容、不动声色地俯下身子，捡起了汤匙和筷子，又不紧不慢地说：“雷声一震竟有如此大的威力，我的匙筷都掉了。”

曹操笑着说：“男子汉大丈夫也害怕雷吗？”刘备说：“圣人见到迅雷风烈还变色，我怎么能不害怕呢？”一句话就把听到曹操的话而吃惊落匙的原因轻轻掩饰过去。

曹操果然相信了刘备的话，认为他打雷都要害怕，可见不是真英雄了，也就不再怀疑刘备了。刘备的灵活机智让自己逃过了一劫。

这场酒局可谓是两个政治家不折不扣的心理博弈，喝的是酒，论的是天下，玩的却是心机。从曹操的“说破英雄惊煞人”将试探进行到底，到刘备“随机应

变信如神”将表演进行到底，可谓步步玄机。两个人借着酒和青梅，曹操的睥睨群雄之态、雄霸天下之志表露无遗。而当时处于弱势的刘备则选择随机应变，得以进退自如，无不表现了一世豪杰所应有的技巧和城府。

这一场政治心理博弈，刘备以十足的“弱者”形象降低了曹操对他的高度警惕，很多人觉得曹操是被忽悠了，其实，对于聪明狡诈的曹操来说，他又怎么可能仅仅就通过一个闻雷声的反应就完全看轻了一个政治敌人，也许这其中又是另一个历史阴谋。但仅从青梅煮酒来看，这场双龙会是两个政治人物的心理表演。

当古人的硝烟退去，现代人也在饭局这个没有硝烟的战场展开攻心的博弈，饭局也就成了心理博弈之局。每一个身处其间的食客都明白“饭局是苦差，饭局也是好手段”，而如何在饭局中、在酒杯间，在言谈间就把对方“吃”透，这是一个大智慧。

2. 装疯卖傻

才能出众不是智慧，有智慧的人并不显露自己，因为过于显山露水只会让智慧发挥它的副作用，导致“聪明反被聪明误”的后果。

西汉的张良是汉高祖刘邦的谋士，他智慧过人，屡出奇计，为建立西汉立下了不朽的功劳。西汉六年（公元前201年），刘邦大封功臣，说“运筹帷幄，决胜千里之外，这是子房的功劳”，请张良自选齐地三万户，作为封邑。张良推辞不受，最后被封为留侯。

对于张良的谦逊，很多人颇为不解。跟随张良多年的心腹一次忍不住问张良：“富贵荣华，这是人人都不愿放弃的，大人何以功成之时，一概不求呢？大人也曾是义气中人，就这样销声匿迹，岂不太可惜了吗？请大人三思。”

张良说：“正因如此，我才有如此抉择啊。”

张良的心腹闻言一怔，茫然不语，张良低声说：“我年轻时，散尽家财，行刺秦王，追随沛公，唯恐义不倾尽，智有所穷，方有今日的虚名。时下大局已定，天下太平，谋略当是无用之物了，我还能彰显其能吗？谋有其时，智有其废，进退应时，方为智者啊。”

张良从不对外人袒露心声，好友探望他，他从不议论时事。一次，吕后因刘邦要废掉太子刘盈之事派人求张良帮忙，软硬兼施之下，张良无奈出了主意，让吕后请出商山四皓辅佐太子。刘邦一直崇敬这四个人，待见他们出山相助太子，惊慌失色，自知太子羽翼已丰，不得不放弃废太子的念头。

吕后派人向张良致谢，张良却回绝说：“这都是皇后的高见，与我何干呢？请转奏皇后，此事千万不要再提了。”

吕后听了使者的回报，感叹良久，她对自己的妹妹说：“张良不居功是小，弃智绝俗才是大啊！我先前只知道他智谋超群，今日才知他是深不可测，非我等可以窥伺得了的。”

刘邦死后，吕后专权。张良对世事的变故一概不问，求见他的大臣他也一律不见。吕后见他潜心研学道家养生之术，便不以他为患，反而对他愈生钦敬，她派人对张良说：“人的一生，十分短暂，应该及时享乐。听闻你为炼仙术，竟致绝食，何须如此？切不要自寻烦恼了。”

在吕后的一再催促下，张良才勉强用饭。吕后对其他大臣或杀或贬，却唯独对张良关爱有加。

俗话说：“真人不露相，露相非真人。”刻意隐藏智慧往往是智者的第一选择。这其中自有智者对智慧的独特认识，但更多的还是他们对智慧的副作用心存忌惮。智慧会引人注目，但如果在引人注目之后不能为人效劳，就容易引起他人的嫉妒，所以，智者都懂得隐藏智慧，保全自身。做不到这一点的人，总是那些不知收敛的人，他们的结局大多不妙。

常言道“大智若愚”，在商务应酬中，钩心斗角，一不小心，你就可能让自己陷入尴尬的境地。

3. 遇力卸力

饭局之上，各人心思不同。有人是带有怨气而来，这种人往往富有攻击性。要想实现控局，这种人是必须搞定的人之一。以硬碰硬不是最好的方法，遇力卸力才是最佳选择。

小张和小李内心有罅隙。但是为了照顾各自的面子，小张生日宴上还是邀请了小李。小李其实应该知趣，照应一下小张的面子。但小李天生就是好斗之人，在生日宴上处处讥讽小张。

小张说自己的工作不顺心，小李就说：“你这智商，你要是能顺心了，就没有不顺心的人了。”小李不想和他对抗，就顺势说：“是的，我一直跟着你学习，看来还没学到家。”

小张说自己的房子买得太贵了。小李就说："脑子进水了，限购了还去买。"小张依然微笑着说："哎，要是有你这样的智商就好了。"

整个生日宴，尽管小李多次挑衅，小张都用温柔掌给化解了出去，使整个宴会得以在平和的气氛中度过。

其实，相互争斗是人的动物性之一。争斗的目的自然是取得最后的胜利，但它最大的乐趣却不在于结果，而在于过程，在于打败对手的心理满足感。

不善于争斗的人往往和对方针锋相对，不管结果如何，让对方充分享受到了过程中的乐趣。而真正高明的人则懂得"上善若水"的道理，不管对方怎么出招就是不搭理。遇到这样的人，再厉害的也会失去兴趣，没有脾气。

宴会是一种追求和谐的场合，虽然迎头痛击也是一种对抗策略，但这是在不得已的情况下才会使用的策略。与迎头痛击一样，见招不拆招常常可以取得良好的制胜效果。"淹死会水的，打死犟嘴的"，而你如果不犟嘴，不逞匹夫之勇，往往会成为胜利者，获得更多。

饭不能乱吃，话更不能乱说

和别人吃饭当然要交谈，但是交谈的内容要看对象，切忌不能把饭局当成倾诉内心话的场所。

在人多的宴会场合中，最好在嘴上安把尺子，该说的说，不该说的千万不能乱说。宴会上，朋友叙旧，增进友谊，同行学友，交流感情，都会使宴会气氛和谐，更有意义。应真正做到亲切而不粗俗，热烈而不轻佻，欢快而不放纵。

说话是一门严谨的艺术，即便是脱口而出的话，都应该是经过头脑过滤的，会说话的人，往往把话讲得妥当，有余地；不会说话的人，往往因把话说错造成"祸从口出"。

心理点拨 >>

1. 不要随意找人倾诉

我们要积极入局，既然称为"饭局"，自然不会仅仅是吃饭那么简单。在饭局中，如果把任何人都当成自己倾诉衷肠的对象，恐怕犯了饭局的大忌了。

刘广是一家电脑公司的技术人员，因为他性格开朗，经常与老板出去应酬，所以跟老板的关系非常不错。

一天下午，刘广加班到很晚，恰巧老板那天也在公司，所以两个人就一起去吃晚饭。为了和老板拉近距离，几杯酒下肚，刘广头脑一热，说出了他一直藏在心里的秘密，那就是他也想开一家电脑公司。

老板一愣，但很快恢复了正常表情，并鼓励刘广说："年轻人就应该有闯劲儿，我支持你。"刘广说："我对自己的技术比较有信心，但对销售这方面的知识还欠缺学习。"老板说："一边工作一边学习嘛！凭你的聪明，再干上两年就能独当一面了。"刘广并没有意识到有哪里不对，依然兴高采烈地说："老板，你放心，你对我这么好，两年之内我是不会走的。"

一周后，公司突然招聘了一名技术人员，同时刘广也接到了解聘通知。刘广一脸茫然，找老板询问。老板一本正经地说："在我的公司里，你已经没有什么需要学习的了。你应该多去几家公司走走、学习学习，多积累点儿经验，我是从你的自身发展考虑才忍痛割爱的。"

刘广幡然醒悟，都是自己袒露心扉惹的祸，才让老板抓住如此"富有人情味儿"的把柄！

饭桌上每个人都想积极地融进大家的谈话中，想在饭桌上占有一席之地。入局虽然重要，但是避险也是不可或缺的。

如果在饭局的热烈气氛下，你的肚子里搁不住心事，那么你就危险了。要知道酒酣耳热之际，把握不住自己就等于失去了立场，饭桌上没有人喜欢没有立场的人，而且这样的人往往容易被别人利用，成为饭桌上的牺牲品。

不但职场饭局如此，其他有利益往来的应酬也同样需要心明眼亮。你要知道：真正的友情是靠文火慢炖出来的，它向来波澜不惊，始终保持着一种恒定的温度，不致烫手，也不会冷却。但如果猛然间冒出来对你出手阔绰的"好友"，就需要警觉了。他在你身上一掷千金，一顿款待，外加礼品，很有可能是他认为从你身上能捞回来更多。有的人为了达到不可告人的目的，借助一些违法手段，但又不愿意亲自以身试法，于是，或拉人下水，或逼迫他人就范，找人替自己冒险。他们为自己找"替罪羊"的最好手段就是"交朋友"。

2. 嘴上要把门

在饭局中，最忌讳不加思索地乱说一气，这样的人会给人一种没有涵养、低级庸俗的感觉。尤其是在接受他人宴请的时候，就要想到天下没有免费的午餐。如果你深知宴请者的目的，就更要考虑好自己不能乱讲话了。

李小倩是一个对任何事情都充满了好奇心的女孩。她有一个偏好，就是喜欢从各方面去了解自己关心的人和事，并且无论是好的还是坏的，她都照单全收，她的朋友因此会开玩笑地对她说："小倩啊，你再这样下去，早晚有一天会变成特务。"她总是嘻嘻地笑，但是从来没有当回事。

在李小倩看来，自己多去了解别人的话，就能够在适当的时候伸出援手，给予朋友帮助，但是她忽略了一点，就是有些时候并不是所有的事情朋友都愿意和她分享。

有一天，恰好赶上小倩的朋友水水的结婚纪念日，她再次充当起了联络朋友聚餐的"负责人"，为了能够给水水庆祝这个开心的日子，她就自作主张地喊了很多朋友，大家看到小倩这么热心，也就定好了聚餐的时间和地点。就在这时候，一个陌生的电话打了进来。

打电话的人说："我是水水的一个朋友，你可能不认识我，但是我听水水提起过你。听说今天是水水的结婚纪念日，不知道我是否能够参加呢？我和水水已经有很长时间没见了。刚才我打她的手机，也没有打通，所以就冒昧地给你打电话了。"

"当然可以了，完全欢迎，你今天晚上 8 点直接到 ×× 大酒店就可以了。"李小倩欣然地答应了。

在去饭店的路上，李小倩对这个陌生来电充满了好奇，她有点儿意识到这个男士应该不只是水水的普通朋友这么简单。于是，带着这些问题，李小倩来到了饭店，让她最为关注的就是那个陌生男人到底是谁。

在宴会上，李小倩很快就找到了给她打电话的那个男士。出于好奇心，她坐到那个男士身边，就开始不断地问东问西。她对这个陌生男人的好奇已经远远胜过了这顿饭带给她的诱惑力。这个男人越是隐藏着不肯说，李小倩就越急于想知道他与水水是什么关系、什么时候认识的，为什么水水没有提过他，而他却知道自己的电话号码。

结婚纪念日本来应该很开心，但是水水这顿饭吃得很勉强，因为那个男士是她的初恋男友，但是她又不能在老公的面前表现出什么，在饭桌上她几次想冲到李小倩的面前叫她闭嘴。

就这样，李小倩在饭桌上嘻嘻哈哈地与那位男士聊了一个多小时，但是她不知道，她已经失去了水水这个非常要好的朋友了。

像李小倩这样乱说话，在饭桌上爱讲“八卦”的人是很可悲的，因为管不住自己的嘴巴就很容易丢失很多东西。和李小倩一样，很多人都因为嘴上没门，“八卦”害己。

当然，管住自己的嘴巴，并不是要自己当哑巴、不说话，而是要学会在恰当的时候插话。

饭桌上与人交谈时，要注意以下几个方面：

（1）不中听的话不说。既然是求人办事，就要想办法获得对方的好感，所以，在饭桌上交谈的时候，就必须要言语和善。尤其是那些心直口快的人，就更要深思慎言，不说让人生厌和惹人不快的话，否则是会事与愿违的。

（2）沮丧的话不说。有一些人在饭局上很容易暴露自己的消极想法。一旦出现困难和危难，如婚姻危机、事业不顺、孩子没有工作这些问题的时候，就会出现情绪低落，并且容易说一些沮丧的话。这种脆弱的抱怨是很不得体的。因为这容易给人造成压抑，引起对方的不快，也易使你们的话不投机。

（3）贬低自己的话不说。有些人在饭局中总习惯于用贬低自己的方式来抬高对方，这种手段是很拙劣的。因为这样会给人一种“虚伪”的感觉。为人谦虚是可取的，但是一定要用对地方，很多时候是不适合自贬的，还是实事求是为好。

（4）担心、怀疑对方的话不说。我们求人一般都是很重要的事情，因此不自觉地会说一些急于求成、催促对方的话，有些时候甚至会凭一己之断，胡乱猜疑对方能力、权力和身份，表现自己的担心和说一些情绪低落的话。很显然，这些猜疑的话会给办事者一种不被信任的感觉，而且流露出的大多是一些负面意识，产生诸多负面效应，应尽力避免。

（5）戒假意客套，过分劝酒。酒席上保持欢快融洽气氛的前提应当是以诚相待。不顾别人的酒量和身体状况，一味劝别人多喝，甚至打定主意不把别人灌醉誓不罢休，就有失待客之道了。喝酒应遵循“喝足不喝吐，喝好不喝倒”的原则，有所节制才好。

（6）戒感情用事。宴席上宾主欢聚一堂、觥筹交错之时，很容易感情用事，用溢美之词给对方高帽子戴。比如，对方是官场人物，甚至是公认的以权谋私，也要恭维“德高望重，有口皆碑”；对方是个厂长，哪怕是连年亏损，濒临破产，也吹捧为“经营有方，前途无量”；对方是一个爱好业余写作的人，哪怕只发表过几篇小作品，也说他是“著名作家，作品深受青年人喜爱”，等等。这种以廉价的颂扬来联络感情、增进友谊的方法，实不可取，不但别人听了难受，就连被吹捧的人也知道这是假话。

（7）戒自吹自擂。在老朋友面前，借酒盖脸，虚荣心发作，不管天高地厚，说：“他出几本书算什么，我是不写，我要写比他得多出 10 倍。”“他写那书，我一年能写 10 本，我不写，嫌降低人格。”“我们机关高级职称一大堆，我看上的没几个。”“我当年发表的作品引起了全省讨论，要是干下去，现在早进《人民日报》了。”这样的讲话，只会降低自己的人格，也会伤害他人，在座的人会想，在别的宴席上他也会说我啥也不是。

（8）戒失去原则。有些领导干部在喝酒时，同他人谈论机关公事，造成泄密或暴露领导内部分歧，使某些人有空子可钻，影响领导班子的团结。还有个别领导，在酒席上乱许愿，答应给某某什么职务，事后又不能兑现，造成极坏的影响。

（9）忌牢骚满口。有些人平时有些怨气，便借酒浇愁，大发牢骚，指责别人如何不对，甚至辱骂领导。这样做，使别人无法插言，闹得不欢而散。

（10）注意语气和措辞。在表达自己的意愿的时候，要注意措辞和语气，切忌用命令的口气，如“你必须帮我办”“一定要完成”等，一般这样的口气会给人一种强人所难、让人难以接受的感觉，而如果换成说，“请尽量帮我一把”“最好能帮我干到底”，这样一来就给人留下了回旋的余地。而如果是难以立即答复的问题，就要说：“过两天给我一个信儿好吗？”“到时我来找你，请你费心。”这就是说，求人办事一定要给人留下充分考虑和商办的时间。

第八章 如何在谈判中有效沟通

对己方要了如指掌，谈判才胸有成竹

一个对自己的优势和劣势都不了解的人，怎么期望他能够在谈判过程中展现自己的优势，隐藏自己的劣势呢？

许多人都抱怨过这样一件小事：比如你去超市购物，想买的商品不知道具体放在什么地方。于是，我们都会选择询问身边的导购人员，但满心的期望最后多半以失望结束。导购人员只知耕耘自己面前的一亩三分地，对整个超市商品信息的不熟悉导致客户产生负面情绪。

无论是商场超市的导购，还是公司的销售代表、谈判专家，对自己以及公司信息的掌握是一个必备的基本素质。

心理点拨>>

1. 必须对产品信息全面了解

相关的产品知识，是营销人员必须掌握的基础知识之一。一位营销专家说过："没有什么比从一个毫无产品知识的营销员那里买东西更能令人失望的了。"

优秀的公司都注重提高营销人员的产品知识水平，而且采用了灵活多样的方式。

戴尔先生是一家酒店的经理，他喜欢在日常工作中检验员工对产品的认识和了解程度。例如，戴尔先生走进休息室，会问大家：

“我们很快就要举行一次情人节的促销活动，你们能告诉我有些什么项目吗？你们对预定的折扣率有什么看法？”

需要说明的是，休息室内不但有专门的营销人员，还有其他人员，例如办公室人员和勤杂人员。在戴尔先生看来，每一个在酒店工作的人都应该掌握这一知识。当情人节的促销活动举办时，如果有一位顾客走到酒店门口，向正在擦拭玻璃的清洁员询问有关促销活动的问题时，清洁员必须对答如流，而绝对不能一问三不知。

与戴尔做法接近的还有迪士尼乐园。迪士尼乐园为了能更好地服务游客，对每一个员工都要进行严格的培训，哪怕他只是一个假期打工的学生。从拖地到拍照，以及学习照相机的技能与熟悉地理环境，迪士尼的每一位员工都必须做到熟练掌握，以备游客的“突出询问”。

>>

熟悉产品信息不仅是对营销、销售人员能力的基本要求，也是客户的需求体现。

虽然不断增加的产品功能和不断细分的市场有助于满足客户全方位、深层次的需求，但是面对越来越多的同类商品，客户在需求被满足之前恐怕首先面对的是迷惑和困扰，也就是来自对产品各方面的不了解。

任何一位客户在购买某一产品之前都希望自己掌握尽可能多的相关信息，因为掌握的信息越充分、越真实，客户就越可能购买到更适合自己的产品，而且他们在购买过程中也就更有信心，尤其是一些高档的产品，比如电脑、家电等。可是，很多时候客户都不可能了解太多的产品信息，这就为客户的购买造成了许多不便和担忧。比如不了解产品的用法，不知道某些功能的实际用途，不了解不同品牌和规格的产品之间的具体差异，等等。对产品的了解程度越低，客户购买产品的决心也就越小，即使他们在一时的感情冲动之下购买了该产品，也可能会在购买之后后悔。

那么对产品信息的了解，究竟包括哪几方面呢？

营销人员应该尽可能多地了解产品，掌握产品各方面的知识，主要是以下几项：

（1）产品的主要性能（包括主要的量化指标）；

（2）价格（还应掌握价格与成本的关系）；

（3）库存情况（这一点至关重要，牵涉到能否保证向客户供货的问题）；

（4）服务的主要内容（包括方式、种类、范围、程度等）；

（5）必须注意的事项（如产品的安全事项、使用事项等）；

（6）竞争对手的产品优劣（因为说服客户的时候可以据理力争）。

2. 重点掌握己方的优点和特点

一句话，成功的沟通不能忽略细节，平时就应该多用心学习产品的各种功能，做到对产品信息熟悉得如同自己的身体一样。特别是，我们需要重点掌握自己产品的使用方法、优势，以及其他同类产品的特点。

有一位女推销员，她费尽心思，好不容易电话预约到一位对她推销的产品感兴趣的大客户，然而却在与客户面对面交谈时遭遇难堪。

客户说："我对你们的产品很感兴趣，能详细介绍一下吗？"

"我们的产品是一种高科技产品，非常适合你们这样的生产型企业使用。"女推销员简单地回答，看着客户。

"何以见得？"客户催促她说下去。

"因为我们公司的产品就是专门针对你们这些大型生产企业设计的。"女推销员的话犹如没说。

"我的时间很宝贵的，请你直入主题，告诉我你们产品的详细规格、性能、各种参数、有什么区别于同类产品的优点，好吗？"客户显得很不耐烦。

"这……我……那个……我们这个产品吧……"女推销员变得语无伦次，很明显，她并没有准备好这次面谈，对这个产品也非常生疏。

"对不起，我想你还是把自己的产品了解清楚了再向我推销吧。再见。"客户拂袖而去，一单生意就这样化为泡影。

百问不倒是一种严格、缜密的基本功，依靠的是严谨，甚至是机械地强化训练，是通过对客户可能问到的各种问题的周到准备，从而让客户心悦诚服的一种实战技巧。推销员没有对产品倾注自己的热情，于是造成不了解产品、一问三不知的状况，自然无法在客户心中建立信任。

其实，很多人都有过这样的体验，到电子商城去买一些电子产品时，同一种产品总会有至少三种不同品牌的产品，价格不一样，商家着重宣传的功能和优势等也不尽相同。面对这种情况，客户自然不会轻易决定购买哪种产品。此时，哪种品牌的销售人员对产品的相关知识了解得越多，表现得越专业，往往越能引起客户的注意，而最终这类销售人员通常都会用自己丰富的专业知识和高超的销售技能与顾客达成交易。

3. 有时不要轻易露底

在现实中，有可能存在的情况是：你把心交给他，他却因此而看扁你，更有甚者会因此打起坏主意，暗算于你。到时候，吃亏受伤害的就是你自己。

李厂长出差的时候在火车上遇见一位“港商”，二人一见如故，互换了名片。这位港商举手投足之间都显示出一种大老板的气质，这使李厂长对其身份毫不怀疑。恰巧二人的目的地相同，港商又对李厂长的产品非常感兴趣，似有合作意向，李厂长便与之同住一个宾馆，吃饭、出行几乎都在一起。

这一天，李厂长与一客户谈成了一笔生意，取出大笔现金放在包里。午饭后与港商在自己屋里聊天，不久李厂长起身去卫生间，出来时出了一身冷汗：港商和那个装满钱的皮包都不见了！李厂长赶紧报警，几天后案子破了，罪犯被抓获后他才知道，原来这个人并不是什么港商，而是一个职业骗子。这让李厂长对自己的轻易相信他人、交出自己底细的做法痛悔不已。

社会上，像李厂长这样上当受骗的事情并不少见。事事对人言，把自己的底牌掀起来给别人看，人家对你的底细了解得一清二楚，知己知彼，打败你岂不是轻而易举吗?

谈判过程中也是这样，应该尽量设法保持自己的神秘，轻易亮出自己底牌的人让别人按牌来攻，肯定会输掉。即使对方是合作良久的生意伙伴，也不可将自己的底牌完全亮明。

所以，任何时候我们都要留一手，不要和盘托出全部，并非所有真相皆可讲，要有自我保护和防守的意识，轻易亮出自己底牌的人往往会成为输家。

沉得住气，在谈判中赢得主动权

在谈判双方尚没有签署协议之前，最好不要公之于世，而且不能让对方知道你的用意。如果即将签署的协约在政治上有某种意义的话，是绝对不能声张的。

一旦让对方知道这个协议你是非签不可的话，他会乘机让你做出非常大的让步，而你为了顾及面子又不得不忍痛割爱。

心理点拨 >>

1. 不要公开自己的意向

1977年，当时的英国首相詹姆斯·葛拉翰，在召开政党大会时宣布，他的政府准备和波兰政府签署一份价值1亿英镑的造船协议。这项声明的用意是要提升他在工党里的声望。

但是这种方式使他在谈判时的防卫力量减弱。他公开了这项协议，必然引起公众的注意，那么，身为首相的詹姆斯·葛拉翰必然会签署这份协议，否则首相的面子就会受到重伤。但是，在他宣布时，这项协议还没有签署，双方还在谈判。

首相在政党大会宣布这项造船协议之前，英国政府代表乘飞机抵达波兰。双方正准备签署这份协议时，詹姆斯·葛拉翰首相宣布造船协议的消息传到了波兰。波兰谈判代表在即将签署协议的刹那间，忽然提出了几项原本不打算提出的要求。这几个项目大都是要求英国在财务及付款上做出的更进一步的让步，价值约100万英镑。英国代表立即向首相请示，詹姆斯·葛拉翰明知道这份让步过大的协议使英国政府至少损失100万英镑，但是，为了维护首相可以信赖的形象，他只得回答："照签！"

在协议签署之前，公布谈判意向并不一定都是坏事，但是，在双方为彼此的利益仍在讨价还价时就公布这一事件，显然不太明智，尤其是签署在政治上有一定意义的协约之前，一定要严守秘密。一旦被对方知道你已经造成了必须签署此协议的局势，只要双方还没有在协议上签字，其中一方依然有权利提出要求。你的选择也只有两个：谈判破裂或做出更进一步的让步，而这两种选择都会对你造成巨大的损失。

谈判是实力与智慧的较量、学识与口才的较量、魅力与演技的较量。因此，作为谈判中的管理者在协议还没有正式签署之前，一定要沉住气，不要给对方制造可乘之机。

2. 直接拿下真正的决策者

战场上人们常说“擒贼先擒王”，商务谈判时也要“擒贼先擒王”，抓住对方真正的决策者，才能快速达成协议。

谈判的时候，我们往往会要求对方一再让步，以接近我们的预期目标，而对方在几次让步之后，可能会以“你的要求实在超出了我们的预期之外，我做不了主”应答，或者是顾左右而言他，持闪烁不定的态度，于是谈判可能由此陷入僵局。

针对这种情况，一些外国谈判专家建议，人们可以直截了当地说：“你老是回避问题，这样，我直接找你上级谈好了！”这在欧美等国家或许能很好地化解谈判僵局，促进谈判的进一步进行。但在中国，这种单刀直入的突破法却不一定能化解谈判的僵局，甚至还可能加剧谈判僵局的恶化，最终导致谈判的中止。

通常，我们在谈判中若遇到对方闪烁其词、不直接正面回答、顾左右而言他的应对态度时，就需要仔细分析当时谈判的形势，搞清楚这是对方谈判的战术，还是他确实没有这种权限，不能直接给予承诺。如果是属于前者的情况，人们可以采取单刀直入、直接切入主题的方式应对，逼迫他做出正面回答。如果属于后者的情况，人们要明白一味地步步紧逼是徒劳无益的，要学会给对方留一点儿思考的余地，从而让对方背后那个真正的决策者浮出水面，只有抓住了真正的决策者，这场谈判才能更快地看到终点。

在这种情况下，人们往往都会想着要找对方的上层领导交流，以改变当前谈判的僵持局势。但如果你“直捣黄龙”，直接找到谈判对手的上层领导谈判，不仅显得极为失礼，也可能会碰了钉子，不被接见。这时，就需要采取逶迤前进的方法，旁敲侧击地探听对方上层领导这个决策者的想法。

一般情况下，可采取下面几种逶迤前进的方法：

（1）给出最后期限。面对这种僵局之时，可以给出对方最后期限，给对方施加一些压力。告诉他说，因为我们面临了种种压力，所以这件事情一定要在明天谈出结果。谈判学者研究发现，在这种情况下，不是对方在第二天就获得授权了，就是有权负责的人立刻出现了。这对谈判的进展而言，无疑添加了不少动力。

（2）让谈判升级。当谈判过程中，面对对方犹豫不决的态度，可选择将谈判升级，直接请自己的上层领导出面。如果我方的上层领导出面，对方自然备感压力，于是为求对等，对方只好也把自己的真正的决策者请出来。这样，谈判就进入终极阶段。

（3）寻找合适的借口。万不得已时，可以选择“直捣黄龙”的办法，直接找到其上层领导进行沟通。商务谈判时，经过仔细观察分析，如果你确定对方犹疑不决的态度并非谈判战术，而我们又面临时间压力，就可以用直捣黄龙的方法去逼对方。而为了使这种越级行为不显得失礼，最好是事先寻找合适的借口，如“不期而遇”或“顺便提起”，这样就没有对抗的感觉，才可能顺利拿下这场谈判。

“擒贼先擒王”，我们只有在谈判时抓住那个真正的决策者，与之进行沟通商谈，才能尽快达成协议。

3. 用你的嘴说出他的反对意见

谈判中，应当事先预测对方可能会提出哪些反对意见。你若抢在对方前将这些意见说出来，便可不费吹灰之力将其扼制住。

我们把方案带到对手那里去的时候，应当事先就料到对方会提出哪几种反对意见。如果坐到谈判席上，在意想不到的情况下突遭对方的反驳后再支支吾吾地招架，则有失体面。

如果事先估计到人家会反驳，只是准备一些应答的对策还远远不够，这样很容易被对方打败。在争论中占据上风并不是谈判的根本目的，充其量不过是谈判形势的走向问题。

那么，应当如何对待意料之中的反对意见呢?

当估计对方会予以反驳时，有这样一种对付的办法：在他们还没有说出之前，你让同伴将预料中的反面意见说出来，然后将其否定。

首先与同伴进行磋商，列举几条意想中的反对意见，事先布置好：“估计对方会以此为理由攻击我们，你先主动地把这个问题提出来！”在谈判中，当同伴讲出了这个意见以后，你马上指出：“不对，这种观点是错误的。”如此这般，将这些反对意见一个一个地化为乌有。同时，你方的几个人之间还可以故意发生争执。这样做不会在对方面前露出什么破绽，反而会在保全对方面子的情况下使其接受你方的方案。

反对意见多种多样，有的可以从理论方面回答，有的无法用语言去解释，只能凭自己的感觉去理解。对方提出的意见可以用道理来说明的部分很好处理，至于那些难以解释的问题，最好还是用内部争吵的方法来解决。比如数落自己的同伴：“你总是提出这类问题，什么时候才能有点儿出息呢？”只有这种语言才能处理好这种反对意见。

坐在谈判席上，总是有意识地将与会者分为说服的一方和被说服的一方，这种想法要不得。对方有 3 个人，你方也有 3 个人，应当把这看作是与会的 6 个人正在共同探讨着同一个问题，而不是 3 比 3 的对话。

所以，己方的与会人员有时最好也处在相互敌对的关系上。因为，如果总是保持一致对外的姿态，对方就会产生一种随时有可能遭到你方攻击的顾虑。把既成的事实强加于人，这是被说服一方最厌恶的一种做法。

>>

当己方内部互相争论的时候，很容易形成一种在场的所有人都在议论的气氛，结论也仿佛是在对方的参与下得出来的。于是在大家的思想中能够形成一种全体参与、共同协商的意识。

无论怎么说，反正不能让对方把反对意见先说出口，这与你方的意见让对方说出令对方感到满足是一样的道理。对方的反对意见从你方嘴里说出来，这样做给人留下了对方反驳的观点你方已经研究透了的印象，就可以不费吹灰之力地将其扼制住。

战术性让小步，战略性获大利

谈判是一个斗智斗勇的过程，期间，让步是非常重要的一个组成。让步策略运用好了，等于用有限的权力实现无限的利益。

谈判桌上风云变幻，任何一方都希望自己能够在复杂的局势中左右谈判的发展，于是，谈判在很多时候就像战场上打仗一样激烈。

一般来说，谈判进行到非常激烈的程度，往往需要有一方做出让步才能推动谈判继续进行。不过，对于让步的一方来说，并不一定要毫无原则地退让。若能有策略地退让，让步的一方同样可以为自己争取很多利益。

1. 给谈判者以有限的权力

尼尔伦伯格的委托人已安排好了同对方的谈判事宜，被邀请的对方和尼尔伦伯格按时来到谈判地点。可是，等了好久，也不见委托人的身影。尼尔伦伯格只好建议由他代表自己的委托人谈判。

对尼尔伦伯格来说，谈判可真是进展得出乎寻常的顺利，他轻易地使对方做出了一个又一个让步，而当对方要求他相应地也做出让步时，他总是回答说："真对不起，我的授权实在有限。"

尼尔伦伯格以代理人身份，争取到了对方的许多让步，而他却没有给对方什么相应的表示姿态的细微的让步。

此事例表明，对谈判代理人只给予有限的权力是对己方极有利的办法。对方意识到谈判者的权力有限，所以提的条件和要求都比较有分寸。

对方只能根据你的权力范围来考虑这笔交易。一般来讲，即使你的权力有限，对方也不愿再换一个比你权力更大的谈判者了，因为那样的话，对方不仅要面对一个领导人，而且要面对一个新的地位关系，更有可能出现其他的"危险"，他必须做更多的准备工作。

还有很多事情可构成限制，如某项程序、公司政策、工程标准、无法变更的政府规定等。下面这些情况在谈判中是很多见的：一个未经授权的卖主就无法同意赊账、降价、负责运送、保险等；一个未经授权的买主，也不会同意超出购买预算、购买未达标准的产品等。

事实上，让步策略与形式并非具有固定的模式。但它确实需要谈判者对让步要有计划性，事前就能做到胸有成竹；对让步要有导向性，在让步的时机与尺度上有意识地表达自己的态度和决心；对让步要有针对性，在让步中争取到对方的心理满足，实现让步的最佳效果。

此外，谈判者在进行让步时必须牢牢把握以下几项原则：

第一，对比较细微的问题先做让步，以求对手在较为重大的问题上以做出让步作为回报；

第二，本方的每次让步都应该能从对手那里获得回应；

第三，应使对方在付出努力后才能得到本方的让步；

第四，无条件地接受对方的首次让步要求是非常危险的；

第五，尽量争取于己无损的让步。

2. 处于劣势时，主动做出让步

在谈判中，有些时候我们会处于劣势状态。一些没有经验的朋友可能会对此束手无策或争取不当利益，从而导致谈判失败或陷入僵局。其实，这种情况的明智之举，应该是通过巧妙地让步策略来化险为夷，在形式尽可能允许的情况下最大化自己的利益，最终完成谈判。

马来半岛有一个土著民族，两个人之间发生冲突，所采用的决斗方式比较另类：决斗者必须脱光上衣，手持的不是致命的刀枪剑戟，而是无损于人的孔雀翎。各自握住孔雀翎的羽梗，将有类似美丽眼睛图案的尾翎指向对方。

决斗开始之后，两个决斗者就举起各自手中的怪异武器，把美丽的孔雀翎触向对手赤裸的上身，刺激对手感到搔痒忍不住发笑。最后谁按捺不住搔痒笑出声来，就意味着谁败于对手，决斗随之宣告结束。

这种手段柔软的决斗方式，既能决出最后的输赢，也不会给败者带来伤害，不失为一种解决冲突的大智慧。

对此，具体如何去让步呢？首先，我们先假设自己的让步分为四个阶段，将让步利益的总份额规定为 18 份。以下三种就是针对不同情况的参考策略。

第一种：这种策略适合应用于我们所处形势恶劣，或者我们与谈判对方关系较好的情况。

让步策略：18—0—0—0，即在让步阶段的一开始就全部让出可让利益，而在随后的三个阶段里无可再让。

策略优点：这种让步策略坦诚相见，比较容易打动对手采取同样的回报行动来促成交易。同时，率先做出大幅度让步会给对方以合作感、信任感。直截了当的一步让利也有益于速战速决，降低谈判成本，提高谈判效率。

策略缺点：由于一次性大步让利，有可能失掉本来能够力争到的利益；这种让步操之过急，会使对方的期望值增大而要进一步讨价还价，强硬而贪婪的对手会得寸进尺，而本方可出让利益已经全部让出，因此在后三阶段皆表现为拒绝，这样一来就可能导致僵局。

第二种：当我们急于成功，但所处形势不利时，适宜于使用这种让步策略。

让步策略：14.7—0.3—0—3，即在让步的初期就让出绝大部分可让利益，紧接着大幅度递减，以致在第三期为零，最后又反弹在适中程度上结束让步。

策略优点：这种让步策略显现了突出的求和精神。一开始就极大幅度地让步，增大了对方实行回报的可能性。在第二期中让步份额锐减，以致在第三期为零，这可能打消对手进一步要求让利的期望。最终又让出小利，既易显示本方诚意，又会让对方适可而止，满意签约。此种策略虽然藏有留利动机，但客观上仍突出的是以和为贵的精神，让步的艺术性较高。

策略缺点：在初期即大步让利，显现出软弱的倾向，如果对手强硬、贪婪，会刺激他们变本加厉地进攻。在第三期时完全拒绝让步，可能会使谈判出现僵局。

第三种：当我们处境危险，又不愿使已付出的代价作废时，以超限额的让步为代价来挽救谈判，可以促成交易成功。这种策略的实施富于戏剧性，它要求谈判者富有经验、讲求技巧、灵活运用，适用于处在僵局或危难性的谈判。

让步策略：15—3—3—-3，即在前面二期中就全部让完可让利益，到第三期是赔利相让，只是在第四期以某种其他的方式再讨回赔利相让的利益。

策略优点：这种让步策略在前三期超限额地做出让步，因此具有很大的吸引力，易使陷入僵局的谈判起死回生。在对手获得超满足感后，又巧妙地在最后一期以其他方式讨回超额付出的利益，极富冒险性与技巧性。

策略缺点：前三期即超份额地让出可让利益，这会导致对手期望的增大。如果在第四期向回讨利不成功，则会损害本方的利益，甚至导致谈判的破裂。

所以，谈判中，当你处于劣势的时候，一定要冷静，不要以为劣势者就必须被对方鱼肉，通过有策略地让步，还是可以有效完成谈判的。

准确掌握对方期望值，谈判有准头

和客户谈判时，不少人有这样的困扰，不知道如何报自己的底价，因为不清楚对方的期望值到底是多少。

在这种情况下，你完全可以先让对方报价。把对方的报价与你心目中的期望价相比较，然后你就会发现你们的距离有多远，随之调整你的价格策略，这样的结果可能是双方都满意的。

1. 适当利用逆反心理

某售楼中心的推销员小邵，他负责推销 A、B 两套房子。一天，有个客户前来咨询，并要求看看房子。而这时小邵想要售出的是 A 套，在带客户去看房子的同时，他边走边向客户解释说："房子您可以先看看，但是 A 套房子在前两天已经有位先生看过并预订了，所以如果您要选择的话，可能就剩下 B 套了。"

这样说过之后，在这位客户的心里会产生这样一种想法，那就是"既然已经有人预订 A 套房子，就说明 A、B 两套房子相比，A 套比较好一些"。有了这样的心理，在看过房子以后，客户更加觉得 A 套房子好，但是既然已经有人预订了，只能怪自己来得太晚了，于是客户带着几分遗憾离开了。

过了两天，推销员小邵主动打电话给前两天来看房子的客户，并兴高采烈地告诉他一个好消息："您现在可以买到 A 套房子了，您真是很幸运，之前预订 A 套房子的客户因为资金问题取消了预订，而当时我发现您对这套房子也比较喜欢，于是就先给您留下了，您看您还需要购买吗？"

客户听到这样的消息，十分高兴，有一种失而复得的感觉。既然机会来了，一定要把握住，于是他迅速地与推销员小邵签了这份单子。

在谈判过程中，应紧紧抓住逆反心理强烈的客户这一鲜明的心理特征，根据实际情况对自己的销售策略及沟通方式做一些调整，利用客户的逆反心理达到销售的目的。

想一想，作为消费者，当有人向我们强行推销某种商品的时候，我们会不会很反感，第一反应便是拒绝？而作为销售员，当我们向客户推销的时候，怎么说他们都不买，而有时候我们决定不卖的时候，他们反而追着要买？这种情况时有发生，到底为什么？

这就是叛逆心理在起作用。人们不会拒绝自己去改变，但大多数情况下一定会拒绝被别人改变。

例如，在实际销售中，有很多销售员为了尽快签单，往往采取穷追猛打的策略，一味地介绍产品，劝导客户购买，以为通过密集轰炸就可以搞定客户，却不知道这恰恰会起到相反的效果，使客户产生逆反心理，打定主意不购买。我们知道，在与销售人员接触的时候，客户常常怀有戒备之心，如果此时只是一味强调己方产品如何好、如何实用等信息，客户反而会更加警惕，因为害怕受骗而拒绝接受。

相反，当客户的兴趣点或心理需要得不到满足的时候，反而会更加刺激他强烈的需要及想要得到的欲望。越是得不到的东西，人们往往越想得到；越是不能接触的东西，人们反而越想接触；越是保密不让知道的事情，人们也会越想知道。

优秀的销售员会第一时间察觉客户的逆反心理，从而不着痕迹地结束自己滔滔不绝的介绍，改变销售策略，从照顾客户的感受开始，让客户的心理得到放松，从而增加销售成功的概率。

2. 给予讨价还价的空间

某公司急需引进一套自动生产线设备，正好销售员露丝所在的公司有相关设备出售，于是露丝立刻将产品资料快递给该公司老板杰森先生，并打去了电话。

露丝："您好！杰森先生。我是露丝，听说您急需一套自动生产线设备。我将我们公司的设备介绍给您快递过去了，您收到了吗？"

杰森（听起来非常高兴）："哦，收到了，露丝小姐。我们现在很需要这种设备，你们公司竟然有，太意外了……"

（露丝一听大喜过望，她知道在这个小城里拥有这样设备的公司仅他们一家，而对方又急需，看来这桩生意十有八九跑不了了。）

露丝："是吗？希望我们合作愉快。"

杰森："你们这套设备售价多少？"

露丝（颇为洋洋自得的语调）："我们这套设备售价 30 万美元……"

客户（勃然大怒）："什么？你们的价格也太离谱了！一点儿诚意也没有，咱们的谈话就到此为止！"（重重地挂上了电话）

双方交易，就要按底价讨价还价，最终签订合同。这里所说的底价并不是指商品价值的最低价格，而是指商家报出的价格。这种价格是可以浮动的，也就是说有讨价还价的余地。围绕底价讨价还价是有很多好处的。

举一个简单的例子。早上，甲到菜市上去买黄瓜，小贩 A 开价就是每斤 5 角，绝不还价，这可激怒了甲；小贩B要价每斤6角，但可以讲价，而且通过讲价，甲把他的价格压到5角，甲高兴地买了几斤。此外，甲还带着砍价成功的喜悦买了小贩B几根大葱呢！

同样都是5角，甲为什么愿意磨老半天嘴皮子去买要价6角的呢？因为小贩B的价格有个目标区间——最高6角是他的理想目标，最低5角是他的终极目标。而这种目标区间的设定能让甲讨价还价，从而获得心理满足。

如果想抬高底价，尽量要抢先报价。大家都知道的一个例子就是，卖服装有时可以赚取暴利，聪明的服装商贩往往把价钱标得超出进价一倍甚至几倍。比如一件皮衣，进价为1000元，摊主希望以1500元成交，但他却标价5000元。几乎没有人有勇气将一件标价5000元的皮衣还价到1000元，不管他是多么精明。而往往都希望能还到2500元，甚至3000元。摊主的抢先报价限制了顾客的思想，由于受标价的影响，顾客往往都以超过进价几倍的价格购买商品。在这里，摊主无疑是抢先报价的受益者。报价时虽然可以把底价抬高，但是这种抬高也并不是无限制的，尤其在行家面前，更不可大意。案例中的销售员觉得自己的产品正好是对方急需的，而将价格任意抬高，最终失去对方的信任，导致十拿九稳的交易失败，对销售员来说也是一个很好的教训。

3. 最好请对方先亮出底牌

不知道对方的底牌时，可以保持沉默，让对方先开口，亮出底牌，最后再采取策略。

理赔员："先生，我知道你是交涉专家，一向都是针对巨额款项谈判，恐怕我无法承受你的要价。我们公司若是只付100美元的赔偿金，你觉得如何？"

谈判专家表情严肃，沉默不语。

理赔员（果然沉不住气）："抱歉，请勿介意我刚才的提议，再加一些，200美元如何？"

谈判专家（又是一阵长久的沉默）："抱歉，这个价钱令人无法接受。"

理赔员："好吧，那么300美元如何？"

谈判专家沉思良久。

理赔员（有点儿慌乱）："好吧，400美元。"

谈判专家（又是踌躇了好一阵子，才慢慢地说）："400美元？……喔，我不知道。"

理赔员（痛心疾首）："就赔500美元吧。"

谈判专家仍在沉思中。

理赔员（无奈）："600美元是最高期限了。"

谈判专家（慢慢地）："可它好像并不是我想要的那个数。"

理赔员："如果说750美元还不是你想要的，那我也没有办法了。"

谈判专家（沉思一会儿后）："看来咱们的谈判无法进行下去了。"

理赔员："800，只能到800，否则咱们真的谈不下去了。"

谈判专家："好吧，我也不想为此事花更多的时间。"

谈判专家只是重复着他良久的沉默，重复着他严肃的表情，重复着说不厌的那句老话。最后，谈判的结果是这件理赔案终于在800美元的条件下达成协议，而谈判专家原来只准备获得300美元的赔偿金。

当我们不知道对方的底牌时，保持沉默是一个不错的主意！

爱迪生在做某公司电气技师时，他的一项发明获得了专利。一天，公司经理派人把他叫到办公室，表示愿意购买爱迪生的专利，并让爱迪生出个价。

爱迪生想了想，回答道："我的发明对公司有怎样的价值，我不知道，请您先开个价吧。""那好吧，我出40万美元，怎么样？"经理爽快地先报了价，谈判顺利结束了。

事后，爱迪生满面喜悦地说："我原来只想把专利卖500美元，因为以后的实验还要用很多钱，所以再便宜些我也是肯卖的。"

让对方先开口，使爱迪生多获得了30多万美元的收益。经理的开价与他预期的价格简直是天壤之别。在这次谈判中，事先未有任何准备、对其发明对公司的价值一无所知的爱迪生如果先报价，肯定会遭受巨大的损失。在这种情况下，最佳的选择就是把报价的主动权让给对方，通过对方的报价，来探查对方的目的、动机，摸清对方的虚实，然后及时调整自己的谈判计划，重新确定报价。

遭遇僵局，及时调整谈判状态

谈判进入实际的磋商阶段以后，谈判各方往往由于某种原因而相持不下，陷入进退两难的境地，即我们常说的"僵局"。想打破这种局面，就要费一些心机了。

不要以为你善意的让步会感动对方，使谈判变得更加简单而有效。要记住：谈判桌上没有朋友间的馈赠，只有利益之争，因此，让步是有原则的，是在争取各自利益的基础之上的。在使用让步策略时千万不可心慈手软。

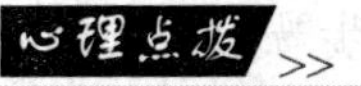

>>

1. 把让步转化为进攻的手段

采购经理："我们作为大型的知名超市，绝不缺供应商，而且北京的市场怎么样你们不是不知道，一听说我们要在北京开店，供应商都'蜂拥而至'呀！"

销售员："张经理，我们厂看重的也是你们的名气和北京的市场，所以真诚地希望能与贵方合作，只是你们提出的条件确实有些苛刻。比如60天回款账期就实在让我们难以接受。"

采购经理："你也要考虑我们的难处，如果大家都要求货款期缩短，我们的资金回转就成问题了。"

销售员："我们并没有要求你方缩短回款账期，只要求一个正常的回款账期，应该不过分吧。"

采购经理："但你们是不知名的小型机械厂家，与你们合作是要担风险的。"

销售员："大型企业与你们合作的话，他们的要求也会十分苛刻，而我们为了实现与你们的合作，几乎没有什么条件，你们与我厂合作并不吃亏。"

采购经理："但我们也没有太大的便宜可占。（停顿了一会儿）不过，换句话来说，合作都讲究双赢嘛，咱们合作的机会还是很大的。你们能否在签订合同前，先提供一套现场制作的设备，吸引更多的消费者呢？"

销售员："张经理，我回公司尽力协调这件事，在最短的时间内给您答复，但您能不能给我一个正常的回款账期呢？"

采购经理："你先给我答复，到时，我们再具体协商吧！"

>>

案例中的客户是一家大型知名超市的采购经理，他们准备在北京开一家连锁店。这一消息让很多经销商"蜂拥而至"。销售员代表弱势品牌的机械厂家与对方进行进店洽谈，谈判异常艰苦，对方要求十分苛刻，谈判进入了僵局，并且随时都有破裂的可能。在谈判中对方要求厂家先提供一套机械设备，来吸引消费者。

销售员知道刚好有一套设备闲置在库房里，但却没有当即答应，他回复说："陈经理，我回公司尽力协调这件事，在最短的时间内给您答复，但您能不能给我一个正常的回款账期呢？"最后，他赢得了一个平等的合同，一次双赢的谈判就这么形成了，这其中当然不能忽视让步的技巧所起到的作用。

谈判是双方不断地让步，最终达到利益交换的一个过程。让步既需要把握时机，又需要掌握一些基本的技巧，也许一个小小的让步会涉及整个战略布局，草率让步和寸土不让都是不可取的。

2. 利用"反馈意见"变被动为主动

你知道反对意见的另一个重要意义吗？

机敏的推销人员把它应用到了谈判桌上："××先生，我很高兴您提出了关于××的问题。这是因为我们在××方面作了调整。因为我们的设计师认为，在经过这样的变化之后，更有××作用，虽然××，但它能够在××方面节约您的成本与开支。"

如果客户说："你们的××产品定价太高，我们可负荷不了。"这也就是告诉你："我们的要求其实很低，不需要支付这么昂贵的价格。"发生这种事情时，我们没有必要非得强调我们的价格定得多么合理，我们要在能带给他更多的利益上下功夫，让他们觉得这种价格与他们所得到的利益是成正比的，我们必然考虑在每个反对意见背后存在的真实问题，你只有解决这个隐藏的真实问题，你才能赢得推销，使客户心甘情愿地与你签约。

在谈判的过程中，尤其应避免发生口角，因为口角不能解决任何问题，还会伤害你与客户之间的感情，而且可能给你带来许多意想不到的不良影响。我们可以利用其他有利之处来反驳客户，你可以使语气柔和些：

"我能理解您此时的感受，××先生，在××公司工作的B先生给我们寄来了感谢信，他说到我们公司的产品的一些优点，如果您需要，我可以给您看一看他给我们的来信。"这时，毕竟客户也处在犹豫不决的时刻，他也希望有成功应用该产品的案例。我想，这种方法可能会比你花费大量时间去反驳客户要好。

在你的手头，保留一些值得客户参考的资料，可以为你的说法提供强有力的证据。

在谈判的过程中，你可以使用各种技巧，使形势转向有利于你的方向，并且要沉稳、自若，绝不要因为无法回答客户的问题而面红耳赤，你应该以一种稳操胜券的姿态来面对你的客户。你要让客户明白他将获得的利益，一切都是在为他服务。这样还用继续谈判下去吗？不用，因为他已成了你真正的客户。

3. 巧妙化解谈判困境

谈判充满了变数，并不是每次谈判都能顺利进行，每个销售员都会有面对谈判困境的时候。造成这种谈判困境的原因有很多种，可能是价格上的分歧、交易条件上的分歧、售后服务方面的分歧等。双方要么沉默相对，要么索性终止谈判，这是双方都不愿意看到的局面，也会给各自的企业带来损失，对谈判个人来讲也是时间上的浪费。

那么如何化解矛盾、摆脱困境呢？

（1）将焦点矛盾先放一放。设想一下，假如你是一家医疗机械生产企业的销售代表，在完成产品介绍后，医院方面对你说：“在你之前已经有两家企业来找过我了，产品功能基本相同，但他们的价格却比你们的低 10 个百分点，如果你要坚持这个价位，我们之间没有合作的可能。”而你所在的公司却严格规定只能在售价基础上降低 5 个百分点，你会怎么办呢？

面对这个问题的时候，有经验的销售员一般会把价格的问题暂时放到一边，而是深入介绍产品的与众不同之处，刺激他们的购买欲望。当他们有了非买不可的欲望时，再转回来谈价格的话就会占据有利地位，对方就会做出一定幅度的让步。

所以，在遇到此类谈判困境的时候，我们可以将焦点矛盾先放一下，从其他方面进行突破之后再回来解决最初的问题。

（2）巧妙让步。过早地让步往往导致己方的后悔，而该让步时不让步，则容易导致谈判破裂。让步也是一门学问。谈判者可以在让步之前做假设性提议，试探对方的灵活性。比如你可以问：“如果我把价格降低 5%，您能确定和我们签约吗？”“如果我给您 90 天的赊账期限，而不是 60 天，您能先把以前的利息付清吗？”等试探出对方的底线之后再根据实际情况掌握让步的尺度。

另外，也可以在谈判时将让步份额分成若干份，有分寸地让步，一步一步抛出。这样能起到迷惑对方的作用。尽量不要让对方了解你的底细，要让对方觉得每一次你都是无可奈何的，让对方感到来之不易。这样一来，对方也会以自己的让步来作为回报。由少到多的让步也能有效地让对方认为你的让步是有限的，再作出让步是希望不大的。这种方式通常是非常有效的。

（3）更换谈判代表。随着谈判的深入，双方的合作分歧很容易慢慢地演变成对人的分歧。因为双方谈判人员的不同思想和作风会产生一些不可调和的矛盾，甚至有的谈判人员到了最后会因为对对手的憎恨将个人恩怨凌驾于企业利益之上。在这种情况下，及时更换谈判人员可以缓解双方的紧张关系。

（4）修改交易条件。条件是死的，人是活的。谈判实际上就是一个讨价还价解除分歧的过程。如果是价格上的分歧，谈判者可以尝试用提高付款比例、承担物流运输费用、缩短回款期限、调整交货时间等办法，找到符合双方利益但是又可以保持总体交易金额不变的双赢方式。当你让对方感到实惠，对方也会做出适当的让步。

（5）暂停谈判。激动时做出的选择最为危险，所以在双方都很激动的时候，可以采取暂停谈判的方式，进一步收集信息，重新评估谈判方案，推测出对方的替代方案、价格底线以及谈判压力，判断对方接下来的举措。

（6）申请高层介入。当双方的谈判无法达成一致的时候，可以请双方的高层决策人员会晤，以弥补即将破裂的谈判关系。这样做的最大好处就是领导能在你不能许诺的事情上拍板决定，并态度强硬地要求对方做出让步（有时候这是事先制定的策略），这时对方往往容易妥协，因为他们很清楚，如果拒不让步此次谈判即将以失败告终。

发出“最后通牒”，逼服对方

心理学家做过这样一个实验：让一个班的小学生阅读一篇课文。实验的第一阶段，没有规定时间，让他们自由阅读，结果全班平均用了 8 分钟才阅读完；第二阶段，规定他们必须在 5 分钟内读完，结果他们用了不到 5 分钟的时间就读完了。

这就是著名的最后通牒效应。所谓“最后通牒”，常常是在谈判双方争执不下、陷入僵持阶段，对方不愿屈服以接受交易条件时所采用的一种策略。实践证明，如果一方根据谈判内容限定了时间，发出了最后通牒，另一方就必须考虑是否准备放弃机会，牺牲前面已投入的巨大谈判成本。

1. 给出一个最后期限

美国汽车大王亚科卡在接管濒临倒闭的克莱斯勒公司后，觉得第一步必须先压低工人工资。他首先降低了高级职员的工资 10%，自己也从年薪 36 万美元减为 10 万美元。随后他对工会领导人讲："17 元一小时的活儿有的是，20 元一小时的活儿一件也没有。"

这种强制威吓且毫无策略的话语当然不会奏效，工会当即拒绝了他的要求。双方僵持了一年，始终没有进展。后来亚科卡心生一计，一日他突然对工会代表们说："你们这种间断性罢工，使公司无法正常运转。我已跟劳工输出中心通过电话，如果明天上午 8 点你们还未开工的话，将会有一批人顶替你们的工作。"

工会谈判代表一下傻眼了，他们本想通过再次谈判，从而在工薪问题上取得新的进展，因此他们也只在这方面做了资料和思想上的准备。没曾料到，亚科卡竟会来这么一招！被解聘，意味着他们将失业，这可不是闹着玩的。工会经过短暂的讨论之后，基本上完全接受了亚科卡的要求。

亚科卡经过一年旷日持久的拖延战都未打赢工会，而出其不意的一招竟然奏效了，而且解决得干净利落。

在谈判中，有些谈判者支出架子准备进行艰难的拉锯战，而且他们也完全抛开了谈判的截止期。此时，你的最佳防守兼进攻策略就是出其不意，发出最后通牒并提出时间限制。这一策略的主要内容是，在谈判桌上给对方一个突然袭击，改变态度，使对手在毫无准备且无法预料的形势下不知所措。对方本来认为时间挺宽裕，但突然听到一个要终止谈判的最后期限，而这个谈判成功与否又与自己关系重大，不可能不感到手足无措。由于他们很可能在资料、条件、精力、思想、时间上都没有充分准备，在经济利益和时间限制的双重驱动下，会不得不屈服，在协议上签字。

2. 在最后期限上动脑筋

最后期限一到，你就必须做出最后的决定。如果你对完成此项工作的日期估计有误，在最后期限之前不能完成交易的话，就要再次与对方谈判，要求放宽期限，如果对方拒绝修改协议的话，你也只好承担责任。

有一家出版公司，在美国好莱坞推出的电影《泰坦尼克号》走红时，准备搞一本电影画册，各地较大的书商听说此信息后纷纷与公司联系，争取取得当地独家发行权。各地承销此画册的书商为避免承担风险，纷纷与公司签约，要求到货的最后期限为20天。

出乎出版公司意料的是，这本画册才印了一部分，机器坏了，待机器修好后，工厂职工连夜加班，最后期限到了，书也印出来了。但是，最后期限不仅仅是将书印出来，而是把货运到承销商手里。各地书商得知此信息后，有的要求减少包销册数、降低折扣，有的干脆宣布此协议已属无效。《泰坦尼克号》毕竟只是一个爱情故事，人们只能为它疯狂一阵子，所以销售时间点非常重要。而当时出版公司没有预测到印刷厂会出现问题，公司与印刷厂只是口头上说几天出成品，并未签约，最后，尽管这家出版公司费了很大劲儿，还是赔了一大笔钱。

就这件事本身而言，该出版公司因最后期限的制约而赔了一笔钱，而各地的承销商的利益却因最后期限的保障作用而未受到影响。

最后期限还有督促的作用。最后期限到了，你不得不做出决定。如果你选择了这个期限，你就要在期限之前完成交易；如果你违约了，后果就由不得你假设了。

当然，就谈判的最后期限而言，它也是可以灵活变动的。有的期限说一是一；有的具有弹性，可以商量。因为，对于不少行业的谈判而言，最后期限只是为了尽可能督促对方，并不是存心惩罚对方。因而，你在协议上签字之前，一定要搞清楚双方所定的最后期限是否还有“活动”空间。不过，事情随时都有可能发生变化，你在签订某一协议时，最好别让最后期限成为自己的枷锁。

3. 慎重采取最后通牒效应

在某些关键时刻，最后通牒法还是大有裨益的。但是，该方法并非屡试不爽，一旦被对方识破机关，最后通牒的威力可能会反作用到自己身上来。这里有一个范例：

美国通用电器公司与工会的谈判中采用“提出时间限制”的谈判术长达20年。这家大公司在谈判开始的时候，使用这一方法屡屡奏效。但到1969年，电气工人的挫败感终于爆发。他们料到谈判的最后结果肯定又是故伎重演，提出时间限制相要挟，在做了应变准备之后，他们放弃了妥协，促成了一场超越经济利益的罢工。

 >>

发“通牒”一定要注意一些语言上的技巧，要把话说到点子上。

（1）出其不意，提出最后期限，要求谈判者必须语气坚定，不容通融。

运用此道，在谈判中首先要语气舒缓，不露声色，在提出最后通牒时要语气坚定，不可使用模棱两可的话语，使对方存有希望，以致不愿签约。因为谈判者一旦对未来存有希望，想象将来可能会给自己带来更大的利益时，就不肯最后签约。故而，坚定有力、不容通融的语气会替他们下定最后的决心。

（2）提出时间限制时，时间一定要明确、具体。

在关键时刻，不可说“明天上午”或“后天下午”之类的话，而应是“明天上午8点钟”或“后天晚上9点钟”等更具体的时间。这样的话会使对方有一种时间逼近的感觉，使之没有心存侥幸的余地。

（3）发出最后通牒言辞要委婉。

必须尽可能委婉地发出最后通牒。最后通牒本身就具有很强的攻击性，如果谈判者再言辞激烈，极度伤害了对方的感情，对方很可能由于一时冲动铤而走险，一下子退出谈判，这对双方均不利。

掌握谈判技巧，让谈判变得轻松

与谈判对手的较量，不仅是力量的交锋，也是智力的对峙。为了胜利，每一方都会设下各种各样的陷阱，若稍有不慎，便会让你步入陷阱中。反过来说，如果能够让对手不知不觉踏入你设下的陷阱，你就能够成为整个棋局的操控者，长久立于不败之地。

在了解对方的同时又隐藏自己，掌握相应的谈判技巧，这是最省力的招数，也是最有效的。

心理点拨>>

1. 利用客户之间的微妙关系攻破心理堡垒

汪金星是一位负责电信综合管理系统的销售代表，近日，他把一家邮电管理局列为自己的准客户。要拿下这个客户，他必须攻克两道难关，一是作为决策人的邮电管理局局长，二是负责具体操办的计划处处长。汪金星拜访了相关部门，但是一直没有见到局长和计划处的处长。

但客户就要发出需求书了，汪金星必须在需求书发出之前拜访局长和计划处的处长。于是汪金星的上司，销售经理刘文立即从上海飞到客户所在的城市，协助汪金星进行此次销售工作。

刘文决定干脆直接去局长的办公室找他。邮电局上午 8 ∶ 30 上班，汪金星和刘文在 8 ∶ 15 就来到局长的办公室门口。这是等到局长的最好时机，等局长一开始工作，就很难打断他了。一会儿，一个四十多岁的男士朝办公室走来，两人猜他就是局长，于是硬着头皮上前打招呼。

“请问，是胡局长吗？”

“你是？”

“我是参与电信客户综合管理项目的 ××× 公司的销售经理，我叫刘文，我们是部里电信综合管理系统选型的厂家之一。我昨天拜访了电信处，今天就要离开了，所以在离开之前上门拜访您。事先没有预约，请您原谅。”

“我马上要去开会了。”

“那好，我只占用您几分钟的时间。”

“不行，我马上就得走了，我的会议很重要。”

客户斩钉截铁地拒绝了刘文的请求，他甚至不肯让刘文他们进办公室。如果这时离开客户的办公室，就很难再有机会拜访了，刘文就两手空空地白跑一趟。可是局长已经讲得很清楚，再纠缠下去就显得无理了。

“我今天就要回上海了，您非常忙我就不耽误您的时间了，但是我能不能见一下相关部门呢？比如计划处？”

“行，这事归他们管，你去找他们谈吧。”

“他们好像也不方便接待。”

“谁说他们不接待，我给他们打个电话。”说完，局长拿出手机：“老陈，我

这里有两个 ××× 公司的人去见你，你接待一下。”

“你去见计划处的老陈吧，他在四楼。”局长打完电话对他俩说。

两人连忙道谢，并与胡局长交换了名片，表示一定再次登门拜访，握手道别之后，两人直奔计划处。

刘文和汪金星刚到门口，陈处长亲自迎了出来，而且把他们迎进了贵宾室。寒暄过后，刘文进入了主题。

“陈处长，我们这次专程来拜访您，目的就是为了这次的电信客户综合管理系统的建设。我们希望能与贵局在这个项目中有合作的机会。您对这个全省性的项目有什么要求呢？”

“电信客户综合管理系统？这个项目归电信处和信息中心管。”

“您说得没错，电信处是最终的使用部门，信息中心负责设计和以后的维护。计划处现在还没有参与进来，但重要的项目都要经过计划处的把关，这个项目是明年省局提高客户服务质量的重点，是一个非常重要的项目，在关键时刻，您一定也会帮助他们把关，是吗？”

“那是下一步的事情了。”

“我同意您的说法，作为一个供应商我们非常想听听您对这个项目的看法，因为您的意见对这个项目的发展非常重要。而且刚才胡局长也让我们跟您谈谈，他也非常重视您的观点。”

“是吗？胡局长这样讲？”

“对呀，要不然他为什么给您打电话呢？我看在这个项目中您的意见很重要。您对这个项目的看法是什么呢？”

陈处长讲完，又叫相关人员来介绍项目的情况。一个半小时之后会谈结束了，刘文邀请陈处长共进晚餐，陈处长接受了邀请。

在这个案例中，汪金星作为公司的销售代表，准备拿下一家邮电管理局作为自己的客户，但是他遇到了很大的困难：即他尝试了几次也没能见到客户的关键决策人物，但时间紧迫，情况不容乐观。

汪金星的上司——销售经理刘文立即从上海飞过来，和汪金星一起采用了直接拜访的策略。但是胡局长因为要开会拒绝了他们的拜访，眼看就要白跑一趟了，刘文急中生智要求见相关部门，胡局长欣然同意，还帮他们给计划处打了个电话。

这个电话的作用非同小可，计划处陈处长亲自出迎，与以前避而不见的情形正好相反。

在与陈处长的交谈中，面对陈处长的托词，刘文巧妙地提到了胡局长，利用胡局长对陈处长施加影响，果然，陈处长的态度有了很大转变，由拒绝变得配合起来，下面的交谈就更加顺畅了。在错综复杂的人际关系里，推销员能否发挥自己的处世能力、巧借各种力量之间的影响，使客户顺从自己的意志是推销能否成功的关键。

2. 在筋疲力尽的时候，再与之决战

日本某公司与美国某公司进行一次技术协作谈判。日本公司与美国公司采取了两种不同的谈判方式。

谈判伊始，美国首席代表便拿着各种技术数据、谈判项目、开销费用等一大堆材料，滔滔不绝地发表本公司的意见。而日本公司代表则一言不发，仔细听并埋头记着。当美方讲了几个小时之后，征询日本公司代表的意见时，日本公司代表此刻显得迷迷惘惘，并反反复复地说，“我们不明白”“我们还没做好准备”“我们事先也未搞技术数据”“请给我们一些时间回去准备一下”。

第一次谈判就这样不明不白地结束了。

几个月后，第二轮谈判开始了，日本公司以上次谈判团不称职为由，撤换了上次的谈判代表团，另派代表团到美国谈判。他们全然不知上次谈判的结果，一切如上次谈判一样，日本人显得在这个谈判项目中准备不足，最终还是日本公司以研究为名结束了第二次谈判。

几个月后，日本公司又如法炮制了第三次谈判。这样，美国公司老板大为恼火，认为日本人在这个项目上没有诚意，轻视本公司的技术和基础，于是就下了最后通牒：如果半年后日本公司仍然如此，两国公司的协定将被取消。

随后美国公司便解散谈判团，封闭所有的技术资料，以逸待劳，等待至少半年后的最后一次谈判。

没料想，几天后，日本便派出由前几批谈判团的首要人物组成的庞大的谈判团飞抵美国，美国公司在惊愕之中仓促上阵，匆忙将原来的谈判团成员召集起来。这次谈判日本人一反常态，他们带来了大量可靠的数据，对技术、合作分配、人员、物品等一切有关事项都做了相当精细的策划，并将协议书的拟稿交给了美方代表签字。

这使美国人迷惘了，最后勉强签了字，当然其中所规定的某些条款要明显倾向于日方。显然日本人是在了解美方的意图后，一鼓作气制定了详细的方案，趁美国人放松警惕的时候，突然出击，取得了决定性的胜利。

“商场如战场”，在谈判的这块阵地上，也同样需要“兵法”来战胜对手。当对方被你“磨”得志气消沉、心神疲惫时，他肯定处于懈怠状态，毫无准备。如果你能把握时机，毅然出手，对方肯定手忙脚乱，这时是你取得成功的最好机会。

古人曾说：“一鼓作气，再而衰，三而竭。”其中的含义就是把对手磨到筋疲力尽的时候，也正是你鼓起士气，与敌人决一死战的最好时机。

3. 遭到拒绝时，立即转移话题

一位商人带着三幅名家画到美国出售，恰好被一位美国画商看中。这位美国人自以为很聪明，他认定：既然这三幅画都是珍品，必有收藏价值，假如买下这三幅画，经过一段时期的收藏肯定会涨价，那时自己一定会发一笔大财。于是美国人下定决心无论如何也要买下这些名家名作。

主意打定，美国画商就问商人：“先生，你的画不错，请问多少钱一幅？”

“你是只买一幅呢，还是三幅都买？”商人不答反问。

“三幅都买怎么讲？只买一幅又怎么讲？”美国人开始算计了。他的如意算盘是先和商人敲定一幅画的价格，然后，再和盘托出，把其他两幅一同买下，肯定能便宜点儿，多买少算嘛。

商人并没有直接回答他的问题，只是脸上露出为难的表情。美国人沉不住气了，说：“你开个价，三幅一共要多少钱？”

这位商人知道自己画的价值，而且他还了解到，美国人喜欢收藏古董名画，是不会轻易放弃的，肯定出高价买下。并且他从这个美国人的眼神中看出，他已经看上自己的画了，于是他的心中就有底了。

于是商人漫不经心地回答说：“先生，如果你真想买的话，我就便宜点儿全卖给你了，每幅 3 万美元，怎么样？”

这个美国画商也不是商场上的平庸之辈，他一美元也不想多出，便和商人砍起价来，一时间谈判陷入了僵局。

忽然，商人怒气冲冲地拿起一幅画就往外走，二话不说就把画烧了。美国画商看着一幅画被烧非常心痛。他问商人剩下的两幅画卖多少钱。

想不到商人这回要价口气更是强硬，声明少于 9 万美元不卖。少了一幅画，还要 9 万美元，美国画商觉得太委屈，便要求降低价钱。

但商人不理会这一套，又怒气冲冲地拿起一幅画烧掉了。

这一回美国画商大惊失色，只好乞求商人不要把最后一幅画烧掉，因为自己实在太爱这幅画了。接着，他又问这最后一幅画多少钱。

想不到商人张口竟要 12 万美元。商人接着说："如今，只剩下一幅了，这可以说是绝世之宝，它的价值已大大超过了三幅画都在的时候。因此，现在我告诉你，如果你真想要买这幅画，最低得出价 12 万美元。"

美国画商一脸苦相，没办法，最后只好成交。

当己方的要求被拒绝之后，与其勉强且直接反驳对方的问题，不如先转移当时的话题，让对方认为你不会再继续说服他，等到气氛稍有改变之后，再继续尝试促成。应用这个策略就需要我们具备察言观色和灵活机智的思维能力。

就像这个案例中的那位卖画的商人，他凭借对美国人习惯的了解和对这个美国人表情的观察，知道对方已经有了购买欲望。商人做出这个判断，一方面依靠的是其掌握的情况、收集到的信息，另一方面依靠的是其善于察言观色的能力。

得出这个结论后，商人知道自己在这场谈判中已经占据了主导地位，在谈判陷入僵局后，他机智地利用了美国人爱画的心理，连烧两幅画，并且抬高了原来的价格，最终迫使美国人高价成交，这就是一种典型的以退为进的策略，并且是"退一步，进两步"，于是他取得了谈判的胜利。

可见，在谈判过程中，"以退为进"往往能起到事半功倍的效果，甚至让谈判对手"束手就擒"。

吹毛求疵，让对方不得不让步

生活中，如果你留心便会发现，很多讲价过程几乎大同小异。买方先是相中了某件商品，然后就开始对商品挑剔个没完，提出一大堆意见和要求，最后商家就会做出一定的降价让步。

其实，买家的挑剔、意见和要求，有的是真实的，有的只是出于策略需要的吹毛求疵。与之类似，在商务谈判中，谈判者如能巧妙地运用吹毛求疵策略，往往会迫使对方降低要求，做出让步。

1. 要设法找出对方的缺点

有一次，某百货商场的采购员到一家服装厂采购一批冬季服装。采购员看中一款皮夹克，问服装厂经理："多少钱一件？""500元一件。""400元行不行？""不行，我们这是最低售价了，再也不能少了。""咱们商量商量，总不能要什么价就给什么价，一点儿也不能降吗？"服装厂经理感到，冬季马上到来，正是皮夹克的销售旺季，不能轻易让步，所以，很干脆地说："不能让价，没什么好商量的。"采购员见话已说到这个地步，没什么希望了，扭头就走了。

过了两天，另一家百货商场的采购员又来了。他问服装厂经理："多少钱一件？"回答依然是500元。采购员又说："我们会多要你的，采购一批，最低可多少钱一件？""我们只批发，不零卖。今年全市批发价都是500元一件。"这时，采购员不急于还价，而是不慌不忙地检查产品。过了一会儿，采购员讲："你们的厂子是个老厂，信得过，所以我才到你们厂来采购。不过，你的这批皮夹克式样有些过时了，去年这个式样还可以，今年已经不行了。而且颜色也单调。你们只有黑色的，而今年皮夹克的流行色是棕色和天蓝色。"他边说边看其他的产品，突然看到有一件衣服，口袋有裂缝儿，马上对经理说："你看，你们的做工也不如其他厂精细。"他仍边说边检查，又发现有件衣服后背的皮子不好，便说："你看，你们这衣服的皮子质量也不好。现在顾客对皮子的质量要求特别讲究。这样的皮子质量怎么能卖这么高的价钱呢？"

这时，经理沉不住气了，并且自己也对产品的质量产生了怀疑，于是用商量的口气说："你要真想买，而且要得多的话，价钱可以商量。你给个价吧！""这样吧，我们也不能让你们吃亏，我们购50件，400元一件，怎么样？""价钱太低，而且你们买的也不多。""那好吧，我们再多买点儿，买100件，每件再多30元，行了吧？""好，我看你也是个痛快人，就依你的意见办！"于是，双方在微笑中达成了协议。

同样是采购，为什么一个空手而回，一个却满载而归？原因很简单，后者采用了吹毛求疵的策略，他让卖家变得理亏，同时又让卖家觉得他很精明，是内行，绝不是那种轻易被蒙骗的采购人员，从而只好选择妥协。

吹毛求疵的谈判方法在商贸交易中已被无数事实证明，不但是行得通，而且卓有成效。有人曾做过试验，证明双方在谈判开始时，倘若要求越高，则所能得到的也就越多。因此，许多买主总是一而再、再而三地运用这种战术，把它当作一种“常规武器”。

2. 要让对方接受你的质疑

再来看看谈判专家库恩是怎样将他的花招儿带入日常生活中的，他可谓将吹毛求疵演绎到了极点。

有一次，他到一家商店买冰箱，营业员走上前来询问他需要的冰箱规格，并告诉他该冰箱每台售价为 485.95 美元。库恩先生走近冰箱左看右看，然后对营业员说：“这冰箱外表不够光滑，还有小瑕疵。你看这儿，这点小瑕疵好像还是个小划痕，有瑕疵的东西一般来说都是要降价的呀！”接着，库恩先生又问营业员：“你们店里这种型号的冰箱共有几种颜色？可以看看样品吗？”营业员马上引他看了样品。库恩先生看完后选择了在店里没有的颜色。他解释说：“这种颜色与我家厨房里的颜色很相配，而其他颜色则会令人感到不协调。颜色不好，价钱还那么高，如果不重新调整一下价格，我只好另选购买商店了，我想别的商店可能有我需要的颜色。”库恩先生打开冰箱门看过后问营业员：“这冰箱附有制冰器吗？”营业员回答说：“是的，这冰箱 1 天 24 小时都可为你制造冰块，而每小时只需 2 分钱电费。”库恩先生听后大声地说：“这太不好了！我的孙子有慢性喉头炎，医生说绝对不能吃冰，绝对不可以的。你可以帮我把这个制冰器拆下来吗？”营业员回答说：“制冰器无法为您拆下来，这是冰箱的一个重要组成部分。”库恩先生接着说：“我知道了，但是这个制冰器对我来说毫无用处，却要我为此付钱，这太不合理了。价格不能再便宜点儿吗？”

经过他的百般挑剔，冰箱的价格只得一降再降。

总的来说，吹毛求疵的目的无非是迫使卖主降低价格；使自己拥有尽可能大的讨价还价余地；给对方一个印象，证明自己不会轻易被人欺蒙，以削弱甚至打消对方想坚持某些立场的念头；或使卖主在降低价格时，能够对其上级有所交代。

相信，如果你能在谈判中巧妙地运用吹毛求疵的策略，无疑会为你增益不少，但注意一定要把话说到位。

变对手为队友，把每次谈判都当成合作

从古至今，无论在家里，还是在外面，中国人总喜欢讲个“和”字。就连牵涉到切身利益大小的谈判中，人们也同样重视“和”。这也是为何不少人认为“谈判的最高境界是双赢”。

可是，在赤裸裸的利益面前，大家如何来实现谈判双赢呢？

1. 以双赢作为出发点

在谈判中，要尽量追求双赢效果。因为追求单赢往往只赢得眼前，却赢不了将来。

销售员：“陆总，其他的事项我都可以落实，现在关键是价格问题，在上次的邮件里我提到过，半天的培训是按照一天的费用来计算的，您是怎么考虑的？”

客户：“这点我知道，要是按照我的想法来计价的话，在原来给我们培训的费用基础上打8折。”

销售员：“这样的价格很难行得通，我给其他的公司培训都不是这样的价格，都是1.8万元一天，不信您可以去调查。”

客户：“价格难道就不能变？我们原来合作的是1.5万一天，现在培训的时间是半天，而且有些公司半天只收半天的费用，我要是给领导汇报，现在是半天的培训，不但没有降低价格，反而比一天的费用还要高，你说领导会怎么想？领导肯定会觉得我不会办事。”

销售员（犹豫了一下）：“对，你说的话也在理。”

客户：“是吧！你要让我好做事，不然我就失去了领导的信任，再说，这样的课程不是你一家公司能讲。”（声音大起来了，是为了保护自身的利益）

销售员：“陆总，这样吧，我们再商议一下，10分钟后我们再联系。”

（10分钟以后，销售员又把电话打过去了）

销售员：“您好，陆总，我们商议了一下，既要考虑到您的实际情况，同时也要照顾我们的情况，所以我们的报价是1.8万的8折，去掉零头，您看怎么样？”

客户：“哦！我刚从别的公司调查了一下，了解到你推荐的讲师在安徽讲课的时候，理论比较多，实践的东西少，而且与学员互动少……”

销售员：“您所说的情况都是事实，我没有意见，在这次培训中我会督促讲师多多注意这些情况。既然是这样的话，我必须要考虑到您的立场，不能损害您的利益，给您的工作带来麻烦，您给我指条路吧！”

客户：“这样吧！你们再降1000，怎么样？”

销售员：“好的，就这么办。”

在商务谈判中，如果一味地按照自己的谈判思路，很有可能会损害与客户之间的关系，更有可能使交易失败或是一锤子买卖。所以必须要以双赢为出发点来进行谈判。

从上面的案例可以看出，这位销售员所应对的客户谈判技术比较高，他有很多的筹码在手中：把以前的交易价格作为谈判的基础；自身在领导面前的信任作为谈判的底牌；同系统的调查作为谈判的印证；半天应该比一天费用少作为谈判的说理；他们挑选的余地比较多作为谈判的恐吓。

5个筹码轮番轰炸，而销售员就是把握住底线决不让步，同时照顾好客户的立场来赢得与客户的合作，这是许多新入行的销售员需要学习的一种技巧。

2. 让双方都能看得到利益

《孙子兵法》里说，百战百胜，并不是能耐，不战而屈人之兵才是最高境界。在谈判中，变对手为队友是一种难得的谋略。

李平是一家通讯公司的推销员，在与客户接触了一段时间之后，客户对他们的产品十分满意，但是在价格上却毫不让步，希望他能再降几万，否则的话这桩生意就很难做成。客户很委婉地跟李平说："我知道你们的通信设备在水平、品质上都是一流的，这是我们公司内部都认同的，没有任何争议，所以老板吩咐我再与你们谈一次。可是这个价格确实比其他公司的贵了一倍以上，你让我们怎么决定呢？"

听完客户的话，李平急忙辩解："王总，一分价格一分货，便宜的不一定是好货，产品质量摆在那里……"

还没等他说完，客户立即打断了他的话："小李，这个我们知道，不然的话早就给其他公司下单了，也不会这么大老远地跑过来找你谈。"

看着对方话软，李平也立即找了个台阶下："这样吧，王总，到底什么价位您可以接受？您给我一个数，如果是差太多，那您就让我为难了。我们干销售的也不容易啊。"

"降 10 万这个要求不算过分吧？"

听了王总的话，李平从微笑到夸张地笑。王总先是有些诧异，接着心里也有些打鼓，毕竟他也想达成这个合作的："到底怎么样？成不成，给个话？"

李平不愧是销售界的老手，他定定地看着客户："您的要求绝对不过分，我要是您，肯定比您还要狠。您是甲方，您的要求就是我们做乙方的首要义务。不过，我也是靠销售吃饭的人，也就是说您决定着我们这些推销员的工资。您也知道，我们是没有决定权的。我给您请示一下经理，您看成吗？"

客户其实也有一些焦急："那什么时候可以得到答复？我们现在手里的单子也积压了好久，就等着设备呢？要不你现在就去把你们经理请出来，咱们一起吃个午饭，边吃边谈？"

听到这话，李平也很真诚地跟客户说："王总，其实我就老实跟您说吧，我比您还想做这个单子，如果您给其他公司下单完成您的任务，我可就惨了。所以这个单子我们一定要想办法定下来。待会儿吃饭的时候，您一定要对经理说好话，告诉他明年你们在深圳开分公司，这次下单了，下次还会再合作。您也可以说你们的伙伴也有需求。这样说就算是帮帮我吧，成吗？"

一顿愉快的午餐之后，经理同意了 7 万元的让价，客户推荐了 3 个合作伙伴，双方各取所需，都得到了想要的，实现了令双方都满意的双赢。

在谈判中，最常见的情况就是，潜在客户在沟通一段时间之后，会在多家供应商之间进行权衡比较。这是谈判最患得患失的一个阶段。在这个阶段，客户会通过降低供应商的价格来实现利益最大化的目的。在这个案例中，客户首先提出的就是价格问题，要求供应商降价，小李开始时使用的是很常见的方法，竭力解释自己产品比其他公司的好。这些都是基于顾客能得到的利益陈述。但是，由于客户已经完全认可了这些利益，因此，让客户接受价格并再次使用这些利益点就无效了，所以客户打断了小李的陈述。

陈述遇到挫折后，小李迅速转换了方式："这样好吧，李总，到底什么价位您可以接受，您给我一个数……""绝不过分，我要是您，比您还狠……"这种示弱又赞同客户观点的方式，得到了客户一定程度的同情。"王总，我比您还想做这个单……"，这句话也是一种策略，就是要求客户有一定程度的配合承诺。

总之，在整个过程中，小李有效地应用了示弱、赞同、争取理解、获得同情等谈判技巧，最终成功实现了签单的目的。

3. 有时需要主动让利

莱文的公司是一家以销售产品原材料为主的公司，曾经与某公司有过长期的合作关系，莱文以合同规定的价格向他们销售原材料。

一次，这家公司的副总裁沃尔森提出想要与莱文全面谈判一些重要的合作事宜。

莱文如约和沃尔森会晤。莱文知道他想要干什么。果然不出所料，他对莱文说："我反复地翻阅了一下我们以前所签的合同，发现我们现在无法按照原定合同规定的价格向你购买原材料，原因是我们发现了更低的价格。"

莱文本来可以对他说，"我们白纸黑字早就签好了合同，你不可以单方面撕毁合约的，至于其他的事，我们等这次合同期满之后再谈"。

这样，即使沃尔森再不情愿，也只能履约而不能擅自停止采购原材料，但他无疑会因此而感到不舒服。

此时莱文的事业正在蓬勃发展，他需要与这个重要的客户保持长期而又稳定的合作关系，于是，莱文说："那么，请你告诉我你想出什么价？"

沃尔森说："我们要求也不高，单价 15 美分可以吧。"接着他向莱文解释了一下之所以提出这一降价要求的原因。原来有一家远在数百公里以外的公司给出了 14 美分的价格，但从那里把原材料运过来，需要另加 2 美分的运费。所以沃尔森要求把单价降到 15 美分。

莱文沉吟了一下，在纸上算了一会儿，然后抬起头来对沃尔森说道：“我给你 12 美分。”

沃尔森不由得大吃一惊，不相信地问道：“你在说什么？是说要给我 12 美分吗？可我说过我们 15 美分就可以接受。”

莱文说：“我知道，但是我可以给你们 12 美分的价格。”

沃尔森问：“为什么？”

莱文说：“请你告诉我你打算与我们合作多长时间？”

沃尔森说：“这个自然是看我们彼此合作的情况来定了，就目前来讲，我很乐意与贵公司保持长久而愉快的合作关系。”

莱文得到了一个长期合作的承诺，对方得到了一个满意的价格。

案例中，莱文与沃尔森已有过长期的合作关系，但因客户发现了更低的价格，双方再次会晤谈判。我们可以看到，当沃尔森提出价格问题时，莱文知道客户已经进行过调查，这是客户做出的理性决策，而自己只有让步，才能让客户满意。

于是，他并未要求客户按合同执行，而是询问对方可以接受的价格，当沃尔森提出 15 美分的价格时，莱文通过计算，最后给出了 12 美分的价格，让对方始料不及，既让客户认为得到了一个好价格，又让客户感觉到莱文希望长期合作的诚意，加深了好感，为以后的合作打下良好的基础。

在整个会谈的过程中，莱文一直在控制着局面，既让客户得到了利益，又让自己获得了长远的利益。客户满意了，自己也可以一起分享长期合同的利益。

第九章

恋爱中的耳朵：巧言善语虏获真心

向心上人表达爱意，大胆还要心细

生活中有不少青年朋友，当爱情叩响心扉之时，虽然不乏兴奋和激动，但更多的是不知所措，想让心中的她（他）知道，却又害怕让她（他）知道，最后致使“美好姻缘”失之交臂，留下深深的遗憾。

狄更斯的《大卫·科波菲尔》中有个故事：大卫爱上了朵萝，却不敢表白，朵萝的好友密尔小姐看出了他的意思，对他说：“泉水不能掩住，要让它喷射；土壤不能闲着，必须耕耘；春天的花得及时攀折。”

爱就要行动。也就是说，当你爱上一个人时，就应该不失时机地向对方表明自己的爱。

心理点拨>>

1. 首先要大胆地表白

其实表达爱意是每个人的权利，鼓起勇气，大胆地说出自己的心意，才有可能获得对方的爱情。

1866年，对陀思妥耶夫斯基来说是十分困难的一年，他的妻子玛丽亚和他的哥哥都在这一年相继病逝。为了还债，他为出版商赶写小说《赌徒》，请了速记员，她叫安娜·格利戈里耶夫娜，一个年仅20岁性情异常善良并且聪明活泼的少女。

安娜非常崇拜陀思妥耶夫斯基，工作认真，一丝不苟。书稿《赌徒》完成后，陀思妥耶夫斯基已经爱上了他的速记员，但不知道安娜是否愿意做他的妻子，于是，他便把安娜请到他的工作室，对安娜说："我又在构思一部小说。""是一部有趣的小说吗？"她问。"是的。只是小说的结尾部分还没有安排好，一个年轻姑娘的心理活动我把握不住，现在只有求助于你了。"他见安娜在谛听，继续说："小说的主人公是个艺术家，已经不年轻了……"

安娜忍不住打断他的话："你干吗折磨你的主人公呢？""看来你好像同情他？"作家问安娜。

"我非常同情，他有一颗善良的、充满爱的心。他遭受不幸，依然渴望爱情，热切期望获得幸福。"陀思妥耶夫斯基有些激动。陀思妥耶夫斯基接着说："用作者的话说，主人公遇到的姑娘，温柔、聪明、善良，通达人情，算不上美人，但也相当不错。我很喜欢她。"

"但很难结合，因为两人性格、年龄悬殊。年轻的姑娘会爱上艺术家吗？这是不是心理上的失真？我请你帮忙，听听你的意见。"作家征求安娜的意见。

"怎么不可能！如果两人情投意合，她为什么不能爱艺术家？难道只有相貌和财富才值得去爱吗？只要她真正爱他，她就是幸福的人，而且永远不会后悔。"

"你真的相信，她会爱他？而且爱一辈子？"作家有些激动，又有点儿犹豫不决，声音颤抖着，显得既窘迫又痛苦。

安娜怔住了，终于明白他们不仅仅是在谈文学，而且是在构思一个爱情绝唱的序曲。安娜小姐的真实心理正如她自己所言，她非常同情主人公，即作家陀思妥耶夫斯基的遭遇，且从内心里爱慕这位伟大的作家，如果模棱两可地回答他的话，对他的自尊和高傲将是可怕的打击。于是安娜激动地告诉他："我将回答，我爱你，并且，会爱一辈子。"

后来，他们结为伉俪。在安娜的帮助下，陀思妥耶夫斯基还清了压在身上的全部债务，并在后半生写出了许多不朽之作。陀思妥耶夫斯基向安娜求爱的妙计，后来被世人传为爱情佳话。

像陀思妥耶夫斯基那样，在不敢肯定对方是否也有意于自己时，可以实话虚说，既能摸清楚对方的心理，又能避免遭受拒绝时的尴尬。当你有了喜爱的人，一定要抓住时机，表白你的爱意，否则很有可能与心爱的人失之交臂。以下几点需要注意：

（1）说出心中的“我爱你”，一定要根据双方的性格特征、文化素养、感情发展程度以及社会风尚等情况，选择适当的方式。

（2）如果你对自己并没有十分的把握，最好不要唐突地去表白。可以借助对方的兴趣和爱好，制造彼此相处的机会，抓住时机表现自己，循序渐进地让对方爱上你。

（3）如果你能确定对方的心里也有你，可以开门见山地表白你的心迹。

（4）可以巧用物体为媒介，借用这种媒介表达自己的感情。

（5）可以旁敲侧击地表白你的爱意，利用一些潜台词来试探对方的心思。

2. 邀请女生要动点脑筋

约女生出游，不是一件很容易的事，男生也会害怕被拒绝、颜面扫地，通常不肯死皮赖脸地去邀请女生。其实恰恰相反，只要男生主动一些，在言语上略施小计，约女生出游并非难事。

下面这一段，是一位小伙子煞费苦心地劝说女朋友答应邀约的对话：

“你今天真漂亮，晚上 6 点钟我们出去吃顿饭、聊聊天，好吗？”

“不行。”

“我们应该彼此多了解一点儿。就在 6 点钟好了，到时我来接你。”

“不行。”

“说不定我们可以遇到一个共同喜欢的人，或是一件有趣的事呢！就今晚 6 点钟吧！”

“不行。”

“6 点钟见面以后，我们可以吃顿饭，看场电影，然后到咖啡厅去坐坐，我们会有一个非常美妙的夜晚，还是去吧！”

“是吗？”

“我发觉我越来越喜欢你，今天晚上一定要见到你，就 6 点钟，我来接你。”

“那好吧，6 点钟见。”

可以看得出来，这个小伙子很聪明，肯定加引诱，在这段邀请词中，他表现出了极大的信心，他确信“会有一个非常美妙的夜晚”，所描述的美丽场景已经

钻进了女朋友的脑海里，她不得不最后“束手就擒”。

不要害怕太过主动，女生其实恰恰希望你能再多敲几次门，多听几次邀请她的话。只要做到情真意切、百折不挠，一般女生都是不会拒绝你的邀请的。

不管一个女人的内心多么软弱，她也不会表露在外，而且“谨慎”“谦恭”“有风度”是妇女的传统美德和本能表现。换句话说，在女性的心中，对于男人的邀约，与其不停地去思索，还不如以社会大众的习惯来顺从。

所以，当你要去邀请她时，不要用商量的口气问她“愿不愿意……”之类的话，而最好直接说：“咱们一道去……”

如果用“愿意不愿意……”这种问法，乍听起来好像非常“绅士”，但事实上却给了对方说“好”或“不”的两种机会。警戒度高的女人，为了不节外生枝，干脆就摇头对你说“不”了。相反，如果你用单刀直入的问法那就大不一样了。

如果能在你的言辞中加入更多的肯定语气，勾勒出更多的美好画面，那对方肯定会怦然心动，最终答应你的恳求。

3. 女孩打动男孩如何说

如何和男人交谈？聪明的女孩都会想到这个问题，为什么很多女孩的谈话很吸引男人？就是因为这些女孩会与男人沟通。聪明的女孩会主动创造机会，而不是等待机会。她们享受求爱的整个过程，这个过程浸透了她的耐心和技巧。

有一个女孩住在一家医院附近，她看中了一个医生，苦于难以接近他，于是她想到一个方法。

有一天，女孩双手抱满东西，和迎面匆匆而来的一个人撞个满怀，东西散落一地。

这个人当然就是那个医生，他对自己的不小心连声道歉，同时帮她捡起散落的物品。女孩一脸害羞又通情达理地说：“没关系，你也是太忙碌了，才弄成这样嘛！”

初次的计划成功后，女孩每天在医院下班时间牵着小狗在附近徘徊。几天后，她又遇上了那个年轻医生，两个人攀谈起来，不久就成为恋人。

作为一个女人，和男人交谈时，心里也不要总想着绝不随便向男人让步，你太固执不会得到他的尊重。只有当你放弃这种可以引发“战争”的态度，你才能

真正获得你的快乐。

聪明的女孩和男人交谈时，不是短兵相接，而是自由自在地交谈。

放松自己，开心交谈，接纳话题，并不是要求失去自我，而是一种聪明的态度。

聪明的女孩不会等待，她会把和男人约会、谈话当成一种乐趣。她明白男人对她说的每句话的真正含意。因为一句玩笑、一句对工作的怨言，都可以泄露出男人内心的问题和麻烦。

在谈话时，你不要认为，只要开口就得意味深长，不然就闭口不语，这在求爱时是行不通的。“空洞的”但“讨人欢心”的交谈，才是求爱的最佳语言。

在女人与男人交谈时，不要总是对面站立或对面坐着，你可以将身体时而转向外侧，这样可以减少你对他的压力。你的目光也不要紧盯着他，你可以将目光转到别处去，这样你的眼光看上去对他就没有威胁了。

刚开始交谈时，最好的策略是不要直接提到“你个人”，而要提那些你们共同见到、感觉到或心里都知道的东西，即你们的“共同的焦点”。共同的焦点可以拐弯抹角转移视线，共同焦点可以是古典音乐、世界名著、名酒等。共同焦点是交谈中的催化剂，你可以通过“共同焦点”这个间接的注意中心给你们的交谈找到一条捷径。

当你自然地使一场约会对话开始之后，你就进入了一场收集微妙语言的“战壕”。这是迷宫一般的交谈阶段，你们彼此都巧妙地诱使对方打破坚冰，从而进行滔滔不绝的对话。这时你的话最好实事求是，任何伪装和欺骗都无济于事，只有客观事实才最引人注目，最有效的谈话就是彼此真诚相见。

交谈本身在求爱中十分关键，但不会有禁区。交谈对于互相喜欢的人来说并非难事，有时一开口，就很难住嘴。

对于喜欢的人，不要羞于表达，要主动争取。可以从一些平常的事情或者彼此间的兴趣开始说起。要有耐心，不要急于求成。在喜欢的男孩面前要努力表现自己的长处，掩饰自己的短处，但不可欺骗。相处时要自然，不能太过紧张或做作。

表达爱意要含蓄，让对方愉快接受

如果碰到令自己心动的对象，应该适时地表达自己的爱意。不过，对女人而言，采用含蓄的方式更为妥当。

有这样一位姑娘，长得相当标致，在选择对象时总是以“×××”为标准，可是青春几何，一晃姑娘已是近30岁的“大龄人”了。这次，姑娘终于在一次相亲饭局中和一位高个头、风度翩翩的小伙子相识了，姑娘很是高兴，唯恐失去自己的“意中人”，便急匆匆地表达出自己对对方的爱慕之情：“我们结婚吧！”结果可想而知，小伙子认定姑娘一定有什么不可告人的隐私，才会这么急切地要立即结婚，小心翼翼地和她分了手。

如果含蓄地表达，插柳不让春知道，很可能就不会是如此的结局了。同时，含蓄地表达，这是一种文雅而知礼的表现，容易被人们所接受。

含蓄地表达爱情，首先可使话语具有弹性，不致对方一拒绝就没有挽回局面的余地。另外，这也符合恋爱时的那种羞怯心理，易于掌握。

1. 暗示法

陈毅与张茜是一对情爱甚笃的革命情侣。早在20世纪30年代的戎马生涯中，陈毅对张茜就产生了一种超常的感情。为了暗示自己深切的爱情之意，陈毅写了一首《赞春兰》，送给了张茜（当时张茜的字叫“春兰”）。诗中这样写道：“小箭含胎初出岗，似是欲绽蕊露黄。娇艳高雅世难觅，万紫千红妒幽香。”张茜从这首诗中领悟了陈毅的深情，从此两个人确定了恋爱关系，那首《赞春兰》也就成了他们之间的“定情”之物。

英国著名哲学家培根说过：“交谈时的含蓄和得体，比口若悬河更可贵。”但有些青年人，总喜欢用狂热的语言、露骨的方式高温化地向恋人表达自己的爱情，它缺乏一种含蓄之美，结果往往是引起对方的反感，弄得事与愿违。

2. 以物传情法

以物传情法，就是在运用语言表达爱情的同时，借用物品传达情意，也起到了含蓄地表达爱情的目的。例如，马克思向燕妮求爱时，送燕妮一个放有一面小镜子的方盒，用的就是以物传情法。

美国著名影片《魂断蓝桥》的女主人公玛拉将自己心爱的象牙雕“吉祥符”送给男主人公罗依，请看他们几句简单的对话：

玛拉（从车窗伸出手，手中拿着“吉祥符”）：“这个给你！”

罗依：“这是你的‘吉祥符’啊！”

玛拉：“也许会给你带来运气，会的。”

罗依：“我已经什么都有了，你比我更需要它。”

玛拉：“你拿着吧，我现在不再依赖它了！”

罗依（接过“吉祥符”）：“你真的太好啦！”

玛拉（对司机）：“到奥林匹克剧院。”（对罗依柔情地）“再见！”

罗依（依恋地）：“再见！”

玛拉和罗依是一见钟情的，这些对话虽然没有直言爱情，但从赠送“吉祥符”的对话中，双方都已含蓄地表示了爱慕之情。在玛拉死后，这个不起眼的吉祥符，20多年一直在罗依的身边保存着，而且保存了一辈子，成为他们两人纯真爱情的象征。

3. 表示关心法

鲁迅先生的《两地书》中，收进了他写给夫人许广平的许许多多信件，记载了这位文学巨匠表达爱情的特殊方式，给了我们非常有益的启示。如信中常这样写道：“应该擅自保养，使我放心。”这些关怀备至、体贴入微的话语，比起那种空洞无物的抒情、赞美的话语来说，要有感情得多了。

爱意有时就像是露珠，你越直接，它越消失得快，因此要学会含蓄地表达爱意——既能传递爱意，又要使对方愉悦地接受、感知。

4. 表达感受法

例如直说“我喜欢和你在一起”，就不如说“我和你在一起的时候，总觉得时间过得那么快，真是光阴似箭；和你分别后，又觉得时间过得那么慢，真像是度日如年”。

又如说“我十分想念你”，就不如说：“真不知怎么搞的，每当我做完工作，一静下来，你就在我的脑际浮现，我就想起我们在一起的日子。”

含蓄的表达爱情的方法各种各样，要根据具体人、具体情况来灵活运用。例如你的恋人是一位文化水平不高的人，你就不能采用深奥难懂的诗赠给对方的方式。如果这样，非但不能达到表示爱情的目的，甚至有可能会引起不必要的误会。

相亲时，要找准话头来聊

现代社会中，虽然许多青年男女都会采取自由恋爱的方式结合，但是传统的相亲择偶仍大量存在。相亲饭局的目的性较为明确，但大多数人在初次见面时不知如何开口，或说些什么话，由于紧张、畏惧或别的什么原因，原本健谈、幽默和风趣的人到了这种场合也会变得木讷、寡言甚至手足无措。

许多将要相亲的人都会这么问：“见面后，我应该先跟他（她）说什么，才不会失礼呢？”的确，第一次相亲见面时的交谈是很重要的，甚至是相亲能否成功的关键。那么，相亲择偶时，我们到底应该说些什么，又该怎么说呢？

心理点拨

1. 找双方感兴趣的话题

相亲的青年男女，在见面之前对对方已经有初步的了解，例如对于学历、年龄和家庭状况等。因此前来相亲者，多数对于预知的概况都是感到满意的。在相亲过程中，就可挑些双方都有兴趣的话来说。下面我们看一下一对男女相亲时的对话：

“我喜欢吃，也喜欢烹饪，从中学时代就常常帮妈妈的忙，所以我对烹饪十分有信心。”“那很好！这么一来，我经常可以品尝美味了。做你的先生的人一定很幸福。”

“我学过葡萄牙菜和中国菜，现在正在学习日本料理和下酒小菜。”

“很好啊！下回再来拜访你，就让你请客。我的嗜好也是吃。”

“欢迎！我特别下点儿功夫，弄几道菜，比如蚝油鸡片、八宝鸭、鞭蓉鱼片汤，可以吧？”

“哇！这是正式的宴会名菜，不是一流的餐馆还做不出来呢！”

相亲时的交谈如果能够如此进行，最后缔结良缘的机会就相当高了。

同时，前来相亲男性的目的往往是为了选择终生的伴侣，所以想结婚的女性在相亲的时候一定要给对方留下美好的印象。“讨老婆，麻雀胜凤凰。”何况相亲双方早就看过照片，要是不中意也就不来了。因此，女性要想相亲成功，就要努力展示自己的魅力，让男性感觉你是一位有知识、有教养的女性，例如，钢琴弹得好、舞技高超、英语流利，等等。这些素养你不说，他是发现不了的。但魅力必须配合对方的兴趣来表达才正确，并且在宣传自己的魅力时要干净利落地表现出来。

不要太过紧张，要以平常心对待，这样你才能完美地表现自己，给对方留下美好的印象。说话风格可以活泼一点儿，让对方觉得你是很容易相处的，跟你在一起生活会很轻松、美满，同时，可以添加一些显现自己优点和长处的话语。女性说话最好要表现出端庄、内敛，让对方知道你不是一个轻浮、随便的女子。表现要得体，交谈时也要尽量选择对方感兴趣的话题。

2. 掌握初次说话的艺术性

大龄青年的恋爱多半比较实际，所以谈话时往往缺乏浪漫、甜蜜的热情，显得冷静、平淡而且务实，这其实是初次见面时最要不得的。

张明今年已经37岁了，经人介绍他与36岁的姑娘李晴认识。某天，他们按照约定的时间来到一个饭馆。

张明首先开口说:“你好！我已经等了你很长时间了，真怕你突然改变主意不来了，那我就惨了。你觉得我怎么样？首先外观上你能通过吗？我这个人最大的缺点是不会装扮自己，所以迫切想找个贤内助帮我料理收拾。如果能那样子的话，你一定会发现，一经打扮的我还挺不错的呢！不要笑，我这个人就好开玩笑，虽然工资不高，但生性乐观，爱好广泛，如听音乐、打篮球、游泳、看书等，又好动又好静，你呢？”

如此这样，张明很自然地展开话题，并引导姑娘说话，从中探测她的志趣爱好，可谓一举两得。男性通常喜欢温柔贤惠、稳重大方、活泼开朗的女性。也许在女性开口之前，男性还会对她的容貌有所挑剔，但只要她一开口说话表现出他喜爱的品德，容貌就成了其次的了。

37 岁的吴琼第一次与男友见面时这样说话："听说你在单位里很得人缘而且很能干，是不是因为事业心太强了，所以耽误了恋爱结婚？哦，我说呢，怪不得人家说你老实忠厚，其实姑娘们并不都是喜欢有钱的男人，主要还是挑人品，并要真心对待自己。我以前见过几个，也是别人介绍的，个个都算有钱，但他们仗着有钱，要求甚高，而且自我感觉太好，仿佛天下的姑娘都任他们挑似的，我不喜欢这样的男人，你呢？"

男友第一面就喜欢上了心直口快、稳重大方的吴琼。

小青年的恋爱不像大龄青年的恋爱那样目的明确，他们浪漫、纯真，满腔痴情地去爱一个女孩子或男孩子，并且他们往往不知道用更好的方式去表达爱慕，胆子大些的则唐突开口，搞得人猝不及防；胆小些的则把感情深藏内心，永无机会表达。所以，年轻人的恋爱或者说少男少女的恋爱伤害性较大，成功率也很低。一方面是由于他们年龄小、涉世不深，对感情的把握不够成熟；另一方面，也是很重要的一个方面，就是由于对恋爱时的说话艺术没掌握好。

所以，不要封闭自己的感情和心灵，如果初次见面你觉得对方还不错，就大胆地向他表示自己的真心和热情，就算是你有什么具体的实际要求，也不妨诚恳地说出来；而不要遮遮掩掩，想问不敢问，想说不敢说，把恋爱约会变成一个别扭、难堪的聚会，那样就没什么意思了。要明白，年龄已不允许你迟疑、犹豫。遇到称心如意的人，就拿出真心和勇气，放开胆子，大方地追求吧！在任何场合，男性主动同女性打招呼、问好是一种礼貌；在恋爱时，男性更要主动开口，并尽量展开话题，不要出现冷场。

读懂女人芳心，顺着对方的心理说

常言说得好："女人的心，天上的云。"确实，女人的心变化多，让人捉摸不透，使大多数男性追求者无从下手、坐失良机，或半途而废、功亏一篑。作为恋爱期间的男人，应多懂一点儿女人的心理，运用高超的技巧，抓住女人的芳心，摘到诱人的爱情之花。

读懂对方的内心世界，才能使感情之路越走越顺。

1. 如何说才能让对方满意

吴栋是一位非常了解女性心理的男士，他每次说服女性时，总是说：“你要回家，还是去吃夜宵？”他绝不会说：“你要去吃夜宵吗，还是回家？”他真不愧是一位说服能手。

当女性听到“你要回家吗”就会有安全感，同时也会有轻微的失望感，因为，她潜意识里会期待对方有别的提议。因此，再添上一句“还是去吃夜宵”？刹那间，失望感全失。假定她不回答，而保持沉默，便是答应的一种表示。

吴栋的确知晓女性的心理。若头一句话说：“你要去吃夜宵吗？”她就会有戒备心，接着再说：“还是回家？”万一对方保持沉默，不就等于要回家嘛。大部分女性都不好意思说：“我愿意去吃夜宵。”

有一种女性，不管你如何发问，她总是简单作答，遇到这种女性怎么办？要耐心地继续谈下去，一直到引出对方最有兴趣的题目。同时，时间也慢慢地使陌生变成融洽，那么话就易于投机了。假若仍然无效，不妨用激将法。激将法仍无效果的时候，就对她说一段趣闻来结束谈话。

根据心理学家和社会学家的调查和分析，男青年求爱时，一般都积极主动，女方则爱“马拉松”。男性较女性更容易一见钟情；女性的自尊心和戒备心理都比男性强，她们的爱一般较深沉、执着。在情感特征上，女性更含蓄些，表现出娇嗔、自尊，但又带着过于羞涩、执拗的弱点；男性则显得外露、炽热，感情奔放，但其自制力又略嫌不足。

了解了女人的情感特征，在恋爱交谈中就能应付自如地掌握交谈方式，从频繁的交谈和接触中察言观色，相互间一定会有更深的了解，从而进入热恋的阶段。

2. 面对刁难你该怎么办

青年男女双双坠入爱河之中时，情侣之间常常碰到一些难以回答的问题，有时对方就是在故意刁难，这时你一定要沉着应对，切不可顺口就说，但也不要思考许久，这样反而使对方生疑。既要回答得干脆利索，又要使对方相信，这的确要求一个人具有好的应变口才。

俄国作家契诃夫有句名言：“18岁的姑娘要你的一切，但什么都不愿给你；30岁的姑娘什么都愿意给你，但只要你一片真情。”这话有一定的道理。因为随着时间、环境的变化，人的心理和情感也会变化。

针对不同的刁难，应采取不同的谈话方式。

（1）当对方问你：“你和别人也是这样的吗？”

这的确是一个令人头痛的问题，通常是在情侣们关系亲近后有一方提出。这时，你只能说：“啊，不，亲爱的，没有人能和我们的关系作比较。”或许这只是谎话，但反过来，任何正面做出比较回答，都是有害的，不是破坏了你们之间所建立的那种默契，就是损害了你以前情人的形象与精神。

（2）当对方问你：“你真的喜欢我的家人吗？”

这也是一个严重的问题。当你爱上一个人，你只能与他结婚，而不是与他的家人结婚。但是，那些结婚多年的人会告诉你，有时你也像是和他（她）的家人结了婚一样。所以，如果男友（女友）问你这个问题，你可以这样回答说：“啊，他们真有趣。”也许你可以补充：“我觉得你爸爸很不错，只是，你能否叫他让我们自己决定度蜜月的地方？”

（3）当女友问你：“我需要减肥吗？”

如果你被迫回答这个问题，你就要仔细推敲答案。对方是真的想知道你的建议吗？多半不是的。她想知道的，是不论她多重，你依然关怀她。所以，你最好这样答：“我以为你身材挺棒。啊，我想起来了，可惜你不再穿那套蓝色裙子！它本来多么适合你！”这样一来，你虽有点儿说谎，但其实也暗示了一点儿真话。

（4）当女友问你：“你以前有过女朋友吗？”

在一对情人的恋爱初期，女的往往喜欢问男的这类问题。她们想知道对方的底细。但如果你以往一直颇为花心，或者一直爱纸醉金迷的生活，即使现在已经痛改前非，也不宜立即就和盘托出。现在，还是先答道：“啊，实在没有。我一向是不大外出的。”

（5）当女友问你：“你目不转睛地看着那女子，是不是喜欢上她了？”

两个人相爱和结婚，并不就表示他们不会为俊男或美女所吸引，这样也丝毫不表示你不再爱对方。但不幸的是，当你发觉对方正在以欣赏的眼光看着俊男或美女，便自然醋意大发。所以，如果他或她问到你时，你最好还是这样回答：“什么？我看什么？不，我什么也没看，我只是在动脑筋，动得眼睛发呆了吧。”

3. 恋爱中也需要“谎言”

爱人之间理应真诚相待，来不得虚伪和欺骗，但如果每件事都得实言相告，每一句话都不得掺半点儿假，则不仅不能为爱情增添欢乐，反而还会使原本和睦温馨的关系出现裂痕。

有些不太聪明的男人，在遇到某些与前女友扯上关系的事情时，会情不自禁想起她的好，同时还直言不讳地讲给“现任女友”听，这无疑会给“现任女友”造成心理阴影。

他说旧恋人的好，则“现任女友”的心理反应是：“为什么你又爱我？”同时，在这种心理的发展之下，此男人将会碰到许多的麻烦，日后也不会安宁。

过去的恋情不应该告诉你的恋人，属于过去恋情的痕迹也不应该出现于恋人的眼前。该隐瞒的时候就要隐瞒。

不管对于恋人信任到多么可靠的程度，有些事情，如果没有说的必要，最好让它永远成为秘密，这当然是为着避免引起不必要的麻烦。

有必要的时候，我们不仅要隐瞒，更要为爱情而编织谎言，这往往能收到很好的效果。恋爱中的男女之间，谎言的作用更是好比润滑剂一般。

“每次和你约会时，总是在衣柜里翻半天，老觉得每件衣服都不好看，真觉得自己有点儿发神经了……”这种谎言，是一种俏皮、可爱的谎言，更深远的意思，已经在无言中流露出来了，对方必定会为你所动。

有的女性会为自己的男友着想，担心对方的经济能力不够，因此，在约会的时候说：“不知道怎么回事，我对出租车有畏惧感。”“每次坐在高级餐厅或咖啡厅时，我总觉得浑身不自在，似乎那种地方太过于高雅，不适合我这个土包子。说起来，我还是喜欢坐在阳台上欣赏夜色，吃自己煮的面，这样比较没有拘束感。”若对方真的没有充裕的经济能力，听到这些话，一定会为女方的温存体贴而感动。

和恋人在一起谈话时，为了给对方留下好印象，应想办法修饰自己。例如，在讨论学术方面，谈到了某先生的书，事实上你只读过他写的两本书，可是知道这位先生出了五本书，这时，你不妨说：“我曾看过他写的五本书，每本都写得很精彩。”那你在对方心目中的地位，无形中就提高了。不过，要注意的一点是，在你讲过这句话之后，应尽快利用时间到书店将其他三本书买回去，仔细阅读。如此，才不会露出马脚，同时也可以增加知识。

因而，在不涉及大局，无关“宏旨”的一些琐事上，有时不妨以“谎言”来营造一种温情脉脉的氛围。

第一次约会时，说话要有度

对于一对男女来说，第一次约会之前，相互之间一般不会很了解，因此，你第一次约会的一言一行，直接影响着对方对你的印象。自始至终说话有节和随意一句放肆话之间，相差是非常大的。如果流露出你的狂妄和斤斤计较，那第二次约会很可能会遥遥无期了。

在第一次约会的时候，“尊重”和“收敛”这两词必须一直在心头浮现，好让自己开口时有所顾忌，不会过于放肆。

相互尊重，又能坦诚相待，这分寸必须掌握好。有人情味，又不能太呆板，这当中要有一个“度”。不同的对象，彼此熟悉程度如何，都会直接影响到“度”的把握。

心理点拨 >>

1. 说话不要太露骨

第一次约会，说话要得体、大方，有学识、有修养，忌放肆。

第一次约会，小周和女孩走了很长一段路。这时，女孩对他说：“我累了！”小周英雄救美人似的蹲了下来，说：“我背你！”她赶紧摆着手：“不成不成！”其实，小周只是想作秀，只是让她明白，他不仅会“心动”，而且会“行动”。走得差不多了，彼此话题也有待拓展的时候，小周邀她去一家僻静的酒吧里坐下，在她的手不知该放在何处的时候，小周建议说：“来，我看看你的手相！”她迟疑了一会儿，还是把手给了小周。小周说：“冰冷的小手！”她笑了。

既然是约会，男女双方的目的都是差不多的，说一些话让对方动心，这是很有必要的，像小周的方式就很好。但如果太过于露骨，说话放肆，就会引起对方

的反感，不利于进一步交往。

2. 说话之前要思考

小徐已经28岁了，自从4年前和前女友分手后，一直单身。家里屡次催他结婚，他自己也很着急。前段时间有个热心的朋友帮他介绍了一个女孩，非常贤淑。

两人约好在湖边公园见面。见面后开始还聊得非常投机，因为双方的兴趣爱好竟然如此相似。聊着聊着就聊到了以后怎么发展的话题上。小徐突然来了句："你说我们以后有了孩子，是男孩好呢还是女孩好？"女方听了这话大吃一惊，推说自己要去洗手间，就再也没有露面。第二天，朋友给小徐打电话，说女方认为他说话太过随意，预祝他找到一个更好的女孩。小徐非常失望。

你喜欢一个女孩子，可以理解你心里有很多话想要向她倾诉，包括你的过去和现在，但很多男士都会犯这种毛病。一个就是一下子想很远很不靠谱儿的事情，一个就是在第一次约会时便把以往的情史诉诸口中，希望对方明白自己的过去。

有的男士第一次约会时喜欢说"以前我女友……"，这样的主题不仅不能给她留下满分的印象，反而会大打折扣，因为这样往往忽略了女孩的感受。她和你约会，难道就是听你诉说你的前任女友吗？况且，一般女孩子都喜欢自己在男友心中是独一无二的，绝不容男友的心中仍记挂着另一个人，嫉妒这种情感在爱情中表现最为突出，是不受理智控制的，故一旦谈到旧日恋情，还是小心为妙，多体谅对方的感受。

对于女方来说，第一次约会的大忌就是进行"身价调查"。像薪水待遇、存款、不动产等私人财务状况属于个人隐私，不适合作为第一次见面的聊天话题，否则对方可能会想，你到底是想跟他交往，还是跟他的财产交往？

首次见对方父母，如何让家人满意

但凡男女双方接触之后，就到了见双方父母的阶段。在去之前，父母一定一早就设好了饭局，等待心目中的未来女婿或未来儿媳上门，以期对未来女婿和未来儿媳做一个全面的考察。

这个并不轻松但必须要参加的饭局，可以毫不夸张地说，影响到自己的一生幸福，一句话说好了，可以立刻让对方父母喜欢自己，这桩婚事问题就不大了；而一句话说错了，很有可能你与爱人的这段感情就告吹了。因此，首次拜见对方父母至关重要，讲话也是需要讲究技巧的。

1. 首次见女方父母怎么说

当女方父母在家准备好了丰盛的饭菜时，千万不能掉以轻心，真正考验自己的时候到了。有的父母或许对未来女婿的外貌、家庭背景不做过高的要求和挑剔，却对学历及事业上有没有发展前途比较关注，因此他们考察你的时候，希望你能不断学习提高，达到更高学历；或者在事业上有所追求并渴望有所建树。如果你恰恰在这两方面都有雄心壮志并确实在努力着，那么他们就会认定你是可造之才，对你未来的前途充满信心，把女儿托付给你，他们也就大放其心。

“伯父、伯母，身体还好吧？前一阵子，白天上班，晚上准备考研，实在太忙，这两天考完试才得以抽空专程来拜访你们，你们不会见怪吧？我们科学院正在进行一项重大的技术研究，我报了名，等我研究生毕业，取得研究生学历就可加入技术攻关小组。这个攻关小组的组成人员都是科学院里最有经验的专家及技术人员，我想一定能从他们身上学到许多有益的知识和经验。伯父、伯母，你们认为呢？”

有些父母本身就是好好先生，肯定会点头称好。他们知足常乐，对什么都不刻意要求，对女婿也一样，只要他有健康的身体、纯正的心地就行了。把女儿嫁给他，但愿他能细心、体贴，做个好丈夫就可以了。对于这样心理类型的父母，只要你能在初次拜访时有足够的语言表达你如何爱他们的女儿，将来也一定会好好爱护、照顾他们的女儿，使他们无后顾之忧就足够了。

“伯父、伯母，你们好！虽然我和萍萍认识不足一月，现在来拜访你们显得有些冒昧，但我觉得萍萍是非常好的女孩，想必她的父母也是很好，所以忍不住来看望你们，你们不会怪我不懂事吧？再过 6 天，就是萍萍 24 岁的生日，今年是她的本命年，一定要好好庆祝一下。我和父母商议，准备在萍萍生日那天，邀请你们全家在美食城吃顿便饭，一则为萍萍庆祝生日，二来也和你们二老聚一聚，以便今后常来常往，互相照应，就当多了门亲戚，不知你们意下如何？”

以上的表白在相恋时间较短的时候，就主动邀请女方父母和自己的父母相见似乎显得过于轻率，但在他们看来，真难为你一片痴心。虽然在他们眼里，你或许还有点孩子气，但你的赤诚和负责任的心态会让他们欢喜，同时你还表现出了你的细心和周到，他们一般都不会太为难你。

对于只有一个女儿的父母来说，他们一般不太愿意把女儿嫁出去成为别人家的人，他们指望着女儿给他们养老，所以自然希望女婿能成为自己的半个儿子。再加上平日里一向没有重劳力，所以希望女婿勤快、有眼力、肯吃苦，如果没有条件同住，最好也能常来常往，不使二老无依无靠，所以他们在挑选女婿时就往往较注重这些方面。

你如果看中了这样人家的女儿，就必须有这方面的心理准备，同时还要努力给他们留下手脚勤快、憨厚朴实、心平气和的印象。如果你能讨得他们欢心，你自己也会受益无穷，因为他们会把你当亲生儿子一样看待。虽然你付出了一些心力、体力，可你得到的将远远超出你付出的，你会是这样家庭的真正的主人。所以初次到这样的人家去拜访，你最好少说多做，察言观色，尽力施展出做家务、体力活儿的本领。让他们充分感受到有你和没你就是不一样。

“伯父、伯母，你们好！我听娜娜说伯母近来身体不大舒服，所以随娜娜一道回来看看您。您这样的年纪，有什么病痛之类的，最好还是去医院好好检查治疗，不能老扛着。我妈妈认识一个好大夫，什么时候我带您去好好检查一下，这样也好放心。”

“冬天快到了，不如趁今天没事，我帮你们买些煤。”

从以上例子可以看出，到这样的人家去拜访，首先自己不要见外，诚恳、实在地把自己当成她家的一员，他们一定会欢迎你的。

有些父母比较爱慕虚荣，他们对未来的女婿有没有才华不太苛求，只对有无钱财非常关心，在他们的潜意识里希望通过女儿这颗“摇钱树”为他们自己招财进宝，可以在左右邻里面前炫耀。对这样的父母，如果你的确有经济实力，不妨满足一下他们的虚荣心。

若你没有雄厚的财力，那么在初次拜访时可大方一些，买一些礼物。同时在言谈上旁敲侧击地进行规劝，并暗示你现在虽没有钱财但日后说不定会财源滚滚，让他们对你未来的经济实力充满憧憬，再加上你很年轻，说不定还真会致富有门，而不至于因为你是穷小子，而断然拒绝女儿与你的交往，因此你必须在这一方面有所表白。

“伯父、伯母，你们好！请收下我的一点儿小小的心意，不知你们是否喜欢？小敏是一个非常好的女孩子，我很喜欢她。她不像别的女孩那样不重视男友的人品，只注重钱财。我刚刚大学毕业，现在很穷，但这只是暂时的，我会努力改变这一切的。”

你如果这样处置应付，你的女朋友一定觉得你很了不起，一定会为你骄傲的。她一直提心吊胆，现在总算放下心了。

在你拜见女友父母之前，可事先让你的女友为你提供一些内部消息，比如她的父母属于什么性格的人，有什么兴趣爱好或特长，尤其是有没有什么嗜好。然后根据不同的情况选择一个主要话题，并围绕这个话题多做些准备，掌握和了解这方面的知识内容，便于随机应变、投其所好。但是需要注意的是，千万不要过多宣传自己的聪明才干。

许多年轻人在这种场合中皆以为最要紧的是表现得聪明能干，于是故意显示自己的抱负不凡，远比同龄人要强，几乎是近乎自我宣传，以为这样就可以博得老人的欢心。

其实这是大错特错的。你必须明白，在一个长辈的面前，太聪明的言行未必能博得好感。一般年轻人轻佻傲慢，无非就是太聪明所致。才干和智慧应该是在有意无意之中流露出来，才能博人赞叹，而有意显露，则不免流于轻佻。

长辈喜欢聪明的你，但并不愿意你聪明到自鸣得意的程度。他们爱才干，但绝不是嘴上的才干。而且你必须明白，老年人的理想和年轻人有些不同，如果他们要选择一位女婿，不一定要那些自命不凡的人，而要稳重可靠的人。

2. 首次见男方父母怎么说

有的男方家长爱子心切，急于尽快给儿子找媳妇，好传宗接代，因此他们不大挑剔儿媳妇，只要儿子喜欢，那他们简直把你跟神仙似的捧着，似乎生怕一得罪你，他们儿子就找不着媳妇似的。

对于这样的家庭，你要以好换好，以诚换诚，能进入这样的家庭，只要你稍微顾全大局，便绝对是进了福门，跟你在娘家没有丝毫的区别，甚至比在娘家更得宠。虽然是初次探访，但他们对你的热情足以使你消受不起，所以你说话时不妨也活泼、有趣一些。

“伯父、伯母，我初次来访，你们就把我当闺女一样对待，真让我好感动！”

“自从我和 ×× 谈恋爱以后，他就多次说到你们如何好，真是耳听不如眼见。也怪不得 ×× 说你们好，你们太宠他了，小心把他惯坏了。”

“他曾说过我不如伯母对他好，看样子我还真比不上您的细心，瞧您，吃完饭碗都不舍得让他洗，来，我来帮您吧！”

从上面的例子可以看出，你可以很自然地使自己成为人家家中的一员，不要辜负人家待你的一片诚心，更不能故作清高，冷淡或伤害人家的真心诚意，否则的话，你一定会后悔的。

如果你找了一位年龄跟你相差较大的男子做你的恋人，那么当你去拜见他的老父老母时，或许会因为他们不大信任你而冷淡你。那你一定不要沮丧、气馁和委屈，因为这是人们正常的心理状态，你完全可以用你的言行让他们感受到你的诚恳和可信，而千万不要恃小撒娇，惹得他们反感。

“伯父、伯母，你们好！二老身体都还很健康吧？看上去挺硬朗也挺精神的，比我想象的要年轻许多。我过完年要到深圳去一趟，你们需要什么尽管说，不要客气！等我有空儿给您二老每人织件毛衣，我织毛衣的水平还可以，克正身上的毛衣就是我织的，伯母您觉得怎么样？我什么家务活都会干的，所以你们有什么需要我干的就使唤我好了。”

不管他们待你的态度如何，你都能客观、冷静地对待，这多少包含了你对他们儿子的爱，所以他们很快会接受你的。

一个女性最优秀的品德就是宽容大度、和颜悦色、端庄开朗，如果你具备这些优点，那么任凭什么样的家门你都能叩开；任凭什么个性的父母的心你都能打动。但要注意一点的是，他们在对你进行考察、探测的同时，你不妨对他们也做个考察，所谓将心比心。

点评 >>

如果他们在你做到了上述几点，还依旧不欢迎你的话，或许其中隐含着什么苦衷或不为人知的缘由，那你说什么都多余，反而增加彼此的心理负担，所以最好的方式就是沉默或找借口一走了之。至于他们的儿子，你不妨再多考察一段时间，再确定你们是否进一步发展关系。

常言道，女人是水做的，那么就请你拿出水一样温柔的感情，去感化你周围所有的人，包括你未来的公公、婆婆、小姑和小叔，让他们为拥有你这样一个家庭成员而感到骄傲和快乐。需要注意的是，以下两种说法不宜采用：

（1）过多谈论自己的现代话题。平常你在同学或朋友当中，见面谈不到两句，接下去的不是谈衣服就是谈发式，不是谈电影就是谈舞会，但在拜见男方父母的时候那些话题就要统统收起来。虽然每个母亲都知道现代的女孩子会有什么样的兴趣和爱好，但她们却爱欺骗自己，不愿意第一次见到儿子的女友时就听到她过分地谈论这些话题。

（2）炫耀学问。他们将会用一种侦察的眼光来度量你，看看儿子的选择是否合适。他们和你谈论的无非是日常的琐碎事情，他们并不想考验你的学问，所以你无须在这方面炫耀。你话中若夹着太多的学理名词，反而会引起他们的反感。

表达最诚挚的爱，给对方安全感

一见钟情的少男少女，每每听到爱人说“我爱你”，总能激起万般柔情、千种蜜意。恋爱总离不开交谈，这似乎是经验之谈，对初次相见的男女来说尤其如此。

比如说，恋爱中的女孩子常为男友的言行不符合自己的心意而要性赌气，挤眼抹泪。其实，她心里并不是真的生男友的气，而是故意生气，看男友是不是会过来哄她，这时候的男孩子就要要要嘴皮子了。爱情中的甜言蜜语是女人最好的“滋养品”，只要男人献上甜蜜的奉承，女人永远心花怒放。会说话的女人很聪明，即使不是美女，依然能抓住男人的心……

已婚夫妇也需要交谈，虽然说情感的交流是多渠道的，但语言交流到什么时候都是淘汰不了的。其实，对于相爱的人来说，甜言蜜语还可以表达真挚情感，牢固双方的关系。

心理点拨 >>

1. 适当说一些甜蜜私语

艾莉结婚刚进入第三个年头，就和丈夫分居了。她对律师说：“他一定是有问题。每天回家很少和我讲话，吃完饭就躺到沙发上看电视，再也不想起来，一直到深夜。看完最后一个电视节目，就爬上床，也不问我是否劳累，是否有兴趣，就要求亲热，一句多情的话也没有，仿佛情话都在结婚以前说完了，实在让人难以忍受。”

艾莉需要的并非什么奢侈品，只是丈夫那柔情蜜意的私语。

亲切的私语是恋爱中的男女所不可缺少的。尤其是在进餐或是放松时的亲切交谈，可以称得上是爱情的“情感增效剂”。

美国加州医学院精神与心理临床研究专家巴巴克说：“对许多妇女来说，谈爱与感受到爱远比性交更重要。尤其对那些忙于家务、整天带孩子的妇女来说，更是如此。那种巧妙的、带刺激性的私语往往使她们获得真正的快慰。”

2. 爱人之间说话不做作

42 岁的卡克与达娜已结婚 8 年，他记得曾一度羞怯于向妻子倾吐自己满腔的爱。

“有一天晚上，我深吸了一口气后，滔滔不绝地向她倾诉了对她的柔情、对她的爱恋。我告诉她：对我而言，你是世界上最不平常的女子。我这番热情洋溢的话使她万分激动，连我自己也感动不已。现在，我一有机会便向她表露我的衷肠，而我每次都觉得感情比以前更为炽热。”

应该说什么呢？怎样说才能使说的人不至于做作、听的人不觉得肉麻呢？一位有识之士建议说：“当你感到一股穿堂风吹过或觉得闷热时，你说些什么呢？你会脱口而出说：‘真凉快！’或说：‘真热！’无须多想，也用不着长篇大论，爱的语言也是这样。如果你正和爱人待在一间屋里，你觉得能和她在一起真高兴，那你就对她说：‘和你在一起我真高兴。’”

大家熟知的大文豪马克·吐温常常把写有“我爱你”“我非常喜欢你”的小字条压在花瓶盘子下，给妻子一份意外的惊喜。这种习惯伴随他们生活的一生。可见，甜言蜜语绝非多此一举，而是恋人们增进感情的一个良好途径。

3. 在家里融入一些幽默元素

一对夫妻大吵了一架，妻子一气之下，说要带走所有属于自己的财产，然后离婚。说着就开始收拾东西。一个大行李箱整理好了，妻子拖着箱子，走到门口，这时，丈夫一个箭步跑上去，说：“我是你最大的财产，你都不带走，怎么活？！”

这又爱又恨的幽默终于把妻子留了下来。

这种幽默着实让人佩服。他通过这样一种巧妙的话，达到了和好的目的，而在这种情况下，用一种通常的方式是很难奏效的。

有些人非常幽默，总会在家里说一些逗人开心的笑话，进而营造欢乐的家庭氛围。有的夫妻一走进家门，就把自己的所见所闻说给爱人听，特别是女性总是把自己感觉趣味很深的内容拿回来给丈夫听，引出一阵笑声，其中就体现了深深的爱意。

4. 让真情自然流露

说到真情流露，孙犁所描绘的水生夫妇的生活场景，为我们提供了一个美好的范本。

月亮升起来了，院子里凉爽得很，干净得很！水生嫂手指上缠绞着柔润修长的苇眉子，坐在院子里，等候着丈夫。身边是一片洁白，淀里是一片洁白，透明的雾，柔和的风，荷叶荷花香飘了过来。在这朴素干净的农家院中，一片安宁，一片温馨，一片思念牵挂的温情。辛劳了一天的公公熟睡了，玩耍了一天的儿子也进入了梦乡。水生嫂在月光下，一天的担心，一天的思念，不正是可以在这种静寂的夜景中，轻柔地同丈夫叙说吗？宁静之夜是夫妻对话的一个充满诗意的极好环境，美妙的夜会给爱情增添甜蜜温柔。

水生嫂以温柔体贴的话语表达出了对丈夫的深情，她了解丈夫——朴实勤劳、积极能干，小苇庄的游击组长，党支书记，她怎能不爱他呢？所以，当水生从区上回来时，她首先要问的便是：“今天怎么回来得这么晚？”语气温柔，充满了体贴和关切的感情。轻轻的一句话，却包含了这样的意思：今天你在外面怎么样？这么晚怎不叫人心急？你吃饭了吗？话语中充满了宽厚贤淑和温柔之情。这柔柔的一声仿佛是荷花淀飘来的温馨的荷香，让水生顿觉轻松，一天的疲劳也消失了。当水生询问儿子的情况时，她又轻言细语地说：“和爷爷收了半天虾篓，早就睡了。”言语不多，却有许多信息。她讲了儿子和公公一天的活动，她以“儿子早睡了”含蓄地露出了那种嗔怪丈夫回来太晚的心情，但这种嗔怪却是一种关心、一种疼爱。

水生是个男子汉，虽豪爽刚毅，却胸怀博大，粗中有细。他懂得在怎样的时机用细腻体贴的语言安慰妻子，使她更支持自己的工作。所以他的话从整体上说就表现出一种情与理结合的特点。道理简单，却情真意切。“我是游击组长，是干部，自然要站在头里。”这是对妻子温情的叙说；“他们全觉得你还开明一些”，则又是对妻子的由衷赞扬；“家里的事你就多做些”，则更是对离别后妻子独自担当家庭生活重担的处境的深情体谅；“千斤担子你先担着吧，打走鬼子，我回来谢你”，更体现了丈夫对妻子给予的理解和支持的深深感谢与崇高敬意。还需要说什么呢？做妻子的足以感受到心灵的温暖和慰藉了。

在水生和水生嫂这样一对仅仅是粗通文墨的青年农民夫妻的对话里面，我们丝毫看不到语言修辞的炫弄。这里有的只是夫妻间倾心商谈的语句，有的只是夫妻间倾注了深厚情爱的言辞。正因为如此，他们的语言才显得他们的感情朴实无华、简洁明了。

一对恋人相处，并不需要什么豪言壮语，需要的只是一种情真意切，只要平时多表达，平淡如水的话语也能打动对方的心。这也是说话说到位的表现。

第十章
融洽亲朋，贴心暖语营造快乐氛围

常联系，把远亲变为近亲

俗话说："是亲三分向。"当人们遇到困难时，首先想到的就是找亲戚帮忙。作为亲戚，对方也大都会很热情地向你伸出救援之手。

在现代社会中，由于经济的飞速发展，亲戚关系也被蒙上了金色的镀膜，变得不确定和难以把握，特别是那些远亲。当然，亲戚间的关系是需要维持的，否则，就可能造成"远亲不如近邻"的局面。

"亲戚用时方恨远"，主动走动，与亲戚保持经常性的联系，我们就会将有用的"远"亲变成"近"亲。

心理点拨>>

1. 亲人间有天然的亲近感

从根本上说，亲戚关系是--种不会改变的比较稳固的关系。这些关系在办事时能全力投入，不讲价钱，更能设身处地地站在你的角度考虑问题——如何采取最简便有效的手段，如何少花钱多办事。

公元前 287 年，楚国陷入了秦、赵、韩等国的围攻，眼看楚国都城郢就要被攻陷了，楚王焦急万分，这时，一个叫钟和的大臣建议道："大王何不派人去求助百越族呢？想当初大王不是嫁了一位女儿过去吗？"

楚王仔细想了想，由于嫁的女儿太多了，倒想不起来具体把哪一位女儿嫁过去了。但是，目前急需求援，于是，他派钟和携礼到百越族去求助。

百越在当时是居住在今广东、福建沿海的少数民族，虽为数不多，但个个骁勇善战，是一个战斗力很强的民族。

百越族首领在听到这个消息后，欣然允诺相助，立即下令调遣各个部落的士兵组成一支两万人的军队前去楚国。

最后，在楚国与秦国的交界处，秦、赵、韩三国军队与楚、百越的军队进行了生死决战，结果，在百越族的大力支援下，楚国不仅保住了都城郢，还一举击溃了秦、赵、韩三国联军，取得了决定性的胜利。

可以这么说，要没有钟和的提醒，要没有百越这么一个亲戚，楚国就有可能要提前灭亡。可见，在关键时刻，求助于亲戚是很明智的选择，亲情在很大程度上会不受世态炎凉、人情冷暖的影响。

亲戚是我们重要的资源，要懂得好好运用。因为亲戚之间不仅在生活中可以互相关照、互相帮助，在遇到困难时，也会伸出温暖之手；在经济方面或者生活上给予帮助；在工作和学习方面，也能建立起互助互帮的真诚关系。因此，不要忽略“亲戚”这一关键的人脉因素，只有这样才会让我们的人生路更好走。维持好亲戚关系，关系到我们以后各方面的发展。

亲戚之间本该共渡难关，彼此间拿出真挚的情义来互帮互助。

2. 亲戚间要多走动

维持亲戚关系，最关键的是亲戚之间要多走动。亲戚之间应如何“走动”呢？让我们看看美国总统富兰克林·罗斯福是怎么做的：

富兰克林·罗斯福曾连任两届美国总统，并领导美国人民打败了法西斯，是美国历史上最伟大的总统之一。

富兰克林对人际关系的处理特别细心，特别是在与亲戚的交往中，经常做些力所能及的事情。

他有位表舅，叫西奥多·罗斯福。富兰克林小时候就很崇拜这位表舅。有一次，恰逢表舅西奥多·罗斯福的生日，当时，富兰克林远在芝加哥旅游，西奥多本以为罗斯福来不及参加自己的生日宴会。

可当宴会进行不到一半时，富兰克林急匆匆地赶到了宴会现场。在宴会上，富兰克林拿出一条表链，一脸歉意地对表舅说："表舅，真的很对不起，我晚来了一步。这条表链虽不是值钱的礼物，但我希望您能喜欢它。"

原来在不久前，西奥多的手表链坏了，正想托人去芝加哥买一条，没想到细心的富兰克林当时就记住了此事，并且在舅舅生日这天给了他一个惊喜。这件事情以后，富兰克林·罗斯福和表舅舅的感情更为深厚。

由此可见，一个"沾"字是利用亲戚关系的一个很好的方法，它需要的只是充分发挥主观能动性，善于发现隐藏在人际关系中的网络，也许就会找出一大串"得道飞升"的亲戚，而他们所起的作用，往往能够回报你所付出的辛劳。

我们要善于从细节上去维持亲戚之间的感情，因为在办事的时候，往往亲戚关系能起很大的作用，善用亲情是办成事最有效的方法。

与亲戚经常走动，这样才可以在关键时刻帮助自己，解脱自己求助无门的烦恼。具体方法有以下几种：

（1）先"报李"后"投桃"。在传统的亲戚交往中，往往存在着一种误区，那就是：亲戚关系是一种血缘、亲情关系，彼此都是一家人，七大姑给八大姨帮忙办事都是应该的，没必要像其他关系那样客套。其实，这种想法是错误的。血缘的关系虽说是"打断骨头连着筋"，但亲情的维护更多在于彼此之间的相互帮助上。

在求关系疏远的亲戚办事时，你可充分运用自己的真诚去打动对方，然后做出诺言，让对方能够相信自己，这样，才可能先得到亲戚的"报李"。

但有一点是要注意的，就是在做出"投桃"的允诺之后，就必须要对得起自己的良心，及时兑现自己的诺言，千万不要做出"小人"行径，暗中坑了亲戚一把，那时"亲情"这两字也将变得一钱不值了。

所以，有诺必践，有"报李"必有"投桃"，这是继续保持良好亲戚关系的非常重要的前提，切不可"一次性处理"。否则，在今后的社会中，再想利用亲戚办事那真是难上加难了。

（2）循序渐进。遇到麻烦事，一般想到的是利用亲戚关系来解决。亲戚有远亲和近亲，对于近亲，一般都能尽力帮助解决问题；而对于远亲或关系已经疏远了的近亲，如果要求其帮忙办事就要考虑好巧妙的对策了。

这时，一蹴而就的办法不仅起不到好的作用，反而会使人产生厌烦情绪，"有事情了才来找我”。而采用循序渐进的方法，逐步使其能够接纳你，会收到较好的效果。

（3）主动出击，积极沾亲。中国自古就有“沾亲带故”一词，“沾”可以理解为攀附，它是利用亲戚关系的一个好方法。

（4）诉说苦痛获同情。通过向疏远的亲戚诉说你的苦痛，可以促使亲戚予以同情。

但即使是亲戚也应该彼此照顾，多多来往，互问寒暖，以增进情谊。不要想当然地以为亲戚就是天然的人脉，不需要维系也可以枝繁叶茂。因此，我们需要在一些特定的日子举办家宴，为亲戚关系的升温添柴加火。

在求亲戚帮助的时候，一定要注意，再密切的关系也需要用真诚来打动对方，只有这样才能使亲情充分发挥作用，不可虚假用情，带来适得其反的效果。

以诚相待，让朋友感受真诚

一般来说，人们对于自尊往往存有不容侵犯的保护意识，因此，一旦个人的自尊遭受侵犯或攻击时，即使对方过后表示歉意，恐怕也已无法弥补双方已损伤的关系。

相反的，如果你能顾及对方的自尊，处处为对方的自尊着想，那么，对方必然会对你表示友好与感谢。

举例来说，当大伙正在围桌谈笑时，有一个人讲了一个笑话，结果使得全场捧腹大笑，气氛十分欢乐。然而，在这些笑声还未平息之际，突然有人说道：“这的确是一则有趣的笑话，不过我在上个月的某本杂志中早就看过了。”或许这人的目的在于表现其优越感，但他所获得的真正评价是什么呢？而那个当初说笑话的人，此时的感受又如何呢？

1. 一定要尊重对方

陈文进公司不到两年就坐上了部门经理的位置，但是有个别下属不服他，有的甚至公开和他作对，钱诚就是其中的一位，他们本来还是好朋友。自从陈文做了部门经理之后，钱诚就经常迟到，一周五天工作日，他甚至四天迟到。

按公司规定，迟到半小时就按旷工一天算，是要扣工资的。问题是，钱诚每次迟到都在半小时之内，所以无法按公司的规定进行处罚。陈文知道自己必须采取办法制止钱诚的这种行为，但又不能让矛盾加深。

陈文把钱诚叫到办公室："你最近总是来的比较晚，是不是有什么困难？"

"没有，堵车又不是我能控制的事情，再说我并没有违反公司的规定呀。"

"我没别的意思，你不要多心。"陈文明显感觉到了对方的敌意。

"如果经理没什么事，我就出去做事了。"

"等等，钱诚你家住在体育馆附近吧。"

"是啊。"钱诚疑惑地看着对方。

"那正好，我家也在那个方向，以后你早上在体育馆东门等我，我开车上班可以顺便带你一起来公司。"

没想到陈文说的是这事，钱诚反而有些不好意思，喃喃地说："不，不用了……你是经理，这样做不太合适。"

"没关系，我们是同事，帮这个忙是应该的。"

陈文的话让钱诚脸上突然觉得发烧，人家陈文虽然当了经理，还能平等地看待自己，而自己这种消极的行为，实在是不应该。事后，他们的朋友关系又"正常化"了。

学会维护他人的自尊心，你会得到越来越多的新朋友，老朋友对你的感情也会越来越深。这样你的友情网络会更加牢固。

与其伤朋友的面子，不如给他面子，让他欠你的情，那么他日后回报的面子一定大于你给他的。

有时候，你知道朋友的做法是错误的，直接提建议可能会伤害到彼此的感情，不如采取迂回的方式对他说："虽然你有自己的生活方式，可是我觉得如果你这样做，会更好。"或者说："这件事那样做是不对的，我相信你是不会那样做的，对不对？"

2. 设身处地地为朋友说话

吴倩以十分认真的语调告诉她的好朋友李蓉，她想自杀。李蓉不去问她为什么，也不板起脸孔说教一番，而是说："是啊，我曾经也有过同样的想法，但有一天发生的一件事，使我看到了人为什么要勇敢地活下去……”结果吴倩就轻松地谈起了她的烦恼与苦闷。李蓉边听边点头，表示理解和关注。后来吴倩不但勇敢地活下去，并且做出了成绩。她和那位善解人意的李蓉的友谊愈来愈深了。

人生得一知己是幸运的，许多事不必说他就能心领神会，知己深知你心中的每一根琴弦和音调，在你刚刚弹出第一个音符的时候，他已经知道了整个乐曲的内容。这就是历史上高山流水的美谈，这就是白居易“同是天涯沦落人，相逢何必曾相识”的感叹。

生活本来就充满矛盾，这是人与人之间产生误解和隔阂的根源，是通向友谊王国的“拦路虎”。与真心朋友交往就要给对方多一些理解，多站在对方的立场和角度来为他着想，这也就是所谓的“穿朋友的鞋子”。

说什么话，做什么事，多站在对方的立场上出发。这是成功学大师卡耐基曾总结出的一条重要的交际经验。

如果自己能站在对方的立场上看问题，不就可以知道他们在想什么、想得到什么、不想失去什么了吗？仅仅是转变了一下观念，学会站在朋友的立场看问题，卡耐基就立刻获得了一种快乐——发现一种真理的快乐。

怎样做到善解人意呢？你必须保持对对方“同感”的理解，其实，这也是一种说话技巧。

要想达到与人情感沟通，就要注意对方。当对方对某一事物表露出一种情感倾向时，你就要对他所说的这件事表达同样的感受，而且激烈些，于是你们就谈到一起了。

坦率而直接，才算真正的朋友

维也纳著名心理学家阿尔弗列德·阿德勒在《生活对你意味着什么》一书中写道：“谁不对自己的友人真诚，谁就会在生活中遇到最大的困难，就最容易伤害别人。人类的一切败事曾出于此。”事实的确如此，直率诚笃的交谈是朋友间真诚相待、关系融洽的表现。不能做到这一点，友情便会淡化。

设想一下，假若你有甲、乙两位朋友，甲朋友与你谈话经常拐弯抹角、闪烁其词；而乙朋友说话却不加粉饰雕琢，而是心诚意笃、直抒胸臆。其结果必然是你与乙朋友的友情与日俱增。所以，当你不能满足朋友的要求时，直截了当地向他说明原因，将能获得谅解；当你求助于友人时，开诚布公地提出来，友人会鼎力相助；当朋友言行出了问题时，你不妨直抒己见，给予帮助。

虽然大家各奔东西，陈玉怎么也不会忘记大学中与自己同居一室的梅姐。梅姐很具长者风范，很会照顾陈玉及别的姐妹，但对于姐妹的缺点也绝不姑息。陈玉有乱放东西的习惯，梅姐就对其屡犯屡说，每次，陈玉都觉得十分尴尬，很生气，可最终改正了这个习惯。气归气，但终能理解梅姐的苦心，心里很是感激。

总之，直率诚笃是指朋友间交谈不隐瞒自己的想法，不讲客套话，不采用“外交辞令”。相互信任，肝胆相照，这样才能深化友谊。

1. 直率讲话也要讲究语言技巧

应该指出的是，直率诚笃的谈话并不等于“赤膊上阵”，它同样应讲究语言的技巧。我们不妨看看宋代大文学家欧阳修直言帮助友人宋祁的一段有趣的故事。

宋祁写文章有个爱用别人看不懂的冷僻字的毛病，以此显示自己博学多才。欧阳修同他一起修《新唐书》时，很想找个机会指出这一毛病。一次，欧阳修去探望宋祁，宋祁不在，他便在门上写上一句话：“宵寐匪贞，札闼洪休。”宋祁回家看后感到莫名其妙，只好去问欧阳修。欧阳修说：“你忘了，这八个字是‘夜梦不详，题门大吉’啊！”宋祁埋怨欧阳修不该用冷僻字眼，欧阳修大笑道：“这就是您修唐书的手法呀！‘迅雷不及掩耳’，多明白，您偏编写成‘震雷无暇掩聪’，这样写出的史书谁能读懂呢？”听了欧阳修的话，宋祁深感惭愧，表示以后要改掉这个毛病。欧阳修以诚笃之心、直率之言给了宋祁帮助，增进了友谊。

朋友之间肯定存在着许多共同点，若不然就不会成为朋友。但在具体问题上，仍然免不了会产生分歧，甚至发生争论的事情。出现了这样的争论怎么办呢？

首先要注意的是在语言上把握分寸，不伤害对方，不损害友谊；在原则问题上，在对某个学术问题的探讨上发生争论是必要的，但是，为一些鸡毛蒜皮的小事争得面红耳赤，就有些太过分了。

朋友间的争论有可能成为斩断友谊的利剑，也有可能成为增进友谊的桥梁。关键在于争论不但要有意义，而且要有气量。

论战的双方可以各抒己见，各不相让，但绝不可以不尊重人格，绝不可以为了个人意气和私利而争论不休。

假如朋友间真有什么大事躲不过争论，那也应该注意分寸。

2. 在朋友面前展现最真诚的一面

有这样一个感人的故事：

在美国西部的一个小镇，少女安妮由于受到严重碰撞，成了“植物人”，现代化的医疗手段无能为力，安妮醒来的希望极为渺茫，她的父母悲恸欲绝，而安妮的朋友东妮每天都来到她的床前，抓住安妮的手，轻轻呼唤她的名字，仿佛在同一个正常的人娓娓而谈，日复一日，年复一年，奇迹终于出现了，真诚战胜了死神，东妮的呼唤居然使安妮苏醒过来了。

这是朋友之间的真诚而产生的奇妙的力量。茫茫人海，芸芸众生，我们在生活中与朋友相处怎能缺少真诚呢?

美国心理学家诺尔曼·安德林在 1968 年曾设计过一张表格，他列出 555 个描写人的形容词，让人们指出其中哪些人品最为人喜爱。结果表明，被人喜欢的选项中，位居前几位的竟有 6 个是与“真诚”有关的，而在评价最低的人品中，虚伪居首位。这说明了真诚的人能让人产生一种安全感，从而受人欢迎；虚伪的人为人讨厌，难结良友。要以诚待友，主要应做到：

（1）对朋友要讲真话。真正的朋友之间必定会有思想交流，自己对人对事的看法，即使与朋友的看法相悖，也不应隐瞒。有的人从不对朋友说出心里话，该让朋友知道的事情也从不说出口，或者习惯兜着圈子说话，甚至自己有求于朋友时，也隐瞒真实情况，使朋友在帮助的过程中，因情况不明而陷入尴尬境地。这种交友态度，肯定是交不到真正的朋友的。

（2）赞美朋友要诚心。朋友在工作中取得了成绩，事业上获得了进展，我们应该为之高兴，诚心诚意地给予赞美，和朋友一起分享快乐，这是友谊的表现。但是，要带着诚心去赞美朋友，不要过于吹捧、阿谀奉承，这样对朋友是不利的。

（3）要诚恳指出朋友的缺点。奥斯特洛夫斯基说："友谊间的首要是真诚，就是对朋友过失的批评。"对朋友的缺点能诚恳地提出批评，这对形成双方的友谊是十分宝贵的。

3. 对朋友勿滥用恭维的话

假如你到一个朋友家去，你的朋友对你异常客气，你每说一句话他只是"唯唯"而答，和你说话时他总是满口客套，唯恐你不欢，唯恐得罪了你。在这种情况下，你一定觉得如芒刺背，坐立不安，直到离开他家，才觉得如释重负。

>>

这种情形你大概遇见过不少，但是你必须想一想，你是否也如此对待过来客呢？

虽然是客气，但这种客气显然是让人受不了。"己所不欲，勿施于人"，请记住这句名言。

刚开始会客时的几句客气话倒没什么，若继续说个不停就不太妥当了。谈话的目的在于沟通双方的感情，加深双方的了解，而客气话则恰恰是横阻在双方中间的墙，如果不把这堵墙拆掉，人们只能隔着墙做一些简单的敷衍酬答而已。

大概朋友们初次会面都略谈客套，而第二第三次见面就免去了许多客套。那些"阁下""府上"等名词如果一直用下去，则真挚的友谊必然无法建立。

客气话是表示你的恭敬和感激的，所以要适可而止，多用就会流于迂腐、浮华、虚伪。有人替你做了一点儿小小的事情，比如说倒一杯茶吧，你说"谢谢"也就足够了。要是在特殊的情况下，也最多说"对不起，这事情要麻烦你"就够了，但是有些人却要说"呵，谢谢你，真对不起，不该这点儿小事也麻烦你，真让我过意不去，实在太感谢了……"等一大串客套话，你在旁边看得也感到不舒服。

说客气话的时候要充满真诚，像背熟了的唐诗般泻出来的客气话最易使人讨厌。说话时态度更要温和，不可显出紧张的样子。此外，说客气话时要保持身体的平衡，过度地打躬作揖、摇头弯身并不是一种雅观的动作。

把平时对朋友太客气的语言改成坦率的词语，你一定能获得更多的友谊。对平时你从未表示客气的人们稍说一些客气话，如你的孩子、商店的伙计、出租车司机等，你一定会收到意想不到的好处。

要避免过分的客气。在一个朋友家中，如果你显得随便、自然一些，主人也就不会过分地客气了。而当你是主人的时候，你也可以运用这一方法。

不要在朋友面前摆谱

孔子说：“君子坦荡荡，小人长戚戚。”我们应该真心对待自己的朋友，以君子的胸怀与朋友相处，潇洒一些，大度一些，快乐将永远陪伴着你！

古人常说：“千金易得，知己难求。”要想交到真正的朋友确实很难，但是，一分耕耘一分收获，只要你对朋友付出了真心，你也会得到朋友的真心回报。

朋友的重点在于“友情”两字，如果不能真诚对待，就难以获得友情。在朋友面前，如果你不真诚，必然会被慢慢疏远。

1. 对朋友要坦诚相助

东汉时，有一位名叫荀巨伯的人。有一次，收到一封急信，说一位朋友得了重病。朋友远在千里之外，故荀巨伯赶了好几天的路程。可是当他到了友人所住的郡地时，却发现此地被胡人围住了。他潜入城池去看望朋友，朋友对他说：“谢谢你在这个时候还来看望我。现在城被胡人围住了，看样子是守不住了。我是一个快要死的人了，破不破城对我来说是无关紧要的；你没有必要留在这里，趁现在还没有破城，你想办法赶快走吧！”荀巨伯立刻说道：“你这是什么话？朋友有难当共为，现在大难临头，你却要我扔下你不管，自己逃命，我怎么能做这等不义之事？”

胡人攻破城之后，一路打进来，挨户搜索，但见家家户户凌乱不堪，人全逃走了，却有一个院子井然有序。于是进去，见到了安坐的荀巨伯，大发威风说：“我们大军所到之处，所向披靡，你是何人，竟敢不望风而逃，难道想独当其锋不成？”荀巨伯对他们说：“你们误会了。我并不是这城里的人，到这里只是来看望一个朋友。现在朋友病重，危在旦夕，我不能因为你们来了就丢下他不管。你们如果要杀的话，请杀我，不要杀我这位已痛苦不堪、无法救治的朋友。”胡人听了瞠目结舌。半晌，一位头领看了看手中的大刀，发言道：“哎，我们是一群不懂得道义的人。像我们这样的人，怎么可以在这样一个崇尚道义的城里胡乱闯荡？走吧！”胡人竟因此退走，这个郡得以保全。

绝不持“一次性交际”的想法。毋庸置疑，在某些“实用型”人物的眼中，所谓的“人情”便是你帮我的忙，我马上找个理由回报，就像借债还钱，概不赊欠。这种一次性的交际行为看似洒脱，实则包含了太多的困惑与无奈。

诚然，受助者也许在短时间内不愿再次开口求助，而实施援助行为的一方其实也没有必要固守“事不过三”的古训，当人家确实有困难而无能为力的时候，尽管你已经帮助过他，尽管他不好向你开口，但作为知情者，你不应无动于衷，不妨再次主动伸出援助之手。

要知道，虚伪狡诈的人难结良友，让人讨厌；真诚的朋友给人一种安全感，招人喜欢。对好友坦诚相待，真诚相帮，你得到的将会比付出的多得多。

2. 在朋友面前说话要低调

所谓低调，简单来说，就是不要留给别人张狂的印象。自满自得、自高自大地炫耀自己往往是愚蠢无知的表现。过分的自我感觉良好实际上是一种无知，你虽得一时之快，但实际上常常有损于自己的名声。这不是一种会说话的表现。

富兰克林早年为自己的成功自鸣得意，他那种过分自负的态度，使别人看着不顺眼。有一天，一位好友把他叫到一旁，劝告了他一番，这一番劝告改变了他的一生。

“富兰克林，像你这样是不行的，”那位好友说，“凡是别人与你的意见不同时，你总是表现出一副强硬而自以为是的样子。你这种态度令人觉得如此难堪，以致别人懒得再听你的意见了。你的朋友们觉得不同你在一处时，还自在些。你好像无所不知、无所不晓，别人对你无话可讲了。的确，人人都懒得和你谈话，因为他们费了许多力气，反而觉得不愉快。你以这种态度和别人交往，不去虚心听取别人的见解，这样对你自己根本没有任何好处。你从别人那儿根本学不到一点儿东西，但是，你现在所知道的却很有限。”

富兰克林听了，觉得无话可说。他讪讪地站起来，一边拍着身上的灰尘，一边说：“我很惭愧。不过，我也是很想有所长进。”

“那么，你现在要明白的第一件事就是，你已经太蠢了，现在还是太蠢了。”

他又受了一番打击，不过他站起来的时候，他已经下决心把一切傲慢都抛在脚下，重新审视自己的交友态度。

如果那位好友不给他这一番严厉的说教，促使他变得谦卑起来，那么他后来的结果怎样，我们不得而知。不过从那次以后，他完全改变了自己。以前他总是骄傲，总是炫耀他过去的才能；后来他开始低调、谦虚，获得了许多良师益友，为他的事业出谋划策，最终他成为一个成功的人。

想要让自己低调一点儿，根本在于浇灭内心深处的骄傲之火，以一种平静、谦虚的心态来赢得别人的心。

以低姿态出现在他人面前，往往能赢得别人的信赖，与别人建立良好的关系。假如我们有一点儿小小的成就，我们应该以轻描淡写的态度来对待它，唯有如此，我们才能永远受到他人的拥戴，让友谊之花常开不败。

3. 有错就要及时道歉

诺曼·皮勒说过："真正的道歉绝不只是简单地认错，而是对你说过或做过的有损友好关系的言行表示真诚的歉意，并真心实意地希望友谊得以修复。"

1755 年，在竞选弗吉尼亚州议员的辩论中，23 岁的上校乔治·华盛顿说了一些侮辱小个子对手潘恩的话，对方当即用桃木拐杖把他打倒在地。站在一旁的士兵立刻冲上去，想为年轻的上校报仇，华盛顿本人却从地上爬起来阻止了他们，说他会处理好此事。

第二天，他写信给潘恩，邀请他在一家酒馆同自己会面。潘恩到达后，本以为华盛顿会要求他先表示歉意，然后与他进行决斗，谁料，华盛顿却先对他表示了歉意，并主动伸出和解之手。

道歉并非示弱。一个人要承认自己的错误是需要勇气的。人际关系是生活中最难处理的事情，人都免不了有犯错的时候。一旦错了就得道歉，只有如此才能避免更大的损失。

人非圣贤，孰能无过？但是，有的人却认为承认错误是暴露了自己的缺点和错误，尤其在别人面前，是一件有失身份的事情，所以，即使犯了错也不肯承认，遮遮掩掩，甚至别人当面指出或提出的时候都不肯承认，更不要说道歉了。

你要清楚：与其等别人提出批评、指责，还不如主动认错、道歉，这样更易于获得谅解、宽恕。如果我们由于自身的孤傲和不安全感宁可让友情出现裂痕也不愿意说“我错了”这句话，那实在是愚蠢之至。

说“对不起”的时候，眼睛一定要直视对方，只有这样才能传递出你的心意。如果一边做事一边道歉，或者用回避的方式都表现不出你的诚意，无法让对方感觉到你是真的认错。没有辩解的道歉才能让对方感觉你的心意，达到道歉的目的。

要记住，真正的道歉不只是认错，同时也意味着承认自己的行为给对方造成的困扰，而你对彼此之间的关系很重视，希望道歉可以化解冲突、重归于好。诚恳的歉意不仅能弥补彼此之间的关系，还可以增进彼此的感情。所以，如果你犯了错，就大方地表示歉意，诚恳地说一句“对不起”。

与朋友交，要掌握交往的“度”

凡事都有“度”，与朋友交往，同样要掌握一个度的问题。

朋友之间肯定有某些共同点，有相同或相近的兴趣或爱好，有某些共同的利益，需一起完成某些事，具有共同的志向等，这些是两个人成为朋友的基础。但是我们更要明白，在这个世界上，没有哪一个人与另一个人是克隆体，也就是说，每一个人都是有个性的一个实体，所以，除非是涉及重要的原则性问题，否则都不要试图改变他，因为这样只会让你们的友谊离你越来越远。

作为朋友，既要让对方感受到你的真诚，又不能在朋友面前太过随意，甚至将自己的恶习在朋友面前暴露无遗。

心理点拨 >>

1. 在朋友面前也不要出口成脏

和朋友就可以毫无顾忌地“出口成脏”吗？真的能代表哥们情深，而不会招致对方的反感吗？以下案例中的陆明就遇到了这样的烦恼：

陆明留学回来，带着女友打算和几个很久没见的老同学聚一聚。但是不巧，约定吃饭的那天，天突然下起了大雨。这时，一男一女相伴进了饭店，男子大声说道：“陆明这小子可真会挑日子，他 ×× 的，这么大的雨跑这么远的 ×× 饭店！真 ××！”旁边的女朋友劝他说：“谁知道今天会下雨啊，你就少说两句吧，人家请你吃饭是好意，要让陆明听见多不好啊！人家好心请你吃饭，谁曾想会下雨啊！”但那男的不听，还是骂骂咧咧的。

看到陆明后，这名男子连一番寒暄也没有，占着自己和陆明关系好，直接劈头就骂：“陆明，你这他 ××，出国混了几年，真是 ××，还以为你死外头了呢，真 ×× 的，还知道回来啊……”陆明一阵惊诧过后，这回总算见识到了什么是脏话连篇了。陆明于是一个劲儿地向大家道歉说：“抱歉，没想到会下雨，给大家添麻烦了，真是对不起了。”在场的老同学都说没事，就听刚才那位男士又开始了喊叫：“哥们，你这话说得就见外了，咱们是什么关系咱俩谁跟谁啊，他 ×× 的老朋友了，你知道的，我 ×× 就是一大老粗，别 ×× 误会啊，没别的意思。”陆明在一旁赔笑脸说：“不会，不会。”与宴的饭桌上的其他同学都在笑着低声议论：“这人说话不分场合，一点儿也不顾及咱们的面子，他怎么会有这样的朋友。”

这时，一位女士对那位仁兄说：“你别这样，当着这么多人呢，好好说话吧。”那位仁兄说：“没事，你不懂，咱们都 ×× 是老同学了，×× 的大伙儿不会介意的，是吧？”说完，他转身“询问”在场的老同学，只见大家都面露尴尬，只能勉强点头。这位男士看了后还不明所以，反而更得意了。自然，这顿饭脏话不绝于耳。于是，大家也在饭后匆匆离场。

案例里的这位男士丝毫不注意场合，以为关系好的朋友就可以大放厥词，更以为爆粗口能显现出他与朋友的关系密切，不拘小节。然而，这样的自以为是不仅暴露出了自己的粗鄙与无知，不文明的行为只会招致朋友们的反感与厌恶，本该是一顿轻松友好的朋友聚会，却被他的不当言行搞得不欢而散，下次谁还敢与他同桌共餐呢？

朋友聚会相对于其他社交宴会来说，氛围会更轻松随意一些，因此很多人会说：“我跟一般人不会爆粗口，我只有和关系好的朋友才会说粗话，因为大家都是朋友，都知道我没有恶意，所以不会介意。更何况，这样才能突出我与朋友的哥们关系！”真的是这样吗？

很多人觉得，朋友之间不同于其他人，关系也更为亲密，因此言行举止随意些确实无伤大雅，但凡事都有个度，如果掌握不好这个度，再好的朋友也会因为你的粗口而尴尬厌烦，从而对你心生罅隙。因此，我们应该摆正自己的位置，说话做事之前先认清场合，都是自己人，不同于其他人，说话可以无所顾忌，可是要知道，朋友也是人，是社交圈子中的一分子，朋友也需要被尊重。

2. 一定要为朋友保守秘密

有人认为，交友的第一条准则是“为朋友保守秘密”。乍一听，令人感到有些奇怪，为什么不是别的，偏偏把“为朋友保守秘密”定为第一准则呢？

汉朝的张敞，是一个高官，更是一个情种。他与妻子恩爱非常，还常常为妻子画眉，一时在京师长安传为佳话。但有伪道学先生以此为“有伤风化”，竟向皇帝告了御状，想让皇帝摘下“道德败坏”的张敞的乌纱帽，以“匡正世风”。但皇帝并不听伪道学先生的使唤，他不仅未责怪张敞，反而当着文武百官的面说：“画眉是夫妻间的事，我管不着。夫妻间还有比画眉更亲密的事儿，我也去管吗？”显然，这是在保护张敞夫妻的隐私。

有的人每当遇到伤心事，譬如涉及家庭纠纷、生理缺陷和个人安危之类的个人“隐私”，一个人闷在心里实在很不舒服，往往希望能在挚友面前倾诉，但在朋友面前倾吐的秘密不希望让其他人知道。

隐私权在西方社会是一种很普遍的公民权利，是最基本的人权之一。比如，自己的私生活一般不会让朋友过问；自己的财产，也不会轻易向朋友公开；除非受到邀请，是不会随便去朋友家中“串门儿”的；除非相约，是不会与朋友一起“吃饭”的……

秘密，是任何人都有的。一个孩子长到一定的年岁，自我意识增强了，他就开始在一定的范围内向别人保密，即使是对最亲近的父母，也不例外。可是，对自己的好朋友，他却可以敞开胸怀，说出自己的秘密。

但是，有一个条件，他把自己的秘密告诉了你以后，你得为他保密，不然，以后他就再也不会把秘密告诉你了。这种要求朋友保密的愿望，会随着年岁的增长而越来越强烈。

只有为朋友保守秘密、守口如瓶，才能得到朋友的信赖，友谊才能不断加深。

3. 在朋友失意时一定要及时安慰

当朋友遭到不幸时，及时送上真诚的安慰，更是你应尽的责任。

一个夏日的傍晚，一位少妇投河自尽，被正在河中划船的老船夫救起。老船夫关切地问道：

“你年纪轻轻，为什么要寻短见呢？”

少妇哭得很伤心，说：

“我才结婚一年，丈夫就抛弃了我，活着还有什么意思呢？”

“那我问问你，你一年以前是怎么过的呢？”老船夫问道。

少妇回忆起自己一年前的美好时光，她眼前一亮：

“那时我自由自在，无忧无虑，对生活充满了希望。”

“那时你有丈夫吗？”老船夫又问。

“当然没有了。”少妇答道。

老船夫说：“那么你不过是被命运之船送回到一年前，现在你又自由自在、无忧无虑了，你什么也没损失啊。”

少妇想了想，说：“这倒是真的，我怎么会和自己开了这么大一个玩笑呢！”说完，又重新充满了希望。

人在悲伤的时候，总会认为未来的生活毫无希望，从而失去对生活的兴趣，老船夫让少妇回忆起过去的美好生活，让少妇明白生活中还是有很多让人快乐的事情，重新点燃了她对生活的希望之火。

人在失意时，情绪也会很低落，经常会心烦意乱、胡思乱想。你如果能够将安慰奉献给他们，他们的心情就会好转一些，并对你表示感激。不过，你应当注意一些技巧，这样才能达到安慰的目的。

人生的道路不平坦，逆境常多于顺境。不幸的事，人人难免。身处逆境，面对不幸，当事者不仅需要坚强起来，也迫切需要别人的安慰。人是有感情的高等动物。痛苦加上孤寂，痛苦倍增；痛苦有人分担，痛苦减半。“患难见真情”。安慰如“雪中送炭”，能给不幸者以温暖、光明和力量。给予不幸者以安慰，是为人处世的一种美德。

因此，当朋友遇到不幸时，这种不幸无论是身体上的疼痛还是心理失意，你都应该及时出面安慰。这样你们的友谊才会更牢固。

下篇

错误的说话方式

第十一章
你是不受欢迎的滔滔不绝的人吗？

不要絮絮不休，经常说废话的人招人烦

曾有一份调查显示，男人讨厌女人做的事情当中，排名第一的就是“啰唆唠叨”，远高于排名第二的“不爱打扮”。唠叨的可怕性，由此可见一斑了。

国外有两则真实报道。

2006 年 9 月，一调皮男孩为了“报复”妈妈对自己的唠叨，居然恶作剧地将强力胶水涂抹在妈妈的嘴唇上。结果，妈妈不得不在家人的帮助下来到医院进行“解封”。

2009 年 9 月，著名商品交易网站 eBay 上出现了一条“雷人”的交易信息：英国 10 岁女童佐薇嫌奶奶唠叨烦人，把自己 61 岁的奶奶公然放到网上拍卖。拍价竟然达到了 2.05 万英镑（约合 22.37 万元人民币）。

两则让人啼笑皆非的恶作剧，从中不难看出，对于家长的唠叨，孩子们相当反感。不仅男人和孩子们烦唠叨，几乎任何人都烦唠叨。

心理点拨 >>

1. 父母为什么会唠叨

之前，有一首《妈妈唠叨之歌》红遍网络。作者是美国喜剧女演员安妮塔。她为了照顾三个孩子的起居，天天唠叨不停。一个偶然的机会，安妮塔灵光闪现，她将自己每天常絮叨的话写成歌词，配着意大利作曲家罗西尼的《威廉泰尔序曲》唱了出来。当这首歌被放到网上后，引起了强烈反响，很多网友表示，这首歌写得“太真实”了，也十分有趣。

《妈妈唠叨之歌》的歌词是：“起床！起床！快起来！去洗脸！去刷牙！记得梳头！这是你的衣服，你的鞋子，你有没有在听我说话啊？别忘了叠被子……”3分钟的歌曲唠叨了800多个字。这首歌一出场，满堂笑声，引起了不少人的强烈共鸣。

唠叨就是口中说出来的废话，就像我们的口头禅一样，反正眼中不顺的就要说出来才痛快，殊不知这样招人烦：

细细分析唠叨的原因，绝大部分都是本意不坏，却招来别人的烦。以父母对孩子的唠叨为例，唠叨的原因无外乎以下几种：

（1）过度关爱。有的家长把孩子当成了永远长不大的小不点，事事不放心。对孩子饮食起居事无巨细，关怀备至。天冷怕冻着，天热怕晒着，出门怕撞着，在家又怕上网，于是不断地叮咛加嘱咐，不厌其烦，没完没了。

（2）加强督促。孩子身上寄托了父母所有的希望，有的父母甚至把自己年轻时未实现的梦想寄托在孩子身上，简单而理想化的“位移”。一旦家长发现孩子没有按照自己期待的步骤去做，便会为了加强督促，不自觉地开始了苦口婆心的“强化教育”。

（3）无可奈何。家长感觉孩子越来越不听话，言语教育根本不起作用，又没有更好的方法，于是错误地认为，遇到孩子不听话，一次不听，就说两次，两次不听，就说三次，只要自己多说几次，他们总会听进一些去吧。

2. 男人为什么怕唠叨

女人对男人发号施令得不到回应，就会不断地重复要求（而非请求），例如：“你究竟什么时候去换灯泡？”

即使是出于善意的提醒，只要不是男人想听的，也算唠叨：“你今天吃药了吗？”或者：“今天降温，别忘了多穿衣服。”

有时女人表达的是对别人言行的欣赏，但如果男人觉得女人话中有话，这也算唠叨：“隔壁的老王今年情人节买了一个名牌包送太太，她得意地向大家炫耀呢！”或者：“听说老吴很会修理电器，任何东西坏了，他三两下就能搞定！”

最让女人感到委屈的恐怕就是这一种了，忙了一天好不容易两个人见到面，跟你说说心里的想法，才表示咱俩亲密如昔。但男人下了班就想放松，安安静静地看个报纸就心满意足，此时女人如果抒发千言万语，就真是太不识相了："办公室小徐和小陈今天开会时相互咆哮，经理竟要我去协调他们的冲突……"

对女人来说，这些可是内容功用截然不同的沟通形式，但到了男人耳朵里，却通通变成同一种定义："啰唆唠叨。"

对于男人而言，唠叨往往意味着：

（1）代表权力低落。只有权力高的一方能命令权力低的人，女人不断要求命令，就意味着权力的移转，男人当然不爽。

（2）暗示能力不足。男人认为，我做事自有分寸，轻重缓急都能掌握，哪需要别人指示，所以一听到女人说这说那，就觉得她摆明了不信任我的能力。

（3）表示不够幸福。女人也许认为说话是分享心事，听到男人耳中，却被翻译成"你在怪我不能让你幸福，要不你哪来这么多的苦"。而自己每天当牛做马，没料到她仍不幸福，愈想男人就愈沮丧。

3. 不妨改变一下说话方式

请别开口就絮絮叨叨，先告诉他你这番话的真正目的，以免对方会错意，误把分享当责怪。例如：

"我没有要怪你的意思，我只是想跟你分享心情……"

"我一点儿也不想啰唆烦你，所以，如果你能告诉我一个确切时间，我就心里有数，不会再问你啦！"

此外，聪明的人会挑时间、挑心情开口，不妨先告诉他：

"我知道你今天辛苦了，我先不吵你，让你休息一会儿，等你有心情说话时，能不能来找我一下？"

当然，开口抱怨时一直说"你"，很容易让对方产生自我防卫的念头，因而开始争论不休，例如：

"怎么说你都当耳边风……"

请试试看多用"我"开场：

"我觉得有些不受重视……"

改变不了唠叨，最好能改变一下说话方式，比如女人在丈夫面前多用“我建议”“我觉得”“亲爱的，你觉得这件事应当如何如何”，本着提醒老公的意图去做，说话温柔些，老公听着就舒服多了。

要善于运用语言的艺术。一位妻子经常向老公唠叨着，催促他修理已经摇动的椅子腿，而老公老是拖着不修，又不准妻子找其他人来修。后来两个人商定：凡是家里有东西要修理，老公应在 15 天内修好。结果妻子不再唠叨，老公也不再偷懒了。当然，不要大小事都订立协议，而是只对重要的事。

比如，父母在平时与孩子的交谈中，要点到为止、留有余地，这样更能激起孩子的想象的火花，促使他们自己去思考和更主动地交流，有利于他们敞开心扉，和你交心，与你为友。

只有这样，才能恰到好处，聪明的人切忌“唠叨”，达到“润物无声”才是谈话的最佳境界。

竭力忘记你自己，不要总是谈论你自己

人是社会性动物。我们把醒着的大把时间花费在与他人交谈上，对话的可能性似乎永无止境。人们最高兴的就是谈自己的事情，而对于与自己毫无关系的事不关心。

人们总是习惯于谈论自己，你自己的想法和经历可能是你最喜欢谈论的话题。有相关资料表明，人们平均花 60% 的时间谈论他们自己——当通过社交媒体平台来交流时，这一数字达到了 80% 之多。

但是，自己感兴趣的事，不仅难引起别人的共鸣，有时还会让人觉得好笑。比如，从前在学校的情形，说者津津有味，却不会想到对方可能会感到无聊，因为他不是你的同学，脑中毫无你的学校生活印象。

再比如，年轻的母亲会热情地对人说：“我们的孩子会叫妈妈了！”但旁人可能就不一定能感同身受，谁的孩子不会叫妈妈呢？这个并不稀罕啊。

1. 不要刻意将话题扯到自己

过于强调自我的人，很容易让人产生说话无趣的印象。一般说“因为我……所以我……”的人，将“我”字挂在口头的人，都往往不受欢迎。因为这种人太过于自卖自夸。所以大家要注意不要老强调“我……怎么样”。例如，就连血型都要强调“因为我是 A 型血……”唯恐别人不知道。

与人谈话时，不要总是把话题拉到自己的身上，大谈特谈和自己有关的事情，使自己处于谈话的中心，充当谈话的主角。否则，只会让其他的谈话者厌倦。

在聚会上，总有那么一两个人，会成为焦点，他们绘声绘色滔滔不绝，边讲边演，肢体夸张，没有听众就不自在，你想插话？没门！

有的人说话从来只说自己的事，哪怕问别人“昨天去哪儿了”，也会想转到自己身上，这种做法很容易引起反感和排斥。说话时，不妨试着少说“我”，多说“我们”；此外“对半分”，自己说完一件事情后，让别人也说件事。

在日常沟通中，不要老说自己的事和自己的观点，因为没有人乐意长期地连续地听你说，总要让别人说说，总要聆听一下别人的故事，要适当采纳朋友的正确观点。否则，长此下去很有可能所有朋友都离你而去。这种自我主义思想和极度主观心态还早日改掉为好。

2. 不要有意无意地炫耀自己

经常会有这样的话语飘进你的耳朵，如：

“我买了个包，还行，不贵，才 10000 多块。”“老公给我买了辆车，我不让买他非要买，你说几十万的东西，我不要吧又不合适。”

此类人多半是女性，每一句话都要显示出自己非凡的经济实力，高人一等，跟别人不一样，而且要显得很含蓄不经意说出来的样子，但旁人一听就明白是啥意思。

我们也许会经常看到这样的人，其人虽然思路敏捷，口若悬河，但一说话就让人感到狂妄、极不舒服。

时下，很多人在一起聊天时总会有意无意地“炫耀”自家的小辈如何有出息：儿子最近被提拔了，孙子考上重点大学了，媳妇给自己买了新衣服了，女婿给家里买轿车了……

炫耀虽然能给人暂时的心理满足，让人体验到自身的优越，但是总是爱炫耀自己会让别人觉得反感。

3. 不要总是想着插嘴

有的人谈话说到兴头上，就往往有“表达”的欲望：他们很热衷于抢夺话语权，经常等不及别人说完，就要发表自己的意见；还有些人一开口就像滔滔江水，绵绵不绝，让人烦不胜烦。

不管是爱插嘴，还是一说话就刹不住车，其本质都是过于以自我为中心。这类人可能或多或少存在以下三方面的问题：

一是缺乏社交技能。也许这样的人的确满腹经纶，却不知道怎样才能恰当措辞，也不懂得把握接话时机等人际交往技术。二是有焦虑型人格或表演型人格。这种抢话是长期存在的，自己能察觉到，但无法自控。三是有躁狂症、焦虑症或精神分裂等精神疾病。这是典型的“不吐不快”。

如果抢话是因为社交技能的缺乏，适当注意也能达到预期效果。如果周围存在插嘴者，要互敬互爱，尊重和理解彼此沟通方式的差异性。如果与其关系较好，对方也很虚心，可以私下向他指出问题所在，比如对社会经验不足的初入职场者，可以拉拉衣服、使个眼色暗示一下。

检视一下自己，如果自己也有这方面的毛病，不妨以后多多注意。

不要喋喋不休发牢骚，向别人诉说自己的不幸

很多时候，也许我们自己都没在意自己是在抱怨。我们已经习惯一旦出现任何问题或过错，就先抱怨几句，是推卸责任也好，是心中不平衡也罢。有人打过一个比方，抱怨好比口臭，当抱怨从别人的嘴里出来时，我们就会注意到；但从自己的口中出来时，却能充耳不闻。

然而，当一天中遭遇到所有的一切都成为我们抱怨的对象，我们的世界，是否就能变得更美好了呢？答案是否定的。

心理点拨>>

1. 不要总是抱怨工作

日本有一项国家级的奖项，叫“终生成就奖”。其中有一届的“终生成就奖”，颁给了一个“小人物”——清水龟之助。

清水龟之助原来是一名橡胶厂工人，后来转行做了邮差。在最初的日子里，他没有尝到多少工作的乐趣和甜头，一年以后，感觉这份工作不能实现自己的抱负。一天，他看到信袋里只剩下一封信还没有送出去时，他想道：我把这最后的一封信送完，就马上去递交辞呈。

但这封信由于被雨水打湿而地址模糊不清，清水花费了好几个小时的时间，还是没有把信送到收信人的手中。清水发誓无论如何也要把这封信送到收信人的手中，毕竟这将是他送出的最后一封信。于是，他耐心地穿越大街小巷，东打听西询问，好不容易才在黄昏的时候把信送到了目的地。原来这是一封录取通知书，被录取的年轻人已经焦急地等待好多天了。当他拿到通知书的那一刻，他激动地和父母亲拥抱在了一起。

看到这感人的一幕，清水深深地体会到了邮差这份工作的意义所在：“因为即使是简单的几行字，也可能给收信人带来莫大的安慰和喜悦。这是多么有意义的一份工作啊！我怎么能够辞职呢？”

在这以后，清水更多地体会到了工作的意义，他不再觉得乏味与厌倦，他一干就是 25 年，从 30 岁当邮差到 55 岁，清水创下了 25 年全勤的空前纪录。他在得到人们普遍的尊重的同时，也于 1963 年得到了日本天皇的召见和嘉奖。

工作中，有很多员工总是抱怨“薪水太低”“替别人卖命、打工”等，难免对工作产生严重的抵触情绪。于是，他们不再把精力用于思考如何做好工作，而是整日抱怨，把大好的光阴和大把的精力白白浪费了。

这些员工在看到别人屡次加薪时，他们就说：“那是幸运。”发现别的同事被老板所重用，他们就会制造一些不利的谣言，这种负面的消极的态度只会让他们感觉越来越糟，工作越来越被动，收入越来越少，进而对自己的境况更加抱怨，于是便陷入了一种恶性循环中，严重影响他们的工作和生活。

如果这些员工静下心来，认真分析一下，自己的薪水为什么这么微薄，真的是“工作与薪水不成比例”吗？其实很多时候，是你的能力和经验还没有提高到相应的水平，并非老板不重视你、故意不给你加薪。这时，你应该持“抱怨工资低，不如自我增值”的工作态度，也许不久就会获得事业的转机。

2. 不要总是抱怨压力

上天对每个人都是公平的，它在为我们创造许多机遇的同时，也为我们制造了更多的压力。

挪威人喜欢吃沙丁鱼，尤其是活鱼。市场上活沙丁鱼的价格要比死沙丁鱼高许多。所以渔民总是千方百计地想办法让沙丁鱼活着回到渔港。可是经过种种努力，绝大部分沙丁鱼还是在中途因窒息而死亡。但有一条渔船却总能让大部分沙丁鱼活着回到渔港。

原来是船长在装满沙丁鱼的鱼槽里放进了一条以鱼为主要食物的鲶鱼。鲶鱼进入鱼槽后，由于环境陌生，便四处游动。沙丁鱼见了鲶鱼十分紧张，左冲右突，四处躲避，加速游动。这样沙丁鱼缺氧的问题就迎刃而解了，沙丁鱼也就不会死了。这就是著名的“鲶鱼效应”。

井无压力不喷油，人无压力轻飘飘。正是因为这些压力，才激发了我们的工作动力和活力，我们才得以锻炼拳脚，磨炼心志，提升能力。

无论是人生或者事业道路上的艰难险阻，还是生活和工作中存在的种种挑战，都让我们感到了压力的存在。正是这种压力和危机感，使我们更加珍惜眼前的机遇，更加努力进取。所以，要感谢压力，正是压力让你这棵小树苗成长为参天大树。

真正的强者，在经历了压力的锤炼后变得更加坚强。如果你不甘于平庸，如果你不想成为失败者，那你就要有勇气面对压力，并学会感谢压力，而不是一味抱怨自己所承受的压力。

适当提高要求，施加一定的压力，可以促使人更快地成长。从个人角度来看，压力带给人的感觉不仅仅是痛苦和沉重，它也能激发人的斗志和内在的激情，使你兴奋，使你的潜能被开发！

3. 不要总是抱怨老板或同事

似乎抱怨老板已经成为一种时尚，但我们想过没有，老板是企业的管家，抱怨老板往往对员工本身并没有什么好处。

孙华目前在中关村一家计算机公司做高级程序员。她之所以离开以前的公司，主要是因为她在同事跟前抱怨老板的话，传到老板的耳朵里，以至于不得不辞职走人。

一次，老板交给孙华一个难度很大的任务，并跟她事先声明“这件事难度大，你敢不敢承担，敢不敢接受挑战”。尽管孙华明白自己的实力可能完不成任务，但她觉得在公司众人中，老板主动找她征求意见，说明老板器重自己，所以孙华还是一咬牙就接受了。结果，由于老板给的期限较短，孙华的确没能按时完成任务。因为此事孙华遭到了老板批评，并受到了经济处罚。

可她感觉非常委屈也很气愤。孙华认为：既然任务这么艰巨，做不完本是预料中的事。自己当时那么努力，没做完也不该算是工作失误。

“老板真过分，这么短的时间里，让我干那么难的活儿，我都说做不了，可他非让我做，没做完还罚我。”事后，孙华跟身边同事都这么抱怨。

由于她的怨气特别大，对老板也没什么好脸色。老板终于生气了，说：“这里我是老板，下属只有服从，不许抱怨。我不养白吃饭的人，适应不了就走人。如果你完不成任务，就要考虑是否该换一份自己力所能及的工作。”

我们也许能在身边发现这样的情形：前一分钟还和老板唯唯诺诺打电话，后一分钟就会和同事咕噜起来，抱怨老板压给他巨大的工作量；有时老板的想法和他不一致时，他也会在同事面前嚷嚷老板的不是；如果老板早回家或者休假，他还会用非常妒忌的口气批评老板总是不在公司……

抱怨老板其实并不是员工明智的选择。如果我们设身处地从老板的角度考虑，恐怕就不会有这么多抱怨了。因为很多老板考虑问题以全局为出发点，从公司的利益出发，而公司的兴衰成败直接关系着他自己创业的成败，而普通员工习惯了从自身薪酬待遇、工作强度来考虑。

与其满腹的牢骚，不如调整心态坚持下去。老板对我们要求严格了，表面看似是不好说话，故意在与我们“过不去”。事实上，老板的最终目的只有一个，那就是让工作做得更完美一些，从这个角度来说，苛刻的老板更利于员工的成长。人们常说“严师出高徒”“强将手下无弱兵”，就是这个道理。

让我们以积极的心态提升自己的工作水平与能力，对自己提出更高的要求，以比老板要求还要高的工作标准去工作。最终一定会让“苛刻”的老板满意。

4. 不要总是抱怨机遇

“我总不被重视”，这是一些人常找的抱怨借口。他们总觉得自己怀才不遇，不够幸运，缺少成功的机遇，没有伯乐能够慧眼识英雄，好机遇总是让别人捷足先登，才造成自己碌碌无为的现状。

老总要到北京参加会议，员工小吴同行。由于老总的名片用完了，但第二天开会需要再准备一些名片，于是老总特地告诉小吴，让他把优盘里的会议邀请函给打印出来，另外做一盒名片。

因为当天晚上有个宴席，回到酒店时就已经晚上 9 点多了。老总想看一下名片的质量，就让小吴把邀请函和名片给他，谁知小吴居然说他没去做。

老总一听就蒙了，急忙拿上优盘冲出酒店，到外面的街上找打字复印店打印邀请函和做名片，但是由于时间太晚，街上打字复印店基本都关门了。没办法他只得挨街去找，终于，找了几条街后有一家打字复印店由于给客户赶一份资料还没有关门。

在邀请函打印好之后，老总给店老板说打印名片的事，店老板讲时间太晚了，名片即使做也得明天来拿。由于开会时间不允许，老总就百般给店老板请求，让今晚无论如何把名片给做出来，而且为了节省时间，老总表示可以把名片内容设计得简单一些。经过再三请求，老板终于答应给做名片。

拿到做好的名片已经是三个小时后了，在回酒店的路上老总尽量克制着怒火。但也下定决心，今后类似的或者其他的事情再不敢再让小吴去做了。

机遇永远青睐卓越的员工。有人曾经做过一个形象的比喻：如果说机遇是天上掉下来的馅饼，那么，只有嘴足够大的人能够接住。只有从来都努力的人，才能让上级很放心地把机遇给他。因此，机遇并不是任何人都能抓住的。

也许你拥有过人的才华，但是发现机遇却从来不垂青自己。当抱怨自己没有发展机遇的时候，你应该反省一下，当机遇来临的时候，你在干什么？你认真分析过你手头的工作能给你带来什么样的成就和好处吗？你认真思考过怎样把这份普通的工作做到最好吗？

不必总是抱怨，悦纳生活的不完美

在现实生活中，有些人一直生活在抱怨的世界中，我们总能听到各种各样的抱怨声不绝于耳：抱怨发展机会太少，抱怨薪水太低，抱怨工作压力太大，抱怨命运不公……抱怨似乎已经成为日常生活的一部分。仔细想想，我们真有那么多值得抱怨的事情吗？

事实上，生活对我们每一个人都是公平的，没有人可以不劳而获，没有人永远事事顺利，总会这样或那样的挫折发生。快乐与忧伤如一对孪生兄弟，总是出现在我们的生活中。积极一些，换个角度看待生活，也许很多事情并不值得我们花费精力去抱怨。

抱怨并不能改变我们的处境，那么我们不妨以一种平常的心态，来直面生活得不如意。要以平常心来对待工作和生活，就会减少你的痛苦和负担。

心理点拨>>

1. 没有多少事情是值得抱怨的

一个商人的妻子不停地劝慰着她那在床上抱怨不止的丈夫："睡吧，别再说了。"

"嗨，老婆子啊，"丈夫说，"你是没遇上我现在的罪啊！几个月前，我借了一笔钱，明天就到还钱的日子了。可你知道，咱家哪儿有钱啊！你也知道，借给我钱的那些邻居们比蝎子还毒，我要是还不上钱，他们能饶得了我吗？为了这个，我能睡得着吗？"他接着又在床上继续翻来覆去。

妻子试图劝他，让他宽心："睡吧，等到明天，总会有办法的，我们说不定能弄到钱还债的。""不行了，一点儿办法都没有啦！"丈夫喊叫着。

最后，妻子忍耐不住了，她爬上房顶，对着邻居家高声喊道："你们知道，我丈夫欠你们的债明天就要到期了。现在我告诉你们：我丈夫明天没有钱还债！"她跑回卧室，对丈夫说："这回睡不着觉的不是你，而是他们了。"

这种方式当然不可取。不过从另外一个方面来说，如果一味地忧虑下去，那么商人不仅是在折磨自己和家人，而且事情也不会发生任何的改变。

也许你有过这样的经历，凌晨一两点了仍然无法入睡。脑子在回想白天发生的一幕，追悔莫及，似乎所有的不如意都发生在你身上：如何才能找一份好工作？怎样可以使那个啰唆的主管对你有好印象……此时，你的脑子里有许多烦恼、问题和亟待要做的事在那里滚转翻腾！思绪东飘西荡，你仿佛永远无法再入睡了！

这时，你可以采取一个简单的步骤，对自己说一句简短的话，说上几遍，每一次要深呼吸，放松！你要对自己说，同时心里这样想："不要怕。"把自己的心灵腾空，扫除这些忧虑，你会睡着的。

深呼吸，一切由他去！睁开眼睛，再轻松地闭上，告诉自己："不要怕。"要仔细想想这些有魔力的字句，而且要真正相信，不要让你的心仍彷徨在恐惧和烦恼之中。

请记住一点，世上没有任何事情是值得抱怨的。

2. 没有完美的世界，只有完美的心态

卡耐基说："事情的本身不能使我们快乐或不快乐，决定我们感觉的是：我们对事情的反应方式。"

一位老太太有两个女儿，大女儿嫁给伞店老板，小女儿当上了洗衣作坊的女主管。于是老太太整天忧心忡忡，逢上雨天，她担心洗衣作坊的衣服晾不干；逢上晴天，她生怕伞店的雨伞卖不出去，天天为女儿担忧，日子过得很忧郁。后来一位聪明人告诉她："老太太，您真是好福气！下雨天，您大女儿家生意兴隆；大晴天，您小女儿家顾客盈门。哪一天你都有好消息啊！"老太太一想，果然如此，从此高兴起来，每天都很舒心。天还是老样子，只是脑筋变了一变，生活的色彩竟然焕然一新。

这个小故事给我们这样的启示：我们的生活状况其实就是自己心境的外部反映，从某种意义上说，有什么样的心境，就有什么样的生活。

对于职场人士来说，不要把工作看成是一种痛苦的经历，而应该把工作当成

一种快乐的积累。这样你才能为工作全身心投入，这时所有的困难都会变得轻松起来，因为工作已经成为一种快乐和享受。

态度决定一切。我们要实现人生宏伟的目标，就应当时刻保持积极的心态。安东尼·罗宾说过：“众所周知，除了少数天才，大多数人的禀赋相差无几。那么，是什么在造就我们，改变我们？是‘态度’！”

“要么你去驾驭生命，要么生命驾驭你。你的心态将决定谁是坐骑，谁是骑师。”在人生的旅途中，有数不尽的坎坷泥泞，也有看不完的春花秋月，持一种什么样的心态，将最终决定你的人生轨迹。

工作中出现问题的症结在哪里，认真思索之后我们会发现，其实是我们的工作态度发生了问题从而导致工作不如人意。要知道，世界并不完美，但是心态可以完美。以感恩和积极的心态去面对自己的工作，我们会赫然发现自己的工作也有了转机。

“你的心态就是你真正的主人。”一个人生活在世上，要敢于“放开眼”，而不向人间“浪皱眉”。“放开眼”和“浪皱眉”就是对人生两面的选择。你选择正面，你就能乐观自信地舒展眉头，面对一切；你选择背面，你就只能是眉头紧锁，郁郁寡欢，最终成为人生的失败者。

与人为善，不随意向人倾诉

有些人总是喜欢抱怨，无论什么地方都能当成“倒垃圾”的场所，同事、朋友、陌生人也成了他们发泄不满的对象。事实上，抱怨多了，不仅得不到别人的同情，反而会招致大家的厌烦，没有人愿意处在一个满是牢骚和怨言的环境里，没有哪一个人会喜欢这种凡事先抱怨的人。

建立良好的人际关系，可以得到大家的喜爱和尊重，将会对自己的生存和发展有很大的帮助。况且，愉快的工作氛围，可以激发大家的工作热情，从而更大限度地发挥个人的能力。

在遇到不顺心的事情或者工作上出现阻力的时候，会用冷静的态度去分析、处理所碰到的麻烦，而不是凭一时意气和冲动去批评抱怨他人，因为他们明白：与人为善，工作生活才会更美好；如果一味指责别人，等待他们的则只有更糟糕的人际关系，不利于自己工作的开展。

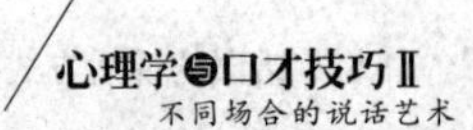

1. 过多的倾诉不会引起别人同情

“烦死了，烦死了！”一大早就听小蔡不停地抱怨，一位同事皱皱眉头，不高兴地嘀咕着：“好好的心情，全让她给吵坏了！”

小蔡现在是公司的行政助理，事务繁杂，是有些烦，可谁叫她是公司的管家呢，事无巨细，不找她找谁？

其实，小蔡性格开朗，工作起来认真负责，虽说牢骚满腹，该做的事情一点儿也不曾怠慢。设备维护，办公用品购买，交通费，买机票，订客房……小蔡整天忙得晕头转向，恨不得长出八双手来。再加上为人热情，中午懒得下楼吃饭的人还请她帮忙叫外卖。

刚交完电话费，财务部的老王来领胶水，小蔡不高兴地说：“昨天不是刚来过吗？怎么就你事情多，今儿这个、明儿那个的？”抽屉开得噼里啪啦，翻出一个胶棒，往桌子上一扔：“以后东西一起领！”员工小李正在一旁，又不好说什么，忙赔笑脸：“你看你，每次找人家报销都叫亲爱的，一有点儿事求你，脸马上就长了。”

大家正笑着呢，销售部的张丽风风火火地冲进来，原来复印机卡纸了。小蔡脸上立刻晴转多云，不耐烦地挥挥手：“知道了，烦死了！和你说一百遍了，先填保修单。”单子一甩：“填一下，我去看看。”小蔡边往外走边嘟囔：“综合部的人都死光了，什么事情都找我！”对桌的小王气坏了：“这叫什么话啊？我招你惹你了？”

态度虽然不好，可整个公司的正常运转真是离不开小蔡。虽然有时候被她弄得下不来台，也没有人说什么。怎么说呢？她不是应该做的都尽心尽力做好了吗？可是，那些“讨厌”“就你事情多”“不是说过了吗”……实在是让人听着不舒服。特别是同办公室的人，小蔡一叫，他们头都大了。“拜托，你不知道什么叫情绪污染吗？”这是大家的一致反应。

年末的时候公司民主选举先进工作者，大家虽然都觉得这种活动老套可笑，暗地里却都希望自己能榜上有名。奖金倒是小事，谁不希望自己的工作得到肯定呢？领导们认为先进非小蔡莫属，可一看投票结果，50多张选票，小蔡只得12张。

有人私下说："小蔡是不错，就是嘴巴太厉害了。"

小蔡很委屈：我累死累活的，却没有人体谅……

通过上面的故事，我们可以看出，尽管小蔡做的事情很多，可是因为她总是批评和抱怨自己的同事，无疑影响了她在同事心中的印象，从而导致评选先进落选的发生。虽然先进工作者可以不当，但至少说明她付出的没有得到回报，因为她的抱怨和批评直接导致了这样的后果。

看过梁凤仪的《世纪末的童话》这本小说的人也许还记得，孙凝的下属里也有这样的一个怨妇，她是一个上了年纪的老太婆，自认资历深所以对谁都随便批评。可是，有人受不了她这样的态度，就将这样的情况反映给了孙凝："我们这些人，在家里要受婆婆的气，要看老公的脸色，难道到了办公室还要忍受她的气不成？"孙凝听了她的话，就将那个随便批评别人的老太太解雇了。

没错，你的同事在生活中可能已经够烦了，在单位里工作压力又大，随时都可能受到领导的责骂，本来已经是很头疼了。如果你还在他身边一直批评抱怨，那么无疑他会对你很反感，甚至会在心中记恨你。

人在职场，无论做什么事都切勿草率行事，要三思而后行。尤其与同事相处，不可随便迁怒于他人，我们一定要与人为善，多为对方着想，切不可随便说出指责和抱怨的话来。否则就会出现不堪设想的后果。

2. 不要把怨气传给其他人

生活中，多数人都会有不好的习惯，那就是当我们的心情糟糕和情绪不好时，总会迁怒于身边的家人和朋友，好像不这样，心中的怒火就无处发泄。可是这样一来，我们身边的人就成了出气筒，成为索然无辜的受伤者。其实，这种现象就是心理学上著名的"踢猫效应"。

"踢猫效应"源自于这样一个故事：

某公司董事长有一次看报看得太入迷以致忘了时间，为了不迟到，他在公路上超速驾驶，结果被警察开了罚单，最后还是误了时间。这位老董愤怒之极，回到办公室时，心头的怨气仍然是无处发泄，他将销售经理叫到办公室训斥一番。销售经理挨训之后，气急败坏地走出董事长的办公室，将秘书叫到自己的办公室并对他挑剔一番。秘书无缘无故被人挑剔，自然是一肚子气，就故意找接线员的茬儿。接线员无可奈何垂头丧气地回到家，对着自己的儿子大发雷霆。儿子莫名其妙地被父亲痛斥之后，满肚子的怨气无处可发，便将自己家里的猫狠狠地踢了一脚。

一般而言，当一个人的情绪变坏时，潜意识会驱使他选择下属或无法还击的弱者发泄。而这个弱者又会去寻找自己的出气筒。

一些企业的管理者遇到挫折或不顺心的事就拿下属当出气筒，这样的领导者即使事业上取得了一定的成绩，也难有真正的成功。一个人如果不能与人为善，不能宽以待人，经常向周边释放消极的因子，成为心理疾病的一个传染源，导致所处环境的恶化，怎么能谈得上真正意义的事业成功呢？

成功者从来不把自己的怨气传染给别人，因为他明白，抱怨是一种可怕的传染病，一旦蔓延开来，将会殃及更多的人，产生可怕的后果。

3. 为别人带来正能量

在我们的生活当中，有些人身上具备着一种无形的力量，时时刻刻影响着身边的人，并且给予对方一种力量，甚至可使人受益终身。拥有这种吸引力的人，往往也是社会中最具成功素质的人士。他们是拒绝抱怨、懂得感恩的人。

程伟是一家电脑公司的业务主管，现在公司的生意相当火爆，公司的员工对待自己的工作也充满了热情和骄傲。

但是，以前并不是这种情况，那时候，公司一派死气沉沉的景象，员工们都厌倦了自己的工作，公司里没有一点儿生气。但是，名牌大学毕业的程伟的到来改变了这一切。程伟对待工作充满了激情，对待身边的每个人充满了热情，他说要用自己的微笑开创每一天，他的这种精神状态带动了其他员工。很快，抱怨之声逐渐消退，大家都以一种积极的心态投入到工作中。在很短的时间内，公司的业绩出现了飞跃，公司内部每天都充满活力。

名牌大学毕业的程伟，怎么能屈尊来到这样的小公司？在这个小公司里干得有声有色？人们不禁有这样的疑惑，在一次和同事们交心聊天的过程中，程伟透漏了他的想法：公司虽然小，但是为我提供了发展的平台；同事虽然学历低一些，但是每个人都有值得我学习的地方；每天都是新的一天，所有的烦恼都已经成为过去，我感谢所有的一切。以感谢为动力，我认为自己必须用努力工作来回报所有的一切。

程伟也因为工作出色，不久就被提拔到了主管的位置。

一个有吸引力的人，不仅使自己活在快乐的氛围中，还会对周围产生积极的影响力，能带动其他人共同进步，这才是最优秀的人。一个拥有感恩之心并工作负责的杰出员工，必定是企业中的“领头雁”，会取得事业上更大的成功。

当我们整天抱怨自己的工作和生活时，我们将会使抱怨成为生活不可缺少的部分。当我们换了一种生活方式，以感恩充斥我们的心灵，生活将会充满阳光，同时我们也会拥有独特的吸引力。

感恩的人不仅使自己活在快乐的氛围中，还会对周围产生积极的影响力。这种影响力不同于能力，更不同于智力，就好像一种独特的魅力，时时刻刻影响着我们，并且给予对方一种莫名其妙的力量，甚至可以影响身边的人。拥有这种影响力的人，往往也是社会中最具成功素质的人士。

不抱怨的磁场，给自己带来更多的快乐

抱怨是很多人生活的常态——工作、家庭、人际、天气、交通……这些都是抱怨的对象。抱怨的人是不快乐的，他永远只会在不快乐的出发点原地踏步，没有意识到自己在思维和行为上需要改变。

抱怨是最消耗能量的无益举动。有时候，我们的抱怨不仅会针对人、也会针对不同的生活情境，表示我们的不满。如果找不到人倾听我们的抱怨，我们会在脑海里抱怨给自己听。抱怨自己的人，应该试着学习接纳自己；抱怨他人的人，应该试着把抱怨转换为请求。这样一来，你的生活会有想象不到的大转变。

天使投资人徐小平坦言：不抱怨是一种生活态度，一种看似简单却很有讲究的大智慧，它更是一种精神，大到国家、小到个人都需要这种精神，也匮乏这种精神。的确，当我们远离抱怨时，我们会接纳各种人和事物，并从中发现其光明面，我们会体验到越来越多的良善与美好。

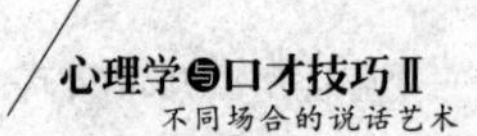

1. 没有人喜欢一直抱怨的人

有人说："乐观者在每次危难中都看到了机会，而悲观的人在每个机会中都看到了危难。"我们通过一个小故事，来看乐观者与悲观者是如何以不同角度看待问题的。

两个青年到一家公司求职，经理把第一位求职者叫到办公室，问道："你觉得你原来的公司怎么样？"

求职者面色阴郁地答道："唉，那里糟透了。同事们尔虞我诈、钩心斗角，部门经理粗野蛮横、以势压人，整个公司暮气沉沉，生活在那里令人感到十分压抑，所以我想换个理想的地方。"

"我们这里恐怕不是你理想的乐土。"经理说，于是这个年轻人满面愁容地走了出去。

第二个求职者也被问到这个问题，他答道："我们那儿挺好，同事们待人热情、乐于互助，经理们平易近人、关心下属，整个公司气氛融洽，生活得十分愉快。如果不是想发挥我的特长，我真不想离开那儿。"

"你被录取了。"经理笑吟吟地说。

我们常说，乐观的人说命运喜欢时时给人惊喜，悲观的人说命运喜欢时时给人意外。一味抱怨的悲观者，看到的总是灰暗的一面，即便到春天的花园里，他看到的也只是折断的残枝、墙角的垃圾；而乐观者看到的却是姹紫嫣红的鲜花、飞舞的蝴蝶，自然，他的眼里到处都是春天。

当然，有时适当的抱怨也会带来一定的辅助作用。譬如，爱诉说的女性会让人感到更容易亲近，有时双方能建立起直接的情感黏合点——因为倾听者会确信抱怨者那种吐露心事的信任，抱怨者也会感激对方的耐心倾听。

如果你确定想发泄压抑的情绪，最好选择一个适当的方式。比如你要找对倾听者，而一个理性的智慧的人是最好的选择。

如果你向那些让你沉溺于痛苦中的朋友继续倾诉，这是很不明智的，它会让你得出最坏的结论：人间毫无真情。与其把你的苦恼告诉那些可能会使你继续苦恼的朋友，还不如去求助一些能够帮你找出问题和解决方法的朋友。

2. 不要把精力放在抱怨上

一个年轻人来拜访苏格拉底。

“我该怎么办？”年轻人抱怨道，“一个又一个的问题接踵而至，这不是我想要的工作啊。睿智的苏格拉底先生，我该怎样摆脱这种困境呢？”

苏格拉底笑笑道：“跟我来。”

年轻人满怀希望地跟在苏格拉底身后，七转八转，穿过一条出城的小道，来到了一处墓地。

“到这里来做什么？”年轻人满腹狐疑。

“你不是要摆脱困境吗？”苏格拉底指着面前的坟墓说，“你看看吧，只有在这里的人是不会被问题困扰的。”

年轻人恍然大悟。

我们将有限的时间花在抱怨问题上，不如将有限的时间花在解决问题上。因为，无论我们如何去抱怨，问题依然会存在。要想让问题消失，唯有解决问题才是关键所在。

抱怨不仅不能解决问题，还会使得问题越来越复杂。与其把时间浪费在抱怨上，不如把时间省下来，多想出几个解决方案来得实在。因为抱怨只会使我们越来越缺乏责任心，在一个团队里，抱怨多了就会极大地削弱团队的凝聚力，使人心更为涣散。

在办公室里，我们总能听到一些人喋喋不休的抱怨。工作太辛苦、老板太抠门、同事不配合、薪水太微薄、自己太无能……面对工作中的种种不如意，我们总是有意无意在抱怨。或许很多人觉得抱怨并没有什么不好，至少抱怨完了心里会舒服一点儿，其实不然。抱怨会给你的坏情绪火上浇油，会挫伤你的锐气，使你不能很好地面对你的生活。

3. 要学会知足惜福

抱怨源自不知足，只有知足的人才能感受到人生的富足。

哲学家克里安德，当年虽已八十高龄，但依然仙风鹤骨，非常健壮，有人问他：“谁是世上最富有的人！”克里安德斩钉截铁地说：“知足的人。”

曾有人问当代美国最富有的石油大王史泰莱："怎样才能致富？"这位石油大王不假思索地回答："节约。"

"谁比你更富有？"

"知足的人。"

"知足就是最大的财富吗？"

史泰莱引用了罗马哲学家塞涅卡的一句名言来回答说："最大的财富，是在于无欲。"

塞涅卡还有一句智慧的话："如果你不能对现在的一切感到满足，那么纵使让你拥有全世，你也不会幸福。"

最妙的是，罗马大政治家兼哲学家西塞罗也曾有类似的说法："对于我们现在有的一切感到满足，就是财富上的最大保证。"

>>

知足者常乐，知足便不作非分之想；知足便不好高骛远；知足便安若止水、气静心平；知足便不贪婪、不奢求、不豪夺巧取。知足者温饱不虑便是幸事；知足者无病无灾便是福泽。过分地贪取、无理的要求，只是徒然带给自己烦恼而已，在日日夜夜的焦虑企盼中，还没有尝到快乐之前，已饱受痛苦煎熬了。

当然，知足不是自满和自负，而是知荣辱、乐自然。知足的人即满足于自我的人。知足者能认识到欲望无止境的痛苦，在能实现的欲望之内，他拼命为之奋斗，一旦得到了自己的所求，快乐便油然而生，每上一个台阶，快乐的程度也会上一个台阶。

只有懂得知足，在自我能达到的范围之内去要求自己，而不是刻意去勉强自己，去强迫自己，而是自觉地知足，才能心平气和地去享受独得之乐。因此古人说："养心莫善于寡欲。"我们如果能够把握住自己的心，驾驭好自己的欲望，不贪得、不觊觎，做到寡欲无求，役物而不为物役，生活上自然能够知足常乐、随遇而安了。

如果我们对自己的要求过高，设定的目标不现实，又要坚持追求下去，日夜为欲望奔走，不仅会耗失自己的健康，还会让自己在欲望的追逐中迷失自己。

也许，我们曾经专注地设计美妙的未来，细致地描绘多彩的前途，然而，尽管我们是那样固执、那样虔诚、那样坚韧地等待，可生活却以我们全然没有料到的另一种面目呈现于面前。我们没有必要去承受生活带来的痛苦，而应看淡生活中的得与失，这样，我们眼前会是另一番景象，充满快乐，充满自信，充满阳光。

要用点停顿，声音也可以做“美容”

说话高手总是善于利用自己的声音。在听众听来，他们的声音与众不同、语调生动有趣、举止恰到好处……对说话高手而言，自身的声音也会成为吸引对方的重要因素。

对于迫切想要掌握当众说话技巧的人来说，首先你要选择好自己的说话声音——这完全取决于你的个性、场合以及你所要表达的感情。通常情况下，你的发音要做到清脆而洪亮。说话清晰才显得有自信心、目的性明确和善于表达，这会给对方泰然自若的感觉。在公众场合，如果别人的谈话正处在争论不休的阶段，你站起来说一句话，语句简短、声音洪亮，则会产生震撼人心的作用。

心理点拨 >>

1. 抑扬顿挫，让你的语调更完美

抑扬顿挫在字典里的解释是：声音高低起伏和停顿转折。在这里可以理解为，有感情才有高低起伏，才有停顿转折。

实际上，语调传达的信息远比我们想象的要多得多。语调就像说话者的表情一样，向对方传达着语言本身之外的意思。一般来说，升调传达着激昂的情绪，如兴奋、愤怒、谴责、疑问；降调则表达灰暗的情绪，如悔恨、伤心、失望和郁闷等。

懂得说话的人，不仅会塑造自己的个性声音，使其悦耳动听，而且他们的语气和语调也很有感染力，总能拨动人的心弦，引起对方的共鸣。据说，一位意大利演员用悲怆的语调朗诵阿拉伯数字，听众居然被感动得凄然泪下，而一位中国艺术家朗诵菜谱则像诗歌一样动听。

作为央视第一代播音员，赵忠祥早期一直以口播形式播报国内外重大新闻，1979 年随邓小平访美期间采访卡特，成为新中国第一位进入白宫采访美国总统的记者。央视创办春节晚会后，先后主持过十多届春节联欢晚会。1990 年和杨澜一起接手主持综艺节目《正大综艺》连续火了三年。他主持的《动物世界》已成为中国老百姓家喻户晓的栏目。

赵忠祥自1984年开始担任春晚主持人，在以往二十多届的晚会中，他大约主持了十五届，是主持时间最长、次数最多的主持人，直至2000年后才基本淡出。赵忠祥以其独特的声音始终为人们所记忆，有人如此形容：声若洪钟、音若金吕、抑扬顿挫、摄人心魄。他以“踏”“急骤”“奔腾”“大河上下鼓角连营”等具有无比刚性的音节语调，用一种非同寻常的声音震慑着人们。这，被赵忠祥称之为“硬派风格”。

当众讲话要做到抑扬顿挫的节奏美，就要有效地处理演讲时的语音、语速、语调、音量、停顿等。乔布斯在制造观众情绪高潮方面不仅仅有巧妙的情节设置，还善于用节奏的转换调动听众的情绪。比如，当他介绍苹果公司过去的成绩始终保持着慢速低音，让人有一种可敬的感觉，直到他说“今天苹果准备进行手机革命了！”语速和音量一下提升了上来。这种在适当的时候改变语音、语速和语调等自然能引起听众的重视。

要善于运用你的声音征服听众，让听众在你抑扬顿挫的声音里，知道什么时候讲重点，什么时候应全神贯注；从你的声音中知道困难和艰辛；从你的声音中得到欣慰和希望；从你的声音中得到自信和愉悦……

2. 清晰有力，让听众听得清内容

讲话就是以声音为重要媒介，因而对声音要求很高，但是演讲者必须首要做到的是，努力使自己的声音达到清晰有力。

人类没有单独用作发音的器官，而是使用呼吸器官、消化器官作为自己的发音器官，而这些器官原本不能产生言语，只是到后来才用于说话。发音器官有肺、气管、喉（包括声带）、咽、鼻和口，这些器官形成一条形状复杂的从肺部一直延伸到唇的“管道”。由于舌、唇和咽、口、鼻的形状可以发生各种各样的变化，从而使我们能够发出不同的语音来，大多数的言语声波就是通过这样的机制产生出来的。

在口语交际中，只有发准每一个字、词的读音，交际活动才能正常的进行下去，否则就会造成歧义和误解。

有位农民进城办事，需要住旅馆。他问路人：“雷（旅）馆有没有？”路人一听，立即用警惕的目光看着他，厉声问道：“雷管是国家禁止私人买卖的爆炸

品，你要它干什么？”经过再三解释，方知是问路的人发音不准，将“旅馆”说成“雷管”。

像这样的情况在生活中时有发生。一般情况下，当面说话，有手势、表情等辅助手段，听者还能估摸出点儿意思来，可是，如果是当众讲话发音不准、吐字不清，就很容易产生误差，影响表达效果。苏联艺术语言大师符·阿克肖诺夫说：“吐字不好，不清楚，就像是键子坏了的破钢琴似的，简直叫人讨厌。”

我们应该注意克服发音吐字方面的不良习惯．如鼻音（音色暗淡、枯涩，听起来像感冒声，从鼻中发出的堵塞的声音）、喉音（声音闷在喉咙里，生硬，沉重，弹性差）、捏挤（单薄，发扁，声音似从口腔挤出）、虚声（小声小气的声音，有时在换气时带有一种明显的呼气声）等等。只有这样，才能做到发音圆润动听，吐字清晰悦耳。

3. 时缓时急，恰当控制你的节奏

20世纪的演讲大师、诺贝尔文学获奖者、英国首相丘吉尔曾将节奏列为“口头表达艺术四大因素”之首。如果一场演讲不讲节奏，或者节奏感不鲜明，就不能充分地表达演讲内容的主题和演讲者的思想感情，自然也就不能有效地影响听众。在你说话的时候，你需要把握讲话的节奏，以此来表现出比你说话的具体内容更多的信息。一个没有节奏或者语速、语调散乱的当众讲话，不可能吸引听众。

总体来说，讲话开始的时候，节奏通常比较慢，因为这时主讲者要在开场时介绍一下自己以及演讲内容；当讲话进入主体部分时，节奏会加快，变化比较明显，并通过重音、停顿、强调的运用，表明那些最重要的内容；到讲话结尾部分时，节奏通常会慢下来，这时可以简要回顾一下自己所说的内容，然后结束讲话。

一位政教处主任，针对学校学生在晚自习的时候跑出去上网，在早操时间，进行了训话。他说：“你们的父母含辛茹苦地工作，拿着血汗钱送你们上学，而你们却把钱拿去打游戏，他们还以为你们在刻苦学习，你们觉得对得起父母吗？”

说完之后，主任看着台下的学生，足足停顿了大约一分钟。底下一片沉默。主任然后接着说："同学们现在读书确实很辛苦，每天早上起那么早，晚上还要上晚自习。"主任又停顿了一会儿，加重了语气："可是你们苦得过你们的父母吗？"

主任没有继续往下说了，静静地站在台上，这些学生也静静地望着台上的主任。停顿了大约一分钟，主任结束了这次讲话。

显而易见，主任的这次训导起到了预期的效果。因为主任根据讲话的内容适当地进行了停顿，把握好了讲话的节奏。可是，讲话时究竟什么地方需要停顿呢？

一是在语义转化的时候，比如说"但是"的时候，很多善于演讲的人，就会连续用几个"但是"来提醒大家注意。二是强调一个中心思想的时候，比如"这就是我今天来此的主要目的。"说完这句话，可以停顿一下。

停顿是演讲的"休止符"，恰到好处的停顿往往比语言更能有效地传达思想。停顿就是让演讲者的话语信息更加有效而巧妙地得到传达，让听众有时间深入思考去和味演讲的内容，让自己的演讲在当时就产生切实的效果。

另外，停顿还可以让演讲带有一定的悬念，它可以提高听众的注意力，而且还会激起人想急切听下去的欲望。

在谈话的过程中，要避免以一种节奏贯穿始终，需要适当转换节奏。节奏转换的方法除了停顿之外，还有欲扬先抑、欲快先慢、欲慢先快、欲轻先重、欲重先轻。当然，节奏的转换不能脱离你所要讲的内容，故弄玄虚反而会弄巧成拙、适得其反。

第十二章
指正别人的话说得越少越好

永远不要批评“人”，而要批评“事”

你不想别人损害自己的尊严，你也不可损害别人的自尊心，甚至对你的子女或者下属，如果有不是之处，你可以向他们询问，可以要求他们解释，但方法态度要真诚大方。

不少人会提出这样的两难问题：“我有一名下属，他是骨干员工，但他明显在工作中出了差错，我想批评他，但他受不了不干了怎么办？但如果不进行批评，以后他或其他的同事犯同样的错误怎么办？我怎么解决这个两难问题？”

解决难题的最好的办法，就是批评人“对事不对人”。

>>

1. 批评人也要有统一标准

某公司的管理制度比较松懈，公司开会时常常有人迟到。这一天，公司又开管理会，前面有两位与会者迟到了，经理没有吭声，后来第三个迟到的人来了，经理实在忍不住了，把他训了一通。第三个迟到的人后来了解到他并不是唯一迟到的人，对经理很不满意，觉得经理对他有偏见并找他当面说理。经理说：“我是对事不对人。”但这位员工说：“为什么你只批评我，而对前面迟到的两个人没有责骂呢？”

这位经理犯的错误是没有一个统一的标准，只批评了最后一个迟到的人，确实没有做到一视同仁。批评者认为自己对事不对人，但被批评者认为别人就是和他过不去。原因就是当事人没有统一标准，或者公司没有统一的标准。比如，如果公司规定“凡迟到者一律罚款10元”，然后按制度执行，谁都不会否认这是标准的“对事不对人”。

对于制度层面上的管理工作应该一视同仁，比如考勤制度，规定所有员工八点半上班，管你财务部还是人事部的人都不例外，但是对于市场部就不能一刀切，我们也知道外勤人员有时出差，可能半夜才到家，你就不能强求第二天准时上班，这就要有一定的弹性，但是这属于特殊管理，而不是双重标准。双重标准是指针对同一个问题采用不同标准，就比如两个业务员都是出差，到深夜两点才回家，第二天都是10点才到公司报道，你不能一个不算迟到一个算迟到，这就是标准不一了。

2. 不要从事转到人上面

一家工厂的生产部门完成了一个订单，但负责质检的经理在抽检过程中，认为产品品质没有达到规定的要求，坚持不放行，不允许货品出厂。生产部经理甩下话说：“你怎么这么不信任我呢？如果产品到了客户那里被客户投诉，责任由我一人负责！”质检经理也气呼呼地说：“就看你平时的做派，你这批货我也不会放行！”

如果产品质量确实达不到规定的标准，品质部不让产品出厂是完全正确的。错误在于在沟通的最后，争论的不再是产品的标准与价值，而是夹杂到了个人恩怨了。

类似的情况我们也经常能看见，因为员工某项工作做得好，而表扬员工“能力强、态度好”，等到这位员工某项工作完成得不好又加上“没有责任心”“没有任何能力”等帽子。

当上升到情感对立的程度，任何工作都将不好开展了。

3. 批评要体现公平性

管理制度的最重要的目的之一是体现公平性，就是要做到“对事不对人”。我们不妨来看看李彦宏是怎样“对事不对人”的。

时值 2002 年，百度正处于快速发展中。当时，负责人阿 D 几乎天天都盯着百度服务器，因为每天承受的访问压力已经接近服务器极限，如果访问人数再增加，就会导致百度独立网站的服务不稳定，严重影响到用户的搜索体验。恰恰这个时候，销售部门新谈成了一个门户网站，希望马上使用百度的搜索引擎服务。

阿 D 虽然知道这个服务不应该上，因为新服务很可能成为压垮百度服务器的“最后一根稻草”。但最后因为种种原因，阿 D 没能坚持到底，新服务还是上线了。结果，连续两天，百度网站的服务稳定性很差，用户在提出搜索请求时经常得不到正常的搜索结果，新服务不得不紧急下线。

阿 D 惴惴不安了好几天，已经做好了挨批评的准备，他明白，以李彦宏的个性，是容不得这么大的纰漏的。李彦宏确实对这件事很在意，但是在例会上，他并没有对任何人发脾气，而是平静但认真地对阿 D 说：“你的职责就是保证百度的服务可依赖，所以这次事故你有很大的责任，要好好反思。”但他接着说，“现在最关键的是怎么解决这个问题，赶紧讨论一下。”阿 D 说出了自己准备好的解决方案，李彦宏很认真地听着，时而点点头，他觉得这个想法考虑得很全面，然后很投入地和他一起讨论起其中的细节来。

李彦宏谈完事情后，邀请阿 D 周末一起参加娱乐活动，阿 D 心头原本重重的乌云渐渐散去。他完全能感觉到只是这件事情没有做到，李彦宏对他本人并没有怀有成见。

>>

优秀的企业管理者懂得利用企业制度的重要性，他们依据企业的制度，不会将过错都归到某个员工身上，他们处理问题完全能做到“对事不对人”，而员工也能理解并支持管理者的这种做法。

批评一定是对事不对人，尤其在企业管理的过程中要一视同仁，要做到“制度面前人人平等”。

批评人，别让对方没有面子

如果你率直地批评某一个人，不但得不到好的效果，还可能会给对方造成更大的伤害。

被人批评本来就是一件难堪的事，没有人希望在自己受到批评时让全世界都知道。所以，为了被批评者的颜面，你在批评人的时候，一定要顾及对方的自尊，他可能更会心存感激。

这也是一种间接处理问题的方式，是在给对方一个缓冲的余地。所以，在批评他人时要试着多去谅解对方，唯有如此，才能不受其弊；也唯有如此，才能使你所不愿看到的状况得到改善。

1. 没有必要让对方无颜见人

俗话说“人要脸，树要皮”，谁被批评都不希望被别人知道。

工厂一位李姓工人私自把仓库里的钢筋拿了一根回家，安在自家的窗户上。这事让厂领导知道了，领导抓住这一点，把李某狠狠地批评了一通。当然，李某也认识到自己的确错了，很诚恳地向厂领导认错。这件事本该到此为止，但厂领导并没有善罢甘休，非让李某写下书面保证并公开在厂里认错不可。书面保证可以写，但公开认错就有点儿勉为其难了。这类事本来不光彩，如果让厂里同事都知道了，就会很难堪，李某寻思来寻思去，仍找不到下台的办法，于是便离开工厂了。

一般来说，批评应该适可而止，没有必要把对方置于死地，让对方无颜面示人，因为我们批评的目的是为了治病救人，是为了帮助别人。

在工作中，上级经常都会给下级提意见或进行批评教育，但一定要注意不要声张，要给他尊严的安全感，让他知道“改过就好，这事我不向别人说”。

有的领导者很不注意这一点，刚批评完下级就把这事说给了别人；或者事隔不久批评另一个人时，又随便举这个人做例子，无意间将批评之事散布出去，弄得满城风雨，增加了当事人的思想压力和反感情绪。

任何一个谈话高手都知道，批评的话最好不超过三四句。会做工作的人，在对别人进行批评教育时，总是三言两语见好就收，不忘给对方留一定的余地，而有的人就不是这样了，他们总是不肯善罢甘休，非把对方批得“体无完肤”不可，结果是过犹不及，往往把事情推到了反面。

大多数人的本质都应该是积极的，那种冥顽不灵、屡教不改的“老油条”还是少数，多数人都会保护自己的尊严，在批评教育时一定要本着这个前提来进行。

2. 对方会感谢你维护他的自尊

如果对方在批评你时维护你的自尊，你可能更会心存感激。这也是一种间接处理问题的方式，是在给对方一个缓冲的余地。

有一家工程公司的安全协调员，他的职责之一是监督在工地工作的员工戴上安全帽。每次一碰到没戴安全帽的人，他就会严厉地批评他们没有遵守公司的规定。员工虽然表面接受了他的训导，但却满肚子不愉快，常常在他离开后就又将安全帽拿了下来。

他在思考了一番之后，决定停止当面批评。当他再发现有人不戴安全帽时，就问他们是不是帽子戴起来不舒服，或有什么不适合的地方，然后他会以令人愉快的声调提醒他们，戴安全帽的目的是为了保护自己不受伤害，建议他们工作时一定要戴安全帽。结果遵守规定戴安全帽的人愈来愈多，而且也不再像以前那样出现怨恨或不满情绪了。

这位安全协调员的工作之所以开展顺利了，在于他批评的方式有了很大的改进。实际上，批评的真正目的并不在于批得对方体无完肤，彻底打败对方，而是让对方意识到自己的错误，并反省改正。然而，如果我们不分场合地批评对方，被批评者只会怪罪于他人不给自己留面子，而绝不可能反躬自省、承认错误。

当你批评别人时，你会发现：我们所要批评、责备的人，不论其是否有错，都将会执意强辩，为自己的行为寻找借口，甚至恶言反扑。无论你采取什么样的方式批评他人的错误，比如一个蔑视的眼神、一种不满的腔调、或者一个不耐烦的手势，都可能带来难堪的后果。他可能并不会认同你的批评。

因为，你否定了他自己，伤害了他的自尊心和感情。他不仅不会改变自己的看法，反而还会对你进行反击，来证明他的正确，维护他的自尊。

3. 批评要分清场合

聪明的批评者总是在什么场合说什么话，从而创造出一个否定和批评的良好时机。愚蠢的批评者则往往不分场合，不看火候，随便行使权力，大要威风，结果，使问题反而变得更加复杂和严峻。通常的批评宜在小范围里进行，这样会创造亲近融洽的语言环境。实在有必要在公众场合批评时，措辞也要审慎，不宜兴师问罪。

某日，公司的一位主管在众人面前大声地斥责了一位个性较温和的新员工："既然是男人，就应该挺起胸膛。不要畏首畏尾地像个女人，难道不觉得丢我们男人的脸吗？"在众人面前遭到斥责的这位员工，低着头往办公室外走去，主管想他或许是去洗手间，但是过了许久却仍不见踪影。四处找了又找，终于发现他在屋顶，手靠着围墙正往下看。主管见状，不禁心中起了一阵凉意："最近一些神经衰弱、身心不健全的人，经常做出令人出乎意料的事，或许自已想得太多，不过从今以后，一定要先看场合再斥责。"

当有外人在场的时候，即使最温和的方式，也可能会引起被批评者的不满，认为你没有给他面子，让他颜面尽失。所以，要批评一个人的错误时，最好避免在公共场合，尽量选择单独会谈的方式。让对方感觉到自己的错误，没有必要当着别人的面公开指责。

领导不分场合，大庭广众之下就将下属大批一通，对自身也是一种损害。因为他的不识体、没风度在很多人眼前暴露无遗，这是给自身形象抹黑。大家也许会忽略那个被训斥者所犯下的错，反而会把注意力投向这位唾液飞扬的领导身上。

大量事实说明，恰当地选择批评的时机和场合，对于优化批评的效果是十分重要的。批评的目的和内容都正确，选择的场合和时机不当，也会导致批评的失败。毕竟批评的目的只在于纠正错误，期望改正，而不在于负面打击。

不要将批评上升为人身攻击

批评是做人的思想工作的一种方式，而人都是有自尊心的。要知道，任何人的人格都是平等的。

如果批评含有贬低对方能力、人品的意味，容易激怒对方；如果在肯定对方能力、人品的前提下指出其某一个方面的具体错误，对方往往容易接受。如“按你的能力，这件事本来可以做得更好些”“以你的为人，不该说出这种伤人的话”，等等，都是批评人而不伤人的批评用语。

贬低他人，也就意味着自己的渺小。贬低他人，就会损伤他人的自尊心。现实生活中，有些人由于自信不足，从而有意无意地通过寻找别人的缺陷来满足自己的自尊。不过有的时候，当一个人的错误损害了众多人的利益、你不得不提出批评时，就要考虑采用合适的批评方式。

批评不是出于贬低对方的目的，正确运用批评的方法，那么这样的批评就会收到意想不到的效果。

1. 不要伤害对方的人格

任何人都是有自尊的，即使是小孩子，批评他们时也不能伤害其自尊。

小颖从小学开始就很喜欢作文，她总是会用笔记录下自己每天的所见所闻、所思所想，她觉得这样会给自己的生活留下精彩的回忆。上了初三，面临即将到来的中考，学习生活越发紧张起来，可是小颖还是坚持每天写日记。

学校组织开家长会，妈妈得知小颖的成绩近期有所退步，她认为是写日记耽误了女儿学习的时间。回到家，妈妈直接进入小颖的房间，看到书桌上摆着一摞一摞的手写书稿，十分生气，随手就把摞成一摞的日记本扫在了地上。小颖看到自己珍贵的日记被妈妈随便丢在地上，很伤心，妈妈正在气头上，骂道：“你写日记耽误学习，考不上高中，考不上大学，一辈子都会没有出息！”

面对妈妈的大声吆喝，小颖更加伤心，想不到妈妈这样否定自己，甚至不给自己解释的余地……

母女俩都认为自己没有错。

这位母亲对小颖的教育虽然没有发展到棍棒相加的地步，但她对孩子的批评是对孩子人格的无情践踏与伤害。

人格是人的性格、气质、能力等特征的总和，是一个人作为权利、义务主体的资格。批评话说重了，被批评的人也许会立刻把不高兴写在脸上，还要申辩几句。但也有不少人则会把怨气憋在心里，日久天长容易形成内心强烈的怨气。

遇到非批评不可的错误，不是先教训对方，更不是粗暴地责骂对方。如果是在人多的场合，不妨找机会把对方拉到一边说句悄悄话，避免对方遭遇下不来台的尴尬。对于那些很有个性的人，强硬的态度其结果是两败俱伤。心平气和地启发和批评，他会很快理解你的意图，默认批评，自尊心也不会受到伤害。

批评要找适当的时机，其出发点应该是对对方的关切。粗话、恶语，就像支支毒箭，只能用来对付敌人，不能用以对付自己的朋友或下属，否则只会使对方产生不满、愤怒、仇恨等情绪以及报复的念头。

2. 不要动辄翻老账

许多人总是对以前曾犯过错误、受过处分甚至惩罚的人，抱有很深的成见。这样，在对他们进行批评教育时，就会自觉不自觉地把眼前的事和以前的事扯到一块儿，翻老账。而这往往就触动了别人最敏感的、最不愿意让他人触及的神经，从而使人产生极大的反感。

一名车间工人，因为工作失误，受到一个通报批评的处分。后来，他和一名同事吵了一架，于是车间主任找他谈话，对他进行批评，可只谈了几句，就谈崩了。

车间主任："你对同事大打出手，可真够威风的啊。"

工人："我……"

车间主任（打断工人）："你怎么样？上次那个通报你忘了吧？我可是没忘啊……"

工人："那你就给我再来一个通报吧！一个我抱着，两个我背着！"

车间主任："你……"

批评最忌翻陈年老账，将对方过去的问题一股脑儿地抖出来以显示自己的理直气壮。殊不知，连珠炮式的指责只会扩大对方的对抗情绪，使所遇到的问题更难解决。

"并不是我喜欢揭人的疮疤，而是他的态度实在太恶劣，一点儿悔过的意思都没有。我这才忍不住翻起旧账来的。”有人这样为自己辩解说。

批评应针对当前发生的问题，帮助下属提高认识、改正错误。翻老账会使下属产生逆反心理，直觉告诉他领导一直在做收集他全部缺点的工作，这一次是在和他算总账，因而会产生对立情绪，不会做出任何配合的。

弗洛伊德曾说：“人具有抹杀不愉快记忆的潜在欲求。”这意味着任何人都难以接受别人用过去的眼光来评价现在的自己。尤其是过去犯错已获得应有的惩罚，而现在再揭发，无疑是被强迫接受多余的惩罚，所以明显表示出抵制情绪也是不足为怪的。

批评人时必须认清这种心理。就算不得不提及以往的错误，也要有意避开，以便能制造容易接受批评的心理状况。

假如领导发现了连下属也没察觉的错误，除非过去犯错累累，不然应避免重提。再说，犯错的部下自己知错，而且也接受了处理，更不可翻旧账，这样做只会增加部下的反感，绝不可能收到批评的效果。

不过下属若是常犯相同的错误，就需特别注意了。这时，要仔细研究过去的批评或惩罚，下属反省到什么程度，又改进了多少。一旦发现下属已改进应给予肯定，务必要避免重复同样的批评。

3. 批评不能过于绝对

当有些错误必须要当面指出的时候，有一件事是你一定要做的，那就是批评之后给对方铺退路。

有一位老师曾遇到过这样一件事：下课了，有个学生向老师反映，昨天她爸爸作为生日礼物送给她的一支黑色派克钢笔不见了。老师观察了一下全班同学的表情，发现坐在该女生旁边的那个学生神情惊慌、面色苍白。钢笔可能是她拿的。当面指出，苦于没有充分的证据；搜身，又不近情理。这位掌握一定攻心技巧的老师想了想说：“别着急，肯定是哪个同学拿错了。只要等会儿她发现了，一定会还给你的。”说完，老师看了看那个学生。果然，下课以后，那个拿了钢笔的同学趁旁人不在的时候，赶紧把钢笔送还到那个女同学的笔盒里。

>>

话不能说绝了，把退路都堵死了，难免会令对方灰心、失望。相反，我们应该使对方再燃起“明天起要再加油”的决心。

为了给对方“铺退路”，你可以假定双方在一开始时没有掌握全部事实。例如，你可以这样说：“当然，我完全理解你为什么会这样设想，因为你当时不知道那回事。”“在这种情况下，任何人都会这样做的。”“最初，我也是这样想的，但后来当我了解到全部情况时，我就知道自己错了。”

精明的人在说话时都懂得不撕破脸，在对方没有退路时给对方铺退路。这样对方也会自知理亏，而早早收场，不再纠缠。

经常会听到有人斥责说：“事情到了这种地步，你说该怎么办？”对方或许会想，要是知道该怎么办的话，也不会到了这种地步。于是只好回答：“为了负责，我辞职好了。”真正可以使对方发愤图强的斥责，是当对方诚心诚意地道歉时，问他：“到底是怎么一回事？”“对不起，因为我的疏忽，所以……”“如果你真的觉得不对的话，那么先到客户那里道个歉。取得对方的谅解之后，明天再开始加倍地努力工作！”如此，不但不会伤害对方的自尊心，还可有效地提升其斗志，使之更加努力。

以柔克刚，婉转的批评最易让人接受

人们总是认为，口才好的人能在交际中左右逢源、随机应变；而语讷的人常常会感到自惭形秽，认为自己不善于社交，对人际交往失去信心。

俗说话：“良药苦口利于病，忠言逆耳利于行。”我们要把话说得恰到好处，何不用顺耳的忠言、温柔的言语来批评别人呢？想一下，公园中的草地边竖立的牌子，有的写着“小草默默含羞笑，来往游客莫打扰”“百花迎得嘉宾来，请君切莫用手摘”，还有的则用诸如“禁止”“罚款”等字眼。哪一种更能博得游人的支持，使花草得到爱护，这是一目了然的。

不论是在工作上还是生活中，每个人的能力都是有限的，不可能把任何事情都做到十全十美。时常犯一些错误是在所难免的，同学之间、同事之间，如果真诚地提出善意的批评，对于双方都是有益的。但是朋友之间，指出缺点总是要担负伤和气的风险的。这种风险有大有小，关键在于用的方法适当与否。

1. 避免过于尖酸刻薄的话

“人活一张脸，树活一张皮。”一个人的自尊是最宝贵也是最脆弱的。很多谈话高手在批评别人时，都会选择一种委婉的说话方式。

某领导发现秘书写的总结有不妥之处。他是这样批评秘书的：“小张，这份总结总的来说写得不错，思路清楚，重点突出，有几处写得很有见地，看来你下了功夫。只是有几个地方提法不妥，言过其实，缺定量分析，麻烦你再修改一下。你的文笔不错，过去几次写总结也是越修改越好，相信你这次也一定能改出一个好总结来。”

这样说，秘书会感到领导对自己很公正、很器重，充满期望和信任，因而会很卖力地把总结改好了。

聪明人总是在发现对方的不足时，想办法找个机会私底下向他透露，而且批评也是较为含蓄的，甚至会将批评隐藏在玩笑中。通过温和的方法指出错误来，更易让人接受。

对于他人的任何批评和帮助，我们要怀着诚意，虚心接受。但是，既然是批评，语言可能会尖锐一些，语气也会严厉一些，忠言逆耳或者顺耳，批评能否被接受，这取决于批评者说话的方式、方法。

2. 要让对方明白你的批评

为了避免批评时出现尖酸刻薄的话，不少人采用较为婉转的批评方式，但是，一定要让对方明白你对他的批评。

华盛顿有一位年轻秘书，一天早上这位秘书迟到了。秘书很不好意思，企图以手表出了毛病为自己辩解。华盛顿对他说：“恐怕你得换块手表了，否则我就得换一位秘书了。”

华盛顿是高明的，他没有直接点破秘书的谎言，而是借“手表”点题，婉转暗示和警告对方下不为例。

这种不正面批评的方法，既维护了对方的面子，又让对方在思想上引起重视。用较为婉转的方式批评，更能利于人与人的和睦相处。

“你真糊涂，这件事完全弄错了！”这种说法是无人可以忍受的，无论父亲对儿子，雇主对下属，后者虽慑于前者的威势不一定反驳，但心里仍旧不会舒服的。批评别人时避免直接，但是一定要让对方明白你在批评他，但同时又给对方留下了面子。

对方所有不妥当的部分，须加以指正，但妥当部分也须加以赞扬，受者因你的公平就易于心悦诚服。

指正时话说得越少越好，能用一两句使对方明白了，就可转到别的地方，不可啰唆不绝，使对方陷于窘境，导致反感。

3. 批评无须直言不讳

直言不讳是许多人所推崇的，但是在生活中，并非处处都能直说，有时非得含蓄、委婉一些，才能使表达效果更佳。

公交车上人很多，而这时又上来一位抱小孩的妇女。于是售票员对乘客说：“哪位同志给这位抱小孩的女同志让个座？”但没想到她连喊两次，无人响应。售票员站起来，用期待的目光看了看靠在窗口处的几位青年乘客，提高嗓音：“抱小孩的女同志，请您往里走，靠窗口坐的几位小伙子都想给您让座，可就是没看见您。”话音刚落，“呼啦”一声，几位小伙子都不约而同地站了起来准备让座。这位女同志坐下之后，只顾喘气定神，忘记给让座的小伙子道谢，小青年面有冷色。售票员看在眼里，心里明白，她忙中偷闲，逗着小孩说：“小朋友，叔叔给你让个座，你还不谢谢叔叔。”一语提醒了那位妇女，连忙拉着孩子说：“快，谢谢叔叔。”那位小青年听到小孩道谢时，脸色由冷变喜，连声说：“不客气。”

任何人都不喜欢被人批评。当批评别人时，话一出口先挫伤他人的自尊心，必然引起对方的不快，甚至争吵。在上面的案例中，售票员请人让座时如果说：“那么大小伙了一点儿也不自觉。”在劝女同志道谢时说：“别人给你让座，你也不知道说个谢。”结果恐怕就不会这样。

委婉批评别人，就是用委婉之词加以烘托或暗示，让人思而得其意，而且越揣摩，似乎含义越深、越多，这样的批评具有说服力和感染力。

不要当众斥责下属，批评要有理有节

批评是一种令自己改掉自身毛病的鞭策，在批评上，很多是老师对学生、家长对孩子、上级对下级的批评，但不管是什么样的批评，都会让你得到教训。

几乎人人都有很强的自尊心，一般人都忌讳大庭广众之下受到别人的批评，因为这会伤害到他的尊严，面子上也过不去，那么仇恨也就随之而来，所以说，适当的批评可以，但要注意场合。

1. 批评要有理

批评别人首先自己要有理，你认识到对方的错误，这是批评的主要目的。批评不能沦为你个人情绪的宣泄。

李俊是一个高中生，比较顽皮，而且功课也不好，经常逃课出去玩。他的家长很头疼，不知道用什么方法来教育他，每天督促李俊学习，他总能找出各种理由逃避，玩够了才回家。

有一次，李俊在学校里打架被叫家长，家长一听立刻火冒三丈，恨自己的孩子不争气，于是跑到学校大骂起来："你学习不好，逃课也就罢了，现在还学会打架，爸妈是怎么教你的，无论你是一个什么样的人，都要做一个好人。可你现在呢？跟流氓有什么区别？养你有什么用？天天只知道气我们……"李俊家长的大骂引起了同学们的围观，有的同学用异样的眼神看着李俊，李俊的自尊心严重受损，大喊道："我没有错，你们根本没弄清情况就骂人。"家长看李俊还顶嘴，于是大打出手。

后来，老师找到家长并把事情说清楚，原来，李俊是因为路见不平才出手的，应该得到表扬，而不是批评，当然打架这种方法是不对的，但李俊的出发点是好的。李俊的父母很惭愧。

其实，李俊的父母可以回家后再教育，他们先入为主地以为是李俊的错误，

没有调查事情的前因后果，所以在不适合的场合，进行了不适合的批评，这样不仅给孩子的心灵带来阴影，以后可能会更加叛逆，而且没有起到批评教育的作用。

批评别人的时候尽量先考虑到别人的感受、别人是否接受，而且可以用单独的方式来解决，而不是在公开的场合，这不但有失你的形象，而且对方还不领情。

2. 批评要讲面子

在批评别人的时候一定要适度，不要让别人的脸面都丢尽了，要掌握好度和场合。

有一家连锁饭店开张，请来了不少的领导和嘉宾，场面十分隆重。从经理到服务员，个个都是忙里忙外，生怕今天有什么闪失，因为今天老板会亲临现场，所以经理要求大家一定不要出错。

其中有一名服务员负责为大家续水，倒完后，马上要走。这时候，经理发现没有给老板续水。经理非常生气，当场上前训斥该服务员："你是怎么回事，一点儿专业技能都没有呢？所有人的杯子里都续水了，老板的杯子怎么没续水呢？平时我是怎么教你的，你上班没带脑子啊！这种低级的错误也犯，你离开除不远了！"顿时，场面异常尴尬，服务员被说哭了，虽然知道了自己的错误，但是在这么多人面前被批评，服务员的脸有些挂不住了。这时老板赶紧圆场："没关系，这个服务员想给我续一杯更好的。"第二天，这名服务员主动交了辞职信，离开了饭店。

这位服务员确实该批评，但是作为经理却不应该在这个时候进行批评，他不但把服务员的错误暴露在客人面前，而且还在这么多人的面前痛斥，这是最不明智的。

经理可以这样做，比如亲自给领导续水，这样既显得体面，也能把服务员的错误掩盖过去，等到事情过去以后再给予处分或引导谈话，这样就不会导致服务员离职了，而且员工还会自觉地改正自己。

批评从某种意义上说是一件有难度的事情，需要许多技巧。不同的人由于文化、性格、性别、能力等不同，对批评的接受程度也是不一样的，有些场合批评可以，但有些场合批评会引发仇恨，因为听到批评总不像听到赞扬那么舒服。

倘若下属在工作中出现失误，上司要斥责他、批评他时，一定不要当着众人的面。因为任何人都有自尊心，自尊心受损，往往足以毁灭一个人，在众人面前毫不客气地责骂下属是非常不明智的。在众人面前受辱的下属，即使是个性最软弱的人，也会从此怀恨在心，对这位让自己“塌台”“面子尽失”的上司，伺机报一“骂”之仇。

3. 批评要讲究方法

如果责备有方，犹如快马加鞭，下属会将此作为鞭策、作为动力，从而干劲十足。但要达到这个效果却也不易，这需要一定的技巧。

美国宾夕法尼亚州哈里斯堡的佛瑞·克拉克讲述了一件发生在他公司里的事。

在一次生产会议中，一位副董事就某个非常尖锐的问题，当众质问一位生产监督员，这位监督员是管理生产过程的。他的语调不仅充满了攻击性，而且很明显的就是想指责那位监督员处置不当。为了不让自己在他的攻击前被羞辱，这位监督员的回答含混不清。这一来，使得这位副董事发起火来，不但痛斥这位监督员，并指责他在说谎。

这位监督员在几个月之后，离开了我们公司，去了我们的竞争对手那里工作。据我所知，他在那里非常称职。

作为管理者，批评下属是不可避免的。但是当众斥责下属，是非常拙劣的办法。尤其当下属所犯的是一般性错误时，上司不要不分场合地开口训斥。最好的办法是，把他叫到办公室，私下批评。这样一来，他的面子得以保存，即便你批评得再厉害，从内心来讲他也不会反抗你的。你维护了他的面子，这一点他的心里必然是清楚的。

批评人是一门学问，也是一种艺术，做上司的需要学得巧一点，掌握一些技巧。一个成功的管理者，当他的下属犯了错误时，他会选择适当的方式，这样，才能做到既达到了教育的目的，又给自己树立了威信，还不致使下属产生抱怨、抵触情绪，影响上下级关系和工作的质量。

批评要有凭有据，不要急于追究责任

对别人有益的批评几乎每个人都会接受，但如果你的批评过火或者掺杂着其他的目的和个人情感，这样的批评就失去了原本的意义，引起别人的反感，这样的批评不如没有。

批评的前提是事实清楚、责任分明、有理有据。但是，在现实中常常见到有的领导批评他人时，事先不调查、不了解，只凭一些道听途说，或者只凭某个下属打的“小报告”，就信以为真，并以此为据胡乱批评人，结果给人留下“蓄意整人”的坏印象。

1. 严苛的批评只会适得其反

很多企业对待员工常以严苛的批评、惩罚及负面警示为主，以热心的鼓舞、奖励和正面引导为辅，动不动就批评处罚。很多管理者认为“员工犯了错误，领导当然会生气，批评他们也是应该的”！于是他们喜欢通过批评员工来树权威、耍威风。

有一家出版公司被另一个更大的出版公司并购了。并购后，新公司高层做出的第一个决定，就是解雇原来的执行长。这位遭到解雇的执行长觉得非常意外，因为他一直认为自己做得不错，本以为新公司会留任他。百思不解的他就去问公司的高层。最后，有一个人向他坦白:“我们在并购前，曾经仔细观察了你一段时间，我们发现你对员工非常严苛，常常因为一些并不严重的问题而发怒，用很尖锐的方式责骂、批评别人。所以我们决定对你不留任。”这位执行长还是不解:“别人犯了错，我能不管吗？”对方告诉他:“在过去的年代，企业走权威领导风格，很多主管都会用那种严苛的手段进行管理，用带军队的方式来带企业。但是现在带人要带心，外面竞争这么厉害，你动不动就责骂同事，对他们进行激烈的批评，这样的领导风格，很难获得同事由衷的合作。”

新公司的领导层认为，如果这位执行长还留下来，底下的员工就不愿意在工作上冲刺，因为上司太过于严苛，无论怎么做，都可能挨骂，所以最好“自扫门前雪”。公司的竞争力无形中在流失，所以必须请这位执行长走了。

管理者不能轻易责怪员工，而是要怀着宽恕之心，试着去了解他们，弄明白他们为什么会那么做，这样比批评更为有益，而且这样做还能产生同情、容忍以及仁慈。

然而，在员工出错的时候，如果管理者真的要对员工的错误进行一些必要的提示和纠正的时候，一定要从客观的角度去分析，要知道员工的错误点在哪里，最好要用实际的例子，然后有的放矢地提醒和教导员工，让他下次不要再犯。而不是不分青红皂白，轻信自己的判断能比对方高明，轻易就批评别人。

严苛的批评是没有意义的，它只会迫使被批评者采取防卫，使他为自己的行为寻找合理的解释。这种批评是危险的，因为它会直接伤害到一个人的自尊，引起他的反叛意识。

已故的美国实业家约翰·华纳克曾经说过："早在30年前，我就懂得苛责他人是一件愚蠢至极的事情。因为光是怨上帝没赐给我过人的智慧，使我必须独自奋斗，克服天分上的缺点，就已经够我忙的了！"华纳克年纪轻轻，就已经深谙这层道理，这或许是他比普通人更成功的原因所在。

2. 批评时要弄清原委

管理者在员工犯错误时进行批评，这无可厚非。毕竟有时候批评也能起到一定作用的。

一次，企划部通知下午2点钟召开会议，研究一份比较重要的策划方案。通知强调，不得迟到，不得以任何理由请假。

尽管如此，会议开始5分钟后，员工小何才走进了会议室。正在主持会议的童总看到小何进门，只是抬头看了他一眼，什么也没说，继续发表着他的讲话。

会议结束后，童总仍然对小何的迟到没有表态，夹起公文包转身回到他的办公室。

过了一会儿，小何敲门走了进来。童总示意他坐下，问道："怎么回事？"

小何嗫嚅地说："昨天晚上，我加班写份材料，睡得晚了。今天吃过午饭实在瞌睡得不行，打了个盹……"

"我知道，你很辛苦。不过今天的会议十分重要，而且会议通知写得非常明白……"

"我……"小何低下了头。

"好了，小何，这件事就这样。以后要注意。晚上加班不要太晚，也要注意身体，去工作吧！"

为什么强调那么严格的事就这样轻描淡写地过去了呢？童总知道，小何平日向来遵守纪律，从来没有迟到过。况且，小何昨天晚上也确实加班写材料。这次迟到，情有可原。如果批评得太严厉，也说不过去。于是，他只是稍作提醒。

下属犯了错误或造成失误，当然要追究责任，要批评、处分，甚至撤职。但在事情和责任没有搞清楚之前，千万不要急于批评别人。如果处理错了或重了，伤了感情，事情就很难挽回了。

"人非圣贤，孰能无过？"如果一个人不饶人，那他就是一个典型的霸道之人，在得理的时候，也要得饶人处且饶人。作为一个管理者也同样如此，不要以为员工是你可以随意挖苦和谩骂的对象，兔子急了都会咬人，更何况是人呢？

3. 批评要让对方心服口服

信息部主管因提供了错误的市场信息导致企业领导决策的失误，造成企业重大损失。对于这样严重的错误，如果你是该企业的总经理，你该如何处理这件事情？让我们看看松下幸之助是怎样对待这一事件的。

松下幸之助完全有理由将信息部主管开除，但是他并没有急于做出最终的处理意见，而是分析了两种可能的情况：一种可能是这位主管本身并不称职，已不宜再继续担任这个职务；而另一种可能则是"好马失蹄"，由于一时的大意而出现的判断错误。如果是后者，那么将他撤职就会毁掉一个人才。松下幸之助进一步考虑到，目前还没有更合适的人选担任这一职务，一旦将现在这位主管撤职，将会影响到公司其他工作的有序进行。

于是，他把这位主管找来，告诉这位主管他自己将要对这次事件做出处理，但没有明确告诉他处理意见，于是事情就拖了下来。

在这段时间里，这位主管为了弥补上次的过失，一直兢兢业业地工作，多次提供了极有价值的信息，为公司的决策做出了贡献，同时也用事实证明了他是称职的，上次的失误是意外情况。

不久，松下幸之助又把他叫了过去，并对他说，鉴于他近期的业绩，本来应该给予奖励，但因为上次的失误还没有处理，所以，将功抵过，既不奖励，也不处分。这种处理方法的效果无疑是非常好的，既没有影响公司整体的运作，同时又使这位信息主管以及其他员工心服口服。

在这次事件当中，主动权始终掌握在松下幸之助的手中，虽然他没有马上将那位主管撤职，但他只要找到了合适的人选，他随时都可以将现在的主管辞退。同时通过这段时间的考察，避免了可能做出的仓促决策而造成的人才的不必要损失。

另外，他还等到了处理问题的绝好时机，即信息部主管立功，功过抵销的处理使信息部主管打心眼里感激松下幸之助对他的关照和信任，同时又没有姑息错误，实践了自己要处理信息主管的诺言，其他员工也通过这件事的处理对松下幸之助深为佩服。

在处理这件事的过程中，松下幸之助弯弓搭矢，引而不发，处处主动。箭在弦上，则随时可发，箭未出弦，则一发而不可收。所以“引而不发”不失为一种处世妙招。

曾经受雇于美国钢铁大王安德鲁·卡内基、年薪百万的职业经理人施考伯有一句名言：“世界上极易扼杀一个人雄心的就是他上司的批评。”如果不得已要批评对方时，一定要让他心服口服。

批评时不忘赞扬，给下属送上“夹心饼”

下属做错了事，理所当然要受到批评和惩罚，但如何处理得当，不至于造成不良的影响呢？这是许多管理者感到棘手的问题，实际上这里有一个极其简单的妙方：有褒有贬，在批评他的错误和指出其不足的同时，肯定他某些成功的方面。

美国著名的女企业家玛丽·凯·阿什在对待员工工作中出现的问题时，采取的做法就是“先表扬，后批评，再表扬”的“夹心饼”批评艺术。这就是说，无论批评什么事情，必须找点儿值得表扬的事留在批评前和批评后说，决不可只批评不表扬，即加在两大赞美中的小批评的“夹心饼”式批评，这是玛丽·凯·阿什严格遵循的一个原则。

她说："批评应对事不对人。在批评前，先设法表扬一番。在批评后，再设法表扬一番，力争用一种友好的气氛结束谈话。如果你能用这种方式处理问题，那你就不会把对方臭骂一顿，但有的人认为，要让当事人确切地知道，他们对他的行为是怎么样的气愤。主张这样做的人认为，经理应当把怒火发泄出来，让对方吃不了兜着走，决不可手软，发泄过了以后，或许以一句带有鼓励对方的话结束谈话。尽管一些研究管理办法的顾问鼓吹这种办法如何如何有效，但是我不敢苟同。你要是把人臭骂一顿，那他必定吓得浑身哆嗦，绝不会听到你显然是骂够了之后才补充的那句带点儿鼓励的话。这是毁灭性的批评，而不是建设性的批评。"

心理点拨 >>

1. 批评前不忘赞扬对方

早川德次出生于日本关东。由他一手创办并领导了 58 年的声宝电器有限公司（原名早川金工业研究所），生产出了日本的第一部国产收音机、第一部国产黑白电视机、第一部国产彩色电视机、第一块太阳能电池、第一台高磁波烹饪电子烤箱、第一件名片型的超薄电子计算器……这些产品让该公司成为日本家电行业的"领头羊"，他本人也被尊称为日本家电的领导者。声宝公司 1983 年的营业额高达 8000 亿日元，比 10 年前增长了 82 倍。

早川德次的巨大成功，与他对下属的统御方法有着密切的联系。据说他和自己的秘书之间发生过这样一件小事：

早川德次对他的秘书不注意标点符号很是恼火，但他并没有直截了当地批评她，而是抓住了有利时机：首先营造表扬的气氛，先调动这位秘书的积极情绪，缓解气氛，然后再适时地指出她的缺点，效果非常理想。

有一天，早川德次对他的秘书说："静子小姐，你写的字很漂亮，字体优美、行距适中，也很整齐，我感到很满意。"女秘书静子听到了早川德次的表扬后自然非常高兴，喜形于色地说道："谢谢您的表扬，我以后一定做得更出色。"早川德次抓住时机，接着说："但你以后对标点符号要特别注意一些，怎么样？"女秘书静子很痛快地答应了："行，没问题。"早川德次趁势又赞美道："当然，我相信以你的能力，一定会把工作做得非常完美！"

从这以后，静子在工作上的表现越来越出色，再也没有出现过类似的错误。

 >>

试想，如果早川德次上来就直接批评秘书关于没有标点符号的毛病，并告诫她以后要特别注意，她可能就会为自己辩护，也可能因为不愉快而无法专心工作，以后也未必做得更好。所以，管理者在碰到要批评下属的情况时，不妨学学早川德次的做法。

高明的医生会在苦口的良药外面裹上糖衣，智慧的管理者会把批评的话说得入耳动听。在下属犯错时，送上美味的“夹心饼”，在他自尊心理的天平两边各加上相同的砝码，使他保持心理平衡，理智地接受批评。

比如你必须批评一位下属，因为他每天上班都会迟到15分钟。首先你得找出两件他做得非常优秀的事，比如他写的报告非常好，而且都能按时提交。由于这次你找他来，主要目的是责备他经常上班迟到，所以你最好找他私下谈。开始你不妨称赞他做得很好的某件事：

“××，你的报告写得真好，不仅结构严谨，而且一针见血，你的建议对我们的工作大有帮助。”

话锋一转——该责备他了：

“××，我们在早上也常想找你提供一些意见，可是你每天总是迟到15到20分钟，这对我们是种损失。有时候有客户从外地打电话来，我们想找你却总是找不到。我们发现，有时候没有你的建议，我们真的不知道怎样办才好。我们需要你每天早上准时到，我希望从现在就这样。”

最后你再加另一件他自认为得意的工作：“你知道的，由于你的报告都能及时提出，我对你的建议已养成了依赖性，我们整个部门都不能缺少你的建议。”

这样一来，这位下属虽然受到了责备，却依然维持了自尊。他明白自己对你和部门的重要性，也明白你要他准时上班。

显而易见，只要把批评的事作为“馅”夹到两件值得表扬的事之间，就不至于让受批评者感到尴尬和难堪，从而能在内心深处对这种批评加以接受。受批评者既明白了自己错在哪里，又认识到自身存在的重要性，就会认真改正错误，也会更加努力地工作。假如管理者当着公司员工的面，直接批评：“××，不要以为你工作很出色，就可以随随便便迟到，从现在起，再也不许做违反公司规章制度的事情！”其结果可想而知。一个出色的下属也许就会弃你而去，这不仅对你是种损失，更重要的是可能给整个公司造成巨大的损失。

2. 批评之后要给予安抚

在不得不批评的事情面前，可以做到无情，但是批评之后一定要给予恰当的安抚，这样才不致导致被批评者产业对立情绪。

曾有一次，索尼公司的“随身听”在东南亚的分公司由于产品出现了问题，收到了东南亚众多消费者的投诉，经调查，原来是随身听的包装上出了问题，分公司立马决定更换包装，解决了问题，但董事长盛田昭夫仍然不依不饶。

这位经理被请到公司的董事会议上，被要求对这一错误做陈述。在会议上，盛田昭夫对他进行了严厉的批评，要求全公司以此为戒。经理在索尼公司干了几十年，第一次在众人面前受到如此严厉的批评，难看尴尬之余，禁不住失声痛哭。盛田昭夫的盛怒让其他董事也感觉到太过分了。

会后，该经理沉重地走出会议室，这时，董事长的秘书走过来，盛情地邀请他一块出去喝酒，这位经理很不明白，说：“我现在是被总公司抛弃的人，你怎么还这样看得起我？”这位秘书说：“董事长其实没有忘记你为公司做的贡献，今天的事情也是出于无奈。他知道你为这事伤心，特意让我请你喝酒。”

喝完酒后，秘书陪着这位经理回到了家。刚进家门，妻子迎了上来对丈夫说：“你在公司真是个受重视的人！”丈夫听了感到非常莫名其妙。这时，只见妻子拿来一束鲜花和一封贺卡说：“今天是我们结婚 20 周年的纪念日，你忘记了吗？”该经理更加不明其原因。原来，索尼公司的人事部门对员工的生日、结婚纪念日这样的事情都有记录，每当遇到这样的日子，公司都会为员工准备一些鲜花礼品。只不过今年有些特别，这束鲜花是董事长盛田昭夫特意订购的，并附上了一张他亲手写的贺卡，勉励这位经理继续为公司竭尽全力。

为了公司的利益，盛田昭夫对犯错误的员工不会有丝毫的宽恕，但考虑到这位经理是老员工，而且在生产经营上确实是一把好手，为了不彻底打击他的自信心，所以采用这样的方式表达自己一定的歉意。这样，就使这位经理深深地感到，自己犯了错误也能受到领导的承认和尊重，这样更加自觉反省，从而更加以满腔的热情对待将来的工作。这就是“鲜花疗法”的成功之处。

“无情的制度，有情的管理”之所以能够起到作用，在于它符合人性的特点。

批评对方，要让对方在心理上感到被尊重、自己的工作是有意义的，这往往比金钱等物质上的奖励更能激发员工的斗志。

3. 批评中夹杂人情味

一个好的上司，都应该懂得用“打了棒子给蜜枣”的策略对待下属去获得一个好的结果。“打了棒子给蜜枣”意思是说，当管理者批评下属之后，为了安慰或者挽回尴尬的局面，而再对其进行适当的安抚补救措施。对此，一些优秀的管理者可谓是深谙此道。

西洛斯·梅考克是美国国际农机商用公司的大老板。有一次，跟随了他 20 多年的老工人在岗位上酗酒被工头抓住了，请求处理，梅考克毫不客气地决定：“辞退！”

老工人很不服气，大骂梅考克：“梅考克，在你贫穷的时候，三个月没有给我一分钱工资，我都跟着你，为你拼命。现在就为了这一点儿小事，一点儿情面也不顾！”

梅考克等他骂完了后说：“我要是不顾情面，就不会被你痛骂了！”于是问了酗酒的原因。原来，老工人的妻子新亡，又留下两个幼子，一个不慎摔折了腿，另一个在饥饿中啼哭。老工人极度痛苦，借酒浇愁，不想被工头发现。

“你呀，真糊涂，现在什么都不要说了，赶紧回家去，料理你老婆的后事，照顾孩子们要紧。”说着，从包里掏出了一沓钞票塞在他手里，老工人转悲为喜：“这么说，你是收回辞退我的命令了？”

“不，不是这样，你已经被辞退，不可更改了。我想，你也不愿意让我留下话柄吧。但我不会让你走上绝路的。”梅考克既不让步又安慰道。

事后，梅考克把那位老工人安排在自己的牧场当了总管，老工人很感激，更加为他尽心卖命了。

梅考克先在不了解实情的情况下，勒令辞退了跟随自己多年的老工人，弄清原因后，又为其严重的处分而过意不去，因此，再通过经济援助与另外安排工作而给这位老工人以照顾，自然就赢得了这位老工人的忠诚。

俗语说，“打人一巴掌再给一个甜枣”。虽然不能轻易地“打一巴掌”，但既然“打”了，给与不给“甜枣”的效果便大不相同。正如亡羊补牢的农夫，丢了羊，再补牢，至少保证不再有丢羊的情况发生。及时补牢也是一个不是办法的办法，当你一时冲动当众责备了你的下属时，不妨一试，相信会有效果的。

批评有技巧，要让对方真正知错

英国18世纪著名评论家约瑟·亚迪森曾说："真正懂得批评的人看重的是'正'，而不是'误'。"这里所说的"正"，实际上就是隐恶扬善，从正面来加以鼓励，也就是一种含蓄的批评，能使批评对象下意识地改正自己的错误和缺点。从正面鼓励对方改正缺点、错误的间接批评方法，比直接批评效果会更快、更好，因为这种批评方法更易于被对方所接受。

批评不能停留在错误的表面，也不能借此发泄自己的不满。批评是为了帮助别人，任何批评都不能偏离这个前提。

心理点拨>>

1. 要让批评印象深刻

张震将军有一天视察某部，召集将、校军官十余人座谈。某部领导发言时，将军突然插话问："一个战士的津贴是多少？"

在座将、校军官皆沉默，竟无一人能答。

张震将军没有直接批评他们，而是把话锋一转，说道："有个军阀叫张宗昌，人称三不知将军，一不知道自己有多少兵，二不知道自己有多少支枪，三不知道自己有多少个小老婆。"在座将、校军官听了都面红耳赤。

一次，张震将军视察某部"红一连"。连长、指导员汇报道："连队四年达标，年年先进。"

张震将军问连长："你们达的什么标？"

连长支吾，又问指导员、教导员，也答不上来。再问团长、政委，结果也一样。

张震将军生气地说："达的什么标都不知道，还达什么标？有个旧戏，叫《法门寺》，太后在上面一喊，下边的人，不管听懂还是没有听懂，也跟着'嗯'地答应一声，然后一声声传下去，一声声往下'嗯'。我们可不能搞法门寺作风。"

张震将军通过类比的方法，对军队中的错误作风进行了尖锐的批评，既给官兵留了一定的面子，又把错误的性质点拨得入木三分，达到了很好的批评效果。

批评是一个敏感的话题，哪怕是轻微的批评，都不会像赞扬那样使人感到舒畅。而且，批评对象一般总是用挑剔或敌对的态度来对待批评者。所以，如果批评者态度不诚恳，或居高临下，或冷峻生硬，反而会引发矛盾，产生对立情绪，使批评陷入僵局。

在批评他人时，"心直口快"者往往不能体谅对方的情绪，图一时"嘴快"，随口而出，过后又把说过的话忘了，而被批评者的心理上却已经因此蒙上了一层阴影，也失去了对批评者的信任。所以你在批评他人时，不妨学会从对方的角度来看问题，设身处地地站在对方的立场考虑一下，自己是否能接受得了这种批评。如果所批评的话自己听来都有些生硬，有些愤愤不平，那就该检讨一下自己在措辞方面有何要修改之处了。

2. 不要在盛怒之下批评人

一位美国父亲批评儿子有技巧：

昨天晚上，我太太拿电话账单给我看："瞧瞧，儿子在我们去欧洲的时候，打了多少长途电话，"她指着其中一项，"单单这一天，这一通，就打了一小时四十分钟。""什么？这还得了！"我立刻准备上楼去说他。可是，才站起来，又坐下了，我想自己在气头上，还是不说的好。而且儿子这么大了，我要说，也得有点儿技巧。

我把话忍到今天，中午吃饭的时候，我对儿子笑着说："你马上回学校了，查一查资料，找一家长途费率最低的电话公司。"然后，我又来个急转弯："咳，其实你上博士班，恐怕也没有时间打，我是多操心了。""是啊，是啊，"他不好意思地说，"你是不是看到了我上个月的电话账单？那阵子因为要有一大堆事急着联络，所以确实打多了。"

吃完饭，我很得意，觉得自己把要说的"省钱、少打电话、别误了功课"这些话，全换个方法说了，却没一点儿不愉快。

“士可杀，不可辱！”人人都有自尊心，即使犯了错误的人也是如此。批评时要顾及别人的自尊心，切不可随便加以伤害。因此，批评人时应当心平气和、春风化雨，不要横眉怒目，以为这样才能显示批评者的威风。

当自己怒火正盛时，最好先别批评人，待心情平静下来后再去批评。切忌讽刺、挖苦、恶语伤人。下属虽有过错，但在人格上与上级完全平等，不能随意贬低甚至污辱对方。

3. 适当的沉默更有力量

身为管理者，在与员工交流时需要多开口，但是你可能没有想过，你的过于“健谈”可能已经引起了员工的不满。其实很多时候，言简意赅地传达对员工们的要求和期望更有效。

在一座寺庙里，有一位德高望重的长老，他手下有一个非常不听话的小和尚。这个小和尚总是深更半夜越墙而出，早上天未亮再越墙而入。长老一直想批评这个小和尚，但苦于没有证据。

这一天深夜，长老在寺庙里巡夜，在寺院的墙脚发现了一把椅子。他知道必定是那个小和尚借此越墙到寺外。于是，长老悄悄地搬走了椅子，自己就在原地守候。

午夜，外出的小和尚回来了。他爬上墙，再跳到“椅子”上。突然，他感觉“椅子”不似先前硬，软软的甚至有点弹性。落地后的小和尚才知道，椅子已换成了长老，小和尚吓得仓皇离去。

在以后的日子里，小和尚觉得度日如年，他天天都诚惶诚恐地等候着长老对他的惩罚，但长老依旧和从前一样，对这件事只字未提。

小和尚觉得再也无法忍受，他不想每天都在煎熬中度过。于是，他鼓起勇气找到长老，诚恳地认了错，哪知长老宽容地笑了笑，说：

“不用担心，这件事只有天知地知你知我知，你还怕吗？”

小和尚从此备受鼓舞，他收住心，再也没有翻过墙。通过刻苦地修炼，小和尚成了寺院里的佼佼者。若干年后，老和尚圆寂，小和尚成了长老。

 >>

“响鼓不用重槌。”管理者的权威，不是由“婆婆妈妈”“絮絮叨叨”碎嘴声塑造的。语言也有苍白的时候，如果一个管理者珍惜自己的语言，该讲的话讲完之后不再重复，不絮叨，适当地保持一定的沉默，反倒会收到良好的效果，既可保持上级应有的威严，又可使下级感到自己被信任。

在批评员工时也是同样的道理。管理者适当的沉默、宁静可以起到“此时无声胜有声”的作用。通常来讲，当管理者在批评员工时，员工的情绪波动是很大的。也许管理者只是想苦口婆心地劝导一番，并无他意，但是可能在无形中伤了员工的自尊心，让他觉得颜面挂不住，索性产生了“破罐子破摔”的心理，那管理者的批评岂不是得不偿失了?

管理者最好不要让四处都充满你的斥责声，在适度批评之后保持一个沉默的空间，让员工有时间冷静地想想自己的所作所为，相信这更是一种对当事人的威慑。一方面，员工会因为你的“点到为止”感谢你为他保留了颜面，另一方面，也显示出了你宽广的胸怀。你的默不作声并非是对错误的迁就，而是留给了对方一个自省的余地。

第十三章
记着吧：争辩是一个永无止境的战争

无谓的争辩，只会带来两败俱伤

有些争执完全可以避免，对于有些事情上的较真儿完全没有必要。总是有这么一种人，他们处处较真儿，喜欢与人争执，一盘普通的菜品，一个可有可无的观点，一个早已过时的社会事件，甚至某人的发式与服饰也能引发其与他人一场你黑我白的大较量，然而，较真儿带给大家的结果常常是不愉快的。

争辩的目的无非是要决出是非和输赢，但如果凡事都要决出输赢胜负，那么必然会给自己带来不必要的损失。只有一方先撤退，才能使双方获利。特别是占据优势的一方，如果具有这种以退求进的智慧，提供给对方回旋的余地，就会给自己带来胜利，而且双方都会成为利益的获得者。

1. 争辩只会导致两败俱伤

有一则“六尺巷”的故事：

清康熙时，文华殿大学士兼礼部尚书张英在京为官。在他老家桐城，他的邻居吴氏是当地的豪绅大户，欲侵占张府的宅地，家人驰书京城，要张英凭官威压一压吴氏气焰。谁知张英却回诗一首：“一纸书来只为墙，让他三尺又何妨。长城万里今犹在，不见当年秦始皇。”意思很明白：退让。家人得诗，主动退让三尺。吴氏闻之，也后撤三尺，于是形成了六尺宽的巷道，这就是“六尺巷”的由来。

>>

人们喜好争辩，很大程度上是因为自己好胜心的缘故，因为争辩只有一个目的和理由，就是胜利。人们在讨论中所针对的是客观的事实和真理，而争辩的往往只是主观的理想和胜利。但是，世上没一个人能够真正从争辩里得来胜利。

在博弈论中，也有个类似的博弈策略，即斗鸡博弈，又称为懦夫博弈。两只实力相当的斗鸡狭路相逢，每只斗鸡都有两个行动选择：一是退下来，一是进攻。如果斗鸡甲退下来，而斗鸡乙没有退下来，那么乙获得胜利，甲就很丢面子；如果对方也退下来，双方则打个平手；如果甲没退下来，而乙退下来，甲则胜利，乙则失败；如果两者都前进，则两败俱伤。

因此，对每个人来说，最好的结果是，对方退下来，而自己不退。但是这种追求可能导致两败俱伤。懂得退让并不是一种懦弱和失败，而是一种智慧。

在争辩里面，没有胜利的人，也没有最后定局的话，一切都是相对的，消耗精力去争辩太不值得，让别人自作聪明，你只管抱着冷静的态度就是了。

2. 多数时候没有必要计较长短

很多时候，我们没必要去跟别人计较长短，生活中，睁一只眼闭一只眼，不必去较真儿。

阿强大学刚毕业时，有一次参加朋友的婚宴。席间有一位年轻人在说新郎与新娘的关系时，用了“青梅竹马”这个成语。他为了炫耀自己的博学，还念出了这首诗：“郎骑竹马来，绕床弄青梅。”不过，这位年轻人却搞错了，他所念的这首诗是唐代诗人李白所写的《长干行》，而他却误以为是宋代女词人李清照所写的诗。阿强当时年轻气盛，又认为中国文学是他的特长，为了显示自己，阿强毫不客气地当着众人的面，纠正那人的错误。可是不说还好，这样一说，那人反倒更加坚持自己的意见了。

就在阿强和他争论不休时，恰巧看见自己的大学老师坐在隔桌，阿强的这位老师是专攻唐代文学的博士，现在任教的课程也都是与诗有关。于是阿强和那个年轻人去找阿强的老师评一评，那个年轻人也听过阿强的老师的大名，所以同意让阿强的老师当裁判。阿强和年轻人都把各自的论点说完，老师却只是静静地听着，然后在桌下用脚轻踢了阿强一下，态度庄重地对阿强说：“你错了，那位先生说的才对。”

回家的路上阿强越想越不服气，阿强不相信老师这么有学问的人，竟会忘记这首诗，一到家就从书架上找出《唐诗三百首》，第二天连班都不上了，拿着书去学校找老师，要他还自己一个公道。

在教授研究室里阿强遇上了老师，还没等阿强把书拿出来与他争辩，老师就先说了："你昨天说的那首诗是李白的《长干行》，一点儿也没错。"这时阿强更纳闷了，一脸的不解，老师看了看阿强温和地说："你说的一切都对，但我们都是客人，何必在那种场合给人难堪？他并未征求你的意见，只是发表自己的看法，对错根本与你无关，你与他争辩有何益处呢？记住，永远不和人作无谓的争辩。""永远不和人作无谓的争辩"，这句话从此成了阿强的座右铭。

"永远不和人作无谓的争辩"，这句话能让你在即将发生争论的场合熄灭内心的怒火。仔细想想，即使我们真的胜了，我们又能得到什么呢？其实，都是好胜心在作怪。在人际关系中与人为善，善待别人就是善待自己，与其与人争论，不如找自己的错误。

在争论中，并不产生胜者，所有人在争论中都只能充当失败者，无论他愿意与否。因为，十之八九争论的结果都只会使双方比以前更相信自己绝对正确；或者，即使你意识到自己的错误，却也绝不会在对手跟前俯首认输。

心服与口服没法达到应有的统一，人的固执性将双方越拉越远，一直到争论结束，双方的立场已不再是开始时的并列，一场毫无必要的争论造成了双方可怕的对立。所以，天底下只有一种能在争论中获胜的方式，那就是避免争论。

3. 有效避免争论

人们总是试图以一己的观念强加于别人而根本不把对方的意见放在眼里。针对这个问题，美国耶鲁大学的两位教授进行了一项实验。

这两位教授耗费了 7 年的时间，调查了种种争论的实态。例如，店员之间的争执，夫妇间的吵架，售货员与顾客间的斗嘴等，甚至还调查了联合国的讨论会。

结果，他俩证明了凡是去攻击对方的人，绝对无法在争论方面获胜。

这里面有以下几种原因：一是任何人都不会喜欢被他人说教。如果有人自作聪明，或认为自己的观点超群，必然会引起他人的反感。二是任何较真儿和执拗会把一切沟通变得乏味，从而丧失友善的人际关系。三是争论不会推进事情进展，反而互相伤害感情，造成隔阂了。

可以这样理解争辩：若有不赞同之处，你安静客观地说明理由，若你的理由充足，使对方也信服的时候，对方并不认为你是低劣的；若你的理由不充足，别人的意见是对的话，你也甘心认错，并不感到屈辱，因为你的目的，是在尽量明白事理的真相。

那么，怎样才能有效避免争论呢？大致可以从以下几方面做起：

（1）欢迎不同的意见。当你与别人的意见始终不能统一的时候，这时就要求舍弃其中之一。人的脑力是有限的，有些方面不可能完全想到，因而别人的意见是从另外一个人的角度提出的，总有些可取之处，或者比自己的更好。这时，你就应该冷静地思考，或两者互补，或择其善者。如果采取的是别人的意见，就应该衷心感谢对方，因为有可能此意见使你避开了一个重大的错误，甚至奠定了你一生成功的基础。

（2）不要相信直觉。每个人都不愿意听到与自己不同的声音。当别人提出与你不同的意见时，你的第一个反应是要自卫，为自己的意见进行辩护并竭力地去找根据，这完全没有必要。这时你要平心静气，公平、谨慎地对待两种观点（包括你自己的），并时刻提防你的直觉（自卫意识）对你做出正确抉择的影响。值得一提的是，有的人脾气不好，听不得反对意见，一听就会暴躁起来。这时就应控制自己的脾气，让别人陈述观点，不然，就未免气量太窄了。

（3）耐心把话听完。每次对方提出一个不同的观点，不能只听一部分就开始发作了，要让别人有说话的机会。一是尊重对方，二是让自己更多地了解对方的观点，以判断此观点是否可取，努力建立了解的桥梁，使双方都完全知道对方的意思，不要弄巧成拙。否则的话，只会增加彼此沟通的障碍和困难，加深双方的误解。

（4）仔细考虑反对者的意见。在听完对方的话后，首先想到的就是看两种意见是否有相同之处。如果对方提出的观点是正确的，则应放弃自己的观点，而考虑采取他们的意见。一味地坚持己见，只会使自己处于尴尬境地。

（5）真诚对待他人。如果对方观点是正确的，就应该积极采纳，并主动指出自己观点的不足和错误的地方。这样做，有助于解除反对者的武装，减少他们的防卫，同时也缓和了气氛。

遇到咄咄逼人的人，不妨忍让一点

其实，相互争斗是人的动物性之一。争辩的目的自然是取得最后胜利，但它最大的乐趣却不在于结果，而在于过程，在于战胜对手的心理满足感。

在不同的交谈氛围中，各人的心思不同。有人是带有怨气而来，这种人往往富有攻击性。要想实现控局，这种人是必须搞定的人之一。以硬碰硬不是最好的方法，遇力卸力才是最佳选择。

有时候，不接对方的招，是最高的招。

心理点拨>>

1. 对恶意挑衅不搭理

在洛克菲勒的逸事中，有这样一件事：有一位不速之客突然闯入他的办公室，直奔他的写字台，并以拳头猛击台面，大发雷霆："洛克菲勒，我恨你！我有绝对的理由恨你！"接着那位客人肆意谩骂他达10分钟之久。办公室所有的员工都感到无比气愤，以为洛克菲勒一定会拾起墨水瓶向他掷去，或是吩咐保安将他赶出去。然而，洛克菲勒并没有这么做。他停下手中的活儿，和善地注视着这位攻击者，那个人愈暴躁，他就显得越和善！

那无理之徒被弄得莫明其妙，他渐渐地平息下来。因为一个人发怒时，遭不到反击，他是坚持不了多久的。他是做好了来此与洛克菲勒决斗的准备，并想好了洛克菲勒将要怎样回击他，他再用想好的话语去反驳。但是，洛克菲勒就是不开口，所以他不知如何是好了。

末了，他又在洛克菲勒的桌子上敲了几下，仍然得不到回应，只得索然无味地离去。而洛克菲勒就像根本没发生任何事一样，重新拿起笔，继续工作。

记住，不要和恶意挑衅的人针锋相对，如果让自己像斗鸡一样，只会落入对方的彀中。而真正聪明的人则懂得退让的妙处，不管对方怎么出招就是不搭理。

遇到这样的人，再厉害的也会失去兴趣，没有脾气。

交谈大多是为追求和谐，目的不是为了造成两败俱伤。虽然迎头痛击、与其争辩也是一种对抗策略，但是，这是在不得已的情况下才使用的策略。

遇力卸力，常常可以取得良好的制胜效果。不逞匹夫之勇，你可能最终会赢得争辩的胜利，成为最终的赢家。

2. 在伪强者面前示弱

小雷的朋友小章结婚，在婚宴上，小雷遇到了一个令他万万没有想到的场景：同席上有一个人是小章的大学同学，喝了几杯酒之后，说话语气变得傲气，小雷本来不喝酒，而这个哥们却执意让小雷喝酒，不喝就说小雷不给他面子。他还口出狂言：谁要是伤他面子，他一定不会放过。在此场景下，小雷觉得没必要和对方较劲，和对方碰杯后，就寻机离开了。

在人际交往中，真正的强者不需要表现，喝酒最多的人未必是强者，说话嗓门大的未必是强者，最爱指手画脚的未必是强者。而真正的强者是始终能从容掌控局面的人。

要想掌控局面，就要学会示弱，尤其是在强者面前，哪怕对方是伪强者。在强者面前示弱、在弱者面前示好是低调做人和寻求自我保全的大学问。

3. 切忌以硬碰硬

古今中外都有很多人不得此中精义，喜欢与强者争锋，到头来只能是自讨苦吃。

战国末期的著名政治家李斯是为秦王谋划国事的重臣，他建议对现存的其他六国进行各个击破的方针深得秦王赞同。他分析了各国形势，认为韩国最弱，且为秦之近邻，应以此为突破口，“先取韩以恐他国”。秦王赞同李斯的主张，并让他具体谋划灭韩之策。

正当李斯踌躇满志的时候，半路却杀出个程咬金。这个人就是韩非。韩非为韩国贵族，早年曾与李斯一同求学于荀卿，攻读刑名法学之术。

韩非是韩国公子，天生口吃，因此与别人说话总是结结巴巴。但是他擅长写文章，对人性心理的观察很敏锐，是荀卿门下最优秀的门生。

韩国当时日渐衰败，受到他国侵略，领土愈来愈狭小。韩非屡次向韩王提出建议，要求打破现状。韩王不喜欢口吃的韩非，根本无视他的建议，也不想改革。

韩非愤而著书，写了《孤愤》《五蠹》《内外储说》《说林》《说难》等十余万字的书，即所谓的《韩非子》。

韩非是天才的说服家，但一直没有能够发挥他的才能。韩非受到韩王的疏远，在韩国非常孤独，认为韩国的前途渺茫。他分析天下的形势，认为将来称霸天下者非秦莫属。

水工郑国被派遣到秦国建设大规模的灌溉工程，本来是韩非的策略，后来郑国叛变，巴结秦王，使秦国集中兵力攻击韩国。

郑国在进入秦国时，曾以韩非的书献给秦王，即《孤愤》《五蠹》二书。

秦王读后感叹地说："多出色的书，如果能与韩非见一面，死而无憾。"

秦王并不认识韩非这个人，便向李斯打听。

"韩非是与我同门的韩国人。"客卿李斯惶恐地对秦王说。

李斯是楚国人，与韩非同是荀子的弟子，但成绩却不及韩非，后来投靠秦国，是吕不韦的食客之一，因此能够成为秦王的幕僚。

秦王立即派遣使者到韩国，要求见韩非一面。秦王指名要见韩非，韩王心乱如麻，心想：虽然韩非看来很不起眼，秦王却想招揽他，或许他真的是个人才。如果真是人才，实在舍不得出让。而且韩非一直受到自己的冷落，不知会在敌国做出什么对韩国不利的事，因此而深感不安，但是对于秦国的要求又不能拒绝。

韩非到了秦国，向秦王上书，建议打破六国合纵的盟约。阐述统一天下的策略，秦王非常高兴。于是就把韩非留在秦国，准备日后予以重任。

然而，一山不容二虎，风头正旺的李斯怎能允许别人跟他争名夺利？李斯与韩非，就此结下矛盾。韩非并非等闲之辈，一旦得到秦王重用，李斯地位则岌岌可危。

常言道，无毒不丈夫。李斯为除掉韩非，不择手段。李斯以先伐赵而缓伐韩等为借口，在秦王面前轮番诽谤韩非。日久，使秦王渐渐对韩非心生疑窦。

李斯见火候已到，不失时机地谏秦王道："韩非身系韩国公子，终究是心向韩国，必不肯为秦国效力，这是人之常情。日后若放他归国，定然贻害不浅；不如寻他个过错，依法诛杀了事。"

秦王既已对韩非产生疑心，便同意了李斯不放虎归山之议，将韩非拘捕入狱。李斯怕秦王日久会明了真相，重新起用韩非，就急忙派人送毒药给韩非，催促他马上自杀并附带一封信："秦国重臣对客卿甚为不满，决定将他们全部放逐，当然也不会让他们就这么回去，自己服毒自杀吧！”

韩非一入狱，就多方设法上书秦王，申辩其冤情。但李斯对此早有所料，预先已将牢狱各关节堵住，使韩非哭诉无门，只得被迫饮鸩自杀，时为公元前233年。

同行是冤家，竞争对手的强弱，将直接关系到自己的宠辱得失。可惜当时韩非并不知晓这其中的奥妙。李斯在秦国位高权重，又深得秦王信赖。韩非未识时务，只知进，不知退，面对强手竟不识眉眼高低，硬着头皮与之争锋，显然有失明智，其结果必然是自取灭亡。

现实生活中，如果两个人势均力敌甚至自己实力明显弱于对方，或者没必要以硬碰硬，不妨低调处世，主动避开强者锋芒，以此来求得自己与他人的平安相处。

面临有意刁难，想好应对策略

我们常常在宴会上遇到莫名其妙的人：他们会时不时地发表对别人不好的评论，或者在毫无征兆的前提下突然发动对别人的攻击……

对方处处和你为难，一有机会就出难题刁难你，意图使你陷入难堪的境地。这时候就需要你在维护自己尊严的前提下，运用技巧来轻松化解。

善于断然退避，是一个人心怀博大、大智若愚的谋略的具体体现。

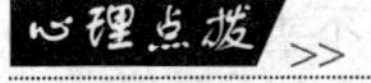

1. 该让步时就让步

明朝年间，在江苏常州有一位姓尤的老翁开了个当铺，生意一直不错。有一年年关将近，一天尤翁忽然听见铺堂上人声嘈杂，走出来一看，原来是柜台的伙计同一个邻居吵了起来。见尤翁出来，伙计连忙上前对他说：“这人前些日子典当了些东西，今天空手来取典当之物，不给就破口大骂，一点儿道理都不讲。”那人见了尤翁，仍然骂骂咧咧。

尤翁却笑脸相迎，好言好语地对他说：“我晓得你的意思，不过是为了度过年关。街坊邻居，为了区区小事用得着争吵吗？”于是叫伙计找出他典当的东西，共有四五件。尤翁指着棉袄说："这是过冬不可少的衣服。"又指着长袍说："这件给你拜年用。其他东西现在不急用，不如暂放这里，棉袄、长袍先拿回去穿吧！"

邻居拿了两件衣服，一声不响地走了。当天夜里，他竟突然死在别人家里。为此，死者的亲属同这个人打了一年多官司，害得这个人花了不少冤枉钱。

原来这个邻居欠了人家很多债，无法偿还，走投无路，事先已经服毒，知道尤家殷实，想用死来敲诈一笔钱财，结果只得了两件衣服。他只好到另一家去扯皮，那家人不肯相让，结果就死在那里了。

后来有人问尤翁："你怎么能有先见之明，向这种人低头呢？"尤翁回答说："凡是蛮横无理来挑衅的人，他一定是有所恃而来的。如果在小事上争强斗胜，那么灾祸就可能接踵而至。"人们听了这一席话，无不佩服尤翁的聪明。

遇到搅局之人，如果不能退场，保持沉默是最好的趋福避祸方式。如果能够退场，就要趁机脱身，以免因在现场而留下后患。如何退场，牵涉到时机和托词问题。

一般而言，在对方搅局正酣之时不方便退场，因为此时的退场会被搅局者认为是对其的不满，而因此结怨于你。最好的时机是在搅局稍稍平息之后随便找个理由离开。离开后，无论你对搅局之人如何不满，都不要跟任何人提及。否则就会留有后患。

主动躲避反映的是明哲保身的思想。擅于退避，就能趋福避祸。历史和现实都一再表明，善于退与善于进，具有同等的谋略价值，只善于进而不善于退的人，决非高明之人，而只有把两者有机地结合在一起并加以机动灵活运用的人，才称得上高明。

2. 采用幽默含蓄的方式

20 世纪 30 年代，英国首相丘吉尔在访问美国时，被一位反对他的美国女议员诋毁："如果我是您的妻子，我会在您的咖啡里下毒药的。"对此，丘吉尔并没有勃然大怒，而是不露声色地回答说："如果我是您的丈夫，我一定会喝下那杯咖啡。"

由于丘吉尔在第二次世界大战期间，多次发表演说主张与苏联共同抵抗德国纳粹的侵略。在记者发布会上，一位记者尖声问道："您为什么要替斯大林说好话？"这个问题涉及两个不同体制的国家，对此，丘吉尔从容地回答说："假如希特勒侵略地狱，我也会为阎王爷讲好话的。"

这两个事例中，丘吉尔的过人之处就在于，他不是直接地表明自己的观点，而是用幽默含蓄的方式，把自己的观点寓于其中。

一位对清洁十分苛求的母亲有一天在女儿的书房里看到了一张蜘蛛网，她怒气冲冲地说："那是什么呀？"女儿不动声色地说："是一种科学工程。"可见幽默不仅能帮你很好地对付责难，而且还能帮你自我解脱。

语言充满耐人寻味的魅力，让听者自己去体会他的观点，同时也恰到好处地回击了对方不友好的态度。

3. 要善于以智取胜

维特门是美国哈佛大学毕业的著名律师，当选为加州议员。有一次，他刚从农场回来，因为时间的缘故，穿着一身农场工人的衣服赶去参加一个聚会。他一进入房间，就不断地听到那些绅士淑女们在议论他，言语间十分不尊重乡下人。没过一会儿，那些绅士淑女们便围坐在维特门周围，向他提出各种各样的怪问题，企图嘲弄他，让他出洋相。

维特门站起身来，对这群庸俗的人说："女士们，先生们，请允许我祝愿你们愉快和健康！在这个快速前进的时代里，难道你们不可以变得更有教养吗？你们穿着如此高贵，言辞却如此刻薄无礼，你们是虚伪的。而我，一直以为你们是真正的绅士和淑女。其实，我错了。"

当这群自以为是的人正要向他发作的时候，从外围走进来主人，恭敬地对他说："维特门先生，您好！刚刚怠慢了，他们没想到是您。请您到书房来，我还有些问题要向您请教呢。"

维特门对那群呆若木鸡的人们说："再见了，祝你们玩得愉快！"

维特门的反唇相讥简短直接，噎得那些自以为高人一等的伪绅士、伪淑女们哑口无言，顷刻间，就把对手的嘲讽、责难一扫而光，更凸显了自己人格的高贵。

面对刁难自己的人，要想自卫以防无端非难有许多办法，但切勿陷入轻易反击的混战里，而是应尽量采取理智之法，以下是几种对付不友好言论的简便手段：

（1）弄清真相得慰藉。伤害你的人一定有不少理由。如果你想象不出他为何出言不逊，不妨有礼貌地打听一下。记住，有的人火气很大，但矛头可并不一定针对你。

比如一位对你服务态度极其恶劣的女服务员可能对你并无恶意，她无礼的原因只是由于前一天晚上男友把她“甩了”，或同她吵了一天架……又如，有位驾车人直冲到你面前才紧急刹车，也许并非真的要难为你，而是急着想到医院里去，那儿的病床上躺着他的小孩……

当你冷静地弄清真相，并宽大为怀时，你一定会摆脱许多无谓的烦恼，而且还会从自己的优雅风度中得到慰藉。

（2）正确分析，妥善处理。苏泽特·哈登·埃尔金是一位研究普通人际关系的专家，他在一本专著中提出了许多关于分析无端攻击行为的宝贵意见。

其中之一：把对方的攻击分解成若干部分，然后尽量分析，哪些部分的话已说全了，哪些部分并没说完，而没有说完部分的潜台词里，则往往包含着某些较合理的成分。注意，倘若你能对那些合理部分做出若干合理的反应，情况往往会变得好一些。

比如，一个病人家属冲着毫不相干的护士发了脾气，这位护士并没有生气，而是分析了一下原因，发现家属是因病人没有得到上一班护士应有的照顾而发脾气。于是她便主动做出解释并致歉，家属果然气消了，而且反过来向她道歉。

对于某些实在难以宽恕的侮辱，有效的策略之一是——直率而诚恳地发问：“您有伤害别人感情的任何理由吗？”或很有礼貌地说：“我很想弄清楚您的意思，能解释一下吗？”在很多情况下，当对方意识到你已注意他时，他往往会被你的沉着击退。

（3）发出信号止非难。某丈夫常于公开场合使妻子难堪。后来，妻子便随身带着一块小毛巾，每当他开始非难自己时，便把毛巾放在头上，丈夫每每因窘而止。

有时，你发出的信号是向挑衅者表示：“我已知道你不怀好意，但我不愿理睬，更不想报复。”比如，有一次，某人做一掸去新衣上的灰尘状，别人问他在干什么，他答：“有人在伤害我，不过我不在乎，拍点灰就是了……”有时，你对攻击表现出毫无兴趣的样子，如眨眼睛、打呵欠、望远处等。你不屑一顾的态度常会使挑衅者自讨没趣，风波也就自然平息了。

不动声色中，让对方接受你的想法

西方有一句著名的话：“雄辩是银，倾听是金。”古希腊也有一句民谚说：“聪明的人，借助经验说话；而更聪明的人，根据经验不说话。”中国人则流传着“言多必失”和“讷于言而敏于行”这样的名言。

在我们身边，经常会有这样的人，他们喜欢多说话，总是喜欢显示自己怎么样，好像他博古通今似的。这样的人，以为别人会很服他们，其实，只要有点儿社会阅历的人，都会不以为然。更聪明的人，或者说智慧的人，往往会根据自己的经验，知道自己要是说多了，必然会起反作用，所以总是少说或者不说。当然，要是说比不说更有效时，我们一定要说。

心理点拨 >>

1. 用事实影响对方的想法

日本金牌保险推销大师原一平曾有这样的推销经历：

他去访问一位出租车司机，那位司机坚决认为原一平绝对没有机会去向他推销人寿保险。当时，这位司机肯会见原一平，是因为原一平家里有一台放映机，它可以放映彩色有声影片，而这是那位司机没有见过的。

原一平放了一部介绍人寿保险的影片，并在结尾处提了一个结束性的问题：“它将为你及你的家人带来些什么呢？”放完影片，大家都静悄悄地坐在原地。3分钟后，那位司机经过心中的一番激烈交战，主动问原一平：“现在还能参加这种保险吗？”

最后，他签了一份高额的人寿保险契约。

“雄辩是银，倾听是金。”在销售中，这句话就更有用处了。若是在给顾客下订单时，对方出现了暂时的沉默，你千万不要以为自己有义务去说些什么。相反，你要给顾客足够的时间去思考和做决定。千万不要自作主张，打断他们的思路。

在从事销售时，有的推销员脑子里会有这样一种错误想法，他们以为沉默意味着缺陷。可是，恰当的长时间的沉默不但是正常的，而且也是受顾客欢迎的。因为这可以给他们一种放松的感觉，不至于因为有人催促而做出草率的决定。

当顾客说“我考虑一下”时，我们一定要给予他充足的时间去思考。别忘了，顾客保持沉默时，就是他在为你考虑了。相比较而言，顾客承受沉默的压力要比我们承受的还要大得多。因此，让顾客多沉默一会儿，仔细地考虑吧。

如果你先开口的话，那么你就面临失去交易的危险。因此，在顾客开口决定之前，务必保持沉默，除非你想丢掉生意。

2. 与对方争辩无意义

19 世纪时，美国有一位青年军官个性好强，总爱与人争辩，经常和同僚发生激烈争执，林肯总统因此处分了这位军官，并说了一段极具哲理的话：

“凡是成功之人，必不偏执于个人成见，更无法承受其后果；这包括了个性的缺憾与自制力的缺乏。与其为争路而被狗咬，毋宁让路于狗。因为即使将狗杀死，也不能治好被咬的伤口。”

留心我们的周围，争辩几乎无处不在。一场电影、一部小说能引起争辩，一个特殊事件、某个社会问题能引起争辩，甚至，某人的发式与服饰也能引起争辩，而且往往争辩给我们的结果是不愉快的，因为它的目标指向很明白：每一方都以对方为“敌”，试图以一己的观念强加于别人。

有些人喜欢争论，一定要胜过别人才肯罢休。如果一味好辩逞强，会让大家对你敬而远之，不知不觉你就成了不受欢迎的人。

每当我们要与人争辩前，不妨先考虑一下，我到底要的是什么？一个是毫无意义的“表面胜利”，一个是对方的好感。这两件事就如孟子所说，鱼与熊掌不可兼得。你需要的是什么呢？

3. 不动声色中展现实力

春秋时期，齐桓公率领诸侯国的军队攻打蔡国。蔡国溃败，接着又去攻打楚国。楚国在大军压境的形势下，楚成王派使臣屈完出来谈判。

使臣对齐桓公说：“您住在北方，我住在南方，因此，牛马发情相逐也到不了双方的疆土。没想到您进入了我们的国土，这是什么缘故？”管仲回答说：“从前召康公命令我们先君大公说：‘五等诸侯和九州长官，你都有权征讨他们，从而共同辅佐周王室。’召康公还给了我们先君征讨的范围：东到海边，西到黄河，南到穆陵，北到无棣。你们应当进贡的包茅没有交纳，周王室的祭祀供不上，我们特来征收贡物；周昭王南巡途中遇难，也与你们有关。我们正是为了问罪于你们。”屈完回答说：“贡品没有交纳，是我们国君的过错，我们怎么敢不供给呢？周昭王南巡没有返回，你们向汉水问罪好了！”于是齐军继续前进，临时驻扎在陉。

这年夏天，楚成王派使臣屈完到齐军中去交涉，齐军后撤，临时驻扎在召陵。齐桓公让诸侯国的军队摆开阵势，与屈完同乘一辆战车观看军容。齐桓公说：“这样的军队去打仗，什么样的敌人能抵抗得了？这样的军队去夹攻城寨，有什么样的城寨攻克不下呢？”

屈完回答说：“如果您用仁德来安抚诸侯，哪个敢不顺服？如果您用武力的话，那么楚国就把方城山当作城墙，把汉水当作护城河，您的兵马虽然众多，恐怕也没有用处！”

后来，屈完代表楚国与诸侯国订立了盟约。

这样的情形大家也许都见过，一个唯唯诺诺的人向人借钱时，一般都很难借到，倒是那些一副理直气壮样子的人，借起钱来反而很容易。他会说我现在一时周转不开，借钱只为救个急，等这个急缓过来了，立马连本带利一块儿还你。如此爽快，别人还能不放心地把钱借给他？或者他说现在手头上的生意很赚钱，故意把生意的收益夸大一些，对方也乐意将钱借给他。一般来说，人们决定是否把钱借给你，并不由你的困难程度决定，而是由你能否按时给他还款的预期决定。如果你一开口就让人感到一副活不下去的样子，那么你借钱十有八九要失败。因为他感到借钱给你，很可能会是把钱扔到水里，打了水漂。

中国有句俗语，“落难的凤凰不如鸡”，是说人一旦落魄了，在别人心目中就没有地位和尊严可言了。我们所说的不辩论，并不是一味躲让，而是要在不动声色中抬高自己。如果自己对自己都不抱希望了，还指望别人给你什么呢？要自己给自己长志气，不要让人轻看自己，只有这样，才能获得别人的帮助和支持。

任何时候，都要慎重与人争辩

争辩的过程往往会演化为指责别人的过程。不论你用什么方式指责别人，如用一个眼神、一种说话的声调、一个手势等，或者你告诉他他错了，你以为别人会同意你吗？答案是显而易见的。

即使在最温和的情况下，要改变别人的想法都不容易。如果要通过更激烈的方式——争辩使他改变想法，则会更加不容易。正如英国19世纪政治家查士德·裴尔爵士对他的儿子所说的：“如果可能的话，要比别人聪明，却不要告诉人家你比他聪明。”

心理点拨>>

1. 争辩时利用逆反心理

有一次，王先生请一位室内设计师为他家布置一些窗帘。

当账单送来时，他大吃一惊。

过了几天，一位朋友来看他，看到了那些窗帘，并问起价钱，而后面有难色地说：“太过分了。我看他占了你的便宜。”

她说的是实话，可是没有人肯听别人羞辱自己判断力的实话。因此，身为一个正常人，王先生开始为自己辩护。他说贵的东西终究有贵的价值，你不可能以便宜的价钱买到高品质又有艺术品位的东西。

第二天另一位朋友也来拜访，开始赞扬那些窗帘，表现得很热心，说她希望家里也能买得起那些精美的窗帘。这时王先生的反应完全不一样了。“说句老实话，”他说，“我自己也负担不起。我付的价钱太高了，我后悔买了它们。”

>>

这是很有趣的体验。当我们错的时候，也许会对自己承认。而如果对方处理得很巧妙而且和善可亲，我们也会对别人承认，甚至以自己的坦白率直而自豪。但如果有人想把难以下咽的事实硬塞进我们的食道，其结果是可想而知的。

杰出的心理学家卡尔·罗吉斯在他的《如何做人》一书中写道：“当我尝试去了解别人的时候，我发现这真是太有价值了。我这样说，你或许会觉得奇怪。

我们真的有必要这样做吗？我认为这是必要的。在别人叙述某种感觉、态度或信念的时候，我们几乎倾向于判定‘说得不错’，或‘真是好笑’‘这不正常吗’‘这不合道理’‘这不正确’‘这不太好’。我们很少让自己确切地去了解这些话对其他人具有什么样的意义。”

2. 不妨首先同意对方的观点

住在纽约的麦哈尼先生专门经销石油从业者使用的特殊工具，他接受了长岛一位重要主顾的一批订单。蓝图呈上去，得到了批准，产品开始制造了。但是，合作并不顺利。那位买主和朋友们谈起这件事，他们都警告他，说他犯了一个大错，他被骗了，一切都错了。工具太宽了、太短了。他的朋友们把他说得发火了，他打了一个电话给麦哈尼先生，发誓绝不接受已经开始制造的那一批器材。

麦哈尼回忆说：“我仔细地查验过了，确知我方无误。我知道他和他的朋友们都不知所云。可是我觉得，如果这么告诉他将很危险。我到长岛去见他，一走进他的办公室，他立刻跳起，朝我一个箭步走过来。他很激动，一面说一面挥舞着拳头。他指责我和我的器材，结束的时候他说：‘好吧，你现在要怎么办？’

“我非常心平气和地告诉他，我愿意照他的任何意思去办。‘你是花钱买东西的人，’我说，‘你当然应该得到自己满意的东西，可是总得有人负责才行。如果你认为自己是对的，请给我一幅制造蓝图，虽然旧案已经花了两千块钱，但我们愿意负担这笔损失。为了使你满意，我们宁可牺牲两千块钱。但是，我得先提醒你，如果我们照你坚持的做法，你必须负起这个责任。但如果你放手让我们照原定计划进行——我相信原计划才是对的——那我们可向你保证绝对负责。’

“他这时平静下来了，最后说：‘好吧，照原计划进行，但若是错了，上天保佑你吧。’

“结果没有错，于是他答应我，本季还要向我订两批相似的货。

“当那位主顾侮辱我，在我面前挥舞拳头，说我外行的时候，我真的需要最高度的自制力才不会和他争论，以维护自己。这的确需要极度的自制，但结果很值得。要是我说他错了，开始争辩起来，很可能要打一场官司，感情破裂，损失一笔钱，失去一位重要的主顾。的确，我深信指出别人错了是划不来的。”

耶稣说过：“尽快同意反对你的人。”埃及著名的阿克图国王，给他儿子一

些精明的忠告:“圆滑一些，它可使你予求予取。”如要使别人同意你，请尊重别人的意见，切勿指出对方错了。

同意对方的部分观点，可以有效缓解对方的愤懑。如果在争辩过程中你胜利了，使对方的论点被攻击得千疮百孔，证明他一无是处，那又怎么样？你会觉得扬扬自得。但他呢？你使他自惭。你伤了他的自尊，他会怨恨你的胜利。而且他即使口服，但心里并不服。

3. 同意对方观点后再亮出自己观点

欧哈瑞是美国怀德汽车公司的明星推销员。关于他的成功经验，他认为不争辩是重要法宝。

他的推销之道是这样的:

“如果我现在走进顾客的办公室，而对方说:‘什么？怀德卡车？不好！你送我我都不要，我要的是何赛的卡车。’我会说:‘老兄，何赛的货色的确不错。买他们的卡车绝对错不了。何赛的车是优良公司的产品，业务员也相当优秀。’

“这样他就无话可说了，没有争论的余地。如果他说何赛的车子最好，我说不错，他只有住口。他总不能在我同意他的看法后，还说一下午的‘何赛的车子最好’。接着我们不再谈何赛，我就开始介绍怀德的优点。

“当年若是听到他那种话，我早就气得不行了。我会开始挑何赛的错；我愈批评别的车子不好，对方就愈说它好；愈是辩论，对方就愈喜欢我的竞争对手的产品。

“现在回忆起来，真不知道过去是怎么干推销工作的。我一生中花了不少时间在争辩，我现在守口如瓶了。实践证明，果然有效。”

我们不能期望所有的人都能具有逻辑性的思考，我们多数人都犯有武断、偏见的毛病，我们多数人都具有固执、嫉妒、恐惧和傲慢的缺点。在争论中，你可能有理，但要想改变别人的主意，那你就错了。

正如睿智的班杰明·富兰克林所说的:“如果你老是争辩、反驳，也许偶尔能获胜；但那是空洞的胜利，因为你永远得不到对方的好感。”只要不是原则性问题，我们无须做过多的纠缠，只要最终能达到我们的目的，不就可以吗？

第十四章
别用质问式的语气来谈话，你并不高高在上

除非遇到辩论的场面，否则质问是大可不必的

在辩论等特殊场合，质问是经常遇到的。但是与人交谈的过程中，有些人喜欢以质问的语气纠正别人的错误，这会让人十分不舒服，谈话氛围也可能因此大受影响。

的确，质问能加强语气，但这种说话方式要慎用。尊敬他人是语言交际的前提，你不喜欢别人伤害你的尊严，当然你也不能伤害别人的自尊。

心理点拨 >>

1. 不要总用怀疑的口气

两个朋友在一起聊天。

“昨天那部电影真的很好看。”其中一个说。

“有什么好？”另一个人的口气有点儿强硬。

“剧情挺不错的，并且有一定的教育意义。”第一个人接着说。

“有什么教育意义？”另一个人的语调依然如此。

“这还用说吗？为人子女都能从这部电影里看到孝顺父母的因果，这对当下不少人很有教育意义。”

“这算是什么教育意义？”另一个人还是这样的语气。

两个人的交谈气氛尴尬了起来。

气氛尴尬的原因在于第二个人总是用质问的语气来谈话，这种谈话方式往往很伤感情。如果第二个人改变态度，若是他不同意，可以坦白说出自己对该部电影的见解，不用质问的语气，交谈往往能继续进行下去。

从心理学上来说，被莫名其妙质问的人往往会不知所措，心理自然会产生对立的情绪，甚至引起激烈的争辩。

倘若总是以质问的语气，当你被对方以更充足的理由回答并且对方反过来质问你时，你将会丢失面子。

2. 质问是不懂礼貌的表现

不少人都会对如下的问句耳熟能详：

“您为什么不买这个产品？”

“您为什么对这个产品有成见？”

“您凭什么讲我公司的产品不如竞争对手的呢？”

“您有什么理由说我公司服务不好？”

与客户沟通时，要理解并尊重客户的思想与观点，要知道人各有所需、各有所想，不能强求客户购买你的产品。

客户不买你的产品，自有他自己的考虑，切不可采取质问的方式与客户谈话。比如，有的人见客户无意购买产品或对产品（或服务）提出异议，就马上“逼问”客户。质问或者审讯的口气与客户谈话，是不懂礼貌的表现，是不尊重人的反映，是最伤害客户的感情和自尊心的。

千万要记住：如果你想赢得客户的青睐与赞赏，切忌质问客户。

3. 问到敏感问题选择私人场合

在大学的课堂上，有一名学生提出与课堂毫无关联的问题，几乎让那位教授失态。起初那位教授很用心地答复他的问题，但不料却与学生的意见发生了冲突。这时教授大可拒绝对方的质问，但却不可作正面拒绝，可以用“像你这种问题我们不妨等下了课再谈”这句话轻易带过。

如果是在私人场合，就可以说：“像你这样的问题我们还是等会儿再谈，怎么样，喝一杯吧！”轻松愉快地将话带过。若在会议中不幸形成了火爆的局面，此时不妨暂时承认对方所言的重要性，同时也让对方感觉此问题事关重大、难以解决，无法立刻作答，可以这样说：“关于这一问题我们日后再作讨论，今天我们还是讨论会议的本题。”

如果遇到敏感问题，你可以向对方询问，向他解释，但态度要真诚和善。假如你希望使对方心悦诚服，越是在紧张和竞争性很强的场合，越是不能用质问的语气，当对方被你的质问问的窘迫时，虽然他暂时占据下风，但他可能会怀恨在心。

从回答质问者的这一方来说，若发言者来势汹汹，你不妨说“像这样的难题我们日后再谈”来缓和当时的紧张气氛。

礼貌提问，变高高在上为虚心求教

弗朗西斯·培根曾经说过：“谨慎的提问等于获得了一半的智慧。”虽然有效的提问对于双方保持良性沟通具有诸多好处，但是，如果在提问过程中不讲究方式和方法，那不仅达不到预期的目的，恐怕还会引起对方的反感。

在沟通与交流的过程中，提问必须保持礼貌，不要给客户留下不被尊重和不被关心的印象；同时还必须在提问之前谨慎思考，切忌漫无目的地信口开河。

1. 把礼貌放在心头

春秋时期，孔子和他的学生们周游列国，宣传他们的政治主张。

一天，他们驾车去晋国。一个孩子在路中央堆石瓦玩，挡住他们的去路。

孔子说：“你不该在路中央玩，挡住我们的车！”

孩子指着地上说：“老人家，您看这是什么？”

孔子一看是用碎石瓦片堆的一座城。

孩子又说：“您说，应该是城给车让路还是车给城让路呢？”

孔子被问住了。他觉得这孩子很懂得礼貌，便问：“你叫什么名字？几岁了？”

孩子说：“我叫项橐，七岁！”

孔子对学生们说："项橐七岁懂礼貌，他可以做我们的老师啊！"

现在很多职位较高的人习惯于将其下属的问候理解为臣服和谄媚，很多女人习惯于把其他男士的问候理解为讨好和献殷勤，很多平级的同事会把问候理解成为多此一举或示弱，于是他们对其他人说话时，总是或多或少带着一种居高临下的语气。

在日常交往中，人人都要讲究礼貌，注重礼仪。礼貌无处不在，无时不有。礼貌提问，也要讲究礼仪。如果你工作中一帆风顺，与人交往时左右逢源，生活中处处受人尊重，"礼貌提问"一定助了你一臂之力。

在社交场合或与外宾谈话时，"见了男士不问钱，见了女士不问身"。不要径直询问对方履历、工资收入、家庭财产、衣饰价格等私人生活方面的问题。与女士谈话不要说她长得胖、身体壮、保养得好等，对方不愿回答的问题不要追问，也不要追根问底。不慎谈到对方反感的问题时，应及时表示歉意，或立即转移话题。

跟人说话时的礼貌礼仪不是一朝一夕学来的，而是在长期生活中不断磨炼逐渐形成的；礼貌礼仪不是能刻意模仿出来的，它往往在你日常交往的不经意之中表现出来。

2. 向人提问不要太傲慢

开口询问别人之前，一定要注重提问的礼貌。

问人姓氏说"贵姓"，

问人住址说"府上"，

求人帮忙说"劳驾"，

向人询问说"请问"，

请人协助说"费心"，

请人解答说"请教"，

求人办事说"拜托"，

请改文章说"斧正"，

求人指点说"赐教"，

老人年龄说"高寿"，

……

不论男女，对长辈、对客户，不能用傲慢的语气，应该采取平视，必要时用仰视的态度，这样才会让人感觉心里舒服。

傲慢的根本在于无法认识到人与人之间的平等，这是认识上的问题。换一个角度来说，当你面对一个比你强的人的时候，你就必须低下你高傲的头颅，说出礼貌的话语吗？其实，人与人之间是平等的，不要将你自己的傲慢对任何人表现出来。

学会与人平等相处。自负者视自己为上帝，无论在观念上还是行动上都无理地要求别人服从自己。平等相处就是要求自负者以一个普通社会成员的身份与别人平等交往。

3. 秉持着虚心求教的态度

张良是西汉高祖刘邦的军师，他的祖先是韩国人。在秦灭韩后，张良立志为韩国报仇。有一次，因刺杀秦始皇未遂，受到追捕而避居到下邳。

张良在下邳闲暇无事。有一天，他到桥上散步，碰到一个老人，穿着粗布短衣，走到张良旁边，故意把他的鞋子丢到桥下。然后回过头来冲着张良说："孩子！下桥去给我把鞋子捡上来！"张良听了一愣，很想揍他一顿，但一看他是个老人，就强忍着怒气，到桥下把鞋捡了上来。那老人竟又命令说："把鞋子给我穿上！"张良一想，既然已经给他捡来了鞋子，不如就给他穿上吧，于是就跪在地上给他穿鞋。那老人把脚伸着，让张良给他穿好后，就笑嘻嘻地走了。张良一直用惊奇的目光注视着他的去向。那老人走了不远，又折回身来，对张良说："你这个孩子是可造之才。5 天以后的早上，天一亮，就到这里来同我会面！"张良跪下来说："是。"第五天天刚亮，张良到了下邳桥上。不料那老人已经等在那里了，见了张良就生气地说："和老人约会，怎么迟到了？5 天后再来相会！"说完就离去了。到第五天早上，鸡一叫，张良就赶去，可是那老人又等在那里了，见了张良又生气地说："怎么又迟到了？5 天后再见！"说完又走了。到第五天，张良没到半夜就赶到桥上，等了好久，那老人也来了，高兴地说："这样才好。"然后他拿出一本书来，指着说道："认真研读这本书，就能做帝王的老师了！过十年，天下形势有变，你就会发迹了。13 年后，你就会在济北郡谷城山下看到我，那儿有块黄石就是我了。"老人说完就走了。

天亮时，张良拿出那本书来一看，原来是《太公兵法》(辅佐周武王伐纣的姜太公的兵书)！张良十分珍爱它，经常熟读，反复地学习、研究。

10年后，陈胜等人起兵反秦，张良也聚集了100多人响应。沛公刘邦率领了几千人马，在下邳的西面攻占了一些地方，张良就归附于他，成为他的部属。从此张良根据《太公兵法》经常向沛公献计献策，沛公认为很好，常常采用他的计谋，后来成了刘邦运筹帷幄，决胜千里的军师。刘邦称帝后，封他为留侯。

张良始终不忘那个给他《太公兵法》的老人。13年后，他随从刘邦经过济北时，果然在谷城山下看见有块黄石，并把它取回，称之为“黄石公”，作为珍宝供奉起来，按时祭祀。张良死后，家属把这块黄石和他葬在一起。

中国素称“礼仪之邦”。“礼”作为一种具体的行为来讲，就是指人们在待人接物时的文明举止，也就是现在所说的礼貌。而礼貌的本质是表示对别人的尊重和友善，这种心理需求，是超越时代的，是永存的。

虚心求教不只是一种礼貌，更是指学习的态度，一种诚恳的并且尊重他人的态度。具体说就是为人处世务必心思诚恳，有礼貌，不使他人心生厌烦。

谦虚礼貌是一个民族文明进步程度的标志，也是一个国家社会风貌的反映。懂得谦虚礼貌是有道德修养的表现，是心灵美与言行美的统一。对一个人来说，它反映着这个人的思想、道德状况和文化教育程度。

一个人如果不懂得礼貌，话语间没有半点儿谦让之心，那么，他不会为人们所喜爱，因为礼貌谦让的行为不仅是懂礼貌的重要表现，更是谦虚、平等心理的外在表现。

低调处世，时刻保持谦虚的姿态

骄傲自满是一个人处世的大忌，存一分骄傲之心者，必招来无妄之灾。

《王阳明全集》中有这样的话：“今人病痛，大抵只是傲。千罪百恶，皆从傲上来。傲则自高自是，不肯屈下人。故为子而傲必不能孝，为弟而傲必不能悌，为臣而傲必不能忠。”

一个人处世若不能看到别人的长处，盲目轻视别人，势必导致狂妄自大、迂腐褊狭，而这些正是失败、死亡到来的前兆。

对此古人有十分清醒的认识，在《劝忍百箴》中就曾这样写道：“金玉满堂，莫之能守。富贵而骄，自遣其咎。诸侯骄人则失其国，大夫骄人则失其家。魏侯受田子方之教，不敢以富贵而自备。盖恶终之衅，兆于骄夸；死亡之期，定与骄奢。先哲之言，如不听何！昔贾思伯倾身礼士，客怪其谦。答以四字，骄至便衰。斯言有味，噫，可不忍欤！”

此言对于如今生活在现今社会中浮躁的人来说，尤为有用。

心理点拨 >>

1. 不要自恃为强

赤壁之战后，刘备占领了荆州，又夺取了巴蜀，形成了魏、蜀、吴三足鼎立的局面。当时关羽留守荆州，时时有吞并东吴的野心，又自恃自己武艺高强、兵强马壮，连连向北边的曹操发动进攻。这完全破坏了刘备当年东联东吴、北拒曹操的战略。

当曹操想离间蜀、吴两方的时候，孙权派诸葛谨到荆州，要跟关羽结儿女亲家，以便共破曹操。孙权也准备了另一手，如果关羽不从，他就协助曹操，袭取荆州。

诸葛谨前往荆州，江口士卒报知关羽，而关羽“平生轻傲天下之士”，明明知道诸葛谨是诸葛亮的哥哥，他还是故意不派手下人去迎接。当诸葛谨对他说明联姻的意思时，关羽竟勃然大怒，说：“吾虎女，安肯嫁犬子耶！吾不看汝弟之面，立斩汝首！再休多言！”于是唤左右赶走诸葛谨。

诸葛谨回来见孙权，以实相告，孙权一怒之下，决定跟曹操合作攻取荆州。

在这里，关羽的话太过激、太伤人：自己的女儿是“虎女”，别人的儿子怎么就成了“犬子”了？这不是在打孙权的脸面吗？

点评 >>

关羽一生征战无数，屡建功名，最后之所以落得个败走麦城、身首异处的悲惨结局，是其性格所致。刚愎自用、骄傲自大，使得士兵离心，特别是在处理与东吴的关系上，有勇无谋、轻敌自傲。

正是因为关羽性格上的缺陷，才给对手以可乘之“隙”，所以败亡。因此，人在立身处世之时，一定要放低心态，戒骄戒躁，只有这样才能保持清醒的头脑，走稳人生之路。

2. 不要显耀自己

有一位学者搭船过江。

在船上，他和船夫闲谈。

他问船夫说："你懂文学吗？" 船夫回答说："不懂。"

学者又问："那么历史学、动物学、植物学呢？"

船夫仍然摇摇头。学者嘲讽地说："你样样都不懂，十足是个饭桶。"

不久，天色忽变，风浪大作，船即将翻覆，学者吓得面如土色。

船夫就问他："你会游泳吗？" 学者回答说："不会，我样样都懂，就是不懂游泳。"

说着船就翻了，学者大呼救命。船夫一把将他抓住，救上岸，笑着对他说："你所懂的，我都不懂，你说我是饭桶；但你样样都懂，就不懂游泳；要不是我这个饭桶，恐怕你早已变成水桶了。"

文中的学者自以为才高八斗，于是飘飘然，逢人就要卖弄，结果却在"一无所知"的船夫面前出尽了洋相。

在生活中我们经常会遇到这样一种人，他们总认为自己高人一等，以高高在上的语气跟别人说话，他们喜欢指出别人的缺点，说人家这个做得不合适，那个也做得不够，似乎他什么都行，对什么都可以说出一堆大道理来。其实，这只是一种不成熟的表现，正是人们常说的"一桶水不晃，半桶水响叮当"。

他们之所以摆出一副"万事通"的面孔来，恰恰是由于他们内涵不够，底气不足，怕被别人藐视，因此，用这种方式来显耀自己，以此来提高自己的地位，可是这样做的结果只会让人敬而远之，甚至遭人厌恶。

3. 保持谦虚低调的心态

孔子年轻的时候，曾经拜老子为师请教学问。在谈到怎样为人处世时，老子说了一句话："良贾深藏若虚，君子盛德，容貌若愚。"这句话的意思就是：善于做生意的人，总是把珍贵的货隐藏起来，不让人轻易看到；有修养、品德高尚的人，往往在表面上显得很愚笨。

真正有大成就者、成大事业者，无不是虚心好学的人。当他们开始骄傲的时候，他们立即就会想到“人外有人，山外有山”，自身的存在有很大的不足，他们会以谦虚低调的心态去面对任何一件事情、任何一个人。

低调是一种美德。一个真正低调、谦虚的人即使在成功的时候，也知道天外有天、强中自有强中手。无论你今天多么优秀，事业多么成功，你一定还可以找到比你更优秀、比你更成功的人。当你想到还有那么多的人比你成功，而且心态比你好时，你还觉得有资格骄傲吗？有句话很粗俗，但说得非常好：“当一个人弯下腰的时候，他的臀部是往上翘的。当一个人越谦虚，表示这个人越成功，最饱满的谷穗头低得最沉。”

祛除傲气，别以为自己高人一等

很多时候，你的傲慢无礼的话语是由骄傲自大引发的。被胜利冲昏了头脑，评判事物的标尺就会失衡。所以，即便是取得了一定成就的人，也不应该自鸣得意和沾沾自喜，以为自己比别人聪明多少。

“低调的人不会骄傲，骄傲的人也做不到低调”。骄傲自满是我们前进中的绊脚石，它就像有色眼镜一样，使我们看不到别人的闪光点，自以为是，止步不前。

骄傲自大的人会在自己与外界之间树起一道无形的“城墙”，形成与外界的隔膜，这使人变得狭隘、自私、目中无人，如井底之蛙，看不到更广阔的世界。

自以为高人一等，到处炫耀自夸，总是表现出一种优胜者的姿态，得意忘形，骄傲自满，人们必定会远离他，甚至厌恶他。

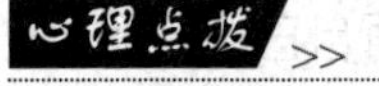

1. 不要显得自己比别人聪明

历史上因为锋芒过露、不知收敛而引来杀身之祸的人不胜枚举，例如，三国时期的杨修，由于恃才傲物而招致杀身之祸。

杨修本人在曹操丞相府担任主簿。他知识渊博，才识过人，但是他有一个最大的毛病，就是锋芒太露，不懂得韬光养晦、收敛自保。由于恃才傲物，他屡次得罪曹操。

有一次，曹操命令手下修造一座花园，花园修成以后，曹操亲自去检查，看完以后，没有做任何评价，只是在门上写了一个“活”字，就离开了。

手下的人不懂其中的意思。杨修告诉他们：“门内一个‘活’，就是‘阔’，丞相是嫌门太大了。”手下人连忙重新动手，把门改小，又请曹操去看。曹操一看，非常高兴，问：“是谁看破了我的心思？”手下人如实汇报。曹操为人向来多疑，于是对杨修产生了猜忌。

还有一次，北边少数民族派人送来一盒奶酥。曹操在盒上写了“一合酥”三个字，放在桌子上就离开了。杨修进来以后，竟然把盒子打开，同众人一起将点心分吃了。曹操回来以后，问他为何如此做。杨修回答说：“盒上明明写着‘一人一口酥’，我们怎敢违抗丞相的命令呢？”曹操表面上夸他聪明，心里却非常讨厌他。

自以为高人一等的人大多不能正确地看待自己，并且很容易走进自己的怪圈。被自己头上的那道光环迷住了双眼，看不清真实的自我。伴随着岁月无声地流逝，你自以为已经走了很远的路，当清醒过来时，你才发现自己还停留在当初的位置，甚至还可能在走回头路。也许直到那时候，你才会发现，周围的世界已经变得面目全非。山顶上已是旌旗烂漫，你却仍然坐在山脚下的池塘边，顾影自怜。那个时候，你会发现自己头顶上的光环早已不在，你能做的只有爬起来，走那条你早就该走的路，而不是停留在此，一次一次地重复自己。

当你狂妄自得的时候，你可以摸一摸自己的头顶上，是哪一道光环迷住了你。及早把它扔掉，你会轻松许多。

自以为了不起，在于对自己错误的认识。我们本该不断地创新自我，拥抱更美丽、更优秀的自我，可是自鸣得意的人，往往舍不得放弃那个面目已朽、风韵已衰的自我。

2. 尽量放低姿态

伊索寓言中有个故事：

有一只狐狸喜欢自夸自大，它以为在森林中自己最大。

傍晚，它单独出去散步，走路的时候看见一个映在地上的巨大影子觉得很奇怪，因为它从来没有看过那么大的影子。后来知道那是自己的影子，就非常高兴。它平常就以为自己伟大，有优越感，只是一直找不到证据可以证明。

为了证实那影子确实是自己的，它就摇摇头，那个影子的头部也跟着摇动，这证明影子是自己的没有错。它就很高兴地跳舞，那影子也跟着它舞动。它继续跳，正得意忘形时，来了一只老虎。狐狸看到老虎也不怕，就拿自己的影子与老虎比较，结果发现自己的影子比老虎大，就不理它继续跳舞。老虎趁着狐狸跳得得意忘形的时候扑过去，把它咬死了。

据说，饿昏头的人有时真的会在本来空无一物的地上看见食物。由于尊严匮乏造成幻象，也常使人错生“优越感情结”的海市蜃楼，从这种错误的心理出发，就会表现出自以为是、我比你行、刚愎自用的傲慢态度。幻象总是比较显著地出现在一个人生命中最自卑的地方，以便身体的平衡系统帮他从自卑的郁结中解放出来。

骄傲是对自己缺乏信心的表现。自信与自傲，有时只有一线之隔。高傲并不是自尊或自信，而是过度的自我意识使然。有一位哲学家说：“一个人若种植信心，他会收获品德。”一个人若种下骄傲的种子，他必收获众叛亲离的果子，甚至带来不可预知的危险，就像那只自夸自大、自我膨胀的狐狸一样。

高傲也是脆弱的表现，并且很不幸的是，它也是另一种形式的自卑。高傲的人喜欢摆架子，抬高自己，装腔作势。

3. 持盈若亏方能不断自勉

南隐是日本明治时代著名的禅师。有一天，一位访客特地来向南隐问禅；南隐以茶水招待，他将茶水注入这个访客的杯中，杯满之后他还继续注入，这位访客眼睁睁地看着茶水不停地溢出杯外，直到再也不能沉默下去了，终于说道：“已经溢出来了，不要倒了。”“你的心就像这只杯子一样，里面装满了你自己的看法和主张，你不先把你自己的杯子倒空，叫我如何对你说禅？”南隐意味深长地说。

南隐禅师教导的“把自己的杯子倒空”，不仅是佛学的禅义，更是人生的至

理名言。一个人如果志得意满，觉得自己无所不知、无人能及，就必然导致骄矜自傲，什么都装不下，什么都学不进去，就像茶水溢出来一样，再也不可能有更大的发展了。

其实，一个人成功的时候，若还能保持清醒的头脑，而不趾高气扬，他往往会取得重大的成功。

福特说："那些自以为做了很多事的人，便不会再有什么奋斗的决心。有许多人之所以失败，不是因为他的能力不够，而是因为他觉得自己已经非常成功了。他们努力过、奋斗过，流血牺牲不知战胜过多少艰难困苦，凭着自己的意志和努力，使许多看起来不可能的事情都成了现实；然后他们取得了一点儿小小的成功，便经受不住考验了。他们懒怠起来，放松了对自己的要求，往后慢慢地下滑，最后跌倒了。古往今来，被荣誉和奖赏冲昏了头脑而从此懈怠懒散下去终至一无所成的人，真不知有多少……"

洛克菲勒在谈到他早年从事煤油业时，曾这样说道："在我的事业渐渐有些起色的时候，我每晚把头放在枕头上睡觉时，总是这样对自己说：'现在你有了一点点成就，你一定不要因此自高自大，否则，你就会站不住，就会跌倒的。不要因为你有了开始，便俨然以为是一个大商人了。你要当心，要坚持不断前进，否则你便会神志不清了。'我觉得与自己进行这样亲切的谈话，对于我的一生都有很大的影响。我恐怕受不住成功对自己的冲击，便训练自己不要为一些蠢思想所蛊惑，觉得自己有多么了不起。"

由此可见，真正的低调是自己毫无成见，思想完全解放，不受任何束缚，对一切事物都能做到具体问题具体分析，采取实事求是的态度，正确对待；对于来自任何方面的意见，都能听得进去，并加以考虑。这样的人能做到在成绩面前不居功，不重名利；在困难面前敢于迎难而上，主动进取。他们的谦虚并不是卑己尊人，而是既自尊，也尊人。

多一分友善，避免语言冲撞人

在为人处世过程中，常常因为语言冲撞而产生不少矛盾冲突。也许你并不是对对方有意见，但从你口里说出来的话却让人暴跳如雷。

人际交往中语言冲撞的表现形式是多种多样的。冲撞表现在语言中，不仅包括语气，还有皱眉头、翻白眼、嗤之以鼻、不屑一顾等表情，都是冲撞人的表现。值得注意的是，有冲撞必然有反冲撞，而且冲撞语言的力度越大，反冲撞语言的力度越强，这是人际交往中的平等原则。

人际交往中的冲撞语言很容易造成某种尴尬局面，轻则不愉快，产生隔阂，重则可能发展成更为激烈的冲突，从而造成意想不到的后果，这对人与人之间的处世环境是很不利的。

所谓二虎相争，必有一伤，更有甚者可能两败俱伤。所以，在人际交往的语言交谈中，应极力避免冲撞他人。这首先需要提高自身修养。要知道，语言上对别人进行冲撞，这种行为的本身就显示了冲撞者的无能、无力、无礼和缺少涵养。同时，被冲撞的一方也应视情况对待，冲撞的情况有多种，有些是有意冲撞甚至是恶意冲撞，但大多数属于无意冲撞。对于前者，在不得已的情况下，做出的反应不仅是应该的，而且是必需的；但对那些“小和尚念经，有口无心”式的无意冲撞就大可不必计较了，如果对之做出反撞，结果反而会使自己有失身份。而且，即使对于有意冲撞或恶意冲撞进行反撞，也要严守一个“度”，不能过火，“过犹不及”。

心理点拨>>

1. 不要随意地批评

你喜欢如温暖阳光般的称赞，还是喜欢带着冬天寒气般的冷言冷语呢？以前，威尔·鲍温一直以为批评与指责往往比温和的语言更有针对性，效果也会更加明显，但是通过一件事情，他发现有时候批评并不能消弭问题，只会扩大事端。

鲍温的家在一个弯道的拐角处，距离限速从二十五英里到五十五英里的交接处很近，所以，常常有人开着车飞速地从他家门前驶过，而他的爱狗金吉尔就死在一辆疾驶的车下。

后来，当鲍温在花园里除草的时候，每看到飞速驶过的车辆，他就会朝着驾驶员大喊，以便使司机将车速降下来。但是，即使他挥舞着双臂示意司机开慢一些，也很少能够实现预想的效果，这令他非常恼火。在那些从未减速的车辆中，有一辆黄色的跑车给鲍温留下了深刻的印象，驾驶员是一个年轻的女士。鲍温始终想不明白，这么年轻美丽的一位女士，为何总是把车开得像疯狂的赛车一样？

有一天，当那位女士再次驾车飞快地经过时，鲍温正开着除草机割草，他的妻子正在花园边缘种花。鲍温放弃了让她减速的努力，继续专心地工作。但是那辆车的刹车灯亮了一下，居然神奇地慢了下来。鲍温第一次看到这辆车不是以要命的速度呼啸而过，他甚至出现了幻觉，因为那位年轻的女士在朝他和妻子微笑。

当女士的车子远去后，鲍温好奇地问妻子："到底发生了什么？她居然将车开得这么慢！"

妻子笑了笑，回答道："我只是朝她微笑着招手打了个招呼，她也对我微笑，所以也就减慢了车速。"

他愣住了。他想起自己以前常常坐在割草机上愤怒地挥舞着自己的手臂，大声地提醒过往的司机注意车速，在他们看来，自己是不是就像一个脾气暴躁的疯子？而那辆黄色的跑车从来没有因为鲍温的愤怒和指责慢下来，但是今天它因为一个微笑而缓慢地驶过。

鲍温突然意识到：没有人喜欢批评的语言。批评往往只会扩大事端，却不会消弭。而且，批评的本质其实是带着利刃的抱怨，既让人讨厌，又令人鄙视。

鲍温的妻子只是微笑着打了个招呼，这一无心之举不仅达到了鲍温之前一直未实现的目的，也收获了美丽的微笑。事实上，人人都会犯错，但没有人喜欢被批评。人们往往是习惯严于律“人”，一旦他人犯了错误，就往往会站在制高点上指责埋怨对方。

著名的心理学家杰丝·雷耳说过：“称赞对温暖人类的灵魂而言就像阳光一样，没有它，我们就无法成长开花。但是我们大多数的人只是忙于躲避别人的冷言冷语，而吝于把赞许的温暖阳光给予别人。”

所以，不要用批评的方式发泄心中的牢骚，正所谓“牢骚太盛防肠断”，一个人的能力会在批评下萎缩，而在鼓励中绽放光彩。所以，当你不是严厉地批评和指责他人的错误，而是持以微笑和大度的胸怀去对待别人的不足时，你收获的便是温暖的阳光。

2. 心中有气先忍着

天刚破晓，朱友峰居士兴冲冲地抱着一束鲜花及供果，赶到大佛寺想参加寺院的早课，谁知刚踏进大殿，左侧突然跑出一个人，正好与朱友峰撞了个满怀，将他捧着的水果撞翻在地。朱友峰看到满地的水果，忍不住叫道："你看！你这么粗莽，把我供佛的水果全部撞翻了，你怎么给我一个交代？"

这个名叫李南山的人非常不满地说："已经撞翻了，顶多说一声'对不起'，你干吗那么凶？"

朱友峰非常生气："你这是什么态度？自己错了还要怪人！"接着，彼此咒骂，互相指责的声音此起彼落。

广圄禅师正好从此经过，就将两人带到一旁，问明原委，开示道："莽撞行走固然是不应该的，但是不肯接受别人的道歉也是不对的，这都是愚蠢不堪的行为。能坦诚地承认自己的过失及接受别人的道歉，才是智者的举止。"

广圄禅师接着又说："我们生活在这个世界上，必须协调的生活层面太多了。例如：在社会上，如何与亲族、朋友取得协调；在教养上，如何与师长们取得沟通；在经济上，如何量入为出；在家庭里，如何培养夫妻、亲子的感情；在健康上，如何使身体健全；在精神上，如何选择自己的生活方式。各方面协调好了，才不会辜负我们可贵的生命。想想看，为了一点儿小事，一大早就破坏了虔诚的心境，值得吗？"

李南山听完后先说："禅师！我错了，实在太冒失了！"说着便转身向朱友峰道："请接受我至诚的道歉！我实在太愚痴了！"朱友峰也由衷地说："我也有不对的地方，不该为一点儿小事就发脾气，实在太幼稚了！"

广圄禅师的一席话，终于感动了这两位争强好斗之人。

正像广圄禅师说的那样，最开始是不礼貌的人犯了错，但如果我们一再揪住别人的不礼貌不放时，错的人就从一个变成了两个。

我们常常可以看到这样的场景：地铁里，人们为了争座位而争吵；公交车上，人们因为过于拥挤而发生口角；走在路上，我们会因为被别人踩了一脚而揪住对方的领子不放……当我们对暴力产生了盲目崇拜时，我们的心也开始变得僵硬麻木；当我们喜欢上以强硬的手段去对待别人的不礼貌的时候，我们也就失去了理智和爱。

所以，碰到不礼貌的人时，我们不妨给予他一个宽恕的微笑，因为一个温暖的笑容往往要胜过强硬的拳头。有时候，一个不经意的拥抱就能融化误会的坚冰，也能拯救一颗受伤的心灵。

第十五章
不要显摆，失意人前不谈得意事

在别人面前自夸，这是愚蠢的行为

在别人面前夸自己，在一切的愚笨行为中，再没有比这个更愚笨、更可笑的了。

“那一次的纠纷，如果不是我给他们解决了，不知要弄到怎样的地步。你们要知道，他们对任何人都不放在眼里，不过当着我的面，就不敢妄动了。”即使这次的纠纷，确实因为你的排解而得到解决，如果把上面的话改成“当时我恰巧在场，就替他们排解了”，这种说法不是更使人敬佩吗？

当一件值得称赞的事情被人发觉之后，人们自然会崇敬你，但倘若你自己夸张地叙述出来，所得结果必恰恰相反，人们听到你的自夸，轻视就会把崇拜掩盖了。

一句自夸的话是一粒恶的种子，它从你的口中来而种在别人的心里，滋长出憎厌的芽。爱自夸的人是找不到真正的朋友的，因为他自视甚高，轻视一切，不大理会别人的意见，只会自己吹牛，他只想找奉承和听从他的群众，而不是找朋友，于是朋友们都避之唯恐不及了。

心理点拨>>

1. 才高不不自傲

三国时的祢衡很有文才，在社会上也很有名气。但是，他恃才傲物，除了自己，任何人都不放在眼里，容不得别人，别人自然也容不得他。他“以狂杀身”，最终被黄祖杀了。

祢衡常目中无人，经常说除了孔融和杨修，“余子碌碌，莫足数也”。即使是对孔融和杨修，他也并不很尊重他们，常常称他们为“大儿孔文举，小儿杨德祖”。

曹操与袁绍开战之前，想要争取镇守荆州的刘表作为自己的后援，因素知刘表好结纳名流，便决定选一较有名气的高士前往游说。由于曹操对此事十分重视，选何人前往，曾向多人征询意见。起初，有人荐举了既有身份又有名望的孔融，而孔融却又转而推荐了好友祢衡。

曹操使人招来祢衡后，并未起身让座。祢衡遂仰面感叹：“天地虽阔，何无一人也！”

曹操说：“我手下有数十人，皆当世英雄，怎么就没有一个人！”

祢衡说：“请讲。”

曹操说：“荀彧、荀攸、郭嘉、程昱机深智远，就是汉高祖时候的萧何、陈平也比不了；张辽、许褚、李典、乐进勇猛无敌，就是古代猛将岑彭、马武也赶不上；还有从事吕虔、满宠，先锋于禁、徐晃，又有夏侯淳这样的奇才，曹子孝这样的人间福将，怎么说没人？”

祢衡笑着说：“您错了！这些人我都认识，荀彧可以让他去吊丧问疾，荀攸可以让他去看守坟墓，程昱可以让他去关门闭户，郭嘉可以让他读词念赋，张辽可以让他击鼓鸣金，许褚可以让他牧羊放马，乐进可以让他朗读昭书，李典可以让他传送书信，吕虔可以让他磨刀铸剑，满宠可以让他喝酒吃糟，于禁可以让他背土垒墙，徐晃可以让他屠猪杀狗，夏侯淳称为‘完体将军’，曹子孝叫作‘要钱太守’。其余的都是衣架、饭囊、酒桶、肉袋罢了！”

曹操很生气，说：“你有什么能耐？竟敢口出狂言？”

祢衡说：“天文地理，无所不通，三教九流，无所不晓；上可以让皇帝成为尧、舜，下可以跟孔子、颜回媲美。怎能与凡夫俗子相提并论！”

曹操对他很生气，后来终于借别人的手杀了祢衡。

>>

有人为了引起大家的注意，从言语、行动方面用力，想使自己出人头地，认为言辞锋芒、举止锋芒是刺激大家注意的最有效方法和重要途径。其实不然，你看看周围阅历丰富的人，他们可能与你相反，“和光同尘”，毫无圭角，言语如此，行动亦然，好像他们都是庸才，谁知他们的才，颇有在你之上者；好像他们都是讷言，谁知他们颇有善辩者；好像他们都是无大志，谁知一个个竟胸怀雄才大略。他们也不愿久居人之下，却又不肯在言语、行动上露锋芒，事实上，这样的人反而最先被发现是真人才，最容易受到赏识。为什么？因为这才是真才、大才，这才是真智、大智。

明代大政治家吕坤以他丰富的阅历和对历史人生的深邃观察，在他的《呻吟语》一书中道："精明也要十分，只需藏在浑厚里作用。古今得祸，精明人十居其九，未有浑厚而得祸者。"

翻译成现代汉语，他的意思是说，人们对聪明、精明还是非常需要的，但关键是要在浑厚中悄悄地运用。古往今来得祸的绝大多数都是那些自恃聪明、卖弄聪明的人，是喜欢外露的人，而没有心里是绝顶聪明而表面上又深藏不露的人会得祸的。

这就是说，聪明是人自身的一笔宝贵财富，这一点是确定无疑的，关键在于你如何运用，如何把握分寸。财富可以使人的生活过得充实、潇洒，也可能毁掉你的一生。事物都有两面性，好的和坏的，有利的和不利的。真正聪明的人不仅仅是有智慧、有见地、有主张，更重要的是善于运用自己的聪明智慧，那些能够深藏不露，而在刀刃上或火候已到的时机才适时适度表露的人才是真正聪明的。那种自恃聪明、卖弄聪明或一味耍小聪明的人，其实是愚蠢的，因为那往往是招灾引祸的根源。无论是从政，还是经商，无论是做学问，还是治家务，谁不明白这个道理，谁就会吃亏、倒霉。

2. 要经常反躬自省

人一旦出头了、发达了，就容易成为众人注目的焦点，被人品评，被人臧否，也可能被人算计。因此，越是位居显要处，就越要经常反躬自省，越要讲究低调做人，融入大众之中。唯此，才能做到更有效地保护自己。

曾国藩在他的母亲病逝、居家守丧期间响应咸丰帝的号召，组建湘军的。不能为母亲守三年之丧，这在儒家看来是不孝的。但由于时势紧迫，他听从了好友郭嵩焘的劝说，"移孝作忠"，出山为清王朝效力。

可是，他锋芒太露，处处遭人忌妒、受人暗算，连咸丰皇帝也不信任他。自率湘军东征以来，曾国藩有胜有败，四处碰壁，究其原因，固然是由于没有得到清政府的充分信任而未授予地方实权所致。同时，曾国藩也感到自己在修养方面有很多弱点，在为人处世方面刚愎自用，目中无人。

后来，他在写给弟弟的信中，谈到了由于改变了处世的方法而带来的收获：“兄自问近年得力唯有一悔字诀。兄昔年自负本领甚大，可屈可伸，可行可藏，又每见得人家不是。自从丁巳、戊午大悔大悟之后，乃知自己全无本领，凡事都见得人家有几分是处，故自戊午至今九载，与四十岁以前迥不相同，大约以能立能达为体，以不怨不尤为用。立者，发奋自强，站得住也；达者，办事圆融，行得通也。”以前，曾国藩对官场的逢迎、谄媚及腐败十分厌恶，不愿为伍，为此所到之处，常开诚布公，一针见血，从而遭人忌恨，受到排挤，经常成为舆论讽喻的中心。

“国藩从官有年，饱历京洛风尘，达官贵人，优容养望，与在下者渐疏和同之气，盖已稔知之。而惯常积不能平，乃变而为慷慨激烈，轩爽肮脏之一途，思欲稍易三四十年不白不黑、不痛不痒、牢不可破之习，而矫枉过正，或不免流于意气之偏，以是屡蹈愆尤，丛讥取戾。”

经过多年的宦海沉浮，曾国藩深深地意识到，仅凭他一己之力，是无法扭转官场这种状况的，如若继续为官，那么唯一的途径就是去学习、去适应。“吾往年在官，与官场中落落不合，几至到处荆榛。此次改弦易辙，稍觉相安。”此一改变，说明曾国藩日趋成熟与世故了。

攻下金陵之后，曾氏兄弟的声望可以说是如日中天，达于极盛，曾国藩被封为一等侯爵，世袭罔替，所有湘军大小将领及有功人员，莫不论功封赏。时湘军人物官居督抚位子的便有十人，长江流域的水师，全在湘军将领控制之下，曾国藩所保奏的人物，无不如奏所授。

但树大招风，朝廷的猜忌与朝臣的妒忌随之而来。颇有心计的曾国藩应对从容，马上就采取了一个裁军之计。

不等朝廷的防范措施下来，就先来了一个自我裁军。正所谓忍一时风平浪静，退一步海阔天空，曾国藩意识到鸡蛋是不能与石头碰的，既然不能碰，就必须改变思路，明哲保身。

正是由于曾国藩居安思危，在功高位显之时能洞悉世态人情之险，从而以退为进，保持一种低调通达的作风，才能确保和成就他终身的功德。

曾国藩说，越走向高位，失败的可能性越大，而惨败的结局就越多。因为“高处不胜寒”啊！那么，每升迁一次，就要以十倍于以前的谨慎心理来处理各种事务。他借用“烈马驾车，绳索已朽”，形容随时有翻车的可能。

因此，我们万不可因一时的得意，就麻痹大意，认为自己“福大命大”，而应该时时反躬自省，修身立德，这样才能确保长久的安顺。

3. 身在高处也要低调

俗话说：“多行不义必自毙。”人若倚仗自己的财势欺弱霸强，其结果必然走上毁灭。

战国时的晋国，其大权被智伯瑶、魏桓子、赵襄子和韩康子四位大夫掌握着。后来，四位大夫间发生了矛盾，势力最大的智伯瑶便依仗自己的势力胁迫其余三家将各自方圆100里的土地交给他。韩、魏两家自知财势逊于智家，无法与之抗衡，为了绝后患，不得不忍气吞声交了出来，唯有赵襄子不愿屈服，便以维护祖先的基业为借口，拒绝了智伯瑶的无理要求。

智伯瑶为此恼羞成怒，于是联合韩、魏两家共同发兵攻打赵家。赵家也不示弱，赵襄子亲自率领自己的兵马坚守在晋阳城内与之抗衡。

晋阳城中有充足的粮草，百姓们十分痛恨智伯瑶恃强凌弱的卑劣行径，为了捍卫自己的领土，几乎是全城皆兵，支持赵襄子。面对城外智、韩、魏三家的重重围攻，军民们同心协力抵抗，斗志高昂、众志成城，一直坚持了两年多。

晋阳城久攻不下，令智伯瑶头疼不已，凶残狡诈的他又想出另一个办法：命士兵们将晋河改道，让河水直冲晋阳城，准备水淹晋阳城。此计实施后，晋水淹没了大半个晋阳城，眼看晋阳城将毁于一旦，满心欢喜的智伯瑶以为这次一定能让赵襄子投降，攻下晋阳城，并将之据为己有。可惜的是，面对如此险境，晋阳城中的军民依然没有一人肯出城投降，使他的如意算盘落了空。

虽然城中军民们仍誓死抵抗，可晋阳城却已是危城一座，破城在即，危在旦夕了。智伯瑶此时不免得意忘形起来，肆无忌惮的他无意中说出了在日后必要时，将用同样的方法消灭韩康子和魏桓子两家的话。

说者无心，听者有意。韩康子与魏桓子为此不寒而栗，思之再三，唇亡齿寒的道理终于使韩康子和魏桓子两家下定决心反戈一击。于是他们暗中与被围困在晋阳城中的赵襄子商量好，将晋水反引入智家的营寨中，里应外合攻打智伯瑶的兵马。

最后，智伯瑶被杀，其所有的财产、土地及户口由赵、韩、魏三家平分了。

古人说："富而好礼，孔子所诲；为富不仁，孟子所戒。盖仁足以长福而消祸，礼足以守成而防败。怙富而好凌人，子羽已窥于子哲；富而不骄者鲜，史鱼深警于公孙。庆封之富，非常实殃；晏子之富，如帛有幅。去其骄，绝其吝，惩其贫，窒其欲，庶几保九畴之福。"

这段话的大意是：富有而爱好礼义，这是孔子对人的教诲；因图致富便不施行仁义，这是孟子对人的告诫。大凡行仁义的人完全可以保持幸福而消除灾祸，爱好礼义的人完全可以保持已有的成就而防止失败。自恃富有而喜欢欺侮别人，结局不会好，正如子羽已观察到子哲的结局；富有而不骄傲的人很少，史鱼曾对公孙提出深刻的警告。庆封的富有不是上天赏赐，实为灾祸；晏子的富有如同布帛那样有一定的限度。舍弃骄傲，根除吝啬，控制怒气，节制情欲，这样才能保证享受五种福分。

抬高自己的同时，也孤立了自己

在人际交往中，那些谦让而豁达的人总能赢得更多的朋友；相反，那些自尊自大、孤芳自赏的人总会引起别人的反感，最终在交往中走到孤立无援的地步。

一个人，锋芒太盛了难免灼伤他人。想想看，当你将所有的目光和风光都抢尽了，却将挫败和压力留给别人，那么别人在你的光芒的压迫之下，还能够过得自在、舒坦吗？因此，有才却不善于隐匿的人，往往招来更多的嫉恨和磨难。曹植锋芒毕露，终招祸殃，文名满天下，却给他带来了灾祸，这难道是他的初衷吗？他只是不知道收敛罢了。

在人际交往中，必须牢记"持盈履满，君子兢兢"的教诫，不要总是抬高自己降低别人，这不是聪明人的做法。

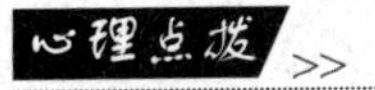

1. 做人不能太把自己当回事

做人太把自己当回事了，就容易挑三拣四、忘乎所以、刚愎自用，并且在与人相处时会吹毛求疵。

安德森是个非常优秀的青年，头脑一向很聪明，在大学期间是令人羡慕的“学习尖子”。或许正是因为他太优秀了，所以其他人在他眼里简直不值得一提。

他是一个特立独行的人，时时感到自己是“鹤立鸡群”。不仅周围的同学他看不上眼，连一些教授他也不放在心上，因为他们讲的课程对安德森来说实在太简单了。

学业上的优秀使安德森逐渐形成了一种优越感，因而在人际交往上常常极为挑剔，容不得别人有一点儿毛病。一次，有位同学向他借了一本书，书还回来时弄破了一点儿，虽然那位同学一再向他表示歉意，但安德森仍然无法原谅他。尽管碍于面子，他当时什么话也没说，然而从那以后，他再也不愿理睬那个借书的同学了。

渐渐地，安德森成了其他同学眼中的“怪人”，大家不敢再和他交往，也不愿意和他交往。当然，这种“集体排斥”并没有阻碍安德森在学业上的成功。

安德森的功课门门都很优秀，年年都获得奖学金，还曾代表学校参加过国际性竞赛并获得了奖项。许多老师和学生都一致认为，他是一个难得的“天才”。

数年寒窗苦读后，安德森以优异的成绩毕业，顺利进入一家待遇优厚的大公司。他心中对未来充满了憧憬，准备干出一番轰轰烈烈的事业来。

不过，上班后的生活远远不像在学校里那样简单，每天都少不了和上司、同事、客户等各种各样的人打交道，安德森对此感到十分厌烦。原因在于，他在与人交往时仍然抱着那种挑剔的心理，一旦与人接触就对他人的弱点非常敏感。

毕竟，安德森太优秀了，很少有人能够和他相提并论。他对别人的挑剔越来越严重，逐渐发展成对他人的厌恶。他讨厌那些平庸的同事、低能的上司，有时甚至说不清对方有什么具体的缺陷，但他就是感觉不对劲。

长此以往，安德森与周围的人关系搞得很紧张，彼此都感到很别扭。他经常与同事闹得不可开交，也往往因一些微不足道的小事而与上司发生矛盾。

终于有一天，安德森彻底变成了一个无人理睬的闲人了。尽管他确实很有才干，但上司却不再派给他任何任务，同事们也像躲避瘟疫一样远离他。在走投无路之际，他被迫写了一份辞职书，结果马上得到批准。

像安德森这样的人，即便本领再高强，也不会受人尊敬、被人重用。而且，一个太拿自己当回事的人，即使不在言谈之中将这种态度表露出来，但那种“顾

影自怜”“孤芳自赏”的气质也是足以令许多人讨厌、不悦的。因此，做人就是要放低心态，让自己融入平常人当中去，不要刻意突显什么，这样才能为自己赢得好人缘。

2. 可以犯些无关紧要的“错误”

善于处世的人，常常故意在明显的地方留一点儿瑕疵，让人一眼就看见他“连这么简单的都搞错了”。这样一来，尽管你出人头地，木秀于林，别人也不会对你敬而远之。一旦他发现“原来你也有错”，反而会缩短与你之间的距离。

在好莱坞有这样一位国际知名演员，一次，他在进影棚演出之前，一位朋友提醒他，纽扣上下扣反了。他低头看了看，连声向朋友道谢并赶紧扣好纽扣。可等他的朋友走开以后，他又把纽扣上下重新扣反。一个年轻人正好瞧见这一过程，便不解地问他是怎么回事。这名演员说他扮演的是个流浪汉，扣反纽扣正好表现出他不注重形象、对生活失去信心的一面。年轻人更是困惑地问道：“可你为什么不向朋友解释或者说这是演戏的需要呢？”

这位演员坦然地笑着说：“他提醒我是把我当作真正的朋友，是出于对我的关心。假如我一定要解释个清楚，就极有可能让他认为我做任何事都是有准备的，有一定原因的。久而久之，谁还能指出我的缺点，在他们眼里，我的缺点也可以被认为有个性，而恰恰这正是我要完善的地方。”

>>

每个人都不完美，都会犯一些错误。为了不断地完善自己，你必须给人以批评的机会。

其实，适当地把自己放低一些，就等于把别人抬高了许多。当被人抬举的时候，谁还有放置不下的敌意呢？既然人不是上帝，那么适当地犯点儿小错，相信人人都能够谅解。并且，你的这些小错误也给了别人自尊心上的满足，这样，别人才不会因为嫉妒而攻击你。表面上看来，犯错是不好的，实际上却是给自己搭了一个获得好人缘的梯子。

3. 不要把人比下去

唐人孔颖达，字仲达，8岁上学，每天背诵一千多字。长大后，很会写文章，也通晓天文历法。隋朝大业初年，举明高第，授博士。隋炀帝曾召天下儒官，集合在洛阳，令朝中士与他们讨论儒学。颖达年纪最小，道理说得最出色。那些年纪大、资深望高的儒者认为颖达超过了他们是耻辱，便暗中刺杀他。颖达躲在杨志感家里才逃过这场灾难。到唐太宗，颖达多次上诉忠言，因此得到了国子司业的职位，又拜酒之职。太宗来到太学视察，命颖达讲经。太宗认为讲得好，下诏表彰他。但后来他便辞官回家了。

南朝刘宋王僧虔，东晋王导的孙子。宋文帝时官 为太子庶子，武帝时为尚书令。年纪很轻的时候，僧虔就以擅长书法闻名。宋文帝看到他写在白扇子上面的字，赞叹道："不仅字超过了王献之，风度气质也超过了他。"当时，宋孝武帝想以书名闻天下，僧虔便不敢露自己的真迹。大明年间，曾把字写得很差，因此平安无事。

当你把别人比下去，就给了别人嫉妒你的理由，为自己培养了敌人。所以，在与人逞强之前请先三思。

当自己的人生处于得意之时，千万不能忘形，千万别将得意之色在那些此时正处于低谷的人面前显露。这样你才能不会伤到别人，也不会被伤。得意到了狂妄的地步，整个人飘到半空中就很容易摔下来，而且会摔得很惨。乐极生悲的例子总是屡见不鲜，因此，在得意之时，记得提醒自己保持头脑清醒。

有些人因为顺境连连而甚感欣慰，愉悦之情不时流露于色。然而，不能只顾自己高兴，应该想想怎么才能维持好运，永葆成功。

在得意之时，请压抑自己过度张扬的欲望，多一点儿谦虚，少一些自我炫耀。让自己的人生少一些阻碍，多一些平顺。

降低姿态，学会与人平起平坐

人与人之间的交往，最向往的是平等。平等不是平分财产，也不是平分权力，平等是感情上的一种感觉。平易近人，可以说是与人相处的一种技巧，也可以说是一种修养。我们经常能看到，有一些人富贵发达之后，便骄横狂妄，不可一世，尤其是面对那些在权势和财富上不如自己的人，不屑一顾，这种人是最容易树敌的。俗话说，十个朋友不算多，一个敌人不算少。有了敌人，你的日子就埋下了隐患，一旦爆发便不可收拾。

人人都无法离群索居，你一生都得与人相处。在家庭、学校和社会上，你都是其中的角色之一。你必须在你的环境里与其他人平等融洽地相处，这样你才会拥有幸福快乐的成功人生。

你若想过上快乐的生活，拥有成功的人生，就必须收起那张不讨人喜欢的高傲面孔，翘起嘴角，放松眉头，用你可爱的笑脸去面对周围所有的人。因为你的形象不是用高傲的架子支起来的，而是用低调的心态铺就的。

>>

1. 不妨弯下腰来

低调做人不仅是一种做人的标准，也是一门做人的艺术。

英格丽·褒曼在获得了两届奥斯卡最佳女主角奖后，又因在《东方快车谋杀案》中的精湛演技获得最佳女配角奖。然而，在她领奖时，她一再称赞与她角逐最佳女配角奖的弗伦汀娜·克蒂斯，认为真正获奖的应该是这位落选者，并由衷地说："原谅我，弗伦汀娜，我事先并没有打算获奖。"

>>

褒曼作为获奖者，没有喋喋不休地叙述自己的成就与辉煌，而是对自己的对手推崇备至，极力维护了落选对手的面子。无论谁是这位对手，听到这番话之后，都会十分感激褒曼，会认定她是倾心的朋友。一个人能在获得荣誉的时刻如此尊重和取悦竞争对手，如此与伙伴贴心，实在是一种文明优雅的风度。

低调做人是一种境界、一种风度，一种去留无意的胸襟，一种宠辱不惊的情怀。甘于低调做人者，总能以平常心面对喧嚣的世界、纷扰的人群，在为人处世上从不表现出傲慢、卖弄和过分张扬的姿态来，而是把自己的举止言行融于常人当中，并始终把自己看作是社会上普普通通、实实在在的一员。

因此，当你事业有成或获得令人艳羡的福分时，千万不要忘乎所以，不要盛气凌人，而应该维持一种平和的心态。你要摆低姿态与人交往，这样才不至于戳人痛处，惹人忌恨，还能使自己更受人尊重和喜爱。

2. 淡化自己的优位

"王明毕业一年多就提了销售主管了，真棒啊！"在外企工作的朋友小李十分钦佩地说。"没什么，老兄你过奖了。主要是我们这儿水土好，领导和同事们抬举我。"王明见同一年大学毕业的张俊在办公室里，便压抑着内心的喜气，谦虚地回答。张俊虽然也嫉妒王明的提拔，但见他这么谦虚，气也顺了不少，也就笑盈盈地主动招呼王明的朋友小李："来玩了？请坐啊！"

不难想象，王明此时如果说什么"凭我的水平和能力早可以提拔了"之类的话，那么张俊不妒忌，进而与王明和睦相处才怪。

那么，我们又该怎样来降低别人的嫉妒之心呢？显然，谁都希望处于优位而得到他人的夸奖，但事实上总会有悬殊的差别。当同事、朋友各方面条件都差不多，其中有人处于优位，别人若不提及，有时还不觉得。一旦有人提起，其他人听了就不好受，难免会妒火中烧。所以，作为不会对此妒忌的旁人，一定不要在优位者的同事、朋友等多人面前特意夸奖优位者。否则，不仅会引发和加强其对优位者的妒忌，还可能同时妒忌你与优位者的"密切关系"，并认为你这是故意打击他。

通过艰苦努力所取得的成果很少被人妒忌，如果我们处于优位确实是通过自己的艰苦努力得到的，那么不妨将此"艰苦历程"诉诸他人，加以强调以引人同情，减少妒忌。

比如，在朋友、同事还未买房的时候，你却先买了。为了免受"红眼"，你可以这么说："我买这房子可不容易。你们知道我节衣缩食积攒了多少年吗？整整8年啊！辛苦啊！我们夫妻俩都是低工资，一毛钱一毛钱地攒，连场电影都舍不得看，太难了……"听了这些话，对方就很难产生妒忌之心。相反，或许还会报以钦佩的赞叹和由衷的同情。

得意时，也不要忘乎所以

人虽说有理性、有智慧，能够在清醒的时候分辨是非祸福，然而一旦志得意满了，又往往容易一叶障目，因一时的得意而忘乎所以，从而使自己陷于难以自拔的境地。

试想，当你将所有的目光和风光都抢尽了，却将挫败和压力留给别人，那么别人在你的光芒压迫之下，会觉得舒服？要知道，你的得意往往会灼伤他人。

1. 不要骄矜自大

骄矜自大对人百害而无一利，中国历史上深受其害的人可谓比比皆是。

清朝的年羹尧早期仕途一路顺畅，1700 年考中进士，入朝做官，升迁很快，不到 10 年已成为重要的地方大员——四川省长官。这个时期是清朝西北边疆多战事的时期。当时康熙重用年羹尧，就是希望他能平定与四川接近的西藏、青海等地叛乱。年羹尧也没有让康熙失望。

在 1718 年参与平定西藏叛乱的过程中，年羹尧表现出了非凡才干。他当时负责清军的后勤保障工作，虽然运送粮饷的道路十分艰险，但是在年羹尧的努力下，清朝大军的粮饷供应始终是充足的，从而为取胜创造了条件。因此，第二年年羹尧就被康熙皇帝晋升为四川、陕西两省的长官，成为清朝在西北最重要的官员。

这一年 9 月，青海地区又出现叛乱。这一次朝廷任命年羹尧为主帅前去镇压。出兵前，年羹尧突然下令："明天出发前，每个士兵都必须带上一块木板、一束干草。"将士们都不明白这是为什么，又不敢问。第二天进入青海境内，遇到了大面积的沼泽地，队伍难以通过。这时年羹尧下令将干草扔进沼泽泥坑中，上面铺上木板，这样，军队就顺利而快速地通过了沼泽。这沼泽本是叛军依赖的一大天险，认为清军不可能穿过沼泽，哪想到突然之间年羹尧的大军已经出现在他们面前，一时惊慌失措，很快就被打败。

雍正皇帝登基之初，对年羹尧倍加赏识、重用。年羹尧一直在西北前线为朝廷效力，因平定西藏时运粮及守隘之功，封三等公爵，世袭罔替，加太保衔；因平郭罗克功晋二等公；叙平青海功，进一等公，给一子爵令其子袭，外加太傅衔。雍正二年八月，年羹尧入觐时，御赐双眼孔雀翎、四团龙补服、黄带、紫辔及金币，恩宠到了无以复加的地步。不但年羹尧的亲属备受恩宠，就连家仆也有通过保荐，官做到道员、副将的。

但是，随着权力的日益扩大，年羹尧以功臣自居，变得骄矜自大起来。一次他回北京，京城的王公大臣都到郊外去迎接他，他对这些人看都不看，显得很无礼。他对雍正有时也不恭敬。一次，在军中接到雍正的诏令，按理应摆上香案跪下接令，但他就随便一接了事，令雍正很气愤。此外，他还大肆接受贿赂，随便任用官员，扰乱了国家秩序。

年羹尧对此不但不知收敛，却更加得意忘形，更加骄横，还霸占了蒙古贝勒七信之女，斩杀提督、参将多人，甚至蒙古王公见到他都要先跪下，因此他遭到了群臣的愤怒和非议，弹劾他的奏章多似雪片。

内阁、詹翰、九卿、科道合词奏言年羹尧的罪恶，于是部议尽革他的官职。雍正三年十月，雍正帝命逮年羹尧来京审讯。十二月，案成。此距发端仅有九个多月。议政王大臣等定年羹尧罪：计有大逆之罪五、欺罔之罪九、僭越之罪十六、狂悖之罪十三、专擅之罪十五、忌刻之罪六、残忍之罪四，共九十二款。

雍正三年十二月，皇帝差步兵统领阿尔图，来到关押年羹尧的囚室传旨说："历观史书所注，不法之臣有之。然当未败露之先，尚皆为守臣节。如尔公行不法，全无忌惮，古来曾有其人乎？朕待尔之恩如天高地厚，愿以尔实心报国，尽去猜疑，一心任用。尔乃作威作福，植党营私，辜恩负德，于结果忍为之乎？尔悖逆不臣至此，若枉法曲宥，局以彰宪典而服人心？今宽尔磔死，令尔自裁，尔非草木，虽死亦当感涕也。"年羹尧接旨后即自杀。此案涉及年家亲属及友人，其父年遐龄、兄年希尧罢官，其子年富立斩，诸子年十五以上者遣戍极边，子孙未满十五者待至时照例发遣，族中文武官员俱革职。

如果一个人喜欢自大自夸，就算是有一些美德，有一些功劳和成绩，也会因此丧失掉。过分炫耀自己的能力，看不起他人的工作，就会失去自己的功劳。

骄矜的人大多自以为能力很强，很了不起，做事比别人强，看不起他人。由于骄傲，往往听不进去别人的意见；由于自大，则做事专横，轻视有才能的人，看不到别人的长处。

骄矜对人对事的危害性是很大的，这一点古人认识得十分清楚。《管子·法法》中说："凡论人有要：矜物之人，无大士焉。彼矜者，满也。满者，虚心。满虚之物，在物为制也。矜者，细之属也。"这段话告诉我们，评价一个人，是有一定的标准的，凡是能够做出一番伟大事业的人，没有一个是具有骄矜之气的人。骄矜，是自满的表现，是空虚的表现，这不是什么好事。

《尚书·革命》中这样阐述道：骄傲、荒淫、矜持、自夸，必将以坏结果而结束。同样的看法在《说苑·丛谈篇》中也有："富贵不与骄傲相约，但骄傲自然而然地随富贵出现了；骄傲和死亡并没有联系，但死亡也会随骄傲而来临。"

初涉世事的年轻人往往个性张扬，率性而为，不会委曲求全，结果可能是处处碰壁。而涉世渐深后，就知道了轻重，分清了主次，学会了内敛，少出风头，不争闲气，专心做事。就像跪射俑一样，保持生命的低姿态，避开无谓的纷争，避开意外的伤害，以求更好地保全自己，发展自己，成就自己。

2. 高处时要保持低姿态

唐朝大将郭子仪一生活得风风光光，有头有脸，究其实质，得益于他的处世哲学。

功高权重的郭子仪，被宦官们视为眼中钉。代宗大历二年十月，正当郭子仪领兵在灵州前线与吐蕃拼杀的时候，鱼朝恩却偷偷派人掘了他父亲的坟墓。当郭子仪从泾阳班师回朝时，朝中君臣都捏了一把汗，怕他回来不肯和鱼朝恩善罢甘休，会闹得上下不安。郭子仪入朝的那一天，代宗主动提了这件事，郭子仪却躬身自责，说："臣长期带兵打仗，治军不严，未能制止军士盗坟的行为。现在，家父的坟被盗，说明臣的不忠不孝已得罪天地。"君臣们听了，都由衷地佩服郭子仪坦荡的胸怀。

郭子仪心里明白，自己功劳越大，麻烦就越大，就是当朝皇帝代宗，也会对自己有所顾忌。所以他处处谨慎小心，以求自保。每次代宗给他加官晋爵，他都恳辞再三，实在推辞不掉，才勉强接受。广德二年，代宗要授他"尚书令"，他死也不肯，说："臣实在不敢当！当年太宗皇帝即位前，曾担任过这个职务，后来几位先皇，为了表示对太宗皇帝的尊敬，从来没有把这个官衔授给臣子，皇上怎能因为偏爱老臣而乱了祖上规矩呢？况且，臣才疏德浅，已累受皇恩，怎敢再受此重封呢？"代宗没法，只得另行重赏。郭子仪爵封汾阳王，王府建在首都长安的亲仁里。汾阳王府自落成后，每天都是府门大开，任凭人们自由进进出出，而郭子仪不允许其府中的人对此加以干涉。

有一天，郭子仪帐下的一名军官要调到外地任职，来王府辞行。他知道郭子仪府中百无禁忌，就一直走进了内宅。恰巧，他看见郭子仪的夫人和他的爱女正在梳妆打扮，而王爷郭子仪正在一边侍奉她们，她们一会儿要王爷递毛巾，一会儿要他去端水，使唤王爷就好像奴仆一样。这位将官当时不敢讥笑郭子仪，回家后，禁不住讲给他的家人听，于是一传十，十传百，没几天，整个京城的人都把这件事当成笑话来谈论。郭子仪听了倒没有什么，他的几个儿子听了却觉得大丢王爷的面子，他们决定对父亲提出建议。

他们相约一齐来找父亲，要他下令，像别的王府一样关起大门，不让闲杂人等出入。郭子仪听了哈哈一笑，几个儿子哭着跪下来求他，一个儿子说："父王您功业显赫，普天下的人都尊敬您，可是您自己却不尊重自己，不管什么人，您都让他们随意进入内宅。孩儿们认为，即使商朝有贤相伊尹、汉朝的大臣霍光也无法做到您这样。"

郭子仪听了这些话，收敛了笑容，对他的儿子们语重心长地说："我敞开府门，任人进出，不是为了追求浮名虚誉，而为了自保，为了保全我们全家的性命。"

儿子们感到十分惊讶，忙问其中的道理。

郭子仪叹了一口气，说道："你们光看到郭家显赫的声势，而没有看到这声势有丧失的危险。我爵封汾阳王，往前走，再没有更大的富贵可求了。月盈而蚀，盛极而衰，这是必然的道理。所以，人们常说要急流勇退。可是眼下朝廷尚要用我，怎肯让我归隐，再说，即使归隐，也找不到一块能容纳我郭府一千余口人的隐居地呀。可以说，我现在是进不得也退不了。在这种情况下，如果我们紧闭大门，不与外面来往，只要有一个人与我郭家结下仇怨，诬陷我们对朝廷怀有二心，就必然会有专门落井下石、妨害贤能的小人从中添油加醋，制造冤案，那时，我们郭家的九族老小都要死无葬身之地了。"

点评 >>

郭子仪作为朝廷支柱，处在人生最得意时，但他懂得进退之道。他所以让府门敞开，是因为他深知官场的险恶，正因为他具有很高的政治眼光又有一定的德行修养，善于忍受各种复杂的政治环境，因此即使在自己功勋卓著的时候，也时时做好了准备应付可能发生的危险。

熙熙攘攘、名来利往的社会处处风雷激荡，时时风云变幻，只有甘于低调之人才能在社会的风雨中更好地保全自己。

有时在"显眼处"表面的荣耀和光彩之下，也许暗藏着众目所向和众矢所指的危险，此时的"高处"渗透着凛冽的寒意，只有急流勇退、及早抽身，甘于低调做人的人，才能避祸趋吉，永葆平安。

当有了成绩时便不可一世，这往往会成为人们攻击的对象，所以，做人不管有多大的权势和资本，都应该放下身架，保持低姿态为好。

老子说，当坚硬的牙齿脱落时，柔软的舌头还在。柔弱胜过坚硬，无为胜过有为。我们学会在说话时保持适当的低姿态，这不是懦弱和畏缩，而是一种聪明的处世之道。

降低自己的姿态，才能受人欢迎

那些深谙做人之道的人，大都是在社会群体中能够摆正自己位置的人，而把自己看成是高人一等的人，一定是世界上最愚蠢的人。

一个人如果妄自尊大，把谁都不放在眼里，一切皆以自我为中心，那么他一定会一天到晚被烦恼重重包围着。

一个人太自负了就很容易陷入一种莫名其妙的自我陶醉之中，变得不切实际地自高自大起来，他会无视所有人对他的不满和提醒，终日沉浸在自我满足之中，对一切功名利禄都要捷足先登，这样的人反而永远也得不到人们对他的理解和尊重。

心理点拨 >>

1. 才高莫要目中无人

苏东坡是宋代有名的文学家，年轻的时候，他仗着自己聪明，颇有点儿恃才傲物、目中无人的架势。

有一天，王安石与苏东坡在一起讨论王安石的著作《守说》。这本书把一个字从字面上解释成一个意思。当他们讨论到“坡”字时，王安石说：“‘坡’字从土，从皮，‘坡’就是土的皮。”苏东坡笑道：“这么说，‘滑’字就是水的骨啰。”王安石又说：“‘鲵’字从鱼，从兒，合起来就是鱼子。四匹马叫作‘驷’，天虫写作‘蚕’。古时候的人造字，是有它的含义的。”

东坡故意说：“‘鸠’字是九鸟，你知道其中的原因吗？”王安石不知道苏东坡是开玩笑，连忙虚心向他请教，东坡笑着说：“《毛诗》说‘鸠鸠在桑，其子七兮’，加上他们的爹妈，一共是九个。”王安石一听，不说话了，心中暗暗觉得东坡虽有才，但不免轻狂了些。

过了不久，苏东坡由翰林学士遭到贬谪，削级降职，被皇帝派往湖州做刺史；三年期满，又回到京城。苏东坡在回来的路上便想：当年得罪这位老太师，也不知他生气了没有，回去得马上拜访他。所以，他还来不及安好家，便骑马往王丞相府奔来。

东坡到相府门口，立刻被门前的一些听事的小官吏引入门房。守门官说：“您在门房里稍稍坐一下，老爷正在睡觉，还没醒呢！”东坡点点头，便在门房内坐下了。

守门官走后，东坡百无聊赖，四下浏览，看到砚下一叠整整齐齐的素笺，上面写着两句没有完成的诗稿，题为《咏菊》，于是取过诗稿念了一遍：

西风昨夜过园林，

吹落黄花满地金。

念完之后他连连摇头：老太师当真是胡说八道！原来在宋代，一年四季的风都有名称：春天为和风，夏天为熏风，秋天为金风，冬天为朔风。这首诗开头说“西风”，西方属金，这应该是说的秋季；可是第二句说的“黄花”正是菊花，它开于深秋，最能和寒风搏击，而且即便是焦干枯烂了，也不会落花瓣，所以说“吹落黄花满地金”，不是错误的吗？

苏东坡为自己的聪明才智得意万分，飘飘然起来，忍不住举笔蘸墨，依韵续了两句诗：

秋花不比春花落，

说与诗人仔细吟。

写完，他又觉得有些不妥，暗想：“如果老太师出门款待我，见我这样当面抢白他，恐怕脸面上过不去。”可是已经写了，想把它藏起来吧，万一王安石出来寻诗不见，又要责怪他的家人。

他把诗原样放好，自己走出门来对守门官说：“一会儿老太师出堂，你便禀告他，说苏某在这里伺候多时。只因初到京城，一些事没有办妥，明天来拜见。”说完，便骑着马回住所了。

过了不多久，王安石出堂，看到诗稿，马上皱起眉头：“刚才谁到过这里？”

下人们忙禀告：“湖州府苏老爷曾来过。”王安石也从笔迹上认出了苏东坡的字，口里不说什么，心下直犯嘀咕：“这个苏轼，遭贬三年仍不改轻薄之性，不看看自己才疏学浅，敢来讥讽老夫！明天早朝，待我奏明皇帝，给他来个削职为民。”但转念一想：“他不曾去过黄州，见不到那里菊花落瓣，也难怪他。”于是他细看了一下黄州府缺官名单，那里单缺一个团练副使，正好可让这乳臭未干的小子过去锻炼锻炼，第二天便奏明皇上，把苏东坡派到哪里去了。

苏东坡也知道是自己改诗触犯了王安石，他在公报私仇，但事已如此，只得领命了。

后人听到这个传说故事，都不免感慨万分：尽管苏东坡才高八斗，学富五车，可是他太目空一切，锋芒毕露，只能得到这样的结果。当然，“遭遇”王安石这样一位正人君子已经是苏东坡的“三生有幸”，如果是撞在一个阴险小人的身上，那后果真是不堪设想。

西方哲学家卡莱尔说：“人生最大的缺点，就是茫然不知自己还有缺点。”因为人们只知道自我陶醉，一副自以为是、唯我独尊的态度，殊不知这种态度会遭到多数人的排斥，使自己处于不利地位。

大多数人都有张扬自己的欲望，而这种欲望常常会使自己心态失衡，说出不识大体的话来，并很容易引起别人的侧目和反感，导致自己陷于被动的人际环境中。

事实也正是如此，只有保持谦逊的态度，使我们能够从他人的角度看待事物，坦诚地与他人交换意见，避免犯下傲慢与褊狭的罪恶，并避免争端。

2. 位高不必耀武扬威

在美国纽约一个既脏又乱的候车室里，靠门的座位上坐着一个满脸疲惫的老人，背上的尘土及鞋子上的污泥表明他走了很长的路。列车进站，开始检票了，老人不紧不慢地站起来，准备往检票口走。忽然，候车室外走来一个胖太太，她提着一只很大的箱子，显然也要赶这班列车，可箱子太重，累得她呼呼直喘气。胖太太看到了那个老人，冲他大喊：“喂，老头儿，你给我提一下箱子，我一会儿给你小费。”那个老人想都没想，拎过箱子就和胖太太朝检票口走去。

他们刚刚检票上车，火车就开动了。胖太太抹了一把汗，庆幸地说：“还真多亏你，不然我非误车不可。”说着，她掏出一美元递给那个老人，老人微笑着接过。这时，列车长走了过来：“洛克菲勒先生，请问我能为你做点什么吗？”

“谢谢，不用了，我只是刚刚做了一个为期三天的徒步旅行，现在我要回纽约总部。”老人客气地回答。

“什么？洛克菲勒？”胖太太惊叫了起来，“上帝，我竟让著名的石油大王洛克菲勒先生给我提箱子，居然还给了他一美元小费，我这是在干什么啊？”她忙向洛克菲勒道歉，并诚惶诚恐地请洛克菲勒把那一美元小费退给她。

“太太，你不必道歉，你根本没有做错什么。”洛克菲勒微笑着说道，“这一美元，是我挣的，所以我收下了。”说着，洛克菲勒把那一美元郑重地放在了口袋里。

真正的大人物是那种成就了不平凡的事业却仍然像平凡人一样生活着的人。他们从来都是虚怀若谷的，他们不会因自己腰缠万贯而盛气凌人，他们从来不会见人就喋喋不休地诉说自己是如何成功和发迹的，他们也从不痛恨自己的同仁是“居心叵测之人”，他们只是“不以物喜，不以己悲”，平和地去干着自己分内的事情。

过于坚硬的，容易折断；过于洁白的，则容易被污染。骄兵必败，骄将必失，同样，一个人在自己的事业达到顶峰时，更需要牢记忌盈之理，适当降低自己的姿态。

凡是想做一些大事情的人，无论在什么时候，都不要忘记以下四条忠告，而争取改掉这四种缺点：其一，妄自尊大；其二，盛气凌人；其三，好大喜功；其四，趾高气扬。

第十六章
尊敬别人，是谈话艺术的必要条件

放下身段，尊重别人就能获得别人尊重

生活中，我们常常见到一些人在面对地位和权势不如自己的人面前摆出一副盛气凌人的架势，颐指气使，无论是与之交谈的人还是旁观的人都会憋一肚子火。

不懂得尊重别人，其实，这恰恰是一种浅薄、庸俗的表现。一个人无论有多大的成就，都要懂得尊重别人。

心理点拨 >>

1. 不妨放下身段

对于有一定身份和地位的人来说，放下身段和大家平等相处，非但不失身份，反而更能引起大家的尊重。

瑞典前首相帕尔梅是十分受人尊敬的领导人。他当时虽贵为政府首相，但仍住在平民公寓里。他生活十分简朴，平易近人，与平民百姓毫无二致。帕尔梅的信条是:“我是人民的一员。”除了正式出访或特别重要的国务活动外，帕尔梅去国内外参加会议、访问、视察和私人活动，一向很少带随行人员和保卫人员，只是在参加重要国务活动时才乘坐防弹汽车，并有两名警察保护。有一次，他去美国参加一个国际会议，人们发现他竟独自一人乘出租车去机场。

1984 年 3 月，他去维也纳参加奥地利社会党代表大会，也是独自前往的。

当他走入会场的时候，还没有人注意到他，直到他在插有瑞典国旗的座位上坐下来，人们才发现他。对他的举动，与会者都啧啧称赞。

帕尔梅从家到首相府，每天都坚持步行，在这一刻钟左右的时间里，他不时同路上的行人打招呼，有时甚至与同路的人闲聊几句。

帕尔梅同他周围的人关系处得都很好。在工作之余，他还经常帮助别人，毫无高贵者的派头。帕尔梅一家经常到法罗岛去度假，和那里的居民建立了密切的联系，那里的人都将他看作朋友。他常常在闲暇时间独自骑车闲逛、铡草打水、劈柴生火、帮助房东干些杂活，以此来联系和接触群众，使彼此之间亲如家人。

帕尔梅喜欢独自微服私访，去商店、学校、厂矿等地，与店员、学生、工人进行平等融洽的交流，同时还虚心听取他们的意见。

他从没有首相的架子，谈吐文雅、态度诚恳，也从不搞前呼后拥的威严场面。这些都使他深得瑞典人民的爱戴。

帕尔梅平易近人，他同许多普通人通过信件建立了友谊。他在任时平均每年收到1.5万多封来信，其中三分之一来自国外，为此他专门雇用了4名工作人员及时拆阅、处理和答复，做到来者皆阅、来者均复。对于助手起草的回信，他要亲自过目，然后才能签发。这一切都使他的形象在人民心目中日益高大。

帕尔梅首相府的大门也永远向广大人民开放，永远是人民的服务站。在瑞典人民的心目中，帕尔梅是首相，又是平民；是领导人，又是兄弟、朋友，他是人们心目中的偶像。

放下身段，绝不会使高贵者变得卑微，反倒更能增加人们对他的尊敬之情，同时也能够使周围的人们心悦诚服地以他为榜样，向他学习。

这样的人把自己的生命之根深深扎在大众这块沃土之中，又怎能不流芳百世、令人敬重。位居高位的人常常为众人所仰视、所瞩目，他们的一言一行会得到更多人的关注、议论和评判。如果此时能以低调的姿态俯就众人，以平易随和的态度对待众人，做到华而不显、贵而不炫，就一定会赢得众人的拥戴、人心的归附。

低调平易的人不仅能够使自己获得众人的尊敬，也能够由此而赢得他人的帮助和支持，从而使自己的生活和事业更加灿烂辉煌。

2. 与众人打成一片

降低自己的身架，和众人打成一片，从而收获人心，使自己在事业当中更加“如鱼得水”。

西汉时著名的“飞将军”李广与士卒共进饮食，每逢遇到饮食缺乏或到断炊缺粮时，发现可饮用的水，士兵中只要有一个人还没有喝到，他虽身为全军统率，也不会靠前先喝上一口；有了食物，若不是每个士兵都吃到了，他是连尝都不会尝的。他对士兵宽厚和蔼，不苛刻，因此，士兵都爱戴他，乐于听他指挥，勇于杀敌。

北宋名将兼文学家范仲淹，不仅留下了“先天下之忧而忧，后天下之乐而乐”的名句为后人所崇敬，而且也以深知兵略、治军有道，为兵家所佩服。他从出任陕西四路宣抚使，到官至枢密使掌握全国军事大权，都要求部将做到：“士未饮而不敢言渴，士未食而不敢言饥。”

他常常为将士的吃住穿等担忧，或感茶饭不香，或则睡卧不舒服。他每遇事都是想到部属的困境疾苦，并将朝廷赏给他个人的钱财物品，全部分给部下的官兵。所以，他部下的将士每次出征作战，都奋勇冲锋向前，为其效力舍命。他所指挥的部队一直是北宋的一支劲旅。由于他的带头垂范，在他手下成长起来的诸如狄青、钟世衡这样许多有勇有谋的将领，都能与士兵同饥共寒，身先士卒，廉洁奉公，起表率作用。

明朝“开国功臣第一”的徐达，既严于治军，又严于律己。徐达对自己要求非常严格，不贪色、不爱财，与士卒同甘苦。作战时，有时军粮供应不上，士卒挨饿，他也不进饮食，不进营帐休息。发现士卒有伤残疾病，他亲自去看望慰问，给药治疗。因此，将士们对他既尊敬又感激，都乐于听从他的命令，以一当百，奋勇杀敌。

这些史上的名将都能与士兵“同甘共苦”，所以屡战屡胜，为自己赢得了“生前身后名”。

而不知与士卒同甘共苦的将帅则往往要打败仗。

作为一个领导者，若能低调待人，礼贤下士，则能赢得下属及其他人的尊敬和爱戴。反之，若摆出一副高高在上、盛气凌人的样子，别人就会对他心存忌惮，敬而远之。这样一来，于公于私都是很不利的。在现在的一些企业里，我们常可以看到老板和员工们一块儿吃盒饭，一块儿加班，业绩好了也不吝惜薪水。这些公司往往是上下一心，越做越强。

3. 懂得谦恭待人

综观中国上下五千年历史，领导者屈尊降贵，下属甘心为其卖命的故事不胜枚举。

司马徽曾对刘备评价："伏龙、凤雏得一人可安天下。"

刘备在起事时，立即为人心所向往。他少年时结交的豪杰兄弟，都来归附他。中山的大商人张世平、苏双等早已准备好了钱财，供刘备招募士兵用。平原相刘平派刺客来暗杀刘备，而这位刺客竟然向刘备告了密。曹操兴兵讨伐，刘备败走江陵时，荆州军民跟随他的多达十余万人。这时候的刘备只不过是一位身无立锥之地的人而已，而所到之处竟能使这么多的人为之倾倒，为之顶礼膜拜！这完全是由于刘备"屈尊降贵"，深得民心。

刘备为得到诸葛亮，三顾茅庐，当他第三次去的时候，关羽很不高兴，张飞干脆说用一根麻绳把诸葛亮捆来算了。刘备呵斥他们说："汝二人岂不闻周文王谒姜子牙之事乎？文王且如此敬贤，汝何太无礼！"三人离茅庐还有半里之遥，刘备便下马步行。来到诸葛亮家里，恰逢诸葛亮正高卧草堂，刘备不让通报，恭恭敬敬在阶前站立了半晌又一个时辰，直到诸葛亮醒来。

当时群雄逐鹿，大家都在招揽贤才，而诸葛亮这样的第一流人才，为何曹操孙权得不到他，他却心甘情愿为刘备鞠躬尽瘁、死而后已呢？就在于刘备能够三顾茅庐，倾心相待，令诸葛亮感到自己备受器重，能够自由施展才能，实现自己的人生抱负。

在现代商业社会中，人的才能虽然主要靠管理发挥出来，但是情感因素的作用也绝不能小视，领导者想获得人才时"屈尊降贵"，仍应放到重要位置。

施恩于人，不要唯恐别人不知道

"滴水之恩，当涌泉相报"，自古以来便是中华民族的传统美德。相报的前提是接受他人的帮助，当这种帮助或捐助变成一种施舍，对于一个有骨气、有尊严的人来说，就是一种侮辱。

海卡尔说：“人的尊严比金钱、地位、权势，甚至比生命都更有价值。”即使向流浪汉或流浪艺人施舍时，也应该平等待之。有的流浪艺人在表演时，身旁放着收钱的金色盘子或帽子。如果你没有欣赏他们的表演便投钱，会被拒绝；如果你欣赏完后没有鼓掌或者发表评论，他们照样不会接受你的钱。因为他们认为：“您的施舍，我的尊严，我们是平等的。”所以人活着，要顶天立地，要昂首挺胸，要有尊严。

心理点拨 >>

1. 施恩后设法维护对方的面子

人都是爱面子的，在知道人们是如何的注重面子之后，还必须尽量避免在公众的场合使他难堪。

某人讲述了他祖父的故事，对我们在理解人情世故的微妙方面，具有很好的启发作用：

“当年，祖父很穷。在一个大雪天，他去向村里的首富借钱。恰好那天首富兴致很高，便爽快地答应借给祖父两块大洋，末了还大方地说：‘拿去开销吧，不用还了！’祖父接过钱，小心翼翼地包好，就匆匆往等着急用的家里赶。首富看见平日十分要强的祖父借钱很得意，于是就追出房门，冲他的背影又喊了一遍：‘不用还了！’

“第二天大清早，首富打开院门，发现自家院内的积雪已被人打扫干净，连屋瓦也扫得干干净净。他让人在村里打听后，得知这事是祖父干的。这使首富明白了：自己的喊声，让对方很难堪，因为村里很多人都听见了，他也明白了，给别人一份施舍，只能将别人变成乞丐。于是他前去让祖父写了一份借契，祖父因而流出了感激的泪水。

“祖父用扫雪的行动来维护自己的尊严，而首富向他讨债极大地成全了他的尊严。在首富眼里，世上无乞丐；在祖父心中，自己何曾是乞丐？”

把“施恩”变成了“施舍”，一字之差，效果大大的不同。

像那位村中首富一样，生活中经常有这样的人，帮了别人的忙，就觉得有恩于人，四处散播，恐怕天下人不知似的，于是心怀一种优越感，高高在上，不可一世。这种态度是很危险的，常常会引发负面的后果，也就是：帮了别人的忙，却没有增加自己人情账户的收入，正是因为这种骄傲的态度，把这笔账抵销了。

总之，人际往来，帮忙、给予他人好处是非常普遍的，但当你伸出援助之手以后，千万不可到处张扬。

施恩于人，不要老是想从别人身上得到什么，应该想我能够给予别人什么，付出什么样的服务与价值来让对方先获得好处。施恩不可一次过多，以免给对方造成还债负担，甚至因为觉得被瞧不起而怨恨于你，这便是人们常说的大恩若仇。

2. 不要把施恩变为播仇

战国时期有个名叫中山的小国。有一次，中山的国君设宴款待国内的名士。当时正巧羊肉羹不够了，无法让在场的人全都喝到。有一个没有喝到羊肉羹的人叫司马子期，此人怀恨在心，到楚国劝楚王攻打中山国。楚国是个强国，攻打中山易如反掌。中山被攻破，国王逃到国外。他逃走时发现有两个人手拿武器跟随他，便问："你们来干什么？"两个人回答："从前，有一个人曾因获得您赐予的一壶食物而免于饿死，我们就是他的儿子。父亲临死前嘱咐，中山有任何事变，我们必须竭尽全力，甚至不惜以死报效国王。"中山国君听后，感叹地说："怨不期深浅，其于伤心。吾以一杯羊羹而失国矣。"给予不在乎数量多少，而在于别人是否需要。施怨不在乎深浅，而在于是否伤了别人的心。中山国王因为一杯羊羹而亡国，却由于一壶食物而得到两位勇士。

一个人在饥寒交迫的时候，得到一把米，能解决他的生存问题，他自然会感激不尽。不过，如果继续给他米，那么这个人就会觉得理所当然，慢慢会变得心安理得。一把米已经不够了，两把、三把，甚至更多，他的欲望已经被放大。

生活中我们经常会遇到这样的事，当第一次帮助了某人，他会对你心存感激。而第二次帮助他的时候，他的感恩心理就会淡化。数次之后别人甚至将你的付出当成是理所当然的事。而一旦他所期望的帮助没有出现，反而还对你心存怨恨。

施恩不图报，这应该成为帮助他人的初衷，但是，在帮助别人的过程中，也要懂得技巧。

3. 有技巧地施恩

如何有技巧地施恩于人并让对方为自所用，是一门高深的学问。

贞观晚年，名将李勋患重病，名医遍治，均用药无效。有人提出唯有用须灰和药才能治疗。唐太宗闻讯。“乃自剪须以和药”。李勋得到龙须，感激涕零。突厥将领李思摩，原名阿史那思摩，因立军功，唐太宗赐姓李，授职右卫大将军。他于贞观十九年随驾出征，在进攻白岩城的战斗中，被弩矢中伤，唐太宗爱将心切，“亲为之吮血，将士闻之，莫不感动”。唐太宗懂得如何施恩，换来了良臣的辅佐。

钱钟书先生在上海孤岛写《围城》的时候，也窘迫过一阵。辞退保姆后，由夫人杨绛操持家务，所谓“卷袖围裙为口忙”。那时他的学术文稿没人买，于是他写小说的动机里就多少掺进了挣钱养家的成分。一天500字的精工细作，却又绝对不是商业性的写作速度。恰巧这时黄佐临导演上演了杨绛的四幕喜剧《称心如意》和五幕喜剧《弄假成真》，并及时支付了酬金，才使钱家渡过了难关。时隔多年，黄佐临导演之女黄蜀芹之所以独得钱钟书亲允，开拍电视连续剧《围城》，实因她怀揣老爸一封亲笔信的缘故。钱钟书是个别人为他做了事他一辈子都记着的人，黄佐临40多年前的义助，钱钟书叙多年后还报。

下面同样是一个伸出援手的同时懂得尊重别人的例子。

纽约的冬天真是冷极了，暴风雪几乎就是家常便饭，有时几尺厚的积雪使部分单位和商家也不得不暂时歇业。可是，公立小学却依旧照常开课。接送小学生的公车艰难地爬行在风雪路上，按时接送孩子。许多家长对校方的这种做法很不理解：有必要在这样恶劣的天气里让孩子们去学校吗？陈太太忍不住打电话给学校，打算向校方提出停课的建议。说明原委后，校方的答复却令陈太太感动良久：“正如您所知，纽约是富人的天堂，穷人的地狱。不少穷人家庭冬天甚至用不起暖气，接送那些小孩到学校上学，他们不仅能享受一整天的温暖，还能在学校里享受到免费的营养午餐！”“施恩的最高境界应该是保持人的尊严。我们不能在帮助那些贫穷孩子的同时，却践踏了他们的自尊。”

>>

人情就是财富，在人际交往中，见到给人帮忙的机会，要热情地给予援助。当你能持续这么做，并且大量帮助别人获得价值的时候，也就是你成功的时候了。

帮助别人是件好事，但同时要考虑到对方的自尊心，在尊重的前提下给予帮助才会换来对方的感激。

帮忙时不要使对方觉得接受你的帮助是一种负担；要做得自然，也就是说在当时对方或许无法强烈地感受到，但是日子越久越体会出你对他的关心，能够做到这一步是最理想的；帮忙时要高高兴兴，不可以心不甘、情不愿的。如果你在帮忙的时候，觉得很勉强，意识里存在着“这是为对方而做”的观念，那么一旦对方对你的帮助毫无反应，你一定很生气，认为“我这样辛苦地帮你忙，你还不知感激，太不识好歹了”，如此的态度甚至想法都不要表现。

对“上”要尊，对“下”也要尊

杰克·韦尔奇结合几十年的管理经验认为：尊重别人是企业管理者的基本素质。要想成为一名出色的管理者，要学会用人，必须从尊重人才开始。

每个人都有自己的尊严，即使是在工作场所中被视为无用的人，也有他自己的想法与自尊心。他或许看似能力一般，但也许在某一方面潜藏着特长；也许他一无所长，但他却也因此比别人更勤奋卖力。

不可因为对方工作能力或为人处世上有一些毛病就对之持嫌弃的态度，一个值得尊敬和爱戴的人应当时刻把对方的尊严放在心头。

心理点拨 >>

1. 懂得尊重上司

晏子是齐国口才极好的人，当时的国君齐景公年纪很小，十分贪玩，不肯好好管理朝政，整天在外嬉戏。群臣忧心忡忡却又无可奈何。

一天，晏子上朝时对景公说：“我听说主公昨日从鸟巢中取出雏鸟，怜其幼而送回，主公真是有圣人的修养。对鸟兽尚且如此仁爱，何况百姓呢？有您这样的国君，真是我们齐国老百姓的福分哪！”景公听了这话，既高兴又惭愧，从此收起心来管理国家，后来成了一位贤君。

点评 >>

晏子夸景公仁爱，收到了良好的效果。只有谦虚守礼、尽心尽力，才能得到领导的器重、关心和爱护，上下级关系才能做到良性互动，更为融洽和谐。

尊重能够增进你与上司之间的感情，化解矛盾冲突，赢得上司的好感，美化自己在其心中的形象。尊重上司才能得到上司的尊重。

一般而言，上司在方方面面都应比下属高出一个档次，如工作经验丰富，较强的组织、管理能力，看问题有全局观念等，也有一些上司具备一些个性方面的优点，如性格直爽，办事果断，工作细心等，这些都值得下属尊重和学习。但毕竟人无完人，上司也是人，一样会有缺点，会犯错误，这是无法避免的。在这种时候，有些下属就会觉得上司水平太低，表面服从，心里却缺乏尊重，甚至顶撞、抢白上司，时时处处表现出自己高出上司一等。缺乏对上司最起码的尊重，会使你与上司的关系严重恶化；何况，不尊重他人本身就是缺乏修养的表现，更会导致同事的轻蔑和不满，这样的人在一个集体中是最不受欢迎的。

当然，尊重不是无原则地讨好、献媚，奉承会让上司放松自律之念，滋生骄傲情绪，也会让整个集体弥漫着一股不正之风。当上司有这样或那样的不足时，要掌握分寸巧妙地提醒、善意地规劝。做一个好的下属，对上司应该是敬而不谀。

2. 懂得尊重同级

蔺相如本来是赵国一名宦官的门客，地位低下，因为偶然的机会为赵王所知，赵王派他带着和氏璧出使秦国，他不辱使命，出色完成了任务。从此以后，他接连被提拔，最后官拜上卿，名字排在廉颇之前。

这下廉颇很不服气了，说："我是赵国的将军，有攻城野战、保卫国家的汗马功劳，可是蔺相如仅仅靠耍嘴皮子立了一点儿功，他的爵位却在我之上。况且，蔺相如出身低微，他原来不过是太监总管手下的一个舍人。我同一个出身低贱的人担任同样的职务，实在是感到耻辱，这让我简直受不了。"他对外扬言："我如果碰到蔺相如，一定要羞辱他一番。"

蔺相如听到这些话，总是避免和廉颇见面。每次朝会的时候，蔺相如常常假托有病，不愿和廉颇争位次的先后。后来有一次蔺相如外出，远远看见廉颇来了，蔺相如立即把车子掉转方向躲避，门客对此不解。

蔺相如对自己的门客说："其实我哪是怕廉将军啊，我是为了国家着想啊。现在强秦之所以不敢发兵来攻打我们赵国，是因为我和廉将军两人还活着。两虎相斗，必有一伤。我之所以忍辱退让，是由于我首先考虑到国家的患难和安危，而把个人之间的仇怨摆在次要位置的缘故。"

这话传到廉颇的耳朵里，廉颇毕竟是个正直的人，感到很惭愧，觉得自己的境界实在太低了，于是真诚地负荆请罪，两人终于和解。

蔺相如虽然晋升飞快，甚至名字排在廉颇之前，但仍然十分尊重“老前辈”的廉颇，不与之争，还对其功劳充分肯定。正是通过这种对“老前辈”的尊重，蔺相如既赢得了廉颇的心，又使诸多旁观者对自己刮目相看，从而进一步提升了自己的人脉“储蓄额度”。

回到当今职场，新主管对待老的资深同仁，要以敬重、真诚的态度对待。比如，在聚会时，表示敬重之意，真诚地赞美他们为公司做出的贡献。在工作中不懂的事要和他商量，不能因为对方职位不高或生性老实而有失敬意，这种人对公司上上下下很清楚，听他讲讲公司的历史，对新主管也是有益的。如此一来，年轻主管不但加深了对公司的了解，而且在老员工及众人心中，也能留下好的印象。

如果你在晋升之前，和资深的前辈们搞好关系，表现出你对他们的关心，在他们需要帮助时，热心支援，那么，无论在你晋升的过程中，还是晋升后的工作中，他们都会给你很大的帮助。

3. 懂得尊重下属

尊重下属是人性化管理的必然需求，当员工感受到被尊重，他们才会真正感到被重视、被激励，做事情才会真正地用心用力。

在尊重员工方面，3M 公司的许多做法值得学习。在这家全球知名的跨国企业内部，通行一条非常著名的原则：不必询问、不必告知，充分尊重员工的隐私。这个原则就是天条，任何管理者都必须遵守。管理者鼓励员工做他们想做的事，而不要求详细了解员工的工作细节。正是缘于这种宽松的管理方式，3M 公司员工的创新得到了极大的自由发挥。

在 3M 公司，技术人员可以花 15% 的时间在他自己选择的项目上。他们甚至会尝试那些没有被主管认可的想法。曾经有一位叫理查德·德鲁的年轻员工，他在试验一个项目时，被 3M 公司前 CEO 威廉·麦耐特看到，威廉·麦耐特认为这个项目既浪费时间又浪费金钱，出于对工作的负责，他出言建议理查德停止下来。但理查德完全没有理会威廉的意见，甚至还对他干涉自己的工作向别的领导表达不满。正是由于理查德的坚持，他为 3M 公司带来了一项突破性的产品。这个产品为3M公司带来了巨大的经济利益。

 >>

尊重员工是刻在骨子里的，而非口头上的。领导者必须明白，下属的自尊心应该受到保护。不伤害下属的自尊心，不仅是尊重人格，而且对搞好企业大有好处。调查研究表明：凡是自尊心很强的人，不论在什么岗位上，都会尽自己的努力而不甘落后于人。人有了自尊心，才会求上进，有上进心才会努力工作。

如果去问一位企业经营者："进下属的房间是否需要敲门？"有许多经营者都会不以为然地说："整个企业都是我的，还需要敲什么门呢？"能否让下属感受到自己受到尊重，往往取决于点点滴滴的小事。

伤人自尊心是管理的大忌，以下两点应当引起管理者的注意：

（1）不揭人疮疤。一般说来，人们并不喜欢揭人疮疤。性格上生来就喜欢揭人疮疤的人很少。但在情绪不好的时候，甚至在暴怒的时候，可就很难说了。尤其是领导者，因为人事材料在握，对别人的过去知道得一清二楚，怒从心头起时，就难免出口不逊，说些诸如"你不要以为过去的事情就没人知道了"之类的话。

领导者要杜绝揭人疮疤的行为，除了要知晓利害，学会自我控制外，还须养成及时处理问题的习惯。不要把事情搁置起来，每个问题都适时地解决了，有了结论，以后也就不要再旧事重提，再翻老账。

（2）让人丢脸是最大禁忌。让人丢脸这种行为，不仅对事情没有任何的帮助，反而使受辱的一方不能心服口服，甚至会憎恨在心。要做到不使下属的工作热忱消失，让人丢脸可以说是领导者的最大禁忌。

不卑不亢，才能赢得别人的尊敬

交际中的细节，一旦发挥过分就会讨人嫌恶，就无法圆润为人。所以，就不要过分地亲近或疏远任何人。既不要过于亲近比你高的尊贵的人，也不要过于疏远那些地位比较低的人，尽管人们的社会角色和社会地位不同，但每个人都需要受到尊重，维护面子的精神需求是一致的。如果你忘记这一事实，与他们交际时，对"重要人物"谦卑有加，而对其他人却毫不在意，则会伤害后者的自尊，失去一大批人，这样的人际代价是不值得的。

交往时，只有尊敬对方，交际活动才能顺利进行。如果总是压制对方、强迫对方服从自己，对方不久就会对你产生敌对情绪，从而失去对你的信赖。因此，交际中应努力让对方感到交际的主角是他。

心理点拨>>

1. 不要表现得过分势利

有这样一场家宴：宴席上坐着男主人、男主人单位的领导以及几位同事，圆桌上的酒菜已经摆得让人感觉十分满意了，可是，围着花布裙的主妇还是一个劲地上菜，嘴上直对领导说："没有什么好吃的，请领导对付着用点！"

男主人则站起来，把领导面前吃得半空的菜盘撤掉，接过热菜又放在他面前，热情有余地给领导夹菜、添酒，而对其他同事只是敷衍地说声"请"。

点评>>

面对这样"尊卑有别"的款待，试想男主人的几位同事将做何感想？即便不觉得难堪，也会觉得主人对他们款待不同。也许未等宴席告终，有些同事就"有事"告辞了。

像这样的宴席，男主人眼里只有领导，而慢待他人，使同事们的自尊心和面子受到损伤，非但不能增进主客间的友谊，反而会造成心理隔阂，稍作权衡就会发现如此尊卑有别的待客之道实属不智之举。

圆润处世时，不能过分亲近权势，亲权势大的疏远权势小的，等于从中挑拨，必导致两势相争。以权势视其关系亲疏，实则是亲一时，疏一世。凡是这样"套"来的亲，没有长久的。

权势本身不是永恒的，而是无常的，那么，以此为筹码的亲疏一定不会长远，这是必然的。真正做到不以权势为标准来决定亲疏远近，那是真正"禅"透了，想开了，才是圆润的为人之道。

因此，如果眼前因为对方职位低下而加以漠视，稍后便会形成阻碍。等到对方变成重要人物之后，即便予以亲切接待；彼此也不可能结成莫逆之交。所以，应该郑重地看待每一个人。如果光看眼前的职衔，人际关系的建立便会受到限制，看准将来，和谁都合得来，肯定可以获得巨大的回馈。

2. 关键在于对人以诚

汉代有一位非常有名的清廉又重义的人，叫朱晖。他在读书的时候偶然结识了一位大官张堪，恰是他的同乡。张堪很器重他，但朱晖却因为自己只是一个大学士，不敢与之来往太密。

有一次，张堪对朱晖说，你真是一个自持的人，值得信赖，我愿以身家子妻托付于你。朱晖因为张堪是一位德高望重的前辈，对此重言不晓得做什么反应，只是恭敬地拱手相应。后来，张堪死了，身后没有留下什么丰厚遗产。朱晖其时早已与张堪无甚交往，但闻讯之后，感于张堪的知遇，竟千方百计地济以钱粮，前去嘘寒问暖。朱晖的儿子对他说："父亲，我们以前并不曾听到你与张堪有什么厚交，你为何如此善待他的家人？"朱晖回答说："张堪生前，曾对我有知己相托之言，我当时已有备于心。做人不能分其尊卑欺骗别人，更不能欺骗自己。"

尽管人们在社交中需要分清主次，有轻有重，不可能平均用力，等齐划一。但在保证"重点"的时候，绝不忽略"一般"。比如，去某单位办事，恰巧遇见了三个都认识的人，都好久未见了，其中一位正是自己急于寻找求助办事的，你怎么对待呢？是抓住一人，不计其余，还是逐个关照，热情寒暄一番，然后和其他人说明情况，保证重点？这就是一个技巧。

再如当你和同一家公司的主管与普通职员会面并交换名片时，一般都会较珍惜主管的名片。由于想要拥有立即可以发挥效用的人际关系，因此，目光完全投注于眼前地位最高的人。然而，所谓建立人际关系，务必以更长期性的观点进行思考。所谓同辈的普通职员，未来必定不断往前突进。轮到自己将来担当重任时，可以助你一臂之力的正是他们。

在当今社会，人际交往中流行一句口头禅："好使不？"即：有用吗？尊者，有用、好使则亲；卑者，没用、不好使则疏远。这里的"好使""不好使"和权势固然有密切联系。趋炎附势者，都想直接从权势者那里获取什么功利。"好使"则亲，完全是急功近利，实用主义。人们议论某人实用主义作风，往往说他"尽拣有用的交"，就是这个意思。善于广交朋友，这未必不是好事，还说明此人有公关能力。但专拣有权的、有用的交，不交那些地位低下的无权无势的，与"好使"者亲，与无能的疏远，这就势必在亲情、友情、同志情、人情中夹杂了功利目的。亲疏只要带上尊卑功利色彩，肯定就会出现悲剧，假如人际关系中专以“好使”论亲疏，最终必然会导致弱肉强食，恃强凌弱。圆润为人的为人之道，须持不尊不卑的姿态，与他人和谐相处。

3. 不卑不亢做人

一个人可以不张不扬，不温不火，但内心却自信自尊，“上交不谄，下交不渎”，以一种儒雅的风范，维护着自己的尊严。

如今已是某保险公司股东会成员之一的赵丽回忆起她的成功经历时说，她所卖出的数额最大的一张保单不是在她经验丰富后，也不是在觥筹交错中谈成的，而是在她初次推销的时候。

晨光电子是本市最大的一家合资电子企业，赵丽对这样的企业有些敬畏，不太敢进去，毕竟那是她第一次推销。犹豫很久之后，她还是进去了，整个楼层只有外方经理在。

“你找谁？”他的声音很冷漠。

“是这样的，我是保险公司的业务员，这是我的名片。”赵丽双手递上名片，心里有些发虚。

在学校和老外没少打交道，可眼前这老外是大老板，而且是个不太老的老板，感觉就有些两样。

“推销保险？今天已经是第三个了，谢谢你，或许我会考虑，但现在我很忙。”老外的发音直直的，像线一样，因此听不出任何感情色彩。

赵丽本来也不指望那天能卖出保险，所以毫不犹豫地说了声“sorry”就离开了。

如果不是她走到楼梯拐角处下意识地回了一下头，或许她就这么走了，以后也不会有任何事情发生。

赵丽回了一下头，看见自己的名片被那个老外一撕就扔进了废纸篓里，赵丽感到非常气愤。于是她转身回去，用英语对那个老外说：“先生，对不起，如果你不打算现在考虑买保险的话，请问我可不可以要回我的名片？”

老外的眼中闪过一丝惊奇，旋即平静了，耸耸肩问她：“why？”

“没有特别的原因，上面印有我的名字和职业，我想要回来。”

“对不起，小姐，你的名片让我不小心洒上墨水了，不适合还给你了。”

“如果真的洒上墨水，也请你还给我好吗？”赵丽看了一眼废纸篓。

片刻，他仿佛有了好主意：“OK，这样吧。请问你们印一张名片的费用是多少？”

“五毛，问这个干什么？”赵丽有些奇怪。

“OK，OK。”他拿出钱夹，在里面找了片刻，抽出一张一元的：“小姐，真的很对不起，我没有五毛零钱，这张是我赔偿你名片的，可以吗？”

赵丽想夺过那一块钱，撕个稀烂，告诉他她不稀罕他的破钱，告诉他尽管她们是做保险推销的，可也是有人格的。但是她忍住了。

她礼貌地接过一元钱，然后从包里抽出一张名片给了他：“先生，很对不起，我也没有五毛零钱，这张名片算我找给你的钱，请您看清我的职业和我的名字。这不是一个适合进废纸篓的职业，也不是一个应该进废纸篓的名字。”

说完这些，赵丽头也不回地转身走了。

没想到，第二天赵丽就接到了那个外方经理的电话，约她去他公司。

赵丽几乎是趾高气扬地去了，打算再次和他理论一番。但是他告诉赵丽的是他打算从她这里为全体职工购买保险。

赵丽不卑不亢的做法最终赢得了外方经理的尊重，也书写了大大的“人”字，她并没有看到别人有地位、有金钱就不自觉地矮人一截，甚至将侵犯人格的举动视而不见，而是让对方明白尊严的真正意义。因为自重，她赢得了尊重！

低调做人并不是卑躬屈膝地做人，低调做人必须摆脱“低人一等”的感觉。低调与低人一等的本质区别就在于是否产生自卑心理，缺乏自信。

正确认识，分析自我，正确认识自己的优势和劣势，不以自己的短处与人家的长处相比，更不以自己的劣势与人家的优势相论。自己能摆正自己的位置，摆脱“低人一等”的心理，发挥自己的所长，以平常之心对待，显出足够的自信，从而在处世过程中从容自如、游刃有余。

第十七章 无论说什么话，都不能让人听着不舒服

不要信口开河，绝不能知道什么就说什么

有些人说话时喜欢信口开河，不注意说话的技巧。当我们为了达到目的时，说话时必须力求简单明了而且具备说服力。但最重要的是，该说的说，不该说的不说，不了解的事就不说。

对于你不知道的事情，不要冒充内行，因为这是一种不老实的自欺欺人的行为。没有人要求你做一个百科全书式的人物。即使一个很有学问的人，也必有不知之事。

心理点拨>>

1. 不要在同事面前全盘托出

即使是在相处很好的同事面前也不要将自己所知道的事全部说出来，以免影响自己的升迁和发展。

胡应宝工作努力勤奋，就是有时候嘴关不严。他所在的办公室里有五个人，最近，新来了一个女实习生，正好坐在胡应宝的旁边，所以，主任要求胡应宝多带带她。

胡应宝为人热情，加上这个实习生有很多的问题需要胡应宝指导，胡应宝也少不了指点她几下。这位实习生对胡应宝的关心也很感谢，总想着给他做点什么。

这个实习生注意到，工作忙起来的时候，胡应宝中午连饭都顾不上吃，经常一个人在办公室里吃泡面。她发现了以后，偶尔会给他买一些饭菜，然后才出去吃。胡应宝也没觉得有什么不合适的。

这天，实习生又给他买了饭。胡应宝正吃着，有一个同事提前回来了，看到胡应宝桌上的饭菜，很是吃惊，问道："胡应宝，没见你出去打饭啊，自己带的？"胡应宝没有多想，顺口说道："是新来的实习生买的饭。"

没想到不久以后，就传出了胡应宝和女大学生的绯闻。正在努力准备竞聘副主任的胡应宝自然遭到了打击。这样的事一出，后果必然是可怕的。可现在后悔也来不及了。

无论一个人的出身、地位、权势、风度多么傲人，也都有不能与人言及、不容冒犯的角落，当你有意无意地触碰到这些角落时，就会遭人厌恶。特别是在职场上信口开河更是大忌，不仅暴露了自身的肤浅，也让人一眼看穿心意。

2. 不要随意谈论他人是非

你经常说别人的是非短长，迟早都会传到别人的耳朵里面去，从而引起当事人的怨恨甚至报复，给自己带来灾祸。有这样一则寓言故事：

老虎得了重病，躺在山洞里静养。很多动物都纷纷前来探望，并带来了礼物，只有狐狸迟迟没露面。狼因为不喜欢狐狸，于是就趁机跑到老虎面前诋毁狐狸。

狼说："您身为百兽之王，山中的所有动物都很尊敬、爱戴您！可是，您现在生病了，大家都希望您尽快好起来，都来看望您，可唯独狐狸扬言您的病一定不会好，也从不来看您。他一定觉得您的病好不起来了，所以才会这样怠慢您！"老虎听后非常气愤，声称要给狐狸最严厉的惩罚。

这时狐狸正好赶来，听到狼在说自己的坏话。于是狐狸就向老虎解释说："大王，我之所以迟迟不来，并不是怠慢您，而是在到处给您打听治病的方子，我更希望您早日恢复健康。""那你找到方子了吗？""找到了！"狐狸告诉他，"只要把一只狼活剥了，趁热将他的皮披到您身上，大王的病很快就会好了！"

结果刚才还在老虎面前说狐狸坏话的狼，很快就被老虎剥掉了皮。

说话也是一门艺术，话不要随口乱说，更不要在别人背后嚼舌头，如果对对方感到不满，就当面和他谈。如果有人一定要你对某人做出评价，那么我们就要尽量拣这个人身上的优点。如果你赞美别人的话传到对方耳朵里，他一定会对你很有好感。学着发现对方身上的闪光点是很重要的。

所以，平时与人聊天的时候，一定要注意，不能对别人指手画脚。即使你们是很好的朋友，但不要以为朋友也会容忍你在他背后说他闲话。常有人说，说人闲话时只说优点，实际上这是很难办到的。毕竟，说些坏话也很有趣。说人闲话时，就留意坏话三成，赞赏七成。而那三成的坏话也不要给对方造成致命的打击，这一点也是很重要的。

如果你在别人面前夸奖你的朋友，那么这个人一定认为你是一个正直的人，而如果你在背后说朋友的闲话，那就有小人之嫌了。

遭遇尴尬时，想办法给自己解围

实际上，对于别人的一些古怪的问题，我们接上话茬就有可能给自己套上难解的绳索，使自己陷入十分难堪的泥淖而不能自拔，以致大失脸面。

处于这样的尴尬场合时，就需要具备给自己解围的语言艺术，让自己从尴尬中突围而出。

1. 转换一个话题

最简单、最直接的做法就是转换话题，如：

两个青年去拜访老师，在谈话中提到："老师，听说您的夫人是教英语的，我们想请她指教，行吗？"

老师为难地沉默了片刻，说："那是我以前的爱人，前不久分手了。"

"哦！对不起，老师……"

"没什么，喝点儿水吧。"

"老师，您的书什么时候出版？快了吧……"

这样转换话题，特别是提出对方很愿意谈的话题，就会使谈话很快恢复正常，气氛活跃起来。

顾左右而言他，经常会被用于解窘，但是我们应该尽量圆融地去利用这一方法，以便更加不着痕迹地化解尴尬。

2. 学会自我调侃

由于我们的过失，造成谈话中间出现了难堪，这时我们不要责备他人，而应找找自己的问题，采用自我调侃的方式低调退出吧！

丘吉尔有个习惯，一天之中无论什么时候只要一停止工作，他就爬进热气腾腾的浴缸里去泡一泡，然后光着身子在浴室里来回地踱步，一边思考问题，一边让身体放松放松，有时甚至会入迷。

有一次，丘吉尔率领英国代表团到美国进行国事访问，他们受到热情款待。为了方便两国领导人的交流、沟通，组织者专门让丘吉尔下榻在白宫，与美国总统罗斯福离得很近。

一天，丘吉尔又像往常一样泡在浴缸里，尔后光着身子在浴室里踱步。当时，世界反法西斯战争进行得如火如荼。丘吉尔在思考着战场上的形势，以及如何同美国联手对付德国法西斯。想着，想着，他已经忘了自己在什么地方，而且还是光着身子。

碰巧，这时罗斯福有事来找丘吉尔，发现屋里没人。罗斯福刚欲转身离去，听见浴室里有水响，便走过来敲浴室的门。

丘吉尔正在聚精会神地思考问题，听见有人敲门，本能地说了一句："进来吧，进来吧。"

门打开了，美国总统罗斯福出现在门口。罗斯福看到丘吉尔一丝不挂，十分尴尬，进也不是，退也不是，索性一言不发地站在门口。

此时，丘吉尔也清醒了。他看了看自己，又看了看罗斯福，急中生智地说道："进来吧！总统先生。大不列颠的首相是没有什么东西可对美国总统隐瞒的！"说罢，这两位世界知名人物都不约而同地哈哈大笑起来。

尴尬发生时，必须在最短的时间内消除尴尬。而以漫不经心、自我解嘲的口吻说几句取悦于人的话，可以活跃气氛、消除尴尬。

有时候遭遇尴尬，运用自我调侃能使尴尬的气氛很快逆转。可以说，自我调侃实质上是当事人采取的一种貌似消极、实为积极的促使交谈向好的方向转化的手段而已。

3. 运用戏谑的方式

1972 年，尼克松总统访问苏联。有一次在苏联机场，飞机正准备起飞，一个引擎却突然失灵。当时送行的苏共中央总书记勃列日涅夫十分着急、恼火，在外国政界要人面前出现这种事是很丢面子的。他指着一旁站立的民航局长问尼克松总统:“我应该怎么处分他？”这等于说是给尼克松出了一道不大不小的难题，如果尼克松答得不巧妙，苏联人也可以借机让尼克松出点儿丑。“提升他，”尼克松很轻松地说，“因为在地面上发生故障总比在空中发生故障好。”尼克松的话一出，大家都笑了。

里根总统有一次在加拿大发表公开演讲，但演讲时常被打断。如果里根这时候拂袖而去，不仅可能会使两国关系弄得很糟糕，里根总统本人的形象也会大受损害。里根总统没有生气，当加拿大总理为此抱歉时，他轻轻一笑说:“这种情况在美国经常有，我现在真有一种宾至如归的感觉。”尴尬的场面一下变得轻松愉快了。

尴尬是生活中遇到处境窘困、不易处理的场面而使人张口结舌、面红耳赤的一种心理紧张状态。

面临尴尬时，如果能够以开玩笑的口吻，往往就能化解现场的紧张气氛。只要能使人发笑，就能让人们的注意力从尴尬场景中抽离出来，气氛也会变得正常。

干脆利落，拒绝时要给人面子

与人和睦相处是互利共赢的发展根基。为了维系融洽和谐的关系，难免会遇到别人求你帮忙或邀请赴约，如果你不情愿或没有能力办到，怎么回绝呢？

在工作和生活中，拒绝别人可能一句简单的“不行，我没空”就能解决问题，但是这种方式有时候会伤害到别人。与其说，“我不能帮你”，不如换个方式说，“我很想帮你，但这件事情我实在不擅长”，或者推荐更适合的人选。

1. 慎重回绝求爱

拒绝约会应该有“快刀斩乱麻”的魄力，因为这不仅仅代表对一次约会的拒绝，而且暗示着自己对对方的爱情的谢绝，这就要求我们一方面要不损害对方的感情，另一方面要表明心意，断绝对方再次邀请的念头。

张京对同事小洁暗恋已久，这天，他终于鼓起勇气约小洁出来看电影。小洁也觉察到了张京的感情，无奈自己对他实在没有“触电”的感觉，于是对他说：“真是对不起，这一段时间我正在上夜大的电脑培训班，每天晚上都有课。上完夜大后又要准备英语的等级考试，实在没有看电影的空闲时间。要不，你找刘伟吧，你们哥俩不是常在一起讨论好莱坞的影片吗？”张京听了，只好悻悻而归，从此再也没向小洁提出过约会的请求。

看一场电影只需要一两个小时的时间，如果小洁愿意接受张京的话，怎么也能抽出点儿时间来赴约，而她的推辞却根本没有流露出任何的遗憾和改日赴约的愿望。想清楚了这一点，张京自然明白小洁的拒绝之意，只得收回自己的感情了。

由于约会是恋爱的前奏，当对方刚刚提出约会，尚未表露爱意时，可以“先发制人”，间接说明已经心有所属。对方听了之后，明白自己希望渺茫，自然不敢强求，有时甚至会为了避免尴尬，还会找理由取消此次约会。

别人爱你，向你求爱，他（她）并没有错；你不欢迎，你拒绝他（她）的爱，你也没错。最关键的是看你怎样拒绝，如果拒绝得恰到好处，对双方都是一种解脱，也可以免去许多麻烦。如果你不讲方式，不能恰到好处地拒绝别人求爱，你就可能犯错误，不但伤害他人，说不定也危害自己。

怎样才能做到恰到好处地拒绝求爱呢？

首先，要直言相告，以免产生误会。你若已有意中人，又遇求爱者，那么就直接明确地告诉对方，你已有爱人，请他另选别人，而且一定要表明你很爱自己的恋人。同时，切忌向求爱者炫耀自己恋人的优点、长处，以免伤害对方自尊心。倘若你认为自己年龄尚小，不想考虑个人恋爱问题，那就讲明情况，好言劝解对方。

其次，倘若你不喜欢求爱者，根本没有建立爱情的基础，可以在尊重对方的基础上，婉言谢绝。对自尊心较强的男性和羞涩心理较重的女性，适合委婉、间接地拒绝。因为有这类心理的人，往往是克服了极大的心理障碍，鼓足勇气才说出自己的感情，一旦遭到拒绝，很容易受到伤害，甚至痛不欲生，或者采取极端的手段，以平衡自己的感情受创伤。因此，拒绝他们的求爱，态度一定要真诚，言语也要十分小心。你可以告诉他（她）你的感受，让他（她）明白你只把他（她）当朋友、当同事或者当兄妹看待，你希望你们的关系能保持在这一层面上，你不愿意伤害他（她），也不会对别人说出你们的秘密。

如果这些自尊和羞涩感都挺重的人没有直接示爱，只是用言行含蓄地暗示他们的感情，那么，你也可以采取同样的办法，用暗含拒绝的语言，用适当的冷淡或疏远来让他（她）明白你的心思。

2. 学会装傻充愣

装糊涂是答非所问、模糊应对，这体现了一种大智若愚的拒绝态度和情操。在日本有这样一个故事，很能给人启发：

一位名叫宫一郎的青年去拜访广源先生，想将一块地产卖给他。

广源听完宫一郎的陈述后，并没有做出“买”或者“不买”的直接回答，而是在桌子上拿起一些类似纤维的东西给宫一郎看，并说：“你知道这是什么东西吗？”他似乎瞬间忘记了宫一郎上门的目的。

“不知道。”宫一郎回答。

“这是一种新发现的材料，我想用它来做一种汽车的外壳。”广源详详细细地向宫一郎讲述了一遍。广源先生共讲了 15 分钟之多，谈论了这种新型汽车制造材料的来历和好处，又诚诚恳恳地讲了他明年的汽车生产计划。广源谈的这些内容宫一郎一点儿也听不懂，但广源的情绪感染了宫一郎，他感到十分愉快。广源在送宫一郎时顺便说了一句：“不想买那块地。”

广源的高明之处在于他没有从一开始就回拒宫一郎。如果那样，宫一郎就一

定会滔滔不绝地劝说他买那块地。而广源采取了回避的态度，装作好像根本没听懂宫一郎的话，没有给他劝说的时间，在结束谈话时轻轻一拒，不失为高明之法。

装傻并不是真傻，而恰恰是一种高明的阴柔之道，它真正体现的是你的聪明与灵活。

3. 怎样拒绝领导

当领导提出一件让你难以做到的事时，如果你直言做不到，可能会让领导有损颜面，这时，你不妨说出一件与此类似的事情，让领导自觉问题的难度而自动放弃这个要求。

齐威王八年，楚国派遣大军侵犯齐境。齐王派淳于髡出使赵国请求救兵，让他携带礼物黄金百斤，驷马车十辆。淳于髡仰天大笑，将系帽子的带子都笑断了。

威王说："先生是嫌礼物太少吗？"

淳于髡说："怎么敢嫌少！"

威王说："你这样大笑，难道有什么说法吗？"

淳于髡说："今天我从东边来时，看到路旁有个祈祷田神的人，拿着一个猪蹄、一杯酒，祈祷说：'高地上收获的谷物盛满篝笼，低田里收获的庄稼装满车辆；五谷繁茂丰熟，米粮堆积满仓。'我见他拿来奉献的祭品太少，而想要的多，所以嘲笑他。"

于是齐威王就把礼物增加到黄金千镒、白璧十对、驷马车百辆。淳于髡告辞起行，来到赵国。赵王拨给他十万精兵、一千辆裹有皮革的战车。楚国听到这个消息，连夜退兵而去。

领导委托你做某事时，你要善加考虑，这件事自己是否能胜任？是否不违背自己的良心？然后再做决定。

拒绝领导是要讲究方法的，因为领导不是一般人，他有可能决定你一生的前程，不容轻易得罪。但如果你能采取一些巧妙而又行之有效的拒绝方法，那你尽可以大胆说一句："领导的话就敢不听。"不过这里要声明的就是这只是针对领导提出的一些不合理要求而言的。

拒绝领导的方法有许多，不要惧怕，只要方法得当，和领导也能有商量。

4. 拒酒也要自然

酒桌上的氛围总是喝酒容易拒酒难，想要拒绝本身就是一件难事。

张力大喜之日，特邀亲朋祝贺，小波也在其中，然而，小波平素很少饮酒，且酒量“不堪一击”。酒席上，偏偏有人提议小波与张力单独“表示”一下，小波深知自己酒量的深浅，忙起身，一个劲儿地扮笑脸，一个劲儿地说圆场话：“酒不在多，喝好就行。”

“经常见面，不必客气。”

“你看我喝得满面红光，全托你的福，实在是……”

结果使张力无可奈何。

在筵席上一些“酒精（久经）考验”的拒酒者，任凭敬酒的人说得天花乱坠，他就是笑眯眯地频频举杯而不饮，而且振振有词。这种“满面笑容，好话说尽”的拒酒术往往能让对方拿你没办法，最后只好作罢。

拒酒的话要说得不让劝酒的人觉得是你故意不给面子或者不让其他人觉得你在故意扫大家的兴，就更不是容易的事。在酒桌上，绝不能说如下几种话：

（1）生硬拒绝的话——“我偏不喝，你能把我怎么样？”这样没准就会和劝酒者发生争吵，而趁着酒疯，一旦争吵起来，很可能就会丧失理性，使喜庆的宴会变成充满火药味的战场。

（2）拉开架势的话——“你逼我喝？好，我今天豁出去了，谁怕谁？”本来是想拒绝，经这么一说，反倒成了挑战，实在是事与愿违。

（3）有漏洞可钻的话——“不用了吧，咱俩谁跟谁？”没准对方会说：“就是，咱俩谁跟谁？我的酒你能不喝吗？”

适当的时候装点儿糊涂

季羡林老先生说过这样一句话：“古人说：‘文武之道，一张一弛。’有张无驰不行，有弛无张也不行。张弛结合，实乃正道。提倡糊涂一点，潇洒一点，正是为了达到这个目的。”

在适当的时候需要装点“糊涂”，这样才是真正聪明的人，糊涂是聪明的高级阶段。现实生活中有些事情，与其较真儿，倒不如睁一只眼闭一只眼效果会更好一些。

不过，要明白所谓“糊涂”是“装糊涂”，而不是真糊涂。大智若愚的精辟之处不在“愚”，而在“若”字。有人觉得这是老油条的处世厚黑经，其实不然。庄子说：“吾生也有涯，而知也无涯。”人的智慧是有其局限性的。所谓糊涂，就是认识到了这一点，在人际交往中也要糊涂。

心理点拨>>

1. 人至察则无徒

金无足赤，人无完人。古往今来，优秀的人往往有着与众不同的个性和特点，他们不仅优点突出，而且缺点也明显。俗话说，“宰相肚里能行船”，行大事者不拘小节，就是这个意思。如果秋毫毕见，就容易让人觉得和你难以相处。

李江现在是广东一家合资企业的董事长，但是在他年轻的时候，却因为自己工作上急于求成而被贬到一家分公司去担任营销经理。到职时，在欢迎酒会上，他一不善喝酒，二不善辞令，由此给老职员们留下了一个很不好的印象。因此，他在分公司一度很被动，工作开展不起来。

这样过了大半年后，在春节前夕，分公司举办同乐会，大家要即兴表演节目。这时他在同乐会上唱了几句家乡戏，赢得了热烈的掌声。连他自己也没想到，那些一向对他敬而远之的部下们，会因此而对他表示如此的亲近和友好。此后他还成立了一个业余家乡戏团。从此以后，他的部下非常愿意和他接近，有事都喜欢跟他谈，于是，他从过去令人望而生畏的人变成了可亲可敬的人。在分公司无论多难办的一件事，只要经他出面，困难就会迎刃而解，事情定能办成。由此分公司的业绩突飞猛进。因为他工作有能力，而且如此得人心，后来他荣升为这个公司的董事长。

他升为董事长后，有一次在公司开现场会，全公司的员工都出席了。会上大家都为本年度的好成绩而高兴，于是公司总裁的秘书小姐提议要使大家在高度欢乐的氛围中散会。她想出一个办法，把一个分公司的副经理抛到喷泉的池子中去，总裁同意这位小姐的提议，就和这位董事长打招呼，董事长表示这样做不妥，决定由他自己——公司最高领导者，在水池中来一个旱鸭子游水。

董事长转向大家说：“我宣布大会最后一个项目就是秘书小姐的建议：她叫

我在水池中来一个旱鸭子戏水，我同意了，请各位先生注意了，我就此表演。”于是他跳入池中，游起泳来，引得大家哄堂大笑……

事后总裁问他：“那天你为什么亲自跳下水池，而不叫副经理下去呢？”董事长回答说：“一般说来，让那些职位低的人出洋相，以博得众人的取笑，而职位高的人却高高在上，端着一副架子，会使人敬畏，但那是最不得人心的了。”董事长一席话唤醒了总裁，使他和董事长一样平时注意贴近部下，学到了办好企业的招数。

道理说起来都很简单，但为什么有些领导在看待自己下属的时候，常常横挑鼻子竖挑眼呢？其中的原因很复杂，但就其思想方法而言，主要在于不能辩证地分析看待人的优点和缺点、长处和短处，求全责备。

管理者和下属在一起，不管是一般的交流、谈话，还是有针对性地对其说服、教育、批评、帮助，都要以平等、坦诚为沟通的基础。首先要明白一点，你和下属虽然有职位高低、权力大小、角色主动与被动等差别，但在人格上双方是完全平等的。你如果摆架子，下属或许会被你震慑住，你的权威感是建立起来了，但无法听到下属的心里话。

无论身处何时何地，说话、办事一定要遵循一个“真”字，对人要说真话，待人要以真心。那些言不由衷的空话、大话和假话要请出你的词典，更不要用虚情假意、矫揉造作的假感情糊弄下属。要聪明，但不要小聪明。只有放下架子，去掉偏见，才能与下属交朋友。一个真诚的人，在说话时自然会情真意切，从而在和风细雨中打动受教育者的心。

俗话说，看人要深，处人要浅；看人要清楚，处人要糊涂。讲的也是同样的道理。看人深，看得清楚，处人浅，处人糊涂一些，就是把握住大的原则，而不去纠缠于小节，对人的小缺点要宽容，对个性独特的人要给予理解。特别是那些有独特才能的人，其性格的特点也比较明显，要用这样的人，宽容、理解就是非常必要的。

2. 不要表现得过于精明

聪明是一件好事，但聪明是一个带有限定性的词，处理不好，即会被聪明误，所谓物极必反，任何事情都有一个限度。游刃职场，也是如此，我们可以聪明，但一定要把握“度”。

某公司来了两个新同事，一个是研究生小李，一个是本科生小孙。

小李没有什么过人之处，相貌普通，能力平平，一个研究生连基本的电脑操作都不懂，让人惊讶的程度不亚于听说一个高中生不会写自己的名字。于是，同事常见他坐在电脑前忙忙碌碌，或者对一些简单得不得了的问题不耻下问。但周围的同事对他的评价还都不错，觉得这个年轻人谦虚肯干、踏实勤勉，一点儿都没有研究生的架子。

相反，另一个大学生小孙，做事风风火火、效率极高。什么事到他手上，他只需留心看看人家的做法，便已熟知工作流程，三两下就完成了，别人需要三天做的事他可能一天就绰绰有余，所以在大家眼中，小孙总是无所事事，游手好闲，晃荡得很。

年终考评时，小李得到大家一致好评；对于小孙，很多人选择了语气虚虚的“也不错”。看得出小孙聪明能干的，对他心怀戒备，唯恐他日被“后浪”拍在沙滩上，于是都装聋作哑，领导赏识小李的勤勉，也相信群众的眼睛是“雪亮”的，却没想到群众的眼睛都是闭着的。

>>

人常说，傻人自有傻人福。没错，职场上的某些定律与自然规律是相背离的，这就要求我们不能表现得太聪明，否则就会让“脑袋掉进脚后跟”，里外不讨好。

事实上，在任何场合，只要是需要与他人打交道的环境中，精明过头都不是件好事，会装傻才是真精明。

3. 言谈常需“和稀泥”

虽然说“和稀泥”多少有些贬义，但综观当今那些为人处世的高手，几乎都懂得“和稀泥”的艺术。

汉元帝刘奭登基之后，采用了贤者王吉和贡禹。当时朝廷内的最大问题是外戚和宦官专政，但是当汉元帝问起贡禹对国家大事有什么意见时，贡禹却对皇帝说，请他注意节俭，因为勤俭才能治国。汉元帝天性就吝啬得很，一听贡禹这么说，正合他意，而又能显现他的功德，立刻将很多节俭措施付诸行动。

不料，贡禹这一提议非但没有得到后世政治家司马光的赞扬，反而遭到了他的严肃批评。司马光在《资治通鉴》中说：“忠臣侍候君主，要拣皇帝最严重的错误、最难改正的毛病，第一时间提出来，督促他改正，其他小毛病捎带着就改正了。汉元帝刚登基，有心向上，恰如一张白纸，他虚心向贡禹请教，贡禹就应该抓住机遇，先指出最急的问题，后说那些不着边的事。汉元帝的最大问题是什么呢？‘优游不断，谗佞用权’。可贡禹只字不提，而是喋喋不休地讲勤俭。汉元帝的天性爱节约，贡禹却说个没完没了，是何居心？如果贡禹不知道国家的问题，怎么能被称为贤良？如果他看出来又不肯说，反而顾左右言他，罪可就大了！”

皇帝刚刚登基，表现虚心纳谏，大部分都是装装样子，做表面功夫，贡禹懂得察言观色，使他深得皇帝之心，如此才能保证他的将来。但司马光却对此不以为然，认为为人臣子，就要努力帮助皇帝整顿朝廷。他本人也是这么做的，面对宋朝内部的新旧党问题、治国问题，他不断地在皇帝面前表现自己的强势，丝毫不理会君王的心情。

虽说贡禹这种只求自保、顺着皇帝说话的做法不值得提倡，不过在当时是不得已而为之，因为汉元帝不是一个能纳谏的人。如果我们在工作中，尤其是面临职场生存的问题，上司是一个能够纳谏的人，可以委婉地说出自己的建议，并不时地察言观色，适时递上一些恭维话，把内心硬邦邦的建议用“和稀泥”的方式进行表达，这才是现代人的进谏方法。

其实，不仅仅是在职场，在任何存在人际交流的社交环境中，“和稀泥”都是一门有必要掌握的艺术。

遇到难缠的人，更要把话说得巧

大家在社交场所会碰到自己不喜欢的难缠的人，这实在让人感到头疼。处理难缠的人最重要的方法是刻意努力用尊敬的用语，把话说得滴水不漏。

这里并不是说要你进行谄媚。事实上，虚伪的称赞对你的伤害超过助益，你必须寻找机会，不论在关系紧张之前或紧张之中，清楚地让对方知道，你并不站在他的对立面。

心理点拨 >>

1. 巧妙应对傲气之人

有些人因自己的地位、学识、年龄等优势而表现出一种傲气，或者大肆地攻击他人，或者极端地蔑视他人，有的甚至还恣意地侮辱他人。这种人的行为势必给别人带来不愉快或者严重地影响他人的情绪，对于人际交往和行为处世有百害而无一利。因此，必须予以控制而不能让其恶性地发展。

1901 年，美国石油大王洛克菲勒的第二代小约翰·戴·洛克菲勒，代表父亲与钢铁大王摩根谈判关于梅萨比矿区的买卖交易。摩根是支配欲很强的人，不愿意承认任何当代人物的平等地位。当他看到年仅 27 岁的小洛克菲勒走进自己的办公室时，他并不在意，继续和一位同事谈话。直到有人通报介绍后，摩根才对年轻的小洛克菲勒瞪着眼睛大声说:“唔，你们要什么价钱！”

小洛克菲勒并没有生气，他盯着老摩根，礼貌地答道:“摩根先生，我看一定有一些误会。不是我到这里来出售，相反，我的理解是您想要买。”老摩根听了年轻人的话，顿时目瞪口呆，沉默片刻，终于改变了声调。交易结果自然是小洛克菲勒高价出售了这个矿区。

在这次交际中，小洛克菲勒就是靠抓住了问题的关键——摩根急于要买下梅萨比矿区，从而出其不意地直戳对方的要害，说明实质。同时，他表现出的对垒的勇气和平等交往的尊严，使对方意识到自己应认真地平等地交往，这样与人相处的过程才会变得愉快。

那么，怎样对付这种傲气的人呢?

首先，要抓住关键，攻其要害处。与傲者打交道，有必要采取针锋相对的方法，即以不卑不亢的态度，抓住对方的要害给予指出，打掉其高傲的资本。这时对方会从自身的利益出发，放下架子，认真地把你放在同等地位上交往。

其次，要学会揭别人的老底并用其弱点打败他。任何人都难免有自己的弱点，而傲气者一般都未发现自己的弱点，一旦别人抓住其弱点进行攻击，使其看到自己的弱点，也就瓦解了其傲气的资本。

最后，可以巧设难题，就可抑制其傲气。因为不管他知识多么丰富、阅历多么广泛，在这大千世界里毕竟是有限的，一旦他发现自己也存在着知识缺陷，其傲气自然就会烟消云散了。

巧设难题抑制傲气者时所设置的难题一定要是对方无法回答的问题，只有这样，才能暴露对方的无知或者缺陷，从而挫其傲气。如果设置的问题对方能够回答，这样不但不会挫其傲气，相反地，更会助长其傲气而使自己处于更难堪的境地。

采取上述方法对付傲气者，目的是为了使其改变影响人际关系的不正常因素，促使其与他人正常地交往，因此在运用这些方法时一定要从与人为善的角度灵活运用。切不可嘲讽、讥笑，甚至侮辱他人的人格，这是我们不提倡的。

2. 巧妙应对喜怒无常之人

喜怒无常的人，最显著的标志就是情绪忽阴忽晴、忽冷忽热，在极短的时间内态度就会发生巨大的反差变化。如果你要注意，稍加留意就能发现谁是喜怒无常的人。

小孙做东，请朋友吃饭。席间，他发现一个令人不安的现象：老同学小王的女朋友似乎喜怒无常，脸色一会儿阴一会儿晴。比如，当有人夸奖她漂亮时，她就很高兴，而当她旁边的人夸赞其他人时，她就会略显不悦，似乎有所吃醋。为了使宴会气氛始终保持在愉悦的航道上，小孙就让自己的女朋友主动多找她聊天，多夸奖。一晚上，大家都皆大欢喜。

生活中我们身边也一定有喜怒无常的人。在上司和前辈中，有些人情绪变化无常、忽喜忽忧的。昨天对自己还是冷冰冰的，今天却出奇地和蔼亲切："×××，有什么不明白的问题尽管问我。"第二天，当你满怀希望地去请教他时，他却不高兴地回答道："这又不是什么太难的工作，你自己考虑。"作为部下或晚辈，这种类型的上司和前辈真是让你哭笑不得。

中国有一句话说得好，"君子不立于危墙之下"。所以对这种情绪变化无常、忽喜忽忧类型的人，避免与他接触是最好的方法。可是，如果是自己的上司或前辈的话，避免与其接触是不可能的。所以只有掌握与他们融洽相处的方法，才能使自己不致落到尴尬的境地。

和"喜怒无常"的人交往，最重要的是不能让自己的步调紊乱，也就是让自己保持平静的心情。在上司或前辈喜怒无常时，自己要用"顺从"的态度去应对。

第十八章 不开口，你将注定成为孤家寡人

话不投机半句多，不要让话题枯燥乏味

在陌生场合，结交陌生人，这是人际交往中非常重要的修炼。

在与人谈话的过程中，如果一方能说会道，就某一话题大侃特侃，而另一个人却昏昏欲睡，那一定是听话一方对讲话一方的话题没有兴趣。这样的谈话总会让人感觉到乏味。

你想要赢得陌生人的欢迎，在谈话的时候就要选择他感兴趣的话题。如果你跟他谈话的目的是为了交朋友，你就一定要记住，选择对方可能感兴趣的话题，这是永远正确的谈话方式。

与用心聆听的方式稍有不同的地方是，聆听是让对方自己谈论自己感兴趣的事情，而选择对方感兴趣的话题则是你主动与对方谈论他感兴趣的事情。二者共同点在于，无论是彼方所讲还是此方所讲，都是彼方感兴趣的话题。这就是关键所在：人们总是关心自己，而对于那些与自己无关的事情，他们毫无兴趣。

>>

1. 同感赢“共鸣”

在碰到陌生人时，只有切入的话题双方都有代入感时，才能聊得下去。

王鹏寒假结束后回学校，在火车上碰到跟他差不多大的年轻人，一问，原来也是大学生。王鹏就和他讲起来了同学间请客吃饭的事，很快赢得了对方的共鸣。

王鹏出生在一个小县城里，父母是普通的工薪阶层，家境虽不殷实，却也过着较富足的生活。平日里他生活较为节俭，但是对同学却从来都很大方。因为他住在城里而他的大多数同学住在周围的乡镇，每每大家寒暑假回家时，都要到县城里聚会。王鹏住在城里自然要好好招待他们，可是每次吃饭都是王鹏付账，一次两次可以忍受，但是次数多了，就成了王鹏身上的重担，原本用来买电脑的钱，也花完了，弄得王鹏现在很想和同学们联络感情却无奈囊中羞涩。很多时候王鹏都想跟同学说 AA 制，却从来没有说出口，为此经济老是陷入困境，现在身上没钱，同学再找他，他都只好推托有事给回绝了。

两个人就这个话题，聊得热火朝天。此后，还留下了双方的联系方式。

优秀的节目主持人，能让你觉得自己说的话简直精彩极了。相信只要不是性情古怪的人，面对如此“知心”的朋友，都会坦诚相见，对于对方问的问题，更是知无不言、言无不尽！

当你希望对方不吝啬地提出他的意见时，必须保持其愉快的心情。不信的话，我们不妨看看活跃在电视上或广播电台的节目主持人是如何访问特别来宾的。大家都知道，主持人大多具有好口才，但是，各位或许没有注意到，他们常常巧施心理战术，使来宾们保持愉快的心情接受访问。

促进彼此间友好的关系，要对对方动之以情，主动地先去了解对方的苦恼与欲求。这种了解作用，心理学上称为“共感”，或称“感情移入”。要记住的是，你必须先使对方表示“共感”，对方才会对你表示“共感”。所以，首先你必须运用心理技巧，做出“共感”的姿态，也就会真正产生彼此的“共感”来。

2. 对陌生人基本信息做点儿了解

事前规划，可事半功倍。与陌生人交往之前，要尽量对对方的职业、性格、兴趣等有一个比较全面的了解，这样，在交往过程中你就能做到有的放矢。

清末，在大太监李莲英的保荐下，盛宣怀才受到权势显赫的醇亲王的接见，详细汇报有关电报的事宜。盛宣怀以前没有见过醇亲王，但与醇亲王的门客张师爷过从甚密，从他那里了解到了醇亲王两个方面的情况：

第一，醇亲王跟恭亲王不同，恭亲王认为中国要跟西洋学，醇亲王则不认为中国人比洋人差，自己的一套才是最好的。

第二，醇亲王虽然好武，但自认为书读得不少，颇具文人风范。

盛宣怀了解到这些情况后，就到身为帝师的工部尚书翁同龢那里抄了些醇亲王的诗稿，背熟了好几首，以备不时之需。“文如其人”这句话一点儿都不错，盛宣怀还从醇亲王的诗中悟出了些醇亲王的心思。谒见之时，当他们谈到电报这一名词的时候，醇亲王问：“那电报到底是怎么回事？”“回王爷的话，电报本身并没有什么了不起，就是一个活用，所谓‘运用之妙，存乎一心’，如此而已。”醇亲王听他能引用岳武穆的话，不免有所欢喜，随即问道：“你也读兵书？”“在王爷面前，怎么敢说读过兵书？不过英法内犯，皇帝大臣人人忧国忧民，那时如果不是王爷神武，力擒三凶，大局真不堪设想了。”盛宣怀略停了一下又说：“那时有血气的人，谁不想洗雪国耻，宣怀也就是在那时候，自不量力，看过一两部兵书。”盛宣怀真是三句话不离醇亲王的“本行”，他接着又把电报的作用描绘得神乎其神，醇亲王也觉得飘飘然，觉得中国非办电报不可。后来醇亲王干脆把督办电报业的事托付给盛宣怀。

从上面这个例子我们明白，当你要特意去结识一位陌生人时，一定要多加准备，将其当成你人生中的一个重要经历。你可以通过多种渠道事先了解对方的背景、经历、性格、喜恶，在对对方基本情况了如指掌的前提下，还要设想有可能出现的变故，做好以不变应万变的心理准备。求同存异，在交往中要尽力寻找双方在兴趣喜好等方面的共同点，以加深彼此交流。

“酒逢知己千杯少”，两个意气相投的人碰到一起，往往能产生相见恨晚的感觉，双方日后的交往也会变得如鱼得水。

3. 不妨制造话题

在20世纪50年代初期的美国，年轻的男女在一起，总是甜甜美美地谈着汉堡包和冰淇淋。但现在不同了，年轻人的话题很少围绕着这些，一般多会转移到汽车或娱乐等方面。女孩子对男孩们的这种只谈汽车不理她们的不满越来越多。美国心理辅导杂志曾对这种不满做出如下答复：“你可能不相信，其实他们是借汽车来影射自己的性器官的大小和能力。因为他们在女孩子面前不能公开以性器官为话题，就热衷于谈汽车。你不应该因此给予他们不好的脸色。只要你专心听，即可让他们的男性自尊获得满足。”

这段记载，看起来显得有些荒诞不经，其实，从心理学的角度看，这并不奇怪，是性欲被压抑，将话题转移，借题发挥罢了。

话题往往是一个人关心或嗜好的直接表现，一个人心中有热衷的事，自然就会表现在话题上。比如，非常专注地投入工作的人，他的话题自然会集中于工作上面，这种人的心理和个性特征很容易就能洞察清楚。

事实上，许多人的内心都是复杂的。有些人的关心、爱好往往没有直接出现在话题上，特别是怀有很深的自卑感或有某种欲求不满的人，由于压抑的心理作用，往往以不同的话题曲折地反映出来。

要洞察话题之中蕴藏的深层心理特征，应大致从两个方面去观察：首先，从话题的内容去了解对方内心；其次，从话题展开的方式去探索真意所在。不过，途径虽然有两条，往往要二者兼顾才能达到目的。首先，不妨从话题的内容尝试着看透深层心理。话题通常因人而异，最容易着眼的是话题与说话者的切身关系，由此了解这个人的气质。关于这一点，从电视放映的几种谈个人问题的节目中，颇能得到启发。为了吸引观众对话题的关心，节目制作人或以毛玻璃挡住谈问题者的上半身，或者拍摄出他们的背影。其中较多的人都露骨地谈及性的问题，而且以女性居多。实际上，这些节目不过是在刺激人们的好奇心，根本已失去谈问题的真正意义。这些节目的制作人在接受访问时都表示，真正不在乎节目意义的是那些在电视上谈问题的人，而且，他们都喜欢主动谈自己有关性方面的烦恼与困扰。

由此可见，话题的确是说话者的关心所在，从他们愿上节目的劲头来看，都反映了他们共同的个性特征。

真实情况是，人们的关心与爱好不一定直接表现在话题中，社会的结构愈复杂，人的意识受压抑的感觉就愈强烈，受到压抑的意识自然会以一种扭曲的形态表现出来。在此种情况下，话题的内容经常会和人的真正欲望不同，而一旦你能分清意识与话题之间的扭曲的形态，深层心理即被揭示出来了。

在话题上无法取得主导权时，就意味着你已输定了。在进行商业洽谈时，你常常还可以看到这样一种人，他们喜欢当众猛烈地制造话题。这种人是唯恐他人取得说话的主导权，而极力保持自己在洽谈中的优势。因为，如果自己不能抢先提出话题，对方就会不断依照对自己有利的方式提出话题，就在话题逐次改变中，你就会逐步就范于对方，结论当然也会倾向于对对方最有利的方向。

那些说起话来总是抓不住中心、毫无脉络地不断改变话题的人，使谈话的内容支离破碎，使人听起来非常困扰。

让自己做配角，别以自我为中心

讨人喜欢和受人信赖的人，绝不是想问题和做事情都从“我”字出发的人。以“我”为核心，只会与人疏远。那是因为，以自我为中心的人，缺乏站在他人立场上进行思考的能力。

一般人很容易采取以自我为中心的态度。也就是说，人们由于自身的欲望和恐惧，常常会无视对方的情感。不过，抑制自己的欲望以满足他人的欲望，是人——需要相互协作的社会成员的正确的生活态度，而且也是一种义务。一个人如果不能调节自己的欲望，那么有可能连他曾经给予过帮助的人，也会逐渐离他而去。

对自己估价如果太高，其他人不但不买你的账，有时反而会贬低你。自高自大很有可能遭到其他人的嘲笑。

心理点拨>>

1. 学会让宾客做主角

施罗德组织了一场朋友间的鸡尾酒会，席间，他发现一个哥们并不是很高兴。这个哥们和施罗德并不熟识，但施罗德知道他是跟随自己的铁哥们克洛泽一起来的。

如果有人不高兴，那么这个聚会对于这个人而言就是一场累赘。于是施罗德暗暗地对自己说：“施罗德，你要使这位仁兄高兴起来，要他马上喜欢这个宴会。”

施罗德端着酒杯走到那个哥们身边，很诚恳地对他说：“你的头发太漂亮了。”

施罗德自己的头发确实不怎么样，稀疏、干涩、发黄。这个哥们抬起头来，有点儿惊讶，脸上露出了无法掩饰的微笑。他谦虚地说："哪里，不如从前了。"

施罗德对他说："这是真的，简直像是年轻人的头发一样！"

这个哥们看上去非常高兴。

于是，他们愉快地谈了起来。当施罗德离开时，他对施罗德说的最后一句话是："许多人都问我究竟用了什么秘方，其实它是天生的。"

施罗德想：这位朋友当天走起路来一定是飘飘欲仙的。晚上他一定会跟太太详细地叙说这件事，同时还会对着镜子仔细端详一番。

第二天这个哥们打电话给施罗德，说："谢谢你让我度过了非常愉快的一天。"

每个人希望别人重视自己，让宾客做主角，就是要让他感受到自己的重要性，满足其内心深处的成为重要人物的欲望。

以宾客为主，就要在态度上尊重对方。只有尊敬对方，才能顺利进行。如果总是压制对方、强迫对方服从自己，对方不久就会对你产生敌对情绪，从而失去与你共席的兴趣。

尊重体现在细节上，比如在座位安排上给予对方充分的尊重，在相互敬酒时给予对方足够的关注，在交谈之中充分尊重对方的表达，充分照顾对方的情绪，不使对方感到有落差。作为主人，要时常留意对方的反应，尽力使对方心情舒畅。

以宾客为主，就要促使自己完成好配角这个角色。作为主人，要让对方扮演主角就得准备多个"剧本"。因为不知交往会在何处受挫，所以就必须把能观测到的谈话内容写进"剧本"，然后自己根据"剧本"演好配角。目的只有一个，使对方始终感到愉悦。

要做到使宾客成为主角，调查收集与此相关的信息就显得非常重要。如：对方有什么爱好？对方最喜欢什么？憎恶什么？对方讲话有什么特点？对方有什么个人习惯？对方的弱点有哪些？要基于这样的信息，拟写一份能使对方成为主角并能打动对方的"剧本"。

2. 在交往中懂礼仪

在交往中懂礼仪、有礼貌、知礼节，会令对方感到一种被尊重感，取得一种心理愉悦，自然能够为打造良好的人际关系铺平道路。

李磊为了参加在该市举办的经济技术开发洽谈会，准备了很久。他一心想借此机会寻找一家合作伙伴，以拓展更大的市场。

和想象中的一样，洽谈会上来了不少李磊非常向往合作的企业，有几家也对他的公司的项目表示感兴趣。可能是连日的操劳或是过于兴奋，李磊在和这些公司负责人洽谈时，竟然连续发生了把人家姓名张冠李戴的现象，引起了对方的反感。他们觉得头脑如此不清晰的合作者，经营能力值得怀疑，因而都取消了合作的打算。

礼仪就像一座桥梁或一条纽带，是人们共同遵守的一种行为规范和道德准则，它是通往友好和尊重的一道桥梁。

内容丰富多样的礼仪、礼节，有着自身的规律性：一是敬人的原则；二是自律的原则，就是在交往过程中要克己、慎重、积极主动、自觉自愿、礼貌待人、表里如一，自我对照、自我反省、自我要求、自我检点、自我约束，不妄自尊大、口是心非；三是适度的原则，适度得体，掌握分寸；四是真诚的原则，诚心诚意，以诚待人，不逢场作戏，言行不一。建立在这些原则上的不同形式的礼仪就是各种“沟通语言”，它比一般的沟通语言更显得高雅、含蓄，更容易让人接受。

受欢迎的人一定是一个深谙礼仪之道的人，礼仪能够起到美化形象的作用——仪表整洁大方、待人有礼貌、谈吐文雅、举止端庄、服饰得体、尊重他人都是很吸引人的优点，从而帮助人们在人际交往中树立良好的形象。人际关系之所以能够维持，一个重要的内容是双方在心理上能够得到满足。

3. 设法记住对方的姓名

不言而喻，一个人对他自己的名字比对世界上所有的名字加起来还要感兴趣。

钢铁大王卡内基从小就认识了这一点。小时候，他曾经抓到一窝小兔子，但是没有东西喂它们。他就想出了一个绝妙的主意。他对周围的孩子们说：“你们谁能给兔子弄点儿吃的来，我就以你们的名字给小兔子命名。”这个方法太灵验了，卡内基一直忘不了。当卡内基为了卧车生意和乔治·普尔门竞争的时候，他又想起了这个故事。

当时，卡内基的中央交通公司正跟普尔门的公司争夺联合太平洋铁路公司的卧车生意。双方互不相让，大杀其价，使得卧车生意毫无利润可言。后来，卡内基和普尔门都到纽约去拜访联合太平洋铁路公司的董事会成员。有一天晚上，他们在一家饭店碰头了。卡内基说："晚安，普尔门先生，我们别争了，再争下去岂不是出自己的洋相吗？"

"这话怎么讲？"普尔门问。

于是卡内基把自己早已考虑好的决定告诉他——把他们两家公司合并起来。他把合作、而不是竞争的好处说得天花乱坠。普尔门注意地倾听着，但是他没有完全接受。最后他问："这个新公司叫什么呢？"

卡内基毫不犹豫地说："当然叫普尔门皇宫卧车公司。"

普尔门的面孔一亮，马上说："请到我的房间来，我们讨论一下。"

这次讨论翻开了一页新的工业史。

一位心理学家曾说："在人们的心目中，唯有自己的姓名是最美好、最动听的。"与人交往的过程中，如果一个并不熟悉的人能叫出自己的姓名，往往会使人产生一种亲切感和知己感；相反，如果见了几次面，对方还是叫不出你的名字，便会产生一种疏远感、陌生感，增加双方的心理隔阂。

记住对方的名字，最好时而高呼出声，这不仅是起码的一种礼貌，更是交际场上值得推行的一个妙招。你想一想，对于轻易记住你的名字的人，我们怎能不顿觉亲切，仿佛双方是老友相逢呢，这时，他来求我们什么事情，我们怎好不竭尽全力予以优先照顾呢？

记住别人的名字。对他人来说，这是所有语言中最甜蜜、最重要的声音。如果你想让人感到亲切，请不要忘记这条准则："请记住别人的名字，名字对他来说，是全部词汇中最好的词。"

语言有禁忌，语言的个性代表你的个性

谁也不能否认，说话是一门高深的艺术，同样一段话出自不同人的口中，对受众所产生的效果可能也是不一样的。

一个真正会说话的人，不仅要把自己的言辞修饰好，其表达方式也是经过锤炼的。大凡能够吸引人的对话或演讲，通常都是充斥着智慧和活力的，这来自于

说话者很好的表达能力。

1. 说话方式可以洞悉人心

小张随父亲参加一个朋友聚会。席间有一个和小张年岁差不多的人，两人坐在一起，不一会儿就聊了起来。两个人都是大学刚毕业，刚参加工作，又都喜欢足球和网络游戏，话题自然很多，聊得很开心。

回家的路上，小张的父亲问小张："你和那个小青年聊得挺热乎的，留联系方式了吗？"

小张回答："留了，还约好准备一起去踢足球呢。"

父亲说："一起玩玩可以，但不能深交。"

小张问："为什么？"

父亲回答："这个人太自大、太自以为是。"

小张不解："你怎么看出来的？我怎么没看出来。"

父亲："我仔细听了他的话，在不到五分钟的时间里用了十几次'绝对'这样的词语，你不觉得他说话太自以为是、太绝对了吗？"

小张回忆了一下，的确如此……

和初次见面的人说话，刚开始大家都介意面子，所以表现得很恭敬。等逐渐轻松下来，则不仅是姿态，连说话也会很随便，甚至人的本性都不自觉地流露出来。

成长的环境不同，每个人说话的习惯也不同。语言本身即有表现自我的属性，当然也会在不知不觉中反映出各种曲折的深层心理。换句话说，不论你想把自己装扮成什么样子，固有的语言往往难和这种外在的表现配合，经常会从你的语言中，显露出你的本质。

那些谈话速度过快的人，大多是急性子；那些说话慢慢悠悠的人往往做决定也慢慢悠悠；当一个夸夸其谈的人突然慢下了语速，很可能是你让他感到不满了；当一个沉默寡言的人开始能言善道，你要小心留意他想掩饰的是什么；有人因为缺失自信说话声音很小，有人因为害怕被打断说起来没完没了盛气凌人。

有人喜欢讲名言，张口闭口引经据典，无非是想告诉你"我是对的"或者"你是错的”，这些人习惯借助权威之名来掩盖自己内心的不自信，你只要对他表示认同和尊重就行了；有人一直很客套，把谦虚的言辞用到每一句辞令中，这些人可能是心怀戒备或者有强烈的企图，所以接触时要倍加小心；有些人喜欢在谈话中频繁地点头，这种人往往并不是真的认同你的话，倒很有可能是没听进去，因此你不妨换一种方式再谈或者转换个话题；有些人一边讲话，一面不停地自我附和和重复，这种人多比较顽固，容不下别人反驳，你最好不要自讨没趣。

观察一个人谈话的速度和语气，就能看出他的大致性格，熟悉一个人谈话的速度和语气，就拿到了当局者心理状态的钥匙。因此，想不被人攻心的话，就要调整自己的速度和语气。同样，想攻心的话，就要学会观察一个人谈话的速度和语气。

2. 注意说话的音调

在某次会议上，为发电影票的问题，引起与会者的不满。有几个人怒气冲冲地来到会务组兴师问罪。会务组组长是位语言心理战的老手，他向对方解释时的声音越来越小，嘴巴也越来越靠近对方的耳朵，最后简直就是贴在对方的耳朵上说悄悄话。对方的脸色也由阴转多云，多云转晴，最后，组长拍拍对方的肩膀，亲热地问了一句：“明白了吧？”对方点了点头，微笑着告辞了。事后，有人询问组长：“组长，您跟他说了些什么，这么见效？”组长的回答令人大吃一惊：“其实我什么也没说！”“那对方为什么消了怒气呢？”“我跟他说话的方式使他消了气。”

中国有句俗话说，有理不在声高。如果你天生就是大嗓门，那就尽量降低自己的音量，每个人的耳朵都有一定的承受能力，并不是人人都想听你在一旁打雷。倘若你是因为气愤而大声怒吼，那么生气也是于事无补，对方也未必惧怕你；如果你很有礼貌地说话，反而会使对方感到自己有失风度。

所以，如果你的声音足够优美且富有活性，可以使人对你产生极美好的幻觉，它能在你疲倦时让别人感到你仍“精力旺盛”，能在你 70 多岁时还使人觉得你仍然“年轻”。

声音的质感是天生的，即使先天的条件使你无法拥有优美的声音，但你也一定要学会如何让语言抑扬顿挫。声音优美、停顿有力并不够，我们还要把握好说话时的音量。什么时候该用多大的声音说话，吐字清不清晰，这些都决定了我们的语言是否能够感染别人。

说话就是这样有趣且难以掌握的艺术，如果你能够尽数掌握这些本领，相信什么难以开口的语言，在你的口中都会变成一篇优美的文章。掌握以下五点会给你带来更多的帮助。

（1）要注意重音，使自己的声音充满活力。即根据表情达意的需要，把重要的音、句或语意强调说出，使说话者的思想感情表现得清楚明晰，以引起听者留意并加深他们的印象。

（2）不可千篇一律。要想声音活泼生动，首先得遵照呼吸原则，如果一句话非常长，那么就要断句说。

（3）声音色彩是感情色彩的外部体现。一个人说话的声音色彩浓烈，很容易感染他人。不过运用声音色彩进行表达时，却不能采用简单的见喜用喜声，见怒用怒声的“对号入座”的办法。

（4）说话时要注意语音停顿。恰当地处理语言交流中的停顿，不仅是表达说话意图的需要，而且是增强语言表现力和精确性的需要，是有声语言表情达意的必要手段。

（5）声音适度，语速适中。说话不能太大声，这样会产生共振效果，令人听不清楚。因此应训练你自己，说话时声音要清楚，快慢合度。

3. 不要随意说粗话

酒席上，尤其是男人们聚在一起，比较容易说些“有伤大雅”的粗话，尤其是涉及禁忌的词汇，更是有人偏爱，朗朗上口，例如“娼妓”“淫妇”等与性行为有关的语言，或“凸肚脐”“狗屎蛋”等牵涉到身上排泄物的词汇，好像只有这样才能体现出男子汉的气魄。

粗话在不少场合大行其道，其背后预示着各种不同的心理动机：

（1）粗话或许只是一种游戏语。所有人都知道“那种话”并没有恶意，只是一项“游戏”罢了，而这种“游戏”是可以满足他们摆脱束缚、桎梏，获得轻松的一种手段。

（2）粗话代表着内心的不满。我们可以肯定，喜欢口出秽言的人，是属于某些方面欲求不满类型的人物。他们在心理上常常焦躁不安，又没有办法去排除，所以长年累月积累起来，只要碰到偶发小事件，他们就借题大肆发挥。积累后的“爆炸”并不一定仅仅针对他不满的对象而发动攻击，一旦被他逮到机会，无论何时、何地、何人，他一样照说不误。

（3）以粗话来捉弄对方。有一种人有故意在异性面前讲粗话的嗜好，其乐趣在于观看对方的反应。他们常常有意选择那些正在对异性和性方面的问题发生兴趣，但又对淫秽语言不具有抵抗力并怀有来自生理方面的憎恶感的女性，在不适当的时候提及这类话题，也就是在不该讲粗话时脱口而出，以欣赏她们的窘态。这些女子听到粗话后，大都会面红耳赤，或者手足无措，甚至惊慌得啜泣不已，而这正是那些人所喜欢看到的。对他们来说，说粗话只是前奏，观看女性的反应才是他们真正乐趣之所在。

因欲求不满而产生的粗言恶语，说话的人并未考虑到会招致何种后果，只是一味地借机说出心中的不愉快。至于是否会伤害他人，一时便考虑不到了。有时候，即使说话的人不是有意的，但对听话的人来说，却在心里结了个疙瘩。听者首先可能会产生“岂有此理”“不像话”的感觉，慢慢演变成以更歹毒、更不堪入耳的话来反辱对方，最后出现了愚蠢可笑的骂街场面。人际关系不仅未能结交，反而受到了损害。

结交各色人等，不断扩展自己的人脉圈

斯坦斯研究中心的一份调查报告指出：一个人赚的钱，12.5% 来自知识，87.5% 来自关系。

在生活中，我们经常看到很多人才，感慨怀才不遇，一生碌碌无为，却始终不得志。其实，人生成功机遇的多少与其交际能力和交际活动范围的大小几乎是成正比的。我们应把人际交往与捕捉成功机遇联系起来，充分发挥自己的交际能力，不断建立和扩大自己的圈子，发现和抓住难得的发展机遇，进而拥抱成功。

1. 沾亲不如带故

其实，利用人的情感，巧于攀亲，以达到为自己办事的目的，在很久以前人

们就懂得灵活运用这一策略。

民国时期大军阀曹锟最初发迹靠的就是攀亲。

清政府批准袁世凯编练新建陆军后，曹锟投入袁世凯的帐下。此时袁世凯已成为慈禧太后十分倚重的人物，曹锟却只是一个小小的帮带。他清楚地知道，依靠袁世凯可以帮助自己升迁。曹锟原是一个布贩子，能说会道善拍马屁。可光会拍马屁还不行，他几乎没有见到袁世凯的机会。

正在这时，他听说天津宜兴埠曹克忠与袁世凯是世交，于是备了一份厚礼，亲自登门求见曹克忠。拜见曹克忠时，曹锟口若悬河，他的花言巧语让曹克忠认他为族孙，并且承诺为他向袁世凯说情。

俗语说，吃了人家的嘴软。曹克忠的姨太太没少在袁世凯面前替曹锟说话。有了这个强有力的内援，加上曹锟的逢迎阿谀，他很快就由一个小帮带爬上了总兵的位置。

民间常有"沾亲带故"的说法，实际上，"沾亲"就有攀附的意思。"沾"字是利用亲戚关系的绝佳方法，它需要充分发挥人的主观能动性，善于发现隐藏在人际关系网络中的可用之线，然后顺藤而上。

在现代社会，人口流动性越来越大，人际交往越来越少，许多亲戚交错分布在各个地方，因而亲戚之间可能存在着互不认识的现象，而你的一些"得道"的亲戚你可能并不知道。一旦你陷入困境，需要求助，这些亲戚也许就是帮助你的对象，因此，你千万要注意提醒自己，放下架子，踏破铁鞋，七大姑、八大姨地去找、去拉关系，说不定哪个远亲就会拉你一把，说不定你能有了另一番活法。

2. 同学关系不可少

同窗关系是最为珍贵的关系，所以，只要你有这份心、这份情，真诚地维持分开之后的同学关系，你的人际面会更加广泛，路子也会比别人多出几条。

三国之一蜀国的创建者刘备的一段经历就告诉了我们这样一个道理。刘备还在私塾读书时，由于讲义气、聪明，成了同学中的头。在几年中，他经常帮助其他同学，与他们的关系处得非常好。后来长大了，大家都有自己的道路要走，刘备与这些要好的同学也就各奔东西了。

虽然大家分开了，刘备却很注重经常与同学保持联系。其中有一位叫石全的人，是刘备读书时最要好的朋友。石全读完书后，回家供奉自己的老母亲，以尽孝道，平时靠打柴卖字画为生。刘备不嫌其清贫，经常邀请石全到他家做客，共同探讨当时的天下形势。这样的聚会每次都很融洽，刘备与石全的关系也不断密切。

后来，刘备为了实现自己心中宏伟的目标，就带领一支队伍参加了东汉末年的大混战。初时，刘备军事实力很小，不得不依附其他人，在一次交战中，刘备率领的军队被全部歼灭，只有他一人逃脱，随后被石全隐藏了起来，逃过了一劫。

俗话说："十年寒窗半生缘。"可见，同窗之情如果处得好，在某种程度上胜过手足之情、朋友之情。在这个世界上，能成为同窗也算是一种缘分。因为这种缘分纯洁、朴实，日后有可能发展为长久、牢固的友谊。

主持人白岩松一篇有关聚会的文章说出了很多人的心声：分开之后，反而似乎比大学校园里还亲还互相牵挂。聚会之后重新回到现实中难，因为要从干干净净的同学友情中，再回到人心隔肚皮的竞争或拥有距离的环境中。

真正的同学情谊来自同吃、同睡，共患难。一起啃过方便面的是同学，一起追过女孩子的是同学，一起做过坏事，半夜里翻墙头回到学生宿舍的也是同学。当年的同学走在一起就是因为意气相投，而不是因为这个人有用。就算之后变得成熟而又世故，看到当年的同学，自己也就莫名其妙地回到了当年的自己。

有人说："同学之情只有几年，一旦缘尽则情尽，没有什么值得留恋的。"其实这是错误的看法。无论从实用主义，还是从情感价值角度去看，同学的友谊都值得维系。

当你在成功的道路上前进感到困难时，就要考虑尽可能地借助同学的力量，不妨利用饭局与同学联系联系感情。要知道同学之间是最能相互帮助、相互协作的，如果你善于利用这种关系，就会收到奇佳的效果。

同学关系有时的确能在关键的时刻帮你一个大忙。与同学保持联系、联络感情的方式有很多。有空给远在异地的同学们打打电话，发发微信，询问一下对方近来的工作、学习情况，介绍一下自己的情况，互相交流一下，这是很有必要的，这个方法也很有效。

碰上同学们的人生大事，如果有空最好亲自参加，如果实在脱不开身，最好也发个E-mail或托人带点什么，不然，怎么算得上同窗情谊。

找到共同点，把他吸引过来

每个人的生活圈子都是十分有限的，那些能够帮助你的人、给你带来发展机遇的人，往往都不是你生活圈子内的人，这样，你就需要寻求有力的支持，捕捉机遇，你要走出你的生活圈子，学会和陌生人打交道。

其实，人一生有大量的时间都是和陌生人打交道。和陌生人相处，是人生的一个重要内容。那些和我们朝夕相处的家人、亲戚和故邻，有的也是原先不熟悉、不认识的陌生人。

虽然如此，我们大多数人却不习惯、不愿意和陌生人相处。譬如我们在朋友聚会时，也不爱和那些不认识的人表示亲近，我们往往会疏远他们，只和熟悉的人交流。即使偶尔我们和陌生人相遇了，我们也会迅速移开，不愿意给他们漂亮的微笑、亲切的善意。我们这样做时，实际上增加了我们社交的难度和人际关系上的孤独。

我们只是出于个人羞怯、习惯而不自觉地做出疏离陌生人的举动。如果让我们静静地想一想，我们也许会改变我们上述的做法。

心理点拨>>

1. 一定要强调与对方的共同点

鹏远的一位多年没见的大学同学到北京出差，叫鹏远出来聚一聚，鹏远按照约定地点来到一个饭店，小姐把鹏远带进包厢里，鹏远看到那位老同学正神采奕奕地等着他。

一番寒暄之后，话题自然是落到了这几年的发展上。“你怎么好好跑去经商了呢？当初你的专业课可是最棒的。”鹏远问他。

他笑眯眯地回答说：“这并不妨碍啊，我只不过将心理学的研究放到了商场里，你知道我是怎么捞到第一桶金的吗？”

鹏远摇摇头。

同学开始追溯往昔，刚下海那几年，虽然挣了点儿钱，但还算不上很成功，那时，他已经成为公司的经理，手里有不少客户资源。想来给别人打工不如自己当老板，便开始计划利用现任职位上的客户资源开办一家新公司。

于是他找了两名以前的手下，共商创业的事。后来他发现他们三个人太少，很难成功。于是他另外找了七个人，组成十个人的创业团队。他这时却发现，他与这七个新伙伴根本就不认识，他们是否值得信任实在是一个大问题。

于是他想到了每晚分别与一个新伙伴共进晚餐的好办法。席间他除了交代各人的职责之外，还郑重地向他们表示“我也跟你们一样需要钱”！

结果，由于彼此有了共同的目标，这个计划最后终于成功了。

这位朋友不愧是心理学的高才生，他很懂得运用心理来成事，在他发展的过程中，由于彼此有着共同的目标，因而迅速拉近了彼此之间的距离。在人际交往中，若你与对方有共同的目标，则很容易就能增加彼此之间的亲密感。

当然了，除了共同目标能够增强亲密感之外，还有其他一些增强亲密感的技巧。鹏远的同学自然也是将这些技能运用纯熟。他提到过一个细节便是，在他邀请这些人吃饭的时候，总是与人肩并肩地谈话，这样就能很快与对方进入熟识的状态。

在商界摸爬滚打的人，自然是要熟知心理技巧才能立于不败之地。

在这里要提醒你的是，若与对方有共同点，就算再细微的也要强调。有了共同点，可以很快地消除彼此间的陌生感，产生亲近的感觉。这样不但可以使对方感到轻松，同时也具有使对方说出真心话的作用。

2. 设法展示利益整合的目的

在一次商务聚会中，有两个端着酒杯的中年男子出于礼貌和拓宽人脉的目的相互敬酒，并攀谈了起来。了解了彼此的身份后，两人进行了简短的谈话。

“为什么你能成为千万富翁，而我只能成为百万富翁呢，难道我还不够努力吗？”其中的百万富翁向身边那位千万富翁请教。

“你平时和什么人在一起？”

“和我在一起的全都是百万富翁，他们都很有钱，很有素质……”百万富翁自豪地回答。

“呵呵，我平时都是和千万富翁在一起的，这就是我能成为千万富翁，而你只能成为百万富翁的原因。”那位千万富翁轻松地回答。

“我能不能有幸成为您的朋友？”一个主意从百万富翁的脑海中闪过。

千万富翁皱了一下眉头，但是很快他就恢复了平静：“这个嘛，我们能认识就是朋友啊。”

“我是说成为更亲近的朋友，我想改天请您吃饭，和您坐下来聊聊，向您学习一下。”

“这个嘛，会有机会的。”看着千万富翁的犹豫，百万富翁当然明白他在思考什么，千万富翁一定在想这个人有没有可交和可利用的价值。

“您看，是这样的。正好我们公司想拓宽一下业务范围，如果您不介意的话，我们可以为贵公司的产品作免费的代理，前期利润三七分，您七我三，当然，这之前我也想和您多沟通一下，了解一下咱们产品的具体注意事项，您也可以多些机会考察我们是否符合代理条件。”

“没有问题。”两个人心领神会地笑了。

从那以后，百万富翁有事没事都会主动宴请千万富翁，从单纯地聊项目到后来千万富翁主动介绍自己的朋友给百万富翁认识。自然，百万富翁的人脉圈越来越广，他的银行账户上面的数字也越来越多。

任何一个成功的企业家，毫无例外地不是仅仅靠单个人的力量而成功的，而往往是得益于身边良好的资源。最大化实现自己的个人利益，实现别人的资源为己所用，这是很多企业家不断结交朋友的最重要目的。

每个人的能力总是有限的，有些人精力旺盛，认为没有自己做不到的事。其实，精力再充沛，个人的能力还是有一个限度的。超过这个限度，就是人所不能及的，也就是你的短处了。每个人都有自己的长处，同时也有自己的不足，这就要与人合作，用他人之长补己之短，养成合作的习惯。人的性格和能力是有差别的，这些差别是长期形成的，不能说哪一种类型就一定好，哪一种类型就一定坏。每个人都要与不同性格、不同职业和具有不同优势的人接触，与他们一起用餐，与他们交换资源，他能弥补你的短处，你也能补救他的不足。只有充分发挥自身优势并能利用他人的优势来弥补自己不足的人，才会在今天的社会中取得成就。

当然，要在饭局中达成自己资源整合的目的，必须自己要有对方需要的资源。在与他人整合之前，首先应考虑对方的需求是什么，我们的资源能不能满足对方的需求。当然，这个需求有时是明显的，有时是潜在没有被发掘出来的。如果是明显的，我们当然容易发现，对方也很容易和你对接。

当下社会是一个资源整合的时代，要成功做事就要培养整合资源，在饭桌这种有天然优势的社交场所，更要学会互通有无、以资源易资源，以做局作势的思维，以一种大格局、大思路做事，我们才能将彼此之间的关系上升到一个新境界。

勇敢开口，把陌生人变成朋友

由于和陌生人之间并不了解，以及自身因素的限制，并且还存在着第一次打交道时的障碍，所以和陌生人打交道要富于技巧和教养，要选择较好的接触环境和时机（比如在自己举办讲座时，在自己接见贵宾时，在自己处于领导的位置时等）。总之，和陌生人打交道要注意这样几点：

首先，要尊重对方，表示出对对方极大的兴趣。

其次，要巧妙地和他（她）接触，如让人介绍，为对方的需要出力，学会欣赏对方，赞成对方的观点，夸奖对方的服装和发型等，以使自己显得不唐突、不生硬。

第三，在大家不太熟时，不批评对方，不和对方争论，说话要注意分寸，这样才会使脆弱的“萍水相逢”不出现危机，因为在这种情况下，一旦出现危机，你连解释的机会都没有。

第四，要跟进这种接触，从他们的爱好、兴趣和需要出发，增加熟悉的程度和关系的吸引力，顺利过渡到由陌生人到好朋友的这个阶段。

心理点拨 >>

1. 要有主动结交的意识

工夫要下在平时，力气用在细微之处。突然对一个平日里并不亲近的客户热情，往往会吓人一跳，细水长流才是明智之选。

小王参加一个饭局，收到了很多人的名片，但是留下深刻印象的没几个。几天后，正值元旦，他接到一个电话，原来是在几天前那次聚会中见过面，也交换过名片的“朋友”，这位“朋友”也没什么特别目的，只是想问候一下，祝福小王元旦快乐。虽然大家不太熟识，但这个问候却让小王感觉非常温馨。

不久，春节到了，那个朋友又给小王发了拜年的短信。由于元旦的那次电话问候，小王对这位朋友还是有一定印象的。出于礼貌，小王拨通了对方的电话号码，给对方回拜，并随便聊了聊家常。

就这样，一来二去，小王和那位朋友好像彼此越来越熟悉了，友谊自然也深厚了许多。

更为重要的是，小王是一位搞科研的学者，因为工作需要，经常需要订购试剂等实验用品。而那个朋友，正是某公司的生物试剂销售专员。因为彼此不断增进的关系，小王成了那个朋友的老顾客。毕竟，同样的产品，同等的价格，谁不愿意从朋友那里购买，然后帮朋友提升些业绩呢？

故事中，那位搞销售的朋友多么聪明啊，为了把小王变成自己的客户，采用从饭局上交朋友开始，细水长流式地拉拢策略，最终实现自己的目的，从而提升了自己的工作业绩。

可见，和客户拉拢关系不是一蹴而就，而是要有一个过程的。彼此从不认识到认识，再从认识到熟识，需要的不仅是时间，更是日常的感情联络。如果无视这个过程想一步到位，只会让自己陷入尴尬和被排斥的局面。真正懂得拉拢客户的高手，往往能够从小事着手，会从日常开始，哪怕是一个招呼、一声问候、一个小忙……唯有细水长流，才能让交情一直持续保持下去。

若你是个不善于与人交谈的人，通过文字进行沟通是最好的方法。不需要华丽的辞藻、熟练的技巧，诚心诚意表达出与对方沟通的内容即可。面对面的接触会让人紧张，仓促之间往往不能将最重要的事情完全表达出来，文字的沟通则可用最充裕的时间舒畅地表现。

如果我们平时在生活中把好意传达给对方，给他充分的关心，则人际关系定会和谐愉快。如果不了解这种基本原则，在建立良好人际关系的路上是不可能走太远的。在现代社会里，有很多人做事都希望得到立竿见影的效果，否则便不愿付出。此种以利益计算为先的人际关系，在很多时候是不堪一击的。商业上的竞争来往原本是锱铢必较的，但把它应用在人与人之间的交往上则百害而无一利。

2. 进行必要的感情投资

日常生活中，我们常常可能会遇到这样的情况：你遇到了困难，你认为某人可以帮你解决，你本想马上找他，但你后来想一想，过去有许多时候本来应该去看他的，结果你都没有去，现在有求于人就去找他，会不会太唐突了？会不会遭到他的拒绝？在这种情形之下，你就有些悔不该当初了。

一位政治家在回忆录中提到：一位被委任组阁的人受命伊始，心情很是焦虑。因为一个政府的内阁起码有七八名阁员，如何去物色这么多的人来帮助自己？这的确是一件难事，因为被选的人除了有适当的才能、经验之外，最要紧的一点是，他必须与自己是同一条船上的。所以在平时，你需要做必要的感情投资。

要和别人有交情才能好办事，不然的话，任你有登天本事，别人也不一定知道。

现代人的生活节奏不断加快，没有时间进行过多的应酬，日子一长，许多原本牢靠的关系就会变得松懈，朋友之间也会逐渐淡漠。因此，不管你如何忙，也一定要珍惜人与人之间宝贵的缘分，别忘了感情上的沟通。

很多人都有忽视“感情投资”的毛病，一旦关系好了，就不再觉得自己有责任去维护它了，特别是在一些细节问题上。例如该通报的信息不通报，该解释的事情不解释，认为“反正我们关系好，解释不解释无所谓”，结果日积月累，感情不断地冷淡下去，最后导致双方关系僵化。

另外，“感情投资”应该是经常性的，不可似有似无，从生意场到日常交往，都应该处处留心，善待每一个关系伙伴，从小处、细处着眼，落到实处。这样，你不仅可以照顾好你的“关系网”，而且还可以有机会充分拓展自己的“关系网”。

3. 纠正病态交际心理

美国少年亚当在杂志上读了某些大实业家的故事，很想知道得更详细些，并希望能得到他们对后来者的忠告。

有一天，亚当跑到纽约，也不管几点开始办公，早上 7 点就到了威廉 · 亚斯达的事务所。在第二间房子里，亚当立刻认出了面前的那个人就是自己所要拜访的人。亚斯达刚开始觉得这少年有点儿讨厌，然而一听到少年问他：“我很想知道，我怎样才能赚得百万美元？”他的表情就变得柔和起来并露出了微笑，两人长谈了一个小时。随后亚斯达还告诉他该去访问其他实业界的名人。

亚当照着亚斯达的指示，遍访了一流的商人、总编辑及银行家。

在赚钱这方面，亚当所得到的忠告并不见得对他有多大帮助，但是能得到成功者的知遇，却给了他自信。他开始仿效他们获得成功的方法。

24岁时，亚当成了一家农业机械厂的总经理。不到5年，他就如愿以偿地拥有了百万美元的财富。

 >>

与人交往碰壁是很寻常的事。朋友并不是专为你而安排的，不可能完全按照你的意愿去做。很多人碰壁以后，疑神疑鬼，投鼠忌器，停止不前，这样的人在交往中是不可能获得成功的。

要分析交往的各种人的心理误区，这样才能在新的形势面前敢于面对现实、面对人生的种种冷漠与严酷，增强自己生活的勇气和信心。要正确地看待我们生活中的苦与乐、真与假，也要正确地看待与我们朝夕相处的每一个人。

（1）防范心理。现代人习惯于以一种脆弱的心理去窥视外面的精彩世界。在他们的心里，人心叵测，世态炎凉，总令人防不胜防，于是他们信奉“画虎画皮难画骨，知人知面不知心”的人生信条，以“逢人且说三分话，未可全抛一片心”为至理名言，在交际中对他人缺少一种深刻、真挚的信任感、坦率感。尤其是一些曾经受到过他人伤害，特别是朋友伤害的人，“一朝被蛇咬，十年怕井绳”的防御心理就显得特别强烈。这些人的交际热情也因此受到一定影响，有时甚至觉得不如“躲进小楼成一统，管他春夏与秋冬”，与世隔绝，逍遥自得，幽娴宁静地生活。他们从喧嚣的世界中退了出来，以这种方式来避免人际交往中太多的钩心斗角、尔虞我诈。

（2）保持距离心理。还有一种人处世小心谨慎。带有这种心理倾向的人，一方面对社会、他人当中的一些阴暗面有一种恐惧心理，对他人缺少信任，与他人小心翼翼地交往周旋，他们认为“距离也是一种美”，尽量拉开心理上的距离；但另一方面，为了避免孤独、消除寂寞，他们也渴望感情、企盼温暖友爱。所以，人际交往中，他们对人不冷不热，处世不温不火，心与心的距离不远也不近，不轻易得罪一个人，也不企求有一个知己，一副顺其自然的状态。

（3）功利心理。有的人面对实惠与情义，他们选择了实惠；在物质与精神面前，他们摒弃了精神。这是一种比较典型的功利心理观。带有这种心理倾向的人，在人际交往中往往以眼前的名利为目的，以能否从他人那里得到实惠为选择交际对象的标准，其交际活动带有强烈的市侩气息。所谓“穷居闹市无人问，富在深山有远亲”，正好曲折地反映了这种交际状态的客观存在。在这些人身上，“功利”

二字常会激发他们攀附权贵、搞门第交际的热情，但同时也会自觉不自觉地促使他们远离一些真正值得交往却暂时不能给他们带来实惠的人。

（4）层次等级心理。人们生活在金字塔结构的社会中，因各自的角色地位、文化教养、出身背景的不同，决定了他们必然处于社会系统的不同的等级中，因此他们在交往中就必然带有一种比较浓厚的等级心理倾向，交往的圈子也就容易限制在既定的同等级的范围里。文化人有文化人的圈子，权贵者有权贵者的圈子，老百姓有老百姓的圈子。文化者是“谈笑有鸿儒，往来无白丁”；而权贵者也难以交往几个平民朋友或者不屑于交往平民朋友，一种高贵的潜意识主宰了他们的言行；平民在这方面则是一种畏上的自卑心理，认为自己够不上层次与级别，因此，在与人交往中不免自惭形秽、缩手缩脚。

（5）怀旧心理。由于环境的转换与变化，人际交往对象发生了变更，这使得一些在原有稳定的习惯的生活环境中生活的人出现了某种不平衡的状态。他们往往以旧的熟悉的人或事作为新环境中的人或事的比较和参照物，留恋过去的旧环境，沉湎在旧的人际关系的脉脉温情中，对初来乍到的新环境和新的交际对象不甚了解，因而懒得交际甚至拒绝交际，在交际过程中始终处于被动地位。另一方面是由于时代的变化，人的价值观念的变化，功利思想对人的恶性侵蚀导致新时代的人际关系的冷漠虚情，使人格外留恋以前那种温暖的和谐单纯明净的人际关系。由此，人们在对比中或许更排斥或拒绝那种实惠、势利、虚情、市侩味十足的人际交往。